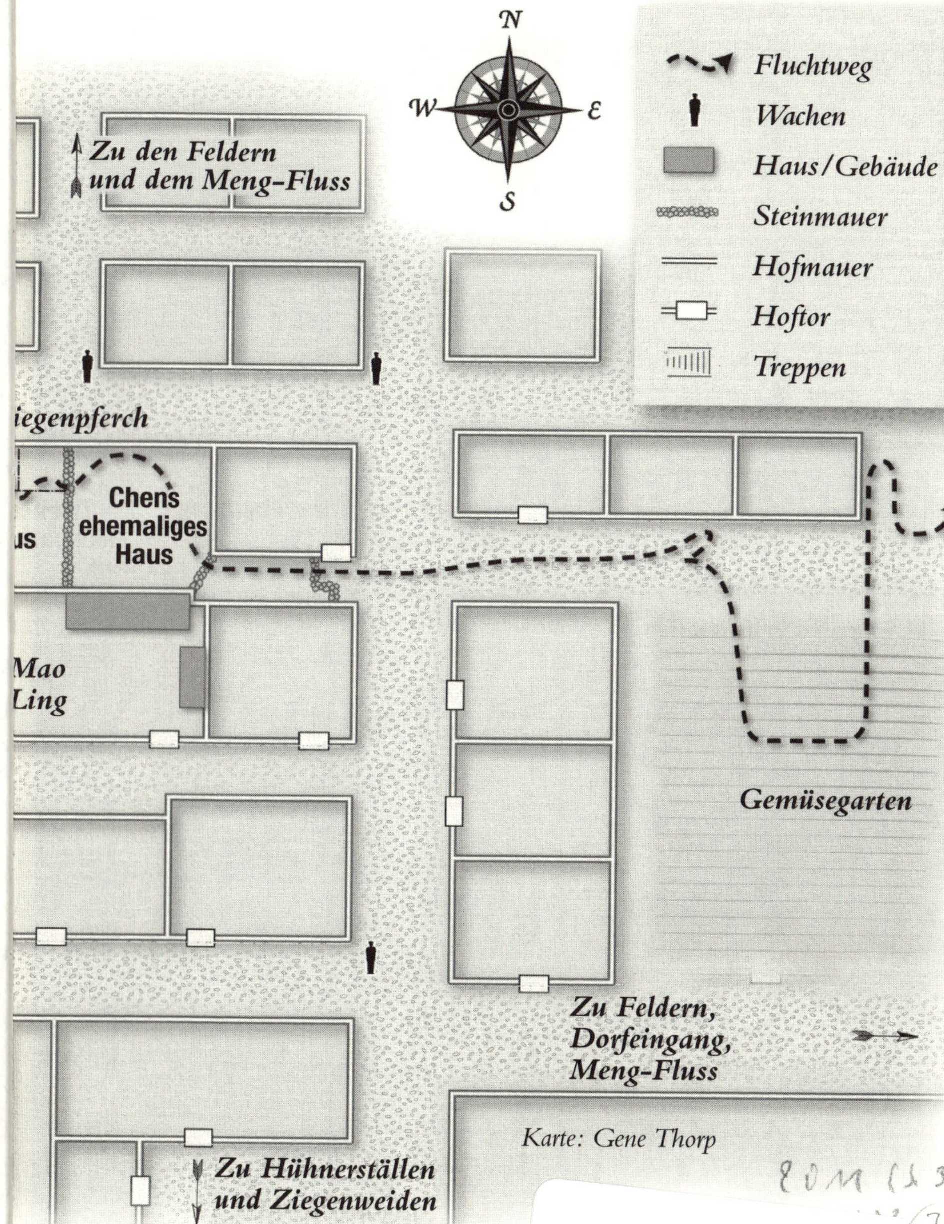

Karte: Gene Thorp

rowohlt

Chen Guangcheng

Der barfüßige Anwalt

Ein Bericht aus dem Gefängnis China

Aus dem Englischen von
Stephan Gebauer

Rowohlt

Für meine Mutter Wang Jinxiang
und meine Frau Yuan Weijing

Die Originalausgabe erschien 2015 unter dem Titel «The Barefoot Lawyer.
A Blind Man's Fight for Justice and Freedom in China»
bei Henry Holt and Company, LLC, New York.

Redaktion Werner Irro

1. Auflage April 2015

Satz Dörlemann Satz, Lemförde
Druck und Bindung CPI books GmbH, Leck, Germany
ISBN 978 3 498 02415 4

Gibt es in der uns bekannten Welt schwierige und einfache Dinge? Wenn wir handeln, können Dinge, die schwierig scheinen, einfach werden. Wenn wir untätig bleiben, werden einfache Dinge schwierig.

Peng Duanshu (1699 – 1799), Über das Lernen

Fördere das Gute in der Welt zutage, und lösche das Schlechte aus.

Menzius (372 – 289 v. Chr.), Universelle Liebe

Wer eingesperrt ist, kann die Welt kennenlernen. Wer nicht aus dem Fenster schaut, kann die Prinzipien des Himmels verstehen.

Laozi (5. Jh. v. Chr.), Daodejing

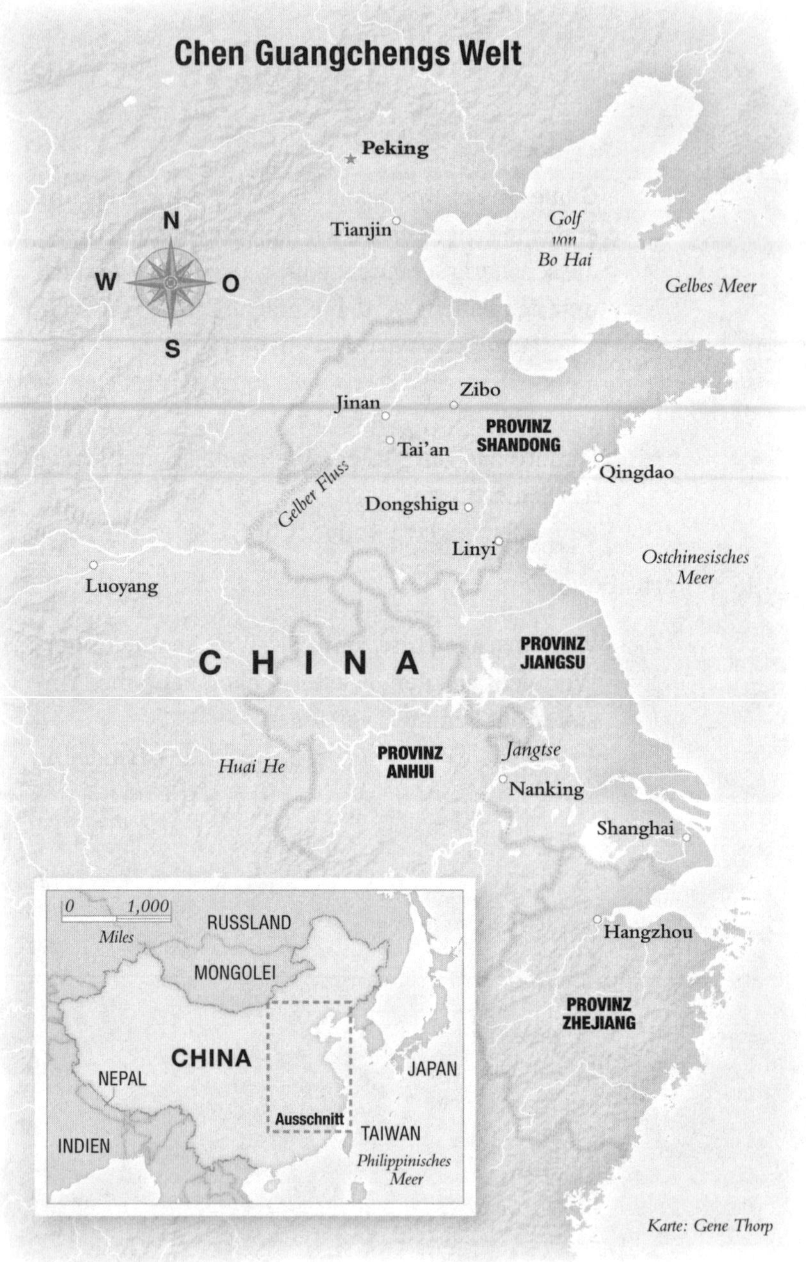
Chen Guangchengs Welt
Peking
Tianjin
N
W
O
S
Golf von Bo Hai
Gelbes Meer
Zibo
Jinan
PROVINZ SHANDONG
Tai'an
Qingdao
Gelber Fluss
Dongshigu
Linyi
Luoyang
Ostchinesisches Meer
C H I N A
PROVINZ JIANGSU
Jangtse
Huai He
PROVINZ ANHUI
Nanking
Shanghai
Hangzhou
PROVINZ ZHEJIANG
0 1,000
Miles
RUSSLAND
MONGOLEI
CHINA
NEPAL
JAPAN
Ausschnitt
TAIWAN
INDIEN
Philippinisches Meer
Karte: Gene Thorp

Inhalt

Vorwort des Dalai-Lama

Ich freue mich über die Veröffentlichung von Chen Guangchengs Erinnerungen an sein bisheriges Leben. Diese Geschichte musste erzählt werden, denn sie beweist, dass ein Mensch, dem wirklich an seinen Mitmenschen gelegen ist, mit Entschlossenheit und Vertrauen in die eigenen Fähigkeiten große Hindernisse überwinden kann. Chen Guangcheng überwand die beträchtliche Benachteiligung, die seine Blindheit und die Vorurteile der Gesellschaft bedeuteten, und bekam eine Ausbildung. Er nutzte sie, um den Armen auf dem Land zu helfen, die ansonsten nirgendwo Unterstützung fanden.

Mit seinem klaren Antrieb erinnert mich Chen Guangcheng an die erste Generation kommunistischer Führer, denen ich vor sechzig Jahren in China begegnete; ihre aufrichtige Sorge um das Wohlergehen des einfachen Volks beeindruckte mich seinerzeit. Als das Engagement dieses barfüßigen Anwalts ins Visier eigennütziger Interessen geriet, wurde er mit der fingierten Anschuldigung, er habe die öffentliche Ordnung gestört, vor Gericht gestellt und ins Gefängnis gesteckt. Als er nach seiner Entlassung feststellen musste, dass er und seine Familie kein normales Leben mehr führen konnten, entschloss er sich zur Flucht. Sie nahm insofern ein glückliches Ende, als er und seine Familie ein neues Leben in Freiheit in den Vereinigten Staaten beginnen konnten. Trotzdem kämpft er weiter für die Rechte seiner Brüder und Schwestern in China, insbesondere für die Rechte der in Armut lebenden Landbevölkerung.

Ich habe Chen Guangcheng kennengelernt und bin von seiner Leidenschaft und Warmherzigkeit beeindruckt. Wer wie er Menschen dabei hilft, ihre Rechte zu verteidigen, bedroht weder den Frieden noch die gesellschaftliche Ordnung, sondern trägt zur sozialen Harmonie bei. Ich hoffe, dass in der chinesischen Gesellschaft eines Tages Platz für inspirierende und engagierte Menschen wie Chen Guangcheng und Liu Xiaobo sein wird, denn solche Menschen können eine positive Rolle spielen.

18. Oktober 2014

Prolog **Flucht**

Wir beobachteten sie, während sie uns beobachteten. Wir prägten uns ihre Bewegungen und Gewohnheiten ein. Seit mehr als einem Jahr planten wir meine Flucht. Wir gingen jedes Detail wieder und wieder durch. Wir flüsterten nur, wir hauchten die Worte, weil wir davon ausgehen mussten, dass das Haus verwanzt war und unsere Geiselnehmer alles mithörten, was wir sagten.

Ich musste unbedingt aus dem Dorf herauskommen – aus dem Haus, das einmal mein Heim gewesen war und sich in eine private Hölle verwandelt hatte. Ich musste an den siebzig oder mehr Wachen vorbeikommen, die das Haus belagerten und jeden Ausgang versperrten. «Zu Hause wird es auch nicht besser sein als im Gefängnis», hatte mir ein Wärter gesagt, kurz nachdem ich aus dem Gefängnis entlassen worden war. Über vier Jahre hatte ich dort verbracht. Er hatte recht: Seitdem ich nach Dongshigu zurückgekehrt war, stand ich unter unmenschlichem Hausarrest – ein Epizentrum des riesigen Gefängnisses, in das sich China verwandelt hatte.

Ich hatte schon viele Male versucht, aus dem Haus zu fliehen. Meine Frau Weijing und ich diskutierten und stritten endlos über Risiken und Vorteile jedes einzelnen Plans, und ich ging alle möglichen Fluchtwege wieder und wieder in Gedanken durch. Ich musste unbedingt entkommen: Nicht nur mein seelisches Befinden, sondern mein Leben hing davon ab.

Ich war schwerkrank aus dem Gefängnis zurückgekehrt, durfte jedoch keinen Arzt aufsuchen, ja nicht einmal mit einem sprechen. Ich war in meinem eigenen Haus praktisch vollkommen isoliert. Niemand wurde zu mir gelassen, ich erhielt keine Nachrichten, durfte nicht vor die Tür gehen und keinen Kontakt zur Außenwelt aufnehmen. Ich litt unter schwerem Durchfall, hatte oft Blut im Stuhl und war ständig erschöpft. Mittlerweile verbrachte ich die

Hälfte des Tages im Bett, weil ich zu schwach war, um mich zu bewegen. Sollte ich sterben, würden die Behörden erklären, ich sei zu Hause in meinem Bett an dieser oder jener Krankheit gestorben. Wer würde je erfahren, was wirklich geschehen war? Allein meine Entschlossenheit hielt mich am Leben.

Am 20. April 2012 ruhten Weijing und ich am Vormittag im Hauptraum des Hauses aus. Das Haus war eines von vier kleinen Gebäuden, welche rund um einen nicht gepflasterten Hof standen und die Wohnanlage unserer Familie bildeten. Vor einigen Tagen hatten wir bemerkt, dass der Hund der Nachbarn fort war. Ein Hund ist gefährlicher als hundert Wächter. Jetzt, da er nicht mehr da war, konzentrierten wir uns auf einen Fluchtweg, der an der Ostseite des Nachbarhauses vorbeiführen würde.

Wie an jedem Morgen folgte ich der Route im Geist. Ich stellte mir jede Einzelheit vor – wo genau ich abbiegen würde, wie weit Dinge voneinander entfernt waren, wo Mauern verliefen, all die Kleinigkeiten, die sich Weijing im Lauf der Monate bei ihren täglichen Erledigungen eingeprägt hatte. Nur wir beide wussten von dem Plan, obwohl wir uns darin einig waren, dass ich, wenn es gelang, an den Wachen vorbeizukommen, versuchen musste, im Dorf Hilfe bei einem engen Kindheitsfreund oder einem befreundeten Zimmermann zu suchen. Beide wohnten an meinem Fluchtweg, aber wir hatten keine Möglichkeit, mit jemandem außerhalb des Hauses zu kommunizieren. Es wäre sogar zu gefährlich gewesen, meine Mutter einzuweihen, die jeden Gedanken an eine Flucht ablehnte.

Weijing und ich hatten oft darüber gesprochen, wie ich ihr mitteilen konnte, dass ich mich in Sicherheit befand, sollte mir die Flucht gelingen. Wir konnten weder schriftlich noch mündlich kommunizieren. Die einzige Möglichkeit war, eine verschlüsselte Botschaft zu schicken. Schließlich beschlossen wir, dass ich jemanden mit sechs Äpfeln zu ihr schicken würde, sollte ich lebend hinauskommen. Im Chinesischen kann das Wort für «sechs» auch «Erfolg» bedeuten, und das Wort «Apfel» klingt so wie «sicher». Ich malte mir aus, wie jemand meiner Frau sechs große rote Äpfel überbringen würde. Und wenn es keine Äpfel gab, würde ich ihr sechs Stück von etwas anderem schicken, damit sie wusste, dass ich frei war.

Den ganzen Vormittag spähte Weijing aus den Fenstern und beobachtete die Wachen. Sie wartete auf die richtige Gelegenheit. Am Morgen war sie auf dem Dach des flachen Küchengebäudes gewesen, wo wir Mais trockneten und unsere Wäsche aufhängten, und hatte bemerkt, dass das Auto des Kommandanten der Wacheinheit fort war. Normalerweise waren in unserem Hof sechs Wachen stationiert, die auf kleinen Stühlen vor unserer Haustür saßen. An diesem Tag hatten sich die Wachen jedoch in der Nähe des Hoftors niedergelassen, und nur zwei von ihnen hatten die Haustür direkt im Blick. Kurz vor elf Uhr war es so weit. Der Wärter, der am nächsten beim Haus saß, stand langsam auf und ging hinaus. Er hatte einen Teebecher in der Hand, den er mit heißem Wasser aus einer der Thermoskannen füllen wollte, die die Wachen draußen auf der Straße aufbewahrten. Er schien keine Eile zu haben. Auf dem Weg würde er für wenige Sekunden seinem Kollegen den Blick auf die Tür verstellen. In diesem Augenblick musste ich hinausspringen und durch den Hof zur etwa fünf Meter entfernten Ostmauer laufen. Nach einem Moment würde der Wärter die Tür wieder im Blick haben.

«Los!», flüsterte Weijing und drückte meinen Arm. Ich folgte ihr durch die Tür und ging mit schnellen, behutsamen Schritten durch den Hof, überholte sie und huschte an den alten Mühlsteinen vorbei, mit denen wir Getreide und andere Nahrungsmittel mahlten. Ich erreichte eine Steintreppe, die außerhalb des Gesichtsfelds der Wärter lag. Heftig atmend stand ich am Fuß der sechs grob aus dem Stein gehauenen Stufen. Ich lauschte angestrengt auf ein Zeichen dafür, dass die Wachen unruhig waren oder etwas bemerkt hatten.

Mein Herz raste. Das Knacken eines brechenden Zweigs konnte mich verraten; die Folge wäre eine weitere Runde von Schlägen oder Schlimmeres. Weijing hatte in letzter Zeit alle möglichen Hindernisse auf meinem Fluchtweg eingesammelt, wobei sie stets darauf achten musste, nicht zu viele Dinge auf einmal aufzuheben, um keinen Verdacht zu erregen. Jeder Stein, jedes Ästchen, ein Blatt, ein Wassereimer oder eine Pfanne konnten ein Geräusch machen, das mich verraten würde.

Ich stand bei der Treppe und hörte, wie Weijing trockenes Laub und Gras von dem wenige Schritte entfernten Holzstapel klaubte und in die Küche zurückkehrte, um Feuer zu machen. Der Wärter war mit gefülltem Teebecher zurückgekehrt und plauderte mit seinen Kollegen. Weijing kam erneut aus dem Küchengebäude und trat an den Wasserhahn im Hof, um den Kessel zu füllen – all das tat sie natürlich nur, um die Wärter abzulenken –, und kurz darauf hörte ich den metallischen Klang, als sie den Kessel auf den Ofen stellte. Weijing kam erneut heraus und ging zu dem Holzstapel zurück, um größere Stöcke und Äste zu holen. Jedes Mal, wenn sie an mir vorbeiging, flüsterte sie mir zu, was sie gerade sah. Für den Augenblick war ich in Sicherheit.

Ich rührte mich nicht. Weijing war sehr nervös, aber nachdem ich es durch den innersten Ring von Wachen geschafft hatte, konnte ich nicht mehr aufgeben. «Wir müssen weiter», flüsterte ich. «Es muss klappen.»

Als Weijing das nächste Mal aus dem Haupthaus kam, hatte sie Wäsche auf dem Arm. Im Vorbeigehen flüsterte sie mir zu: «Ich gehe hinauf, um mich umzusehen.» Sie würde auf das Flachdach des Küchengebäudes steigen, von wo aus sie alle Bewegungen rund um unseren Hof sehen konnte. In den vergangenen Monaten hatte sie unter verschiedensten Vorwänden zahllose Stunden dort verbracht, um meinen Fluchtweg auszuspähen. Die «Kastenhäuser» erfreuten sich seit einigen Jahren wachsender Beliebtheit in unserem Dorf, jetzt erwies sich das Flachdach als sehr nützlich.

Nach wenigen Minuten kehrte sie zurück und flüsterte mir zu, ich könne hinaufschleichen. Inzwischen atmete ich wieder ruhiger und hatte meine Nerven besser im Griff. Leise stieg ich die Stufen, die meine Füße genau kannten, hinauf. Oben angekommen, kroch ich auf der Ostmauer unseres Hofs unter dem Dach des Küchengebäudes entlang. Im Osten, jenseits der angrenzenden Höfe der Nachbarn, wartete die Freiheit.

Zum Glück kannte ich jeden Zoll des Hofs meiner Nachbarn, ich hatte mir längst jedes Detail eingeprägt. Ich wusste, dass mich die Wachen, die in einer Entfernung von nur sieben Metern im Umkreis meines Hauses patrouillierten, sehen konnten, wenn ich auf die Mauer kletterte. Also duckte ich mich und bewegte mich langsam vorwärts. Ich fand die von Weijing erwähnte Flasche, die die Wachen als Hindernis auf der Mauer platziert hatten, und stellte sie ein Stück zur Seite, bevor ich mich über die Mauer schob. Dann stellte ich die Flasche wieder an ihren Platz zurück, um keinen Verdacht zu wecken, und ließ mich in dem schmalen Gang zwischen der Mauer und der Seitenwand des Nachbarhauses in den Hof hinab.

Ich krabbelte so rasch wie möglich am Haus der Nachbarin vorbei zu den Betonstufen, die zum Dach ihres Küchengebäudes hinaufführten, das an einer ganz ähnlichen Stelle stand wie unseres. Jetzt musste ich auf eine andere Gruppe von Wachen achten, die außerhalb des Nachbarhofs postiert waren und mich unter Umständen durch einen Spalt im Hoftor erspähen konnten. Vom Dach der Küche kletterte ich auf die Ostmauer, von wo aus ich in den Garten des zweiten Nachbarn hinabsteigen wollte. Auf diese Art würde ich Mauer für Mauer überwinden und einen Hof nach dem anderen durchqueren, um den Cordon der Wachen zu überwinden. Ich trug nichts bei mir, aber im Geiste sah ich jedes Detail des Fluchtwegs klar vor mir.

Ich begann, die Treppe im Hof meiner Nachbarin hinaufzusteigen, und tastete nach den Gegenständen, vor denen mich Weijing gewarnt hatte. Auf der zweiten Stufe standen zwei Metalleimer, an denen ich ohne einen Laut vorbeikam. Ein paar Stufen höher ertastete ich das Bündel von Stromkabeln für Störsender, mit denen die Wärter den Empfang unserer Mobiltelefone unterbanden. Ein Stück weiter oben stieß ich auf die mit Ziegelsteinen gefüllte Pfanne, die Weijing beschrieben hatte. Ich tastete mich mit beiden Händen voran und entdeckte eine wackelige Stelle in der Mauer. Es war klar, dass ich hier nicht auf die andere Seite hinüberklettern konnte, da das Mauerwerk unter meinem Gewicht nachgeben würde.

In diesem Augenblick hörte ich das Quietschen des Hoftors. Ich glitt auf das Küchendach und legte mich flach auf den Rücken. Wenn mich die Nachbarin sah, würde sie höchstwahrscheinlich Alarm schlagen. Ich wusste, dass die Wachen sie mit Essen und vielleicht auch mit Geld bestochen hatten, damit sie mich im Auge behielt.

Ich lag mehrere Minuten mit pochendem Herz auf dem Dach und versuchte, mich zu beruhigen. Bisher hatte mir die Vertrautheit mit der unmittelbaren Umgebung meines Hauses geholfen. Obwohl ich von Kindheit an blind war, hatte ich zahllose Eindrücke von der Umgebung meines Dorfes gesammelt. Ich kannte das Muster der Klänge, die Zusammensetzung der Gerüche, die Anordnung der Straßen und Wege. Ob mir die Flucht gelingen würde, hing vor allem von meiner Erinnerung ab. Und ich würde noch abhängiger werden von meinem Gedächtnis, wenn ich versuchte, mich bis zum Nachbardorf Xishigu durchzuschlagen, wo ich Hilfe zu finden hoffte. Dieses Ziel war nicht weit entfernt, aber es gab zahlreiche Hindernisse. In den Jahren vor meiner Verhaftung und Gefangenschaft hatte ich die Mauern, Straßen und Gärten meines Dorfes in all ihren Details und in ihrer Komplexität kennengelernt. All das lag lange zurück. Nach sieben Jahren in Gefangenschaft musste die Erinnerung mein Führer sein.

Von dem Tag an, an dem Guangcheng aus dem Gefängnis heimgekehrt war, hatten wir über die Möglichkeit einer Flucht gesprochen, und seit mehr als einem Jahr arbeiteten wir an einem Plan. Ich suchte oft im Mondkalender nach einem verheißungsvollen Tag, und sei es auch nur, um meine Furcht zurückzudrängen und das Gefühl zu haben, dass die endlosen Tage ein wenig schneller vergingen. Die Wachen hatten uns fast unseren gesamten Besitz weggenommen, aus Furcht, auch der kleinste Fetzen Papier könne uns von Nutzen sein. Nur dieser kleine Kalender des Mondjahres 2012, den Guangchengs

Mutter unter den wachsamen Augen unserer Bewacher hatte kaufen dürfen, war uns geblieben.

Ich wusste, dass ich das Misstrauen der Wärter wecken würde, wenn ich den Kalender zu eifrig studierte. Daher hielt ich jeden Tag auf dem entsprechenden Kalenderblatt fest, wie viele Eier unsere Hühner gelegt hatten. Da wir uns auf eine lange Gefangenschaft einstellten, ließen wir die Hennen einige ihrer Eier ausbrüten. Schließlich hatten wir mehr als vierzig Hühner, mit deren Fleisch wir unsere karge Diät ergänzen konnten. Sollte uns nichts anderes mehr bleiben, so konnten wir die Hühner schlachten. Wir mussten uns allein versorgen können. Als mich die Wachen schließlich fragten, warum ich den Kalender so oft studierte, erklärte ich ihnen meine Gewohnheit, die tägliche Eierernte aufzuzeichnen. Sie akzeptierten diese Begründung und fragten nicht mehr nach.

Im Lauf der Zeit wurde mir klar, dass der Frühling die ideale Jahreszeit für einen Fluchtversuch sein würde. Das frische Laubwerk der Bäume würde Guangcheng Deckung geben, das Rascheln der Blätter in einer Frühlingsbrise würde die Geräusche überdecken, die er unvermeidlich machen würde. Beim Blättern im Kalender sah ich, dass der 20. April ein chengri *sein würde, ein Tag des Erfolgs. Der Gott des Wohlstands, der Glück und Chancen brachte, würde nach Osten blicken, in eine von Guangchengs möglichen Fluchtrichtungen. An diesem Tag würde das Schwein die Schlange überwinden. Dieses Detail war besonders bedeutsam: Guangcheng war im Jahr des Schweins geboren, und der Kommandant der Wachtruppe, die an diesem Tag Dienst hatte, war im Jahr der Schlange geboren. Auf einer praktischeren Ebene hatten wir die Schichten der Wachtruppe beobachtet und wussten, dass diese Gruppe normalerweise ein wenig weiter entfernt saß als die anderen, womit der nicht einsehbare Winkel, in dem sich Guangcheng bewegen konnte, größer sein würde.*

Im Kalender war der Tag in Abschnitte von jeweils zwei Stunden unterteilt, die entweder günstig oder ungünstig waren. Der Zeitraum zwischen elf und ein Uhr mittags würde ideal sein, aber ich konnte nicht wissen, wann genau sich eine Gelegenheit bieten würde oder ob wir in dieser Zeit überhaupt eine Chance zur Flucht bekommen würden. Guangcheng wusste nicht, dass ich mich nach dem Kalender richtete, er hatte keine Ahnung, dass dieser Tag eine besondere Bedeutung hatte. Doch dann fügte sich alles: Der Wärter stand wenige Minuten vor elf Uhr auf, um sich einen Tee zu holen.

Ich lag flach auf dem Dach des Nachbarhauses, lauschte auf die Wachen auf der anderen Seite der Hofmauer und dachte über meinen nächsten Schritt nach. Ich hörte das Gespräch der Männer und die Geräusche der Spiele, die sie auf ihren Handys spielten. Ich dachte an die Mauer vor mir: Dahinter ging es mehr als dreieinhalb Meter in die Tiefe. Ich würde einen Weg finden müssen, um hinunterzuklettern. In jüngeren Jahren hätte mir das keine Mühe gemacht, aber die Jahre der Gefangenschaft hatten meinen Körper geschwächt. Es wäre zu gefährlich gewesen und hätte zu viel Lärm gemacht, von der Mauerkrone hinabzuspringen. Ich wusste, dass auf der anderen Seite nahe bei der Mauer ein Baum stand. Weijing hatte mir berichtet, dass der Stamm nur etwas mehr als fünfzehn Zentimeter dick war, aber wenn ich herausfinden konnte, wo genau der Baum stand, konnte ich daran hinabklettern.

Ich lag da und versuchte, mich an die genaue Position des Baums zu erinnern, als ich ein leises Zischen aus der Richtung unseres Hauses hörte. Es war Weijing, die sich geräuschvoll an einem mit getrocknetem Mais gefüllten Sack zu schaffen machte, den wir auf dem Dach lagerten.

«Beeil dich», flüsterte sie nervös. «Beweg dich, bevor sie dich entdecken!»

Ich streckte den Arm in Richtung des nächsten Hofs aus und bewegte ihn hin und her, als versuchte ich, den Baum zu fassen zu bekommen. Sie verstand sofort, was ich meinte.

Die Stimme so gedämpft wie nur irgend möglich, sagte sie: «Er ist genau bei deinen Füßen.» Obwohl wir von Wachen umringt waren, die sich nie mehr als ein paar Meter entfernt aufhielten, hörten sie Weijings Stimme nicht.

Ich kroch zum Rand des Daches, drehte mich um und begann, rückwärts die Füße über die Mauer hinauszustrecken, um nach dem Baum zu tasten. Ich klammerte mich an die Fugen zwischen den Steinen und ließ mich an der Mauer hinunter. Ich hatte erst ein kurzes Stück geschafft, als meine Arme vor Schwäche zu zittern begannen. Ich tastete mit dem Fuß nach dem Baum in meinem Rücken. Einen Augenblick lang berührten meine Zehen den Stamm, aber ich war zu schwach, um mich daran festzuhalten. Ich verlor den Halt, verfehlte den Baum und fiel. Ich schlug hart auf. Zum Glück hatte ich mich nicht ernsthaft verletzt, aber meine dunkle Brille war zerbrochen.

Ich setzte mich auf. Ich hatte mich ein wenig aufgeschürft, sonst war mir nichts passiert. Jetzt sah ich mich einer neuen Schwierigkeit gegenüber: In dem Moment, als ich auf dem Boden aufgekommen war, hatte der im Hof angekettete Nachbarhund zu bellen begonnen. Ich musste ein Versteck finden, bevor die Wachen nachsehen kamen, was der Lärm zu bedeuten hatte. Ich kroch auf allen vieren durch den Hof der Nachbarin und versuchte, nicht ins Blickfeld von Chen Guangfeng, dem geistig behinderten Sohn meiner Nachbarin, zu geraten. Der Mann, der nicht mehr jung war, lebte in einer Art Zelle mit Gittern vor einem offenen Fenster. Er war im Hof eingesperrt, seit ich mich entsinnen konnte, und schrie von morgens bis abends nach seiner Mutter, die keine andere Wahl hatte, als sein unablässiges Geschrei zu ignorieren, um ihren täglichen Aufgaben nachzugehen. Aus Mitgefühl mit ihm hatte ich in der Vergangenheit versucht, ihm zu helfen. Jetzt fürchtete ich, er könnte meinen Namen rufen, wenn er mich sah, und mich verraten.

Ich duckte mich so tief wie möglich, um unter dem Fenster des Mannes zu bleiben. Weijing hatte mir berichtet, dass jenseits seines Raums drei jeweils rund zwei Meter breite Pferche in einer Reihe standen. Sie hatte erwähnt, dass sich an einer Seite der niedrigen Einfriedungsmauer beim ersten Pferch eine Tür befand. Ich fuhr mit der Hand an der Mauer entlang, konnte die Tür jedoch nicht finden. Da der Hund wie wild bellte, musste ich sofort ein Versteck finden.

Ich zitterte unkontrolliert vor Angst, als ich über die gut einen Meter hohe Mauer stieg und mich im Pferch flach auf den Rücken fallen ließ. Ich war vollkommen erschöpft. Mein geschwächter Körper war an derartige Anstrengungen nicht mehr gewöhnt. Die Vorderseite des Pferchs war geschlossen, wie Weijing berichtet hatte; die Wachen würden mich also wenigstens nicht sehen, wenn sie einen Blick in den Hof warfen.

Im Pferch waren mehrere Ziegen. Ich hörte, dass sich die Tiere meckernd zurückzogen und auf der anderen Seite des Pferchs zusammendrängten, verschreckt von dem Eindringling. Ich blieb still liegen, und bald wurden die Ziegen mutiger und näherten sich. Nach einer Weile knabberten zwei oder drei von ihnen an meiner Kleidung, was mich nicht beunruhigte, da ich mit Ziegen aufgewachsen bin. Eines der Tiere stellte mir die Vorderhufe auf die Brust und beugte sich herab, um an meinem Gesicht zu schnuppern. Als ich mich in eine andere Position drehte, zogen sich die Tiere erneut zur Hinterseite des Pferchs zurück.

Verängstigt und erschöpft konnte ich nicht anders, als zitternd dazuliegen. Ich würde ein wenig ausruhen und den nächsten Vorstoß wagen, sobald das Zittern nachließ.

Nachdem ich ihm geholfen hatte, den Baum zu finden, wagte ich nicht, auf dem Dach zu bleiben. Ich konnte es auch nicht noch einmal riskieren, hinaufzugehen, um nach ihm zu sehen. Kurz darauf hörte ich den Hund unserer übernächsten Nachbarn bellen. Mein Herz setzte einen Schlag aus. Ich hatte furchtbare Angst, dass das Tier Guangcheng verraten würde. Ich nahm einen Happen Futter und zeigte ihn unserem im Hof angeketteten Hund, in der Hoffnung, er werde ebenfalls zu bellen beginnen, um den Lärm zu überdecken und die Aufmerksamkeit der Bewacher auf unser Haus zu lenken. Dann ging ich hinaus, um mit den Wärtern zu plaudern. Ich bemühte mich, ungezwungen zu wirken. Wie wir waren diese Männer Bauern und Bauernsöhne, und wir hatten sie ein bisschen kennengelernt. Nachdem wir ein paar Worte gewechselt hatten, kehrte ich ins Haus zurück. Mein Herz raste. Zum Glück stahlen in diesem Augenblick die Hühner das Futter des Hundes, was einen solchen Tumult auslöste, dass die Wachen nicht auf den Lärm im übernächsten Haus achteten.

Den restlichen Tag lauschte ich auf jedes Geräusch, in der Hoffnung, etwas, irgendetwas zu hören, das mir verraten würde, wo Guangcheng war. Ich war außer mir vor Angst, zwang mich jedoch, mich wie an einem ganz normalen Tag zu verhalten. Jedes Mal, wenn ein Wärter unseren Hof betrat, suchte ich in seinem Gesichtsausdruck nach einem Hinweis darauf, dass sie Guangcheng entdeckt hatten.

Am frühen Nachmittag kehrte meine Schwiegermutter von der Feldarbeit zurück. Sie hatte es sich zur Gewohnheit gemacht, sich kurz von der Arbeit auszuruhen, etwas zu trinken und dann nach Guangcheng zu sehen. Daher bemerkte sie nicht gleich, dass er fort war. Nachdem sie etwas Wasser getrunken hatte, ging sie ins Schlafzimmer, um nach ihm zu sehen.

«Schläft Guangcheng?», fragte sie.

Ich konnte sie nicht belügen. «Mutter», flüsterte ich, «Guangcheng ist fort.»

In ihrem Blick mischte sich Überraschung mit Wut. «Wie hat er das gemacht?», flüsterte sie.

Ich antwortete nicht.

«Fordert ihr nicht das Schlimmste heraus?», fragte sie. «Dort draußen wimmelt es vor Wachen. Glaubst du wirklich, dass er entkommen kann?»

«Was konnte ich tun, Mutter? Er ist sehr krank, wie lange, glaubst du, kann er das noch aushalten?»

«Sie werden ihn totschlagen», sagte sie in vorwurfsvollem Ton.

«Wenn er hierbleibt, wird er sterben», antwortete ich.

«Nachdem er das Haus einmal verlassen hat», sagte sie, «können wir nicht mehr herausfinden, was mit ihm geschieht. Sie könnten ihn totschlagen und irgendwo verscharren, ohne dass wir es je erfahren würden. Wenn wir schon sterben müssen, dann sollten wir wenigstens zusammen sterben.»

Ich legte ihr eine Hand auf den Mund und bat sie, nicht über so unglückselige Dinge zu sprechen. «Er wird es schaffen», sagte ich, um sie zu beruhigen. «Es wird kein Problem geben. Aber wir sollten einige glückverheißende Worte sprechen und die Götter um Schutz für ihn bitten.»

Meine Schwiegermutter ließ sich nicht besänftigen. Sie war überzeugt, dass der Fluchtversuch scheitern würde, und machte mich dafür verantwortlich. «Kaum gehe ich für kurze Zeit hinaus, da lässt du zu, dass er geht», sagte sie bitter. Dann nahm sie ihren Stuhl, trug ihn in den Hof hinaus und setzte sich hin, um den Hühnern zuzuschauen. Sie weigerte sich, etwas zu essen oder zu trinken.

Normalerweise glaube ich nicht an das Glück, an Gott oder eine andere höhere Macht, aber an diesem Tag wollte ich an alles glauben, was uns helfen konnte. Im Lauf des Nachmittags ging ich mehrmals in die Küche, um zu dem traditionellen Bild des Küchengottes an der Wand zu beten und ihn um Schutz für Guangcheng zu bitten. Ich spähte zur Tür hinaus, um festzustellen, ob einer der Wärter herüberschaute. Wenn nicht, warf ich mich schnell vor dem Bild auf die Knie und betete: «Küchengott, ich flehe dich an. Bitte alle anderen Götter, über Guangcheng zu wachen.»

An die Mauer des Ziegenpferchs gelehnt, ruhte ich mich etwa eine Stunde lang aus und lauschte auf einen Hinweis darauf, dass die Wachen meine Abwesenheit bemerkt hatten und nach mir suchten. Der Hund bellte immer noch. Und jetzt begann Chen Guangfeng plötzlich nach seiner Mutter zu schreien. Der regelmäßige Rhythmus seiner Schreie war ein fester Bestandteil der Geräuschkulisse des Dorfes, so wie die Rufe von Vögeln und Insekten. Ich entspannte mich ein wenig, da ich die Hoffnung hatte, das Gebell und die Schreie würden die Normalität des Vormittags wiederherstellen.

Nach einer Weile kehrte wieder Ruhe ein. Meine Anspannung ließ nach, und ich bekam wieder einen klaren Kopf. Ich fragte mich, wie spät es sein mochte, musste jedoch feststellen, dass meine sprechende Uhr beim Sturz in den Hof zerbrochen war. Ich setzte mich auf und lugte über die Mauerkante, aber der Hund begann erneut, wütend zu bellen. In diesem Augenblick bemerkte mich Guangfeng, der nun nicht mehr «Niang! Niang!» (Mutter), sondern «Li Hong! Li Hong!» schrie: Offenbar hielt er mich für seinen jüngeren Bruder. Ich duckte mich rasch wieder in den Pferch.

Es war etwa eine Stunde vergangen, als ich hörte, dass die Wachen mit dem Essen begannen. Sie rutschten auf ihren Stühlen herum. Dann das klimpernde Geräusch von Essstäbchen in Metallschalen, und schließlich hörte ich, dass sie aufstanden – sie gingen ihr Essgeschirr abwaschen. Nach dem Essen wurde es still, und ich wusste, dass die Männer jetzt nicht bei der Sache waren. Mehr als ein Dutzend von ihnen hielt sich auf der anderen Seite der Hofmauer meiner Nachbarn auf einer Freifläche zwischen den beiden Häusern auf.

Das war die Gelegenheit. Ich kletterte so schnell und leise wie möglich über die Mauer zwischen dem ersten und dem zweiten Pferch. Ich tastete mich durch den Raum, der nichts weiter enthielt als einen kleinen Ofen. Ich fand eine Tür auf einer Seite und lauschte eine Weile, um herauszufinden, was im dritten Pferch war, und um den geeigneten Augenblick für den nächsten Schritt zu wählen. Dann warf ich eine Handvoll Sand über die Mauer, und die Geräusche, die ich hörte, verrieten mir, dass dort verstreute Maisstängel und ein paar landwirtschaftliche Werkzeuge herumlagen. Ich riskierte es und kroch in den dritten Pferch.

Dort angekommen, stieß ich auf eine weitere Mauer, die sehr viel schwieriger zu überwinden war. Auf ihrer Ostseite lag ein Hof, den ich sehr gut kannte. Ich nahm mir lange Zeit, überlegte und lauschte. Ich hörte die Wachen, die wenige Meter entfernt ihrer Arbeit nachgingen, wie sie belanglose Unterhaltungen führten, Feuerzeuge aufklappten und Zigaretten rauchten. Sie schienen nichts Ungewöhnliches bemerkt zu haben.

Meine Uhr war kaputt, aber ich hatte von Kindheit auf gelernt, die Zeit zu bestimmen, indem ich die Zeichen der Natur deutete. Ich konnte sie immer noch auf die Stunde und manchmal auf eine halbe

Stunde genau schätzen, indem ich auf die Temperatur, die Klänge, die Vorgänge in der Natur und vor allem auf das gewohnheitsmäßige Verhalten der Menschen in meiner Umgebung achtete. Etwa um drei Uhr nachmittags, vier Stunden, nachdem ich aufgebrochen war, hörte ich Guangfengs Mutter heimkommen, die sich sofort daranmachte, im Hof zu arbeiten. Ihr Sohn schrie weiter «Niang! Niang!», und nach einer Weile brachte sie ihm etwas zu essen. Ich wusste, dass sie ihm die Nahrung durch das vergitterte Fenster reichte. Bald nachdem er seine Mahlzeit beendet hatte, begann er nach Wasser und Zigaretten zu rufen.

Ich kauerte im Pferch und tastete die Oberfläche der alten und bröckeligen Mauer auf der Suche nach einer Stelle ab, an der ich hinaufklettern konnte. An der Nordseite des Pferchs stand ein Schuppen. Direkt hinter dieser Mauer saß ein Wärter, der mich zweifellos sehen würde, wenn ich dort hinaufkletterte. An der Ostseite war die Mauer brüchig, ich war sicher, dass sie mein Gewicht nicht tragen würde. Also entschloss ich mich, es in der Südostecke zu versuchen, wo ich mich besser festhalten konnte. Um die Mauer zu prüfen, legte ich die Hände flach auf die raue Oberfläche und zog mich langsam hoch, wobei ich mit den Zehen in den Spalten nach Halt suchte. Ich erkundete jeden Zentimeter und prägte mir die Stellen ein, an denen ich Halt finden würde – wo ich zum ersten Mal einen Tritt finden würde, wo zum zweiten Mal ... War ich erst einmal auf der Mauer, würde ich für jedermann sichtbar sein. Ich durfte beim Klettern keinen Fehler begehen: Das geringste Geräusch, und die Wachen würden mich bemerken. Das wäre das Ende.

Als der Nachmittag vorrückte, hörte ich, wie eine Nachbarin, die gegenüber von Chen Guangfeng und seiner Familie wohnte, ihre Hoftür öffnete, ihr Moped auf die Straße hinausschob und wegfuhr. Ich wusste, dass sie ihre Tochter von der Schule abholen fuhr, was bedeutete, dass es mittlerweile halb fünf war. Zwanzig Minuten später näherte sich das Moped wieder.

Die Wachen würden bald zu Abend essen. Ursprünglich hatte ich vorgehabt, über die Mauer zu klettern, während sie aßen. Dann erinnerte ich mich daran, dass ich am Vormittag einen Traktor gehört hatte, der aus nördlicher Richtung gekommen war. Der Lärm des Motors war lauter geworden, als er sich rumpelnd auf der schmalen Straße genähert hatte. Der Traktor war nach Osten abgebogen, und die Wachen, die auf der Höhe des Schuppens auf der anderen Seite der Mauer saßen, hatten ihre Stühle bewegt, um dem Fahrzeug Platz zu machen. Ich war ziemlich sicher, dass der Traktor auf demselben Weg zurückkommen würde, vermutlich noch an diesem Abend.

Es konnte keinen besseren Augenblick für einen Versuch geben, über diese gefährliche Mauer zu steigen: Der Traktor würde die Wachen ablenken. Genau wenn die Dunkelheit hereinbrach, würde ich meine Chance bekommen.

Unsere Tochter Kesi, die zu jenem Zeitpunkt fast sieben Jahre alt war, kehrte kurz vor fünf Uhr nachmittags aus der Schule heim. (Unser neunjähriger Sohn Kerui lebte bei meiner Mutter in einem anderen Dorf und besuchte eine andere Schule.) Bei ihrer Heimkehr rief sie jeden Tag als Erstes «Baba, ich bin wieder da!» und machte sich auf die Suche nach Guangcheng. Ich war besorgt, dass Kesi geschockt und aufgebracht auf das plötzliche Verschwinden ihres Vaters reagieren würde.

Als sie das Haus betrat und ihre Schultasche fallen ließ, zog ich sie an mich und flüsterte ihr ins Ohr: «Kesi, ruf nicht nach Baba und frag nicht, warum er nicht hier ist. Baba ist fortgegangen.»

«Wo ist er hin?», fragte sie besorgt.

«Still», flüsterte ich ihr zu. «Dein Vater ist geflohen.»

Ich bat sie, so zu tun, als wäre nichts geschehen. Sie verstand und nickte. Kesi wusste von unseren früheren Fluchtversuchen, sie hatte sogar selbst Ideen beigesteuert. Sie sprach über den Tunnel, den wir im Vorjahr gegraben hatten, und malte sich aus, welcher Route er folgen sollte und wie schnell wir laufen würden, wenn wir am anderen Ende herauskämen. Und sie hatte mit angesehen, wie die Wachen ihre Eltern geschlagen hatten. Sie wusste um den Ernst der Lage.

Gegen halb sechs kochte ich Nudeln zum Abendessen. Kesi nippte an ihrer Schale, aber weder Mama noch ich konnten essen. Ich tat weiterhin so, als ob Guangcheng im Haus wäre, und sprach hin und wieder laut mit ihm. Später ging ich hinaus, holte Wasser, füllte eine Schüssel damit und rief beim Betreten des Hauses: «Lass uns deine Füße waschen.» Ich trug die Nachttöpfe hinaus und leerte sie ins Klohäuschen. Wir legten uns wie gewohnt ins Bett, aber keiner von uns konnte schlafen. Kesi war vollkommen verängstigt. Sie fürchtete sich vor dem, was ihrem Vater zustoßen konnte. Sie lag schluchzend bei ihrer Großmutter im Bett, den Kopf unter einer Decke, um nicht zu laut zu sein. «Ich vermisse Baba», wimmerte sie leise. Ich versuchte, sie zu trösten: «Wir werden Baba bald wiedersehen.» Irgendwann weinte sie sich in den Schlaf.

Die Stunden schienen endlos, aber kurz vor Einbruch der Dämmerung hörte ich schließlich den Traktor in der Ferne. Als er sich der Kreuzung näherte, geschah, was ich erhofft hatte: Die Wachen begannen ihre Stühle zu bewegen. Das war meine Chance. Ich hatte nur wenige Sekunden Zeit, um auf die Mauer zu klettern, während der Traktor, mein ahnungsloser Komplize, die Wachen ablenkte und die von mir verursachten Geräusche übertönte.

So schnell und leise wie möglich kletterte ich über die raue Oberfläche der Mauer hinauf. Auf der Mauerkrone ließ ich die Beine rücklings auf der anderen Seite hinab. Ich wusste, dass es etwa zwei Meter bis zum Boden waren, eine Höhe, die zu bewältigen war. Und wenn ich diese Mauer erst einmal überwunden hatte, würde ich mich in einem vertrauten Hof wiederfinden.

Vor langer Zeit war dies der Hof meiner Familie gewesen. Ich war in diesem Haus zur Welt gekommen und hatte jahrelang mit meinen Eltern und meinen vier älteren Brüdern hier gelebt. Haus und Hof waren mittlerweile verfallen, aber jedes Detail, jede Erinnerung an diese Umgebung würden von großer Bedeutung sein, sobald ich auf dieser Seite der Mauer landete.

Ich ließ los und fiel. Ein stechender Schmerz fuhr mir durch meinen rechten Fuß. Der Lärm des Traktors hatte das Geräusch meines Falls übertönt, und irgendwie gelang es mir, einen Schmerzensschrei zu unterdrücken. Ich entdeckte, dass genau dort, wo ich gelandet war, ein Haufen großer Steine lag. Trotz des überwältigenden Schmerzes musste ich die freie Fläche zwischen den Mauern überqueren. Ich rollte mich weiter, bis ich gegen die Mauer an der Nordseite des Hofs stieß. Ich versuchte, aufzustehen und den Fuß zu belasten, aber der Schmerz war zu stark und ich sank wieder zu Boden.

War mein Fluchtversuch bis dahin gewagt gewesen, so war er ab jetzt tollkühn. Ich lag da und beurteilte meine Lage. Ich war blind und auf mich allein gestellt. Ich hatte keine Aussicht auf Hilfe von Verwandten oder Freunden. In den Stunden, die vergangen waren, seit ich mein Haus verlassen hatte, war ich nur etwa dreißig Meter weit gekommen, und mein rechter Fuß war ziemlich sicher gebrochen. Mittlerweile war es fast dunkel, aber am Rand des Dorfes befanden sich noch mehr Wachen, die auch in der Nacht Patrouille gingen.

Die Welt war zu unwegsam und zu voll von Gefahren. Wie sollte ich es nur bis ins nächste Dorf schaffen, das anderthalb Kilometer entfernt war? Und warum hatte mir das Schicksal die Flucht zusätzlich erschwert? Aber ich war entschlossen, weder dem Schmerz noch meiner Furcht nachzugeben. Komme was wolle, ich würde nicht aufgeben. Stattdessen konzentrierte ich mich auf den Weg, der vor mir lag, und dachte nur daran, wie ich all die Hindernisse überwinden konnte, die noch vor mir lagen. Ich würde einen Weg finden. Irgendwann würde ich Weijing sechs schimmernde Äpfel schicken.

Eins Nicht wie die anderen

Ich bilde eine Schale mit den Händen und lasse darin das hartgekochte Ei umherrollen, das meine Mutter mir gegeben hat. Es ist noch warm. Ich bin drei oder vier Jahre alt und bekomme nur selten ein ganzes Ei für mich, weshalb ich möglichst lange damit spiele, bevor ich es esse. Ich gehe hinaus und finde die Mühlsteine, mit denen wir unsere Nahrungsmittel mahlen. Ich taste nach dem oberen Stein und reibe die Schale des Eis behutsam daran. Ich lausche den Stimmen der Dorfkinder, die auf der Wiese lachen und spielen. Ich höre die Verwandten und Nachbarn, die ein- und ausgehen. Dann kehre ich ins Haus zurück, klettere auf einen Stuhl und lege das Ei vorsichtig auf den Tisch. Es beginnt zu rollen. Ich sehe so schlecht, dass ich es nicht auffangen kann. Ich höre das dumpfe Knirschen der auf den Lehmboden aufprallenden Schale, danach herrscht Stille. Wenn etwas anstößt, rollt oder ein anderes Geräusch macht, kann ich es oft mühelos anhand des Klangs finden, aber jetzt bin ich hilflos. In der Hoffnung, das Ei zu erspähen, strenge ich mich an, aber ich sehe nichts als verschwommene Formen. Die Nachbarn und Kinder im Raum helfen mir nicht, sie starren mich nur an. Meine Mutter eilt herbei, um mich aus meiner Hilflosigkeit zu befreien. Sie schält das Ei, wickelt es mit gesalzenen Essiggurken in einen Jianbing-Pfannkuchen und legt ihn mir in die ausgestreckten Hände.

Ich kam am 12. November 1971 in dem abgelegenen Dorf Dongshigu zur Welt. Die Kulturrevolution hatte ihren Höhepunkt erreicht, es war eine Zeit der Not und der Bitterkeit. Bei meiner Geburt war ich gesund, aber als ich fünf Monate alt war, erkrankte ich an einem schlimmen Fieber. Meine Eltern hatten kein Geld, um mich ins Krankenhaus zu bringen. Meine Mutter machte sich große Sorgen über meinen Zustand, aber sie musste noch vier weitere Söhne versorgen. Meine Brüder waren fünf, acht, elf und vierzehn Jahre alt. Mein Vater arbeitete zu jener Zeit an einem weit entfernten Ort, und wir hatten keinen Zugang zu einem Telefon. Die Familie meines Vaters war mit ihren eigenen Angelegenheiten beschäftigt.

Auf sich allein gestellt, kümmerte sich meine Mutter um alles in unserem Leben. Jeden Tag musste sie Wasser von einer Quelle unweit des Flusses Meng holen und in Eimern, die an einer Stange auf ihrer Schulter hingen, nach Hause tragen. Vor dem Morgengrauen verbrachte sie Stunden damit, in unserer Mühle Mehl für den Pfannkuchenteig zu mahlen. Wenn sie nicht auf dem Feld arbeitete, sammelte sie in den Hügeln Holz und Reisig für das Feuer. Sie hielt sich stets an die strengen Anweisungen der Kommune, die organisierte, wie wir arbeiteten, lebten und aßen.

Dann kam das Fieber. Mein pausenloses Schreien zerriss meiner Mutter das Herz. Sie wickelte mich in ein paar alte Kleider und legte mich in einem Korb bei dem Feld ab, auf dem sie arbeitete. Sie brauchte zwei Yuan, um einen Arzt im örtlichen Krankenhaus bezahlen zu können. Dies war der einzige Ort, an dem man wirklich ärztliche Hilfe bekam. Aber zwei Yuan waren ein großer Betrag für uns, zu groß, denn wir hatten fast kein Geld. Mein Vater verdiente nur achtzehn Yuan im Monat. In ihrer Verzweiflung versuchte meine Mutter, sich das Geld zu leihen, und wandte sich an den Leiter ihres Produktionstrupps, der sie zum Buchhalter schickte. Dieser schickte sie zum für die Finanzen verantwortlichen Mann. «Wie kannst du dir Geld von uns borgen?», fragte der Mann kopfschüttelnd. «Du schuldest uns Geld, und du hast nicht genug Getreidepunkte verdient.» Die Kommunen waren in Produktionsbrigaden unterteilt, die wiederum aus Trupps bestanden. Die Mitglieder des Produktionstrupps erhielten abhängig von ihrer Arbeitsleistung Punkte. Man musste mindestens eine dem eigenen Nahrungsbedarf entsprechende Arbeitsleistung erbringen, aber da meine Mutter das einzige erwachsene Familienmitglied war, das Ganztagsarbeit leisten konnte, häufte unsere Familie oft ein Punktedefizit an. Keine Punkte, kein Geld, kein Arzt. Der Mann sagte meiner Mutter, sie solle mit einem Schreiben des Chefs ihres Produktionstrupps wiederkommen, aber sie wusste, dass er sie nur loswerden wollte.

Entmutigt und verzweifelt wandte sie sich an Freunde und Verwandte, aber niemand lieh ihr Geld. Der «barfüßige Doktor» des Dorfes, ein Bauer, der eine rudimentäre medizinische Schulung erhalten hatte, um in abgelegenen ländlichen Gebieten im Notfall helfen zu können, hatte keine Idee, wie mein Fieber gesenkt werden konnte.

Ich schrie zwei Tage und Nächte durch. Mein kleiner Körper brannte und wand sich in den Armen meiner Mutter. Am dritten Tag stand meine Mutter wie gewohnt vor Morgengrauen auf, um das Essen für die Familie zuzubereiten, als ich erneut zu schreien begann. Als sie mich hochnahm, um mich an die Brust anzulegen, sah sie mit Entsetzen, dass meine dunklen Augen von einer blauen Masse getrübt waren. Sie sprang auf und lief mit mir zu einer alten Frau in einem Nachbardorf, die sich mit Hausmitteln auskannte. Nachdem die Frau mich untersucht hatte, schlug sie eine Behandlung vor: Meine Mutter sollte auf meine Augen blasen. Doch diese Therapie konnte nichts an meinem Zustand ändern.

Meine Eltern erfuhren nie, was für eine Krankheit ich gehabt hatte oder warum ich durch das Fieber erblindet war. Als mein Vater einen Monat später heimkehrte und erzählt bekam, was geschehen war, brachte er mich in die örtliche Klinik. Mittlerweile war es zu spät, um mein Augenlicht zu retten, aber mein Vater wollte die Hoffnung auf eine Heilung nicht aufgeben. In den folgenden Jahren brachten mich meine Eltern zu einer Reihe von Ärzten. Es nützte alles nichts. Ein Arzt diagnostizierte eine Entzündung der Hornhaut, ein anderer grünen Star – aber alle gelangten sie zu dem Schluss, dass mir nicht zu helfen sei.

Was auch immer die Ursache für das Fieber gewesen war, die Folgen waren furchtbar. In meinen frühesten Erinnerungen gibt es nur Farbflecken, und auch das nur, wenn ich einen Gegenstand genau vor meinen Augen hatte. Man könnte sagen, dass ich vom Kommunismus geblendet wurde, genauer gesagt von einer Welle realitätsferner, leerer kommunistischer Propaganda, die jahrzehntelang im Land verbreitet wurde. Die Kommunistische Partei, die dem Land die «wissenschaftliche Entwicklung» brachte, brüstete sich mit Krankenhäusern und kostenloser medizinischer Versorgung und damit, wie gut die Menschen behandelt wurden. Immer wieder hörten wir, wie viel besser als in der Vergangenheit das Volk jetzt lebe. In Wahrheit erhielten wir nicht einmal eine grundlegende medizinische Versorgung, wir waren Krankheiten schutzlos ausgeliefert. Der Tod kam oft zu uns. Zwei Jahre vor meiner Geburt hatte meine Mutter ein Mädchen zur Welt gebracht, die ersehnte Tochter nach vier Söhnen. Als das Baby erkrankte, hatte meine Mutter kein Geld für das Krankenhaus, sodass sie nicht viel mehr tun konnte als zu warten und zu hoffen. Meine Schwester litt an der «Sieben-Tage-Krankheit», wie sie im Dorf genannt wurde. Nach acht oder neun Tagen war sie tot. Später sagte mir meine Mutter, ich wäre wahrscheinlich nie zur Welt gekommen, wenn das Mädchen überlebt hätte.

Ich hänge zwischen Himmel und Erde. Mein Bruder zieht an dem Strick, und ich steige auf in die Luft. Einen, zwei, drei Meter hoch – ich empfinde keine Furcht, nur Freude. Ich bin vier Jahre alt. Weiter oben im Persimonenbaum kann ich alles hören, jeden Ton, der in die Luft geätzt wird. Ich höre die hallenden Rufe der Vögel, ihre einander überschneidenden, melodischen Gesänge, die sich in den Bäumen miteinander verweben. Ich höre die Geräusche, die von einer nahe gelegenen Quelle herüberdringen, wo die Dorfbewohner mit Kellen Wasser schöpfen, das in die Eimer und Krüge plätschert – die Veränderungen des Tons vom ersten Schwall, der auf das Metall des leeren Eimers prallt, bis zum helleren Rauschen im fast vollen Behälter. Ich bin umfangen vom Chor des Lebens: trällernde Singvögel, blökende, meckernde, bellende Tiere, jedes mit seiner eigenen Intensität, seiner eigenen Kadenz, die mit dem Rhythmus der anderen verschmilzt und sich wieder löst.

Wir spielen dieses Spiel nicht zum ersten Mal. Dritter Bruder liebt es, auf Bäume zu klettern und Vögel zu fangen, und er hat einen Weg gefunden, um mich mitzunehmen. Er bindet mir ein Seil um die Brust, klettert auf den Baum und befestigt das andere Ende des Seils an der Gabelung eines kräftigen Asts. Ich stehe unter dem Baum und warte. Dann beginnt er, mich mühsam hinaufzuziehen, Stück für Stück, bis ich die Astgabel erreiche, wo ich einen angenehmen Sitz habe. Anfangs halte ich mich am Ast fest, aber nach einer Weile werde ich mutiger und beginne, die Umgebung zu ertasten.

Die Zweige über mir hängen voller Persimonen. Ich bitte meinen Bruder, mir eine Frucht zu pflücken. Er sagt: «Du weißt, dass du sie nicht essen kannst.» Sie sind noch nicht reif, und man kann sterben, wenn man eine unreife Persimone isst. «Ich weiß», antworte ich. Er klettert zu einem höheren Ast hinauf, um die größte und rundeste zu pflücken, die er finden kann. Ich bin so klein, dass ich die Frucht kaum in einer Hand halten kann, während ich mich mit der anderen am Ast festhalte. Ich bin begeistert – ich starre auf das leuchtende Rot und Gelb der Frucht und fühle die weiche und fein strukturierte Haut. Ich halte mir die Persimone nahe ans Gesicht, fast berührt sie meine Lippen. Die Textur und der Duft sind so verlockend, dass ich nicht länger widerstehen kann. Verstohlen beiße ich ein kleines Stück von der Spitze ab. Zuerst schmeckt das Fruchtfleisch süß, aber als ich einen zweiten, größeren Bissen nehme, legen sich meine Lippen in Falten, und die Warnung meines Bruders kommt mir wieder in den Sinn, weshalb ich die Frucht rasch ausspucke.

Dritter Bruder hat etwas bemerkt und klettert zu mir herab. «Hast du davon gegessen?» Aus Angst, dass er wütend auf mich werden wird, halte ich die angebissene Seite in meiner Handfläche und lüge ihn verlegen an. «Zeig mir die Persimone», sagt er und öffnet mir die Hand. «Warum hast du davon gegessen?» Da ich versprochen hatte, es nicht zu tun, weiß ich nicht, was ich antworten soll.

«Wie wachsen die Persimonen an den Zweigen?», frage ich meinen Bruder, der wieder über mir in der Baumkrone umhertollt, ein paar Minuten später. Er drückt einen mit Früchten beladenen Zweig zu mir herab, damit ich sie berühren kann. In der einen Hand halte ich die Frucht, von der ich abgebissen habe, mit der anderen taste ich den glatten Zweig ab und finde zwei schimmernde Persimonen, die beieinander hängen. Ich greife nach einer von ihnen und biege den Stängel ab, aber mein Bruder ermahnt mich, sie nicht zu pflücken. Als ich die Frucht loslasse, schwingt der Zweig zurück, und die Persimonen tanzen zitternd in der Luft.

Von der Straße nähern sich Schritte, die rhythmisch über die harte Erde schleifen. «Wie um alles in der Welt ist dieses Kind so hoch in den Baum gekommen», ruft eine Frauenstimme. «Wisst ihr denn nicht, wie gefährlich das ist?» Dritter Bruder antwortet: «Es passiert schon nichts. Wir machen das zu Hause oft.»

Als ich schließlich genug habe, rufe ich: «Gehen wir runter!» Mein Bruder seilt mich langsam ab. Ich strecke den Arm aus, um die Baumrinde noch einmal zu berühren. Während ich mich dem Boden nähere, beginne ich, mich zu drehen und hin und her zu schwingen. Ich fürchte mich nicht – ich bin begeistert. Auf dem Weg nach unten fühle ich nichts als Freiheit.

Das Dorf Dongshigu, Gemeinde Shuanghou, Kreis Linyi, Provinz Shandong, China. Eine Windung des Flusses Meng umschließt das Dorf im Osten und Norden. Im Süden erstreckt sich eine sanfte Hügellandschaft, und aus den Hügeln im Westen schlängelt sich ein Nebenfluss in den Meng. Im Norden erhebt sich in der Ferne das Menglianggu-Gebirge. Bei uns heißt es, das Dorf sei an drei Seiten von Wasser umgeben und blicke an der vierten auf Hügel. Ein Flickenteppich von eingefriedeten Höfen umgibt mit Strohdächern oder Tonziegeln gedeckte Häuschen und Küchengebäude. In den Höfen leben zwischen Holzstapeln, Mühlrädern und Klohäuschen Hunde, Ziegen und Hühner. Nach einer kurzen Strecke durch die krummen Erdstraßen und Trampelpfade, die zwischen den Höfen hindurchführen, erreicht man den Rand des Dorfes. Von dort aus führt der Weg an den Obsthainen der Familien entlang. Man durchquert einen jungen Pappelwald und erreicht den ruhig fließenden Meng, der das Tor zu unserem Dorf ist. Der Fluss ist unsere Lebensader. Wir trinken sein Wasser, das uns zum Bewässern unserer Gärten, zum Waschen und zumindest für einen Teil des Jahres auch zum Baden dient. Zieht man die Schuhe aus und krempelt die Hose hoch, so kann man durch den Fluss waten – das taten wir, bis eine Brücke gebaut wurde – und erreicht die Straße, die uns mit der Außenwelt verbindet. Im Norden, Süden und Westen des Dorfes erstrecken sich im Überschwemmungsgebiet des Flusses unsere Felder, auf denen wir Mais, Süßkartoffeln, Tabak und Mohrenhirse anbauen.

Sommer und Herbst waren immer die bevorzugten Jahreszeiten der Dorfbewohner, nicht zuletzt weil man nach einem langen Tag auf den Feldern zum Fluss hinuntergehen und baden konnte. Wenn die Tage kürzer wurden und die Temperatur sank, wurde das Wasser eisig, sodass wir keine Möglichkeit mehr hatten, uns zu waschen. Bis 1980 musste man in die siebzig Kilometer und eine unerschwingliche Busfahrt entfernte Kreishauptstadt reisen, um ein öffentliches Bad zu finden. In einem Topf Wasser für ein Bad zu erhitzen, kam ebenfalls nicht in Frage, da es im Haus genauso kalt war wie draußen. Wenn die kalte Jahreszeit begann, rückte der Schmutz langsam vor und legte sich Schicht auf Schicht über unsere Welt. In Anbetracht der Kosten eines Bads blieben die Leute zu Hause und verzichteten den ganzen Winter bis nach dem Neujahrsfest – das im Januar oder Februar gefeiert wird – auf ein Bad oder eine Dusche. Sie wuschen sich erst wieder, wenn Ende April die Bäume Knospen trieben und das Gras auf den Hügeln zu grünen begann. Das Wasser im Fluss blieb bis Ende Mai eiskalt, aber zu diesem Zeitpunkt waren die Dorfbewohner endlich bereit, der Kälte zu trotzen, um sich zu waschen.

Ich erinnere mich lebhaft an dieses köstliche erste Bad des Jahres. Es war ein unbeschreibliches Gefühl, entspannt am Flussufer in der Frühlingssonne zu liegen, die meinen wunderbar lebendigen, kribbelnden Körper wärmte.

Ich weiß nicht, wann sich meine Vorfahren in Dongshigu ansiedelten, wir lebten hier schon seit Generationen. Etwa die Hälfte der rund fünfhundert Dorfbewohner trägt den Familiennamen Chen. Neben dem Familiennamen haben meine Brüder und ich sowie alle anderen Angehörigen unserer Generation den «Generationsnamen» Guang, der «Licht» bedeutet und von unseren Vorfahren im Dorf vor Jahrhunderten gewählt und schriftlich festgehalten wurde. Meine Eltern machten sich nicht die Mühe, mir bei meiner Geburt oder in meiner Kindheit einen eigenen Namen zu geben. Also wählte ich als Teenager selbst einen aus: Cheng, was «aufrichtig» bedeutet. Bis dahin war ich einfach Kleiner Fünf genannt worden, weil ich der fünfte Sohn meiner Eltern war.

Von klein auf gehörten alle Einwohner von Dongshigu für mich zu meiner erweiterten Familie. Gleichgültig, ob jemand tatsächlich mit mir verwandt war oder nicht, ich bezeichnete jede Person im Dorf als Onkel, Großmutter oder Vetter. Das tat ich zum einen aus Verbundenheit, zum anderen aus Respekt für die Alten. Jeder wusste, wo er im Verhältnis zu den anderen stand. Als ich klein war, standen alle Häuser offen, und nur zwei Familien hatten ihre Gärten mit hölzernen Toren versperrt. Zur Begrüßung fragten wir zumeist: «Hast du schon gegessen?» Der Grund dafür waren die Jahre der Not und die allgegenwärtige Sorge um Verwandte, Freunde und Nachbarn. Fast niemand sagte «bitte» oder «danke», das war nicht Brauch bei uns. Wir drückten Dankbarkeit und Zuneigung auf andere Art aus, zum Beispiel durch den einfachen Ausruf: «Oh, da bist du ja!»

Trotz dieses dichten Netzes von Beziehungen war das Leben in meinem Dorf bis vor wenigen Jahrzehnten ein ständiger Überlebenskampf gewesen. Seit Generationen lösten Kriege und soziale Unruhen Hungersnöte aus, und Hungersnöte führten zu Machtkämpfen und politischen Auseinandersetzungen, die das einfache Volk einer zermürbenden Unsicherheit aussetzten. Dongshigu war da keine Ausnahme.

Wie viele Menschen im ländlichen China besaß meine Familie lediglich einen winzigen Flecken Land, von dem sie sich unmöglich ausreichend ernähren konnte. Wir lebten in verzweifelter Armut. Mein Vater besaß als Kind nur eine einzige zerrissene Hose – bis zu seinem zehnten Lebensjahr «hing ihm der Hintern heraus», wie mir ein Nachbar erzählte. Als mein Vater diese Beschreibung hörte, lachte er und sagte: «Wo sollte man in jenen Tagen Kleidung herbekommen?» Damit er nicht zu sehr fror, fütterte meine Großmutter die Hosenbeine in den kalten Wintermonaten mit Baumwollbäuschen, wie es in China auf dem Land noch heute viele Leute tun. Die Dorfbewohner fertigten ihre Kleidung selbst an und trugen sie so lange, bis sie zerfiel. Viele gingen auch im tiefsten Winter barfuß.

Mit etwa zehn Jahren war mein Vater alt genug, um bei der Arbeit am Mühlrad der Familie zu helfen. Tag für Tag stand er lange vor Morgengrauen auf, sobald die Hähne zu krähen begannen. Dann ging er zwei bis drei Stunden lang im Kreis und drehte die Mühlsteine. Er goss Wasser durch ein Loch im oberen Stein und mahlte Süßkartoffeln oder ein wenig Mais – in schlechten Zeiten wurden diese Feldfrüchte durch Gras oder sogar Baumrinde ersetzt – zu einem Teig für die täglichen Jianbing-Pfannkuchen. Anschließend verteilte meine Großmutter den Teig auf einem «Ao»-Backblech, das einen Durchmesser von etwa einem Meter hatte, und buk einen riesigen, papierdünnen Pfannkuchen, der unser tägliches Brot war. Ihr Jianbing war oft die einzige feste Nahrung der Familie, weshalb alle bei Tagesanbruch so viel aßen, wie sie konnten.

Wenn es nichts zu essen gab, wurden mein Vater und seine Geschwister oft so schwach, dass sie nicht mehr aus dem Bett kamen. Auf der Suche nach etwas Essbarem fielen die Leute aus unserem Dorf über die Bäume her, füllten sich die Mägen mit Blättern von Ulmen, Pappeln und Robinien und nagten die Rinde ab, um das Hungergefühl zu unterdrücken. Aber dadurch verschlechterten sie ihren Zustand nur noch. Im Alter von achtzehn Jahren wäre mein Vater beinahe verhungert. Er litt unter Hungerödemen und erkrankte schwer, nachdem er in seiner Verzweiflung Baumwollsamen gegessen hatte. Niemand dachte über die Bildung der Kinder oder über einen Weg zu einem besseren Leben nach. Die Menschen wollten einfach nur überleben.

Wenn ihre Kinder besonders hungrig waren, schluckte meine Großmutter gelegentlich ihren Stolz herunter und bat die Nachbarn, denen es etwas besser ging, um ein paar Pfannkuchen. Es war eine Zeit großer Not. Wenn mir mein Vater von jenen Tagen erzählte – es waren Geschichten von Armut, Krankheit und Wirren, und die Not wurde immer nur für kurze Zeit gelindert –, brach er jedes Mal in Tränen aus.

Meine Mutter wuchs in dem Dorf Sangyuan auf, das etwas mehr als sieben Kilometer von Dongshigu entfernt war. Zu jener Zeit war das eine weite Strecke. Sie lernte nie lesen oder schreiben. Im Alter von sechzehn Jahren verlor sie ihre Mutter und wurde gemeinsam mit ihren überlebenden Brüdern von ihrem Vater aufgezogen. Als der Bürgerkrieg zwischen den Kommunisten und den Nationalchinesen Ende der vierziger Jahre Sangyuan erreichte, floh er mit seinen Kindern in die Berge, wo sie sich tagsüber unter einem Felsvorsprung versteckten, um nachts ins Dorf zurückzukehren und nach Nahrung zu suchen. Einmal sahen sie einen von einer Granate tödlich verwundeten Soldaten, der am Eingang ihrer Höhle vorbeiwankte. Diesen Anblick vergaßen sie ihr Leben lang nicht.

Die «Befreiung» – dies war die Bezeichnung der Kommunisten für ihre Machtergreifung im Jahr 1949 nach dem Sieg über die Kuomintang im Bürgerkrieg – brachte neues Unglück über Dongshigu. Die Kommunistische Partei trat ihre Herrschaft mit dem Vorhaben einer Landreform an und schürte den Klassenkampf zwischen dem einfachen Volk und den Grundbesitzern. Die Kommunisten verteilten alles Land unter den Bauern, die winzige Parzellen erhielten, die aber erstmals wirklich ihnen gehörten. Doch die Unabhängigkeit war nicht von Dauer. Stattdessen wurden all die kleinen Grundbesitzer durch einen einzigen großen Grundherrn ersetzt. Die Kommunistische Partei riss das Land und nebenbei auch das Eigentum der Bauern im Namen der Kollektivierung an sich. Die neue Ordnung war noch schlimmer als der Feudalismus der Vergangenheit. Im alten System hatte ein Bauer, der von seinem Grundherrn unfair behandelt wurde, immerhin die Wahl gehabt, sich einen neuen Herrn zu suchen. Unter dem Kommunismus gab es keine Wahl mehr.

Meine Mutter lernte meinen Vater über ihre Tante kennen, die einige Jahre früher in unser Dorf eingeheiratet hatte und wie jede neuvermählte Frau zu der Familie ihres Ehemanns gezogen war. Meine Eltern heirateten im Jahr 1955. Zwei Jahre später kam ihr erster Sohn zur Welt. Zu dieser Zeit begann der «Große Sprung nach vorn», eine von Mao Zedong eingeleitete politische Kampagne, die in einer Katastrophe von unvorstellbarem Ausmaß endete.

Mittlerweile gehen sowohl chinesische als auch westliche Experten davon aus, dass zwischen 1958 und 1961 mehr als vierzig Millionen Menschen der Politik der Partei zum Opfer fielen. Die meisten von ihnen verhungerten. Mao verlangte, China müsse «auf zwei Beinen gehen», womit gemeint war, dass Landwirtschaft und Industrie gleichzeitig rasch entwickelt werden sollten. Stattdessen zwang er das Land in die Knie. Mao kündigte an, China werde Großbritannien und die Vereinigten Staaten innerhalb weniger Jahrzehnte industriell überflügeln. Einer der Slogans aus jener Zeit lautete: «Wenn du groß denkst, wird deine Ernte groß sein.» Um den von Mao geforderten Entwicklungssprung zu verwirklichen, wurde ein hysterischer Wettbewerb zwischen den Produzenten geschürt, und Produktionsbrigaden, Dorf- und Bezirksorganisationen begannen, absurde Produktionszahlen zu melden. In einigen Regionen behaupteten die Brigaden, mehr als 350 Tonnen pro Hektar zu ernten, obwohl selbst die fruchtbarsten Böden nicht mehr als zwei Tonnen pro Hektar hergaben. Als die Illusionen schließlich mit der Realität kollidierten, begann die Wirtschaft zu schrumpfen. Die Kollektivierung der Gesellschaft und die Organisation der Landbevölkerung in Volkskommunen endeten in einer Katastrophe.

1958, drei Jahre nach der Hochzeit meiner Eltern, kündigte sich eine gute Ernte an. Auf den Feldern warteten große Mengen an Getreide, Mais, Gurken und Süßkartoffeln darauf, geerntet zu werden. Aber die Landbevölkerung durfte nicht auf die Felder. Sie musste ihre ganze Energie für die Erzeugung von Stahl aufwenden. Mao hatte befohlen, jedes Dorf müsse eigene «Hinterhoföfen» bauen, um Stahl darin zu gießen. Die Bauern sollten alles zusammentragen, was Eisen enthielt – einschließlich von Woks und Türschlössern –, und an die Kommune abliefern. Niemand konnte sich dem gewaltigen Arbeitsaufwand entziehen, der mit der Stahlproduktion einherging. Die Menschen in Dongshigu mussten mit ansehen, wie die Ernte auf den Feldern verrottete, während sie Hunger litten. Einige Dorfbewohner versuchten, die Ernte einzufahren, aber wer etwas von den Feldern holte, wurde bestraft. Im Jahr darauf gruben einige Hungernde die verrotteten Süßkartoffeln aus und vergifteten sich damit. Drei Jahre lang gab es fast nichts zu essen, und manchmal mussten die Menschen die Rinde von den Bäumen essen. Aber auch die Baumrinde wurde knapp. Eine Hungersnot brach aus.

Die vorhandene Nahrung wurde in der Kantine der Kommune verteilt. Alle aßen aus demselben großen Topf. Wenn aus dem Kamin eines Hauses Rauch aufstieg, gerieten die Bewohner unter Verdacht, und das Haus wurde durchsucht. Kochten die Bewohner heimlich Essen? Horteten sie Nahrungsmittel? Wer den «kapitalistischen Weg» einschlug und versuchte, sich selbst zu ernähren, wurde streng bestraft.

Der Zugang zu Nahrung war gleichbedeutend mit Macht. Meine Mutter erzählte mir, dass sie einmal bis in die frühen Morgenstunden wach blieb, um Jianbing für die Kommune zuzubereiten. Dann ging sie in die Kantine, um zu kochen. Damals gab es kaum Uhren, weshalb sich die Leute auf die Zeichen der Natur verlassen mussten, um die Zeit zu bestimmen. Meine Mutter hörte den Hahn nicht krähen und kam zu spät. Sie wurde vom Parteisekretär verhört, der ihre Schale mit Essen füllte, ohne es ihr jedoch zu geben.

«Was hast du heute Morgen getan?», fragte er höhnisch.

«Ich habe bis spät in die Nacht gekocht», antwortete sie.

Er schüttete ihr Essen wieder in den Topf zurück. Es war ihm gleichgültig, wie schwer sie gearbeitet hatte oder wie erschöpft sie war. Wer zu spät kam, aß nicht. Man konnte sich auch nicht damit entschuldigen, dass man für die Kommune gekocht hatte. Meine Mutter hatte keine andere Wahl, als den Hunger zu ertragen und zu hoffen, dass man ihr im Lauf des Tages etwas zu essen geben würde.

Ich bin fünf, Vierter Bruder ist zehn Jahre alt. Wir spielen draußen auf den Feldern, während unsere Mutter arbeitet. Als es an der Zeit ist heimzukehren, laufen mein Bruder und ich voraus. «Holen wir uns ein bisschen Guobing!», ruft er. Ich kenne das Dorf so gut, dass ich keine Angst habe, gegen ein Hindernis zu stoßen.

Da wir kein Geld haben, suchen wir etwas, das wir eintauschen können. Mein Bruder hebt den Deckel des Keramikbehälters hoch, in dem wir die Getreideration unserer Familie aufbewahren: Wir können Weizen verwenden. Mein Bruder lässt mich das Getreide ausschöpfen, das wir der Frau im Laden für ihren köstlichen Weizenkuchen geben werden, denn da ich um einiges jünger bin als er, werde ich kaum Ärger bekommen. Von dem Vorrat unserer Familie, der für ein ganzes Jahr reichen soll, ist fast nichts mehr übrig, aber das kümmert uns nicht. Beim Gedanken an den Guobing läuft uns das Wasser im Mund zusammen.

Die Bäckerin im Laden beschimpft und verspottet uns, weil wir ihr eine so kärgliche Menge anbieten. Sie wiegt den Weizen ab und rechnet aus, wie groß das entsprechende Stück Kuchen sein wird.

Auf der Straße treffen wir unsere Mutter, die gerade nach Hause kommt. «Wie könnt ihr es wagen, unseren Weizen für Guobing herzugeben!» In ihrer Wut bückt sie sich, um einen Stein aufzuheben und nach Vierter Bruder zu werfen. Ich weiß, dass sie mich nicht verletzen wird – ich bin das Nesthäkchen der Familie. Mein Bruder läuft weinend ins Haus. Jetzt tut es meiner Mutter leid, denn sie weiß, wie mager und hungrig wir sind. Sie ruft Vierter Bruder herbei, aber er ist unversöhnlich und starrt wütend aus dem Fenster. Sie zerbricht den Kuchen in zwei Stücke, eins für mich und eins für meinen Bruder. Ich protestiere, weil ich zuerst ertasten will, welches Stück größer ist. Sie gibt Vierter Bruder das kleinere, und ich bin zufrieden. Obwohl meine Mutter den ganzen Tag auf den Feldern gearbeitet hat, nimmt sie sich selbst nichts.

Menschen, die sehen können, halten vieles für selbstverständlich. Wie sieht ein Vogel aus? Was ist der Unterschied zwischen einem Spatzen und einer Schwalbe? Wie fliegt ein Drachen? Worin unterscheiden sich zwei Bäume? Während andere Kinder diese Dinge auf einen Blick verstehen, musste ich andere Wege finden, um die Welt zu begreifen. Da meine Mutter auf dem Feld arbeitete und mein Vater oft fort war, trugen meine Brüder viel zu meiner Erziehung bei. Sie halfen mir zu verstehen, wie Dinge funktionierten, wie sich Tiere verhielten, wie das Leben aussah. Ich nahm immer an ihren Abenteuern teil, ob sie nun auf Bäume kletterten, Insekten und Vögel fingen oder die Wälder in der Umgebung des Dorfes erkundeten. Wenn sie mir etwas zeigen wollten, legten sie es mir in die Hände. Dank meiner Brüder lernte ich als Kind mehr als manch anderer Blinde in seinem ganzen Leben.

Wir bastelten uns unser Spielzeug selbst – anderes gab es nicht –, indem wir aus Schlamm und Lehm Bälle oder Autos formten oder aus Bambus und Hölzern Pfeil und Bogen schnitzten. Um mich zu unterhalten oder zu trösten, nahm mich Dritter Bruder manchmal mit zu einem Baum. Er brach einen Zweig ab und reichte ihn mir, damit ich ihn abtasten und über die weichen Blätter und die raue Rinde streichen konnte, um an Texturen und Formen zu erkennen, wie sich dieser Baum von anderen unterschied. Oft kaute ich die Blätter, um mir ihren Geschmack einzuprägen, und nachdem ich lange geübt hatte, konnte ich viele Bäume sicher benennen. Als ich älter wurde, brachten mir meine Brüder bei, mit einem Teller und einem Stück Stoff Fische zu fangen; später machte ich mich mit den Lebenszyklen der Fische vertraut und lernte, ihnen nachzustellen. Meine Kenntnis dieser Dinge war unmittelbar und körperlich. Ich lernte die Welt auf eine Art kennen, die für die meisten Menschen, die sehen können, sehr fremd ist.

Als ich etwa drei oder vier Jahre alt war, waren Dritter Bruder und ich einmal zum Schwimmen am Fluss. Er bemerkte einen Specht, der am Ufer im Stamm einer großen Weide in seinem Loch verschwand. Dritter Bruder kletterte auf den Baum, holte den Specht heraus und legte ihn mir in die Hände. Ich betastete seine Flügel und war verblüfft über seinen riesigen Schnabel und seine glatte Zunge, die meine Hand kitzelte. Auf dem Heimweg entwich uns der Vogel, aber mein Bruder lief ihm quer durch das Dorf und über die Felder nach. Schließlich fing er den Specht wieder ein und brachte ihn triumphierend nach Hause. Jeder im Dorf kannte die Hartnäckigkeit meines Bruders. Wir jagten oft einen ganzen Nachmittag lang einen bestimmten Vogel, nur um das zarte Geschöpf in all seiner Verwundbarkeit in den Händen halten zu können.

Ich lernte den Gesang der Vögel lieben und bewunderte ihre Gewohnheiten, und jahrelang kletterte ich im Frühling auf die Bäume, um in ihrer Nähe zu sein. Ich nahm Küken mit nach Hause, um sie selbst aufzuziehen, fütterte sie mit Insekten oder Weizen und brachte ihnen Kunststücke bei – ich bemühte mich sehr, die Vögel dazu zu bewegen, zu singen und bei mir zu bleiben. Nachts setzten wir sie in kleine Töpfe, die wir bis auf einen Spalt zudeckten, um die Mäuse fernzuhalten. Wenn die Vögel ausgewachsen waren, ließen wir sie im Hof und im Haus umherfliegen und freuten uns, wie sie sich auf Stühlen, Tischen und Schultern niederließen. Sie waren ein natürlicher Bestandteil unseres Hauses.

Die Schwalben bauten schöne Nester unter den Dachtraufen der Häuser. Als Mörtel verwendeten sie Schlamm, den sie Schnabel für Schnabel aus der Uferbank des Flusses holten. Die Schwalben liebte ich besonders: Ich bewunderte ihren unermüdlichen Eifer beim Nestbau, wie sie Tag für Tag arbeiteten, um etwas Dauerhaftes und Stimmiges zu schaffen. Die Bauern schätzten die Schwalben, weil sie schädliche Insekten fraßen. Die Spatzen hingegen bauten zerbrechliche Nester aus Stroh, das sie aus unseren Dächern zogen, wobei sie oft Löcher hinterließen, durch die bei starkem Regen Wasser eindrang. Sie fraßen auch Korn auf den Feldern und attackierten die Nester der eleganten Schwalben, um diese zu vertreiben. Dann schubsten sie die Eier oder Küken der Schwalben aus dem Nest und legten ihre eigenen Eier hinein. Im Grunde liebte ich alle Vögel, aber als Kinder versuchten wir aus Wut über diese Ungerechtigkeit oft, die Spatzen zu fangen oder ihre Nester auf dem Dach zu zerstören.

Manche Vögel fraßen keine Insekten, sondern Mais oder Hirse. Das machte es sehr viel leichter, sie aufzuziehen und zu versorgen, und sie legten rasch Gewicht zu. Auch als ich schon verheiratet war, zog ich weiterhin Vögel auf, darunter *banjiu*, Turteltauben. Ich hielt sie mir für eine Weile, und wenn sie kräftig genug waren, ließ ich sie frei. Es machte mich glücklich, sie in die Freiheit zu entlassen, aber ich war auch traurig über den Verlust, wenn ihre Flügel zum letzten Mal über meine Hände strichen.

Ich bin fünf oder sechs Jahre alt. Es ist Sommer, und die Jungen in meinem Alter tragen keine Kleider am Leib. Wir sind den ganzen Tag nackt. Am Morgen springe ich aus dem Bett, reiße mir ein Stück von einem Jianbing ab und laufe aus dem Haus, um meine Freunde zu suchen. Ich laufe, der Wind streicht über meine Haut, meine nackten Füße trommeln rhythmisch auf die Erde. Auf den offenen Straßen und Pfaden in der Umgebung des Dorfes habe ich nichts zu befürchten, und je schneller ich laufe, desto freier fühle ich mich. Die kleinen Steine oder Zweige, auf die ich trete, stören mich nicht.

Wenn ich an eine Mauer komme, klettere ich hinauf. Jede Mauer ist eine Herausforderung und eine Freude. Meine Finger suchen Lücken im Mauerwerk, der feuchte Stein kühlt meine Zehen. Niedrige, hohe, alte und neue Mauern: Ich lerne sie alle kennen. Manchmal klettere ich auf das Dach eines Nachbarn und hangle mich auf der anderen Seite an einem Baum hinunter. Meine Geschicklichkeit scheint die Leute zu überraschen, und das freut mich.

Auf dem Weg zum Fluss machen die Männer, die am Wegrand das Gras mähen, Späße mit meinen Freunden und mir. Sie deuten auf die Gegend zwischen unseren Beinen und sagen: «He! Da wächst dir etwas! Was ist das? Warte, ich schneide es weg!» Und sie tun so, als wollten sie uns mit der Sense attackieren.

Ich lerne schwimmen. Anfangs helfen mir meine Freunde, später, als sie zur Schule gehen, bewege ich mich allein durch das kühle Wasser und greife mit der Hand tief hinab, um den weichen Sand zwischen den Fingern zu spüren.

Als Junge stieß ich überall auf die Gesetze der Natur und stellte fest, dass viele dieser Gesetze auch für den Menschen gelten. Wenn ein in einen Pferch gesperrtes Schwein ein einziges Mal für ein oder zwei Tage ausbricht, wird es sehr schwierig, es wieder an den Pferch zu gewöhnen. Dasselbe gilt für Kühe, Pferde, Hunde, Hühner und viele andere Tiere – einschließlich des Menschen, wie ich später als Erwachsener herausfand. Die Menschen auf dem Land wissen das instinktiv, und diese Abläufe der natürlichen Welt sollten nicht ignoriert werden. Die Gewohnheiten der Lebewesen, seien es Vögel, Insekten oder Pflanzen, sollten respektiert werden.

Wie alle Kinder fanden wir es aufregend, die natürliche Ordnung der Dinge durcheinanderzubringen. Unsere Eltern verwendeten eine Redensart, um uns zu gutem Benehmen anzuhalten: «Was auch immer du tust, halte dich fern von den Wespennestern.» Was nichts anderes hieß, als dass wir keinen Ärger suchen sollten, der vermeidbar war. Aber wir liebten es, genau das zu tun, und öffneten Wespennester des bloßen Nervenkitzels wegen. Wespen- und Bienenlarven sind köstlich (vor allem gebraten in einem Omelett), und sie waren ein ausgezeichnetes Futter für die Vögel, die wir zu Hause hielten, vor allem weil wir manchmal kein anderes Futter zur Hand hatten. Wir holten das Nest mit Stöcken und Steinen herunter und kreischten vor Begeisterung, wenn Dutzende Wespen ausschwärmten und uns angriffen. Sie konnten ein Kind leicht einholen, aber wir lernten, sie abzuschütteln, indem wir im Zickzack liefen und plötzlich die Richtung änderten. Wir entdeckten, dass sie leuchtende, kontrastreiche Farben besser sehen konnten als dunkle, weshalb wir uns im gesprenkelten Schatten eines Mais- oder Sorghumfelds vor ihnen in Sicherheit bringen konnten. Die älteren Kinder, die manchmal Hemden trugen, wussten, dass weißer Stoff gefährlich war.

Wenn wir ein Nest erbeutet hatten, machten wir uns daran, die Larven auszugraben. Wir zählten die offenen und verschlossenen Zellen in der Wabe. War eine Zelle noch offen, so wussten wir, dass die Wespen die Larve darin noch ernährten, was bedeutete, dass ihr Verdauungstrakt unsauber war. Wenn das Wachstum der Larven einen bestimmten Punkt erreicht, schließen die Insekten die Zellen und bringen kein Futter mehr. Von da an hungern sich die Larven «sauber» und verwandeln sich schließlich in Wespen. Bei der Verteilung unserer Beute erhielten die Jäger am meisten, die im Kampf mit den Wespen am mutigsten und beharrlichsten gewesen waren.

Wenn wir von Stichen übersät heimkehrten, schimpften unsere Eltern mit uns. Um mich hatte meine Mutter am meisten Angst, weil ich nicht sehen konnte. «Jeden Tag kommst du mit neuen Wunden über den alten Narben nach Hause», sagte sie. Aber gleichgültig, wie oft ich mich beim Öffnen eines Nests und bei der Flucht vor wütenden Wespen verletzte, ich konnte nie genug davon bekommen.

Ich liebte Tiere. Als Junge verwandelte ich unser Haus oft in eine kleine Menagerie. Ich war etwa sechs Jahre alt, als mein Onkel wegzog und mir eine kleine schwarze Hündin schenkte. Wenn meine Mutter auf dem Feld und meine Brüder in der Schule waren, war die Hündin meine Gefährtin und Spielkameradin. Oft lag ich mit ihr im Hof, streichelte ihr den Bauch und die Ohren, berührte ihre Schnauze und betastete ihre Zähne. Manchmal hob ich ihre Hinterbeine in die Luft, und wir spielten Schubkarre. Ich hängte ihr eine Glocke um den Hals, um immer hören zu können, wo sie sich befand. «Dieser Hund steht dir näher als deine Mutter», sagte eine meiner Tanten nur halb im Scherz zu mir.

Nach Maos Tod im Jahr 1976 verkündete die Kommunistische Partei die «Zwei Alles Politik»: Sie würde «entschlossen an allen Anweisungen des Vorsitzenden Mao festhalten». Dazu gehörte auch, alle Hunde zu töten, mit der Begründung, sie verbreiteten die Tollwut. Zwei Jahre später, ich war damals sieben Jahre alt, verschärfte die Partei die barbarische Kampagne gegen die Hunde. «Jede Familie, die einen Hund besitzt, muss ihn töten oder verkaufen», plärrte es aus dem Propagandalautsprecher im Dorf. Fast jede Familie hatte einen Hund, die Tiere waren Teil unseres Lebens. Einige Dorfbewohner zögerten die Entscheidung in der Hoffnung hinaus, die Kampagne werde irgendwann enden, andere verkauften ihre Tiere. Aber kaum jemand war bereit, seinen Hund zu töten.

Ich flehte meine Eltern an, meinen Hund behalten zu dürfen, aber eines Tages sagte meine Mutter: «Wir müssen ihn verkaufen.» Ich lag auf dem Boden und schluchzte verzweifelt. Meine Hündin wurde mit einem Strick um den Hals weggeführt, aber als die Hundefänger sie gerade an einem Baum aufhängen wollten, riss sie sich los und kam nach Hause gelaufen. Meine Mutter wollte das Tier nicht hereinlassen, aber ich stieß sie zur Seite, sodass es durch die Tür schlüpfen und sich unter dem Tisch verstecken konnte, wo es hechelnd wartete. Der Strick hing immer noch um ihren Hals. Schließlich brachte Älterer Bruder sie zurück zu den Hundetötern. Ich trauerte lange um sie.

Einmal schenkte mir ein Verwandter ein Zicklein, das mich nach kurzer Zeit für seine Mutter hielt und jämmerlich zu klagen begann, wenn es mich nicht sehen konnte. Ich konnte es nicht ertragen, das Tier in der Nacht im Garten anzubinden, und löste den Strick. Ich hörte, wie es den Strick auf der Suche nach mir durch den Hof zog. Tagsüber nahm ich das Zicklein überallhin mit. Gemeinsam strichen wir durch das Dorf und gingen zum Fluss hinunter, wo das Tier im saftigen Gras äste. Die Ziege wusste, dass sie loslaufen sollte, wenn ich ihren Schwanz berührte, und passte sich meiner Geschwindigkeit an, um mir den Weg zu zeigen.

Ich war acht oder neun Jahre alt, als die Ziege zum ersten Mal trächtig wurde. Ich war vollkommen verzückt von der Veränderung ihres Körpers. Ihr Bauch wurde prall und rund, das Euter schwoll an. Jeden Tag tätschelte ich ihren Bauch und betastete das Euter, um festzustellen, ob schon Milch eingeschossen war und die Geburt bevorstand. Ich konnte es nicht erwarten. Während der Geburt der

Zicklein blieb ich bei ihr, um nachhelfen zu können, aber meine Ziege brachte ohne jede Hilfe zwei Zicklein zur Welt.

Nachdem sie ihren Nachwuchs saubergeleckt und mit sanften Stößen dazu bewegt hatte, aufzustehen, versuchte eines der Zicklein instinktiv, unter den Bauch der Mutter zu kommen, fiel jedoch immer wieder hin. Es wollte trinken, konnte sich jedoch nicht auf den zitternden Beinen halten und schien zu schwach, den Kopf hoch genug zu heben, um an der Zitze saugen zu können. Das kleine Tier gab einen ängstlichen, klagenden Ton von sich. Ich versuchte, ihm die Zitze in den Mund zu schieben, so wie ich Jungvögeln Würmer in den Schnabel steckte, aber offenbar machte ich es falsch. Ich hatte Angst, dass die Mutter mit ihren kräftigen Hinterbeinen auf die Zicklein treten würde, was gelegentlich vorkam.

An diesem Tag kam der Vater eines Freunds zu Besuch, den ich Vierter Onkel nannte. Er verstand etwas von Ziegenhaltung. Ich erzählte ihm von der Geburt und von meiner Sorge, weil die Zicklein immer noch nicht tranken. Vierter Onkel fasste die Tiere nicht so vorsichtig an wie ich. Er kniete sich in den Staub, um einen günstigen Winkel zu haben, zerrte das Zicklein unter den Bauch der Mutter, drückte mit vier Fingern einer Hand auf den Unterkiefer des kleinen Tiers, um sein Maul zu öffnen, und stopfte ihm mit der anderen Hand die Zitze hinein.

Da ich nicht sehen konnte, was geschah, legte ich meine Hände auf die von Vierter Onkel, um zu ertasten, was er tat. Ich begann zu verstehen. «Wenn sie hinausfällt», sagte er. «schiebst du sie wieder hinein. Wenn die Milch herauskommt und gut schmeckt, wird es trinken.»

Ich führte das zweite Zicklein auf die andere Seite der Mutter. Ich hielt es behutsam in den Armen und versuchte, die Bewegungen von Vierter Onkel nachzuahmen, hielt den Kopf des Zickleins mit einer Hand und schob die Zitze mit der anderen hinein. Das Tier begann sofort zu saugen, und mit den Fingern unter seinem Kiefer spürte ich, wie es trank und schluckte. Fasziniert wurde ich Zeuge, wie sich dieses neue Leben Nahrung von seiner Mutter holte, die ein ums andere Mal den Kopf umwandte und einen brummenden Laut von sich gab, den ich nie zuvor gehört hatte. Es war der Klang der innigen Bindung zwischen einer Mutter und ihrem Kind.

Ich kann mich nicht erinnern, wie es ist, die Welt wirklich zu sehen. Als ich klein war, hatten die Farben eine besondere Bedeutung für mich, da ich Flächen von farbigem Licht sehen konnte, aber nur, wenn ich etwas direkt vor den Augen hatte oder wenn es etwas sehr Großes wie der Wipfel eines Baums an einem hellen Tag war. Ansonsten war ich vollkommen blind. Als ich älter wurde, verlor ich auch die Fähigkeit, Licht und Farben zu sehen. Ohne die Eindrücke meiner ersten Lebensjahre würde ich überhaupt nicht verstehen, was Farbe ist.

Meine Eltern bemühten sich viele Jahre um eine Heilung für mich. Sie versuchten alles, was ihnen in den Sinn kam, und natürlich zehrten ihre Bemühungen an ihren ohnehin mageren Ersparnissen. Im Alter von vier Jahren wurde ich erstmals operiert. Ich wurde in ein Krankenhaus in einem Nachbarkreis gebracht, wo mich ein Mann aus den Armen meiner Mutter riss. Ich schrie und weinte. Zur Angst kam bald der Hunger, denn vor der Operation durfte ich den ganzen Tag nichts essen. Sie legten mich auf den Operationstisch und stülpten mir eine Maske über die Nase, dann legte jemand ein Tuch auf mein Gesicht. Schluchzend atmete ich den stark riechenden Äther ein und verlor das Bewusstsein.

Später erzählte mir mein Vater, dass die Operation vier Stunden gedauert hatte. Als mich die Krankenschwestern ins Zimmer schoben, atmete ich ruhig. Meine Augen waren bandagiert. Ich kam erst am späten Nachmittag des folgenden Tages wieder zu Bewusstsein. Als ich wach wurde, begann ich sofort zu schreien, weil ich glaubte, an meinem Kopf klebe ein Hut. Ich griff ins Leere und flehte meine Mutter an: «Hilf mir, ihn wegzunehmen.»

Der Arzt schmierte mir mehrere Tage lang Medikamente in die Augen, was furchtbar schmerzhaft war. Aber am meisten litt ich unter dem grellen Licht, mit dem mir der Arzt die Augen ausleuchtete.

Das Licht war zu einer Qual geworden. Wenn der Arzt mit dem Licht kam, hielten meine Eltern meine Hände und taten ihr Bestes, um mich zu trösten und mich von den Schmerzen abzulenken.

Als ich zum ersten Mal nach der Operation ins Freie ging, tat mir das Tageslicht so weh, dass ich mir die Augen zuhalten und den Kopf senken musste. Ich verbrachte zwei Wochen im Krankenhaus und trug fast einen Monat lang Bandagen. Als endlich der Tag kam, an dem sie entfernt wurden, standen meine Eltern ängstlich vor mir und fragten, ob ich etwas sehen könne. Es war alles wie vorher, mein Sehvermögen hatte sich nicht gebessert. Meine Eltern wollten mir nicht glauben und fingen an, mir Gegenstände vor die Augen zu halten. Ich konnte lediglich einen schwarzen Fleck sehen, wo meine Mutter stand. Sie begann bitterlich zu weinen.

Im Jahr darauf versuchten wir es erneut. Mein Großvater mütterlicherseits hatte meiner Mutter in einem Brief von einer neuen Behandlungsmethode berichtet, die in der südchinesischen Provinz Zhejiang, wo er mittlerweile wohnte, in einem Krankenhaus angewandt wurde. Zahlreiche Einzelheiten unserer Reise zu diesem fernen Ort und unseres Aufenthalts sind fest in mein Gedächtnis eingebrannt. Nie zuvor hatte ich so viel Neues erlebt oder war so weit gereist. Mein Vetter begleitete uns auf der Reise, da meine Mutter nicht lesen konnte und den Weg zum neuen Heim ihres Vaters allein nicht finden würde.

Wir verließen das Dorf an einem Sommermorgen und trafen am Fluss einen Mann, der gerade Kühlwasser für seinen Traktor holte. Er nahm uns mit. Ich entsinne mich, dass die Kühlerhaube des Traktors rot war – das war damals meine Lieblingsfarbe. Dieselbe Farbe hatten die Busse, die manchmal in der Nähe des Dorfes vorbeifuhren, und unsere kleine Mao-Anstecknadel aus Kunststoff. Der Fahrer war auf dem Weg ins gut sechzig Kilometer entfernte Dongzhou, wo wir einen Zug nach Zhejiang nehmen konnten. Es gab nur wenige dieser Fahrzeuge bei uns, und ich war sehr aufgeregt, als ich auf den Anhänger kletterte. Ich tastete alles ab, um zu verstehen, wie es funktionierte. Wie viele Eisenstücke hatten sie gebraucht, um den Wagen zu bauen? Wurden sie von Schrauben zusammengehalten? Es dauerte nicht lange, da waren meine Hände mit Öl und Schmutz verschmiert. Da wir kein Wasser hatten, reinigte mir meine Mutter die Hände mit einem Apfelgriebs.

Wir fuhren die ganze Strecke nach Dongzhou auf diesem Anhänger. Am nächsten Tag stiegen wir in den Zug. Ich hatte noch nie etwas Vergleichbares erlebt. Als die Lokomotive in den Bahnhof rollte, hörte ich den Klang der Räder auf den Schienen und war sicher, dass nur etwas mit Ecken ein solches Geräusch machen konnte, wenn es über den Boden rollte: «Hudong, hudong, hundong.» Ich wusste, dass eine Schraube mit quadratischem oder sechsseitigem Kopf, die man drehte, oder ein Stein mit der Form eines Würfels, den man über den Boden rollen ließ, ein solches Geräusch machten. Ich konnte die Räder des Zugs nicht sehen, aber ich ahnte, dass sie da waren, und wollte unbedingt ertasten, ob sie rund oder eckig waren. Bevor wir einstiegen, versuchte ich, einen Schritt vorzutreten und die Räder zu berühren, aber meine Mutter riss mich zurück und schrie, der Zug würde mich überfahren, wenn ich nicht vorsichtig wäre.

Im Zug begann ich, alles abzutasten: das Fenster, die Sitzbänke, den Aschenbecher. Aus einem Lautsprecher schallte «Der Osten ist rot» und ähnliche Lieder. Ich wartete gespannt darauf, dass sich der Zug in Bewegung setzte, und fragte meine Mutter immer wieder, ob er schon losgefahren sei. «Noch nicht», antwortete sie, «noch nicht.»

Als sich der Zug endlich in Bewegung setzte, war ich hingerissen. Einmal zischte ein entgegenkommender Zug an uns vorbei. Ich konnte den Schatten und das Flackern ahnen, als die beiden Züge aneinander vorbeirasten, die blitzenden Streifen des Sonnenlichts, das sich in den Fenstern spiegelte, die für Augenblicke auf derselben Höhe waren. Ich wollte den Arm durch das offene Fenster ausstrecken, um den anderen Zug zu berühren, und war wütend, weil mich meine Mutter zwang, die Hand zurückzuziehen, und mein Vetter rasch das Fenster schloss.

Am nächsten Tag trafen wir bei meinem Großvater ein. Er lebte im ersten Stock eines Wohnhauses. In der einfachen Wohnung gab es nur ein Stövchen und einen Tisch, das einzige Möbelstück. Ich flog in die Arme meines Großvaters, der sich freute, mich zu sehen. Mit ihm lebten meine Stiefgroßmutter und mein Onkel, der sich bereit erklärte, meine Mutter und mich in Krankenhaus zu begleiten, wo mich ein erfahrener Augenarzt sehen würde.

Am frühen Morgen des nächsten Tages machten wir uns auf den Weg zum Krankenhaus. Mein Onkel, meine Mutter und ich fuhren in einem Lastwagen hin. Ich tastete die Seiten, die Scheinwerfer und die Motorhaube ab und war fasziniert von dem Fahrzeug. Ich erklärte, dass ich später Autofahren lernen wollte, aber meine Familie machte mir sofort klar, dass ich dazu nie in der Lage sein würde. Diese Antwort verstärkte nur meinen Wunsch, fahren zu lernen. Ich sagte meiner Mutter, ich sei entschlossen, eines Tages ein Auto zu fahren; ich bin es noch heute.

Wir blieben etwa einen Monat bei meinem Großvater. Einmal besuchten wir einen kleinen Laden in der Nähe, als meine Mutter eine Schere in einem Glaskasten bemerkte. Der Angestellte nahm das Werkzeug für sie heraus, damit meine Mutter es sich ansehen konnte. Sie prüfte die Schneiden und öffnete und schloss die Schere. Meine Mutter fertigte unsere gesamte Kleidung selbst an, da es immer noch keine zu kaufen gab und wir uns ohnehin nichts hätten leisten können. Die alte und stumpfe Schere, die meine Mutter daheim verwendete, schnitt kaum noch. Sie wünschte sich sehnlichst eine neue, aber wir konnten die paar Yuan, die sie kostete, einfach nicht erübrigen.

Während des Besuchs in dieser exotischen Umgebung lernte ich viel Neues kennen. Zum ersten Mal in meinem Leben kostete ich Zuckerrohr. Ich dachte daran, wie ich daheim mit Zähnen und Fingern die Haut von Maisstielen abschälte und sie aß, weil sie süß schmeckten. Ich war fasziniert von dem Wasserbüffel, den mir meine Mutter beschrieb. Das Tier trottete unweit von Großvaters Haus am Steilhang einer Schlucht auf und ab. Ich fürchtete, er werde hinabstürzen. Aber wenn der Hirte «Hui lai!» schrie, «Komm zurück», machte der Büffel augenblicklich kehrt und stieg wieder aus der Schlucht hinauf, ohne das Äsen einen Augenblick zu unterbrechen.

An einem Tag fuhren wir im Bus zu einem anderen Krankenhaus, und einmal mehr öffnete mir ein Arzt mit den Fingern die Augen und begann, mit einer Lampe meine Pupillen auszuleuchten. Es fühlte sich an, als würde er Drähte in meine Augäpfel stecken und mir einen Elektroschock versetzen. Ich schrie auf und stieß die Lampe weg. «Gut, gut, du fürchtest dich also vor Licht», sagte er ruhig. «Ich werde dir die Augen nicht mehr ausleuchten.» Dann hielt er die Lampe an meine Schläfe, was sehr viel angenehmer war. Dies war der erste Arzt, der meinen Schmerz verstand und zu lindern versuchte. Sein Mitgefühl habe ich nicht vergessen. Aber auch dieser Arzt sagte, dass er nichts für mich tun könnte, und schlug meiner Mutter vor, mich nach Peking zu bringen.

Kurz darauf brachen wir zu unserer langen Heimreise auf. Als ich mich an jenem Morgen anzog, schlüpfte ich in die neuen Turnschuhe, die mein Großvater für mich gekauft hatte. Es waren die ersten fabrikgefertigten Schuhe meines Lebens. Anfangs wusste ich nicht, welcher der beiden Schuhe an welchen Fuß gehörte, denn bis dahin hatte ich nur von meiner Mutter genähte Stoffschuhe getragen, die man an beiden Füßen tragen konnte.

Mein Großvater, meine Stiefgroßmutter und mein Onkel begleiteten uns auf dem langen Fußweg zum Busbahnhof, obwohl meine Mutter ihnen versicherte, dass wir den Weg auch alleine finden würden. Ihre Höflichkeit und Rücksichtnahme stand in der besten chinesischen Tradition: Man begleitet einen geliebten Menschen immer so weit man kann, so lange bis man schließlich gezwungen ist, sich von ihm zu trennen. Als ich in den Bus gestiegen war und auf die Abfahrt wartete, hörte ich ein leises Klopfen am Fenster und die Stimme meines Großvaters: «Kleiner Fünf», sagte er mit zitternder Stimme, «bitte komm wieder.» Ich verstand noch nicht, dass diese Reise etwas Kostbares war. Ich bekam nie wieder Gelegenheit, meinen Großvater zu besuchen. Meine Mutter weinte, als der Bus losfuhr.

Auch in den folgenden Jahren gaben meine Eltern ihre Versuche, mein Sehvermögen wiederherzustellen, nicht auf. Wir suchten einen weiteren barfüßigen Doktor auf, der mir ein starkes Gebräu verschrieb, das ich dreimal täglich trinken musste. Es wirkte nicht. Ein Kollege meines Vaters empfahl ihm einen berühmten Arzt in einem nahe gelegenen Kreis. Der Mann war sehr freundlich, aber er schlug nicht einmal ein Medikament vor. Meine Mutter schloss daraus, dass es keine Hoffnung für mich gab.

Als ich neun Jahre alt war, unternahm mein Vater einen letzten Versuch. Er hatte von einer neuen Heilmethode für Blindheit gehört und brachte mich zu einem Arzt in der Provinzhauptstadt Jinan. Einmal mehr machten wir uns Hoffnungen, die schließlich zerstört wurden. Nachdem mich der Arzt untersucht hatte, sagte er, er könne nichts für mich tun. Er schrieb ein Empfehlungsschreiben an noch einen Experten, den wir ebenfalls aufsuchten. Das Ergebnis war das gleiche.

Als wir nach diesem letzten Arztbesuch das Krankenhaus verließen und durch die Straßen von Jinan ging, hörte ich die Schreie der Straßenhändler, die Eis am Stiel anpriesen. Mein Vater war niedergeschlagen. Er hielt mich an der Hand und weinte. Ich verstand nicht, warum. Ich wünschte mir nichts mehr als ein Eis, aber ich traute mich nicht, meinen Vater darum zu bitten, weil er in schlechter Stimmung war.

Jemand hielt ihn an und fragte ihn, warum er weine.

Er hielt meine Hand hoch und schluchzte: «Es gibt keine Möglichkeit, meinen blinden Sohn zu heilen!»

Auf der Suche nach einem Hotel, in dem wir die Nacht verbringen konnten, bemerkte mein Vater schließlich, dass ich mich ständig nach den Schreien des Eisverkäufers umdrehte. «Binggun! Xuegao!», rief er, Wassereis, Eiscreme! Mein Vater kaufte mir ein Eis, und kurze Zeit später betraten wir ein kleines Zimmer, das wir uns mit mehreren anderen Gästen teilten. Später gingen wir die Zugfahrkarten für den nächsten Tag kaufen und kehrten mit fünf Bananen zurück. Ich hatte noch nie eine dieser Früchte gegessen. Ich war begeistert und wollte die Bananen in einer Fruchtstaude fühlen, so wie sie vom Baum gekommen sein mussten. Ich tastete die fünf Früchte von oben bis unten ab, bevor ich eine aß. Ich genoss das neue Aroma und die Textur des Fruchtfleischs. Bevor wir am folgenden Morgen in den Zug stiegen, konnte ich nicht anders, als eine zweite zu essen. Damit war noch eine für meinen Vater übrig, denn zwei wollte er meiner Mutter mitbringen, die ebenfalls noch nie eine Banane gesehen hatte.

Dies war das letzte Mal, dass wir einen Arzt aufsuchten oder über den Versuch einer Heilung sprachen. Meine Eltern waren verzweifelt, und ich selbst war genauso enttäuscht. Meine Blindheit hatte mir oft das Gefühl gegeben, anders zu sein als die anderen Kinder. Als ich älter wurde, bedeutete meine Behinderung, dass ich mehr denn je allein sein würde.

Zwei Von der Natur lernen

Als ich sechs oder sieben Jahre alt war, stellte ich fest, dass meine Freunde tagsüber nicht mehr da waren. Sie machten sich jeden Morgen mit ihrem Stuhl unterm Arm und einem handgefertigten Ranzen über der Schulter auf den Weg zur Schule. Niemand kam auf den Gedanken, mich in die Schule zu schicken. Man nahm an, dass ich, da ich nicht sehen konnte, ohnehin nicht hingehen würde. Tatsächlich durfte ich die aus zwei Klassenräumen bestehende Schule nicht betreten. Also folgte ich manchmal den anderen Kindern und setzte mich auf die Steintreppe direkt vor das Klassenzimmer, um auf diese Weise den Unterricht zu verfolgen. Ich lauschte dem Kratzen der Kreide, mit der der Lehrer drinnen Zeichen an die Tafel schrieb.

Während ich darauf wartete, dass meine Freunde zum Spielen herauskamen, stellte ich oft fest, dass ich bereits gelernt hatte, worüber der Lehrer sprach. An einem Tag waren Wasserfälle das Unterrichtsthema. Der Lehrer wies die Kinder an, ihre Bücher zu schließen, und fragte: «Wie sieht ein Wasserfall aus?» Stille. «Was ist los mit euch», schrie er. «Habt ihr nichts gelernt? Ich wette, dass sogar Kleiner Fünf die Antwort weiß.» Mit diesen Worten zeigte er auf mich, der ich draußen saß. «Er sieht aus wie ein Schirm aus Perlen», sagte ich in Erinnerung an eine frühere Lektion, die ich gehört hatte. Der Lehrer schimpfte mit der Klasse, denn obwohl er von meiner Antwort angetan war, war er erbost, weil ein blindes Kind, das nicht zur Schule ging und kein Lehrbuch lesen konnte, eine Frage beantworten konnte, die seine Schüler überforderte.

Nicht zur Schule gehen zu dürfen trug möglicherweise dazu bei, dass ich eine große Neugierde entwickelte. Ich wollte alles wissen, wie die Dinge funktionierten, wie die Natur, wie das Land rund um uns beschaffen war. Wenn ich auf etwas stieß, das ich nicht verstand, fragte ich jeden, der bereit war, mir zuzuhören. Ich belästigte die Leute so lange mit Fragen, bis ich das Gefühl hatte, alles erfahren zu haben. Anschließend wandte ich mich an jemand anderen, in der Hoffnung, von ihm zusätzliche Informationen zu erhalten. Manchmal, wenn mir eine brennende Frage keine Ruhe ließ, saß ich stundenlang am Straßenrand und wartete auf eine bestimmte Person, von der ich mir die fehlenden Informationen erhoffte. Natürlich konnte ich nicht wissen, wer sich näherte, bis ich eine Stimme hörte. Ich musste warten, bis die Schritte fast auf meiner Höhe waren, dann sagte ich: «Hallo Onkel! Du bist zurück vom Feld.» Die Antwort verriet mir, ob es die Person war, auf die ich gewartet hatte. War sie es, so stand ich auf und folgte ihr. Ich passte meine Schritte ihrem Tempo an und plauderte ein wenig mit ihr, um das Gespräch schließlich auf meine eigentliche Frage zu bringen. Bekam ich die erhoffte Erklärung, prägte ich sie mir fest ein.

Im Dorf lebte ein Mann namens Chen Guangsheng, den wir Älterer Bruder nannten, obwohl er älter war als mein Vater. Zu der Zeit, als Dongshigu noch eine Kommune war, war er für die Forstverwaltung verantwortlich – wir nannten es «Baumarbeit». Guangsheng streifte durch den Wald, der sich einige Kilometer entlang des Flusses erstreckte, und achtete darauf, dass niemand unser Holz stahl oder trockenes Laub wegschaffte, das wir als Brennstoff brauchten. Guangsheng war groß und hatte eine grölende Stimme, weshalb ihn die Leute im Dorf auch Großes Pferd nannten.

Er brach jeden Tag am frühen Morgen zu seinem Rundgang auf und folgte der Biegung des Flusses zu einem Ort an der Südspitze unseres Waldes, wo ein riesiger Baum gefällt worden war, dessen Wurzeln ein gähnendes Loch mit einem Durchmesser von knapp vier Metern hinterlassen hatten. Auf dieser Lichtung pflegte sich Guangsheng in die Sonne zu legen und ein Nickerchen zu machen, um dann zum Mittagessen ins Dorf zurückzukehren.

Eines Morgens blieb Guangsheng auf dem Weg zur «Baumarbeit» bei unserem Haus stehen und fragte mich, ob ich ihn begleiten wolle. Vermutlich erwartete er nicht, dass ich ja sagen würde. Mein

Herz tanzte, als meine Mutter meinte: «Warum gehst du nicht mit?» Im Dorf kannte ich mich aus, aber ich hatte nur selten die Gelegenheit, Dongshigu zu verlassen, da es niemanden gab, der mich mitgenommen hätte.

Älterer Bruder Guangsheng nahm mich an der Hand und führte mich am Fluss entlang durch den Wald. Er erkundigte sich, was ich über Vögel und Bäume wusste, und lobte mich für meine Kenntnisse.

Guangsheng war früher in der Armee gewesen und marschierte immer noch wie ein Soldat. Ich war klein und musste zügig traben, um mit ihm Schritt halten zu können. Seine langsamen, schweren Schritte und mein Trippeln erzeugten einen stetigen Rhythmus, und wir bewegten uns in einem deutlichen 4/4-Takt durchs Unterholz. Als wir die Grube auf der Lichtung erreichten, legte er sich sofort nieder und machte es sich gemütlich. Ich bat ihm, mir Geschichten zu erzählen, was er bereitwillig tat. Er kannte die alten chinesischen Märchen und die klassischen Geschichten.

Obwohl Winter war, wärmte uns die Sonne, und es dauerte nicht lange, da schlief Älterer Bruder Guangsheng laut schnarchend. Ich war zu aufgeregt, um stillzuhalten, sondern warf Steinchen und spielte mit der Erde. Plötzlich hörte ich ein Geräusch.

Trotz des Winters lag noch viel trockenes Laub auf dem Waldboden, das als Brennstoff verwendet werden konnte. Die Blätter wurden nach den strikten Regeln des Produktionstrupps verteilt. Dieses Brennmaterial war eine knappe Ressource, die streng kontrolliert werden musste. Jede Familie aus dem Dorf durfte zu einem bestimmten Zeitpunkt mit einem Rechen, Körben und einer Tragestange in den Wald gehen, um Blätter zu sammeln.

Älterer Bruder Guangsheng schlief immer noch fest. Das «Schuaschuaschua» war jedoch unverkennbar: Jemand rechte Laub zusammen, um es zu stehlen! Ich stieß Guangsheng an. «Wach auf! Jemand stiehlt unsere Blätter!»

Er war sofort hellwach. «Wo?», fragte er.

«Hör doch, dort drüben!»

Er konnte nicht hören, was ich hörte, aber als er aufstand, sah er sie sofort. Es waren vier oder fünf Personen mit Rechen und Körben, die Blätter sammelten. Guangsheng wurde wütend. «Wie kommt ihr dazu, unsere Blätter zu stehlen?», schrie er sie an. Es waren Leute aus einem Nachbardorf.

«Wir nehmen nur ein bisschen», antwortete einer von ihnen. «Bei uns gibt es keinen Brennstoff.»

«Wenn ich euch machen lasse, werden andere kommen und mehr nehmen, und was wird dann für uns selbst bleiben?»

«Also gut, wir sammeln nicht mehr. Wir nehmen nur das mit, was wir bereits gesammelt haben.»

Sie näherten sich der Grube, um mit Älterer Bruder Guangsheng zu sprechen. Sie sagten, sie seien den ganzen Weg barfuß gekommen und im tiefsten Winter durch das eisige Wasser des Meng gewatet, um Brennstoff zu sammeln. Einer von ihnen sagte: «Kleiner, ich wette, dass du nicht alleine auf der Nordseite aus der Grube herauskommst. Ich werde dich hinaufziehen, wenn du es bis zum Rand schaffst.»

Ich wusste, dass sie wegen meiner Blindheit an meinen Fähigkeiten zweifelten. Ich hatte bereits die ganze Grube erkundet und herausgefunden, dass die Nordseite am steilsten war. Ich war überzeugt, es schaffen zu können, wollte ihnen jedoch nicht die Befriedigung lassen, ihrem Kommando zu folgen.

Guangsheng sagte: «Ich würde an eurer Stelle nicht so auf ihn herabschauen. Ich bin ziemlich sicher, dass er es sehr wohl schaffen kann.»

Während sie sprachen, hörte ich, dass die Leute weiter Laub zusammenrechten und in ihre Körbe stopften. Ich verstand nicht, warum Guangsheng sie nicht daran hinderte. Er hatte ihnen doch bereits zugestanden, mitnehmen zu dürfen, was sie bisher gesammelt hatten. Mussten sie noch mehr nehmen? Ich strich mit den Händen über den Sand und fand ein Steinchen von der Größe einer Kastanie, während ich über das nachdachte, was gerade geschah. Dann hob ich den Arm und warf den Stein mit aller Kraft. Wider Erwarten traf er einen von ihnen an der Hand.

«Was? Du siehst nichts, aber du hast mich hart getroffen!», schrie der Mann.

Guangsheng brach in Gelächter aus.

«Meine Hand ist ganz rot!», sagte der Mann. «Was ist daran so lustig?»

Guangsheng lachte nur und ließ sie gehen. Es war Zeit für das Mittagessen, und wir machten uns gut gelaunt auf den Heimweg. Von da an teilten Älterer Bruder Guangsheng und ich viele Geschichten und Abenteuer miteinander.

Da ich nicht sehen konnte und nicht in die Schule gehen durfte, lernte ich auf andere Art, Dinge zu erkunden und zu verstehen: Ich baute sie selbst. Ich wurde sehr geschickt darin, eigene Erfindungen zu bauen oder das weiterzuentwickeln, was andere gebaut hatten. Wenn ich mehr über etwas wissen oder mit etwas spielen wollte, konnte ich ja nicht in einen Laden gehen, um es mir zu kaufen. Ich musste es selbst herstellen. Ich formte alles Mögliche aus Schlamm und bildete Dinge nach, auf die ich gestoßen war oder von denen ich gehört hatte. Hatte ich einmal den Eindruck gewonnen, einen Gegenstand oder eine Maschine richtig verstanden zu haben, so wandte ich mich dem nächsten interessanten Objekt zu.

Eine Zeitlang war ich von Schusswaffen fasziniert. Als ich ein kleiner Junge war, war eine Plastikpistole eines meiner Lieblingsspielzeuge gewesen, um das mich die Kinder im Dorf beneideten. Später schenkte mir jemand ein metallenes Spielzeuggewehr, mit dem man Plastikkugeln schießen konnte. Ich begann mich zu fragen, ob ich selbst eine Waffe bauen konnte, und bat jeden, den ich belästigen konnte, mir die verschiedenen Teile einer Pistole zu erklären.

Einige Bauern im Dorf besaßen *tupao*, einfache Flinten, die sie zum Jagen verwendeten.

«Wozu dient dieses Teil hier?», fragte ich einen von ihnen.

«Das ist der Lauf, aus dem die Kugel herausfliegt.»

«Was ist das hier?», fragte ich einen anderen.

«Das ist der Abzug, damit löst man die Waffe aus», erklärte er mir.

Bei der Untersuchung einer der Waffen entdeckte ich die Patronenkammer und fand heraus, wie der Hammer auf die Kugel schlug, sodass sie durch den Lauf hinausflog. Als ich durch den Lauf blies, verstand ich sofort, wie alles funktionierte. Aber was trieb die Kugel an? Schließlich erklärte mir jemand, dass der hintere Teil der Kugel eine geringe Menge Schießpulver enthielt, das man aus Schwefel, Salpetersäure und Kohle mischen konnte. Da ich kein Rohr fand, das lang genug für einen Gewehrlauf war, baute ich mit einer Fahrradkette, ein bisschen Draht und etwas Gummi aus einem Fahrradschlauch eine Pistole. Ich fand ein paar leere Schrotpatronen, die ich mit Kieseln aus dem Flussbett, Papier und ein paar Streichholzköpfen füllte. Einem Nachbarn kaufte ich ein wenig Schießpulver ab; das Geld hatte ich mir von einem Freund geliehen, der ein paar Eier auf dem Markt verkauft hatte. Viele Leute im Dorf hatten Schießpulver, das in den Gruben verwendet wurde, um Gestein zu sprengen.

Eines Tages ging ich zum Fluss hinunter, um meine Vorrichtung auszuprobieren. Ich richtete die Waffe in den Himmel und zog am Abzug. Der Schuss klang wie ein Donnerschlag in meinem Ohr. Der Lauf war heiß – es war gelungen! Bald halfen mir Freunde dabei, meine Erfindung zu perfektionieren. Wir nannten uns die Pistolenbande. Meine Schusswaffen erfreuten sich großer Beliebtheit im Dorf. Ich baute Dutzende und wies die Leute an, welches Material sie beschaffen sollten, damit ich es für sie zusammensetzen konnte.

Es war nicht zu vermeiden, dass mich mein Hang zu Waffen in Schwierigkeiten brachte. Mit vierzehn spielte ich schon einige Jahre mit Schusswaffen. Als auf den Wiesen in der Umgebung des Dorfes im Frühling dichtes und saftiges Gras spross, ging ich gemeinsam mit meinem Neffen Chen Kegui Gras für meine Ziegen sammeln. Ich steckte meine selbstgebaute Flinte und ein wenig Schießpulver in meine Tasche, damit wir uns die Zeit vertreiben konnten. Nachdem wir genug Gras gesammelt hatten, holte ich die Flinte hervor, legte sie auf mein Bein, schüttete ein wenig Schießpulver in die Waffe und füllte sie mit Schrotkugeln. Plötzlich ging die Waffe los. Das Schrot riss mir eine schlimme, rund zwanzig Zentimeter große Wunde ins Bein.

Ich wurde ins nächste Krankenhaus gebracht, wo die Schrotkugeln aus meinem Bein geholt werden mussten. Die Operation kostete 200 Yuan, ein Betrag, der mir in Erinnerung geblieben ist, weil Älterer Bruder im selben Jahr 190 Yuan für einen elektrischen Ventilator ausgegeben hatte, der in unserem Dorf zu jener Zeit ein Luxus war. Ich lag mehr als eine Woche im Krankenhaus, und selbst dann war die Wunde noch nicht vollkommen geschlossen. Nach meiner Entlassung musste zwei Monate lang jeden Tag der Verband gewechselt werden, was eine große Belastung für meine Familie bedeutete, weil ich für jede Behandlung ins Krankenhaus gebracht werden musste.

Als ich nach der Operation im Aufwachraum lag, erzählten sich einige Patienten lachend von dem blinden Jungen, der sich beim Spielen mit einer Schusswaffe verletzt hatte. Es überraschte und beeindruckte sie, dass ich zum Waffenbauer des Dorfes hatte werden können. Aber meine Eltern bestanden darauf, dass ich keine weiteren Flinten mehr baute, und ich gehorchte widerstrebend.

Nach einer Weile entwickelte ich eine neue Leidenschaft, eine, die niemanden in Gefahr brachte. Im Alter von vier oder fünf Jahren hatte ich herausgefunden, wie andere Leute Drachen steigen ließen. Nachdem ich genesen war, entschloss ich mich, meine eigenen Drachen zu bauen. Das Material musste ich mir wieder selbst beschaffen. Ich verwendete Bambusstreifen aus Verpackungsresten für den Rahmen, alte Schnüre von den Feldern und das Papier eines leeren Zementsacks für die Bespannung. Ich bog die Bambusstreifen zu großen Ovalen, aus denen ich runde Schmetterlingsflügel machte, legte das Papier vorsichtig auf den Rahmen und befestigte es mit Klebstoff, den ich aus Mehl und Wasser anrührte. Zwischen den beiden Antennen spannte ich ein Gummiband, das einen Ton erzeugen würde – wie hätte ich schließlich Spaß haben sollen mit einem Drachen, der kein Geräusch machte? Aus Flachsfasern bastelte ich einen Schweif. Aber als ich meinen Drachen steigen lassen wollte, stellte ich fest, dass er ein ums andere Mal abstürzte. Ich vermutete, dass die Seite, die zuerst aufschlug, zu schwer war. Also balancierte ich den Drachen auf zwei Nadeln, um herauszufinden, welche Seite schwerer war. Zu meiner Überraschung war er auf die leichtere Seite gefallen. Nachdem ich das Gewicht ausgeglichen hatte, hielt nichts mehr meinen Drachen am Boden. Zwar konnte ich ihn nicht aufsteigen sehen, aber ich hörte das Gummiband im Wind surren, und als ich an der Schnur zog, spürte ich, wie die Spannung den ganzen Weg bis hinauf zum Drachen wanderte. Ich fühlte die vielen physikalischen Kräfte, die am Werk waren, und lernte etwas über Luftströmungen und die Grundlagen des Fliegens.

Immer mehr Spielkameraden verschwanden aus meinem Leben, und ich begann, viel Zeit mit einem tauben Jungen namens Du Dezhen zu verbringen, der wenige Häuser entfernt wohnte. Die Leute im Dorf fragten sich, wie es möglich war, dass wir miteinander kommunizierten, aber mit seinen Tönen und meinen Gesten gelang es uns irgendwie. Einmal standen wir im Winter am Ufer des zugefrorenen Sees und verfolgten neidisch, wie die anderen Kinder auf dem Eis spielten. Doch dann kamen wir auf die Idee, uns einen Schlitten zu bauen, um ebenfalls über das Eis gleiten zu können. Wir baten ein paar Holzarbeiter im Dorf um Rat, und sie schlugen uns vor, für die Kufen Weidenholz zu verwenden, weil es stark und biegsam war. Ich führte Dezhen an der Hand durch den Wald am Fluss zu den Bäumen, deren Holz ich verwenden wollte, und zeigte ihm mit Gesten, wie lang und dick das benötigte Stück sein musste. So verständigten wir uns miteinander.

Wir kletterten auf die Bäume und suchten lange nach geeigneten Ästen. Ich nahm die Zweige mit nach Hause und sägte die Enden sorgfältig ab, bis sie vollkommen glatt und gleichmäßig waren. Ich war sehr perfektionistisch. Der Schlitten sollte nicht nur schnell, sondern auch schön sein. Mit einer Axt halbierte ich einige Äste für den Sitz – ich wusste, wie ich mit einer Axt umgehen und sie gefahrlos einsetzen konnte. Leider war der Schlitten nicht so schnell, wie wir es uns erhofft hatten. Also verkleideten wir die Kufen mit Nummer-8-Draht – und schon flitzten wir schneller dahin als ein Fahrrad! Bald wollten alle einen solchen Schlitten haben.

Ich wollte die Welt verstehen lernen, doch ich stieß überall auf große und kleine Vorurteile, die sich mir in den Weg stellten. Die Leute verstanden oder akzeptierten nicht, was es hieß, blind zu sein. Wer eine Behinderung hatte, der war in ihren Augen mangelhaft. Er war nicht vollwertig, ja nicht einmal ein richtiger Mensch. Ich musste unentwegt der Gemeinschaft und mir selbst meinen Wert beweisen. Die Menschen im Dorf begriffen, dass ich intelligent war, aber welchen Nutzen konnte ein Blinder für irgendjemanden haben?

Wenn ich mit anderen Kindern spielte, vergaßen meine Spielkameraden und die Erwachsenen manchmal, dass ich anders war, aber meistens schienen die Leute nur etwas Merkwürdiges in mir zu sehen. Gelegentlich griff ich nach einem Gegenstand, der auf einem Tisch stand, und ein anderes Kind zog ihn rasch weg, in der Annahme, ich würde es nicht bemerken. Die Kinder fanden das lustig, und die Erwachsenen lachten meistens mit, ohne zu bedenken, was sie ihren Kindern damit vermittelten.

Einmal spielte ich am Ufer eines Teichs und suchte nach Fröschen, die ins Wasser hüpften, wenn sich jemand näherte. Um mich zu foppen, warfen einige Kinder Steine in den Teich und riefen: «Oh, schau doch! Da ist einer!» Sie begriffen nicht, dass ich hören konnte, wie sie sich vorbeugten, den Stein aufhoben und die Wurfbewegung machten. Ich konnte nicht sehen, aber die Menschen in meiner Umgebung hatten keine Ahnung, dass mir mein Gehör Informationen lieferte, für die sehende Menschen blind sind.

Manchmal, wenn ich den Hof unseres Hauses verließ, legten mir Kinder Steine oder Äste von Dornbüschen vor die Füße, damit ich stolperte. Sie verstanden nicht, dass ich hören konnte, was sie taten, und normalerweise auch den ungefähren Ort der Hindernisse bestimmen konnte, obwohl ich manchmal tatsächlich stolperte und hinfiel.

Es kam auch vor, dass sich, wenn ich allein auf der Straße spielte, ein Kind wortlos näherte, mir einen harten Schlag versetzte und weglief, in dem Wissen, dass ich es nicht verfolgen konnte. Manche Kinder taten das zum Spaß oder um sich in Gegenwart anderer aufzuspielen. Oft verzichteten die Erwachsenen darauf, sie zurechtzuweisen. Ich kochte vor Wut, gewöhnte mir jedoch an, keine Reaktion zu zeigen. Stattdessen wartete ich ab, bis der Angreifer zurückkehrte. Wenn ich das Kind kommen hörte, packte ich es und schlug zurück. Erst dann schritten die Eltern ein. Natürlich machte mich das wütend. Vielen Leuten war es gleichgültig, wie ich mich fühlte. Sie fanden es normal, dass ich so behandelt wurde.

Zum Glück hatte ich die Möglichkeit, mir ein anderes Leben auszumalen. Das half mir sehr. Mein Vater hatte Anfang der sechziger Jahre die Abendschule besucht und lesen und schreiben gelernt, gerade noch rechtzeitig, bevor die Schulen in der Kulturrevolution geschlossen wurden. Ohne diesen Unterricht wäre er wie meine Mutter und viele andere Menschen in der Welt, in der ich aufwuchs, ein Analphabet geblieben. Als ich klein war, las mir mein Vater oft laut vor, wenn er daheim war, und als er seinen Job in der Parteischule aufgab, hatte er mehr Zeit für mich. Jeden Abend saß ich mit ihm unter der Kerosinlampe und hörte ihm zu, wie er mit rauer und gedämpfter Stimme die Worte in einem stockenden Rhythmus las.

Mein Vater gehörte sein Leben lang der Kommunistischen Partei an und glaubte an die Überlegenheit des Sozialismus. Im Gespräch über die Werke, die er mir vorlas, lernte ich jedoch, sowohl die Texte als auch die anerkannten Lehren kritisch zu betrachten. In den zauberhaften, schlichten Volksmärchen, die er erzählte, und in den klassischen Werken der chinesischen Literatur, die er vorlas, wurden die Mächtigen stets kritisiert. Diese Geschichten schilderten Aufstieg und Fall von Dynastien und die glorreichen Taten und schrecklichen Verbrechen der Helden und Schurken vergangener Zeiten. Jedes chinesische Kind kennt die Titel dieser Geschichten: *Die Räuber vom Liang-Schan-Moor, Die Reise nach Westen, Die Geschichte der drei Reiche, Der Traum der roten Kammer, Geschichte über die Sui und Tang, Die sieben Helden und die fünf Recken.* Mir gefiel besonders der Roman *Fengshen Yanyi (Die Investitur der Götter)* mit seinem großartigen Ensemble von Göttern und Göttinnen, seinen Unsterblichen und sonderbaren Geistern und der packenden Schilderung des Kampfes von Wu, König von Zhou, der den grausamen Herrscher Zhou von Shang stürzte und die Zhou-Dynastie gründete, mit der ein mythisches goldenes Zeitalter in der altchinesischen Welt begann.

Was mein Vater aus Mythologie und Geschichte vorlas, spiegelte die tief im Denken der Chinesen verwurzelte Überzeugung wider, dass alle ungerechten Herrscher eines Tages den Zorn des Volkes spüren werden. Er erzählte von Kaiser Zhu Yuanzhang, dem Gründer der Ming-Dynastie, der das chinesische Volk in einem heroischen nationalen Befreiungskrieg zum Sieg über die mongolischen Invasoren führte. Er schilderte die letzten Tage der Sui-Dynastie, als sich der Hof nicht mehr um das Wohlergehen der Untertanen kümmerte und die Beamten mit ihrer Korruption die Wut des Volkes schürten.

Wieder und wieder sah ich, dass keine Dynastie, sei ihre Macht auch noch so groß, ohne die Unterstützung des Volkes überleben konnte. Auch die mächtigsten Autokraten kamen schließlich zu Fall. Ich fragte mich, warum die Dynastien so ganz anders endeten, als sie begonnen hatten. Der Anfang einer neuen Dynastie war immer voller Versprechen: Die neuen Herrscher nutzten ihr Mandat, um die Not des gemeinen Volks zu lindern. Aber nach einer Weile schien jede Dynastie genau wie die vorangegangenen zu einer korrupten Despotie zu verkommen. Für mich sah es so aus, als sei die chinesische Geschichte im Grunde eine lange Abfolge von Diktaturen.

Die Geschichten, die mir mein Vater vorlas, bildeten ein Gegengewicht zur offiziellen Parteilinie und zur üblichen Propaganda. Genauso wichtig war, dass mir die Geschichten und unsere Gespräche einen natürlichen Einblick in ethische Fragen und einen Rahmen gaben, in den ich meine Erfahrung als behindertes Kind einordnen konnte. Ich konnte mich in die Rolle der Figuren hineinversetzen und darüber nachdenken, wie ich angesichts ähnlicher Herausforderungen handeln würde. Ich konnte mir meine eigenen Reaktionen ausmalen und sie mit dem tatsächlichen Geschehen vergleichen. Die vielen Beispiele aus Geschichte, Mythologie und Volksmärchen lehrten mich, was man mit Beharrlichkeit erreichen konnte und wie wichtig es war, für das einzutreten, was richtig und gerecht ist. Die chinesische Geschichte ist voll von Beispielen dafür, wie die Machtlosen durch Einfallsreichtum und Mut Widrigkeiten überwinden. Ich kam nicht wie meine Altersgenossen in den Genuss einer Schulbildung, aber dadurch blieb ich auch von der Propaganda verschont, die ein fester Bestandteil des kommunistischen Bildungswesens war. Stattdessen wurden die Geschichten, die mir mein Vater vorlas, zur Grundlage meiner Bildung in allen Gebieten von der Morallehre über die Geschichte bis zur Literatur. Sie gaben mir Orientierung im Alltagsleben.

Meine Familie besaß ein kleines Radio, was Ende der siebziger Jahre etwas Besonderes in unserem Dorf war. Ich saß oft vor dem Gerät und hörte mir endlos Geschichten an. Das Radio lieferte mir auch Nachrichten und Informationen, zu denen die meisten Leute keinen Zugang hatten. Das erweiterte meinen Horizont beträchtlich. Anfang der achtziger Jahre waren die Bewohner von Dongshigu verrückt nach einem Radio, und nach und nach bekamen die meisten Familien auch eins. Von da an spielte der Rundfunk eine wichtige Rolle in der Entwicklung der chinesischen Gesellschaft, verbreitete er doch Wissen über Recht, Wissenschaft, Landwirtschaft, Natur und viele andere Themen. Zu jener Zeit war Dongshigu noch nicht an das Stromnetz angeschlossen, weshalb die Radios in unserem Dorf mit Batterien betrieben werden mussten. Jeden Abend um halb sieben konnte man hören, wie überall die Geräte eingeschaltet wurden.

Ich war zehn Jahre alt, als bekanntgegeben wurde, dass unser Dorf an die Stromleitung angeschlossen würde. Die Begeisterung war groß, aber die Umsetzung geriet zu einem schwierigen, umständlichen Prozess, der immer wieder von politischen Scharmützeln und Geldmangel aufgehalten wurde (das Dorf musste das Projekt ohne staatliche Unterstützung selbst finanzieren). Außerdem erwies es sich als schwierig, die Dorfbewohner zu den erforderlichen Arbeitsdiensten zu bewegen. So mussten sie etwa die Löcher für die Strommasten von Hand ausheben. Erst 1984, drei Jahre nach Beginn der Initiative, ging in unseren Häusern endlich das Licht an. Alle Welt war entzückt.

Als der Strom erst einmal in ihren Häusern war, wollten die Dorfbewohner natürlich bald mehr als nur Glühbirnen. Aber es mangelte den Leuten an Geld, da sie nur ein paar Cent pro Pfund Süßkartoffeln, Mais oder Weizen verdienten. Kaum jemand hatte Geld übrig, auch nicht für den kleinsten Luxus.

An einem Tag im Winter 1986 spielte ich im Haus eines Nachbarn, als das erste Fernsehgerät in Dongshigu eintraf. Die erwartungsfrohe Nachbarschaft versammelte sich um sechs Uhr vor dem Apparat, um die erste Sendung des Tages zu sehen. Niemand wusste, was auf dem Programm stand, aber das war unwichtig. Der Nachbar hob das Gerät vorsichtig aus dem Karton, stellte es auf einen Tisch und steckte es ein. Sehr behutsam drehte er am Knopf. Ich hörte ein «Ch-ch-ch», als er nach einem Kanal suchte. Ich konnte mittlerweile überhaupt nichts mehr sehen, aber ich wusste, dass man im Fernsehen nicht nur ein Bild sehen, sondern auch Stimmen hören konnte. Wenn es keinen Empfang gab, würde man nur ein «Schhhhhh» hören. Sooft der Besitzer auch am Knopf drehte, es gab nur ein «Schhhhhhh».

Nachdem sie zwei Stunden lang vergeblich versucht hatten, das Fernsehgerät in Gang zu setzen, wurde ein Elektriker geholt. Er kam herein, marschierte schnurstracks zum Fernseher und drehte den Knopf derart grob – «Ka-ka-ka» –, als hätte er es nicht mit einem empfindlichen, fragilen Instrument, sondern mit irgendeinem alten Kasten zu tun. Als immer noch kein Bild zu sehen war, drehte der Elektriker das Gerät um, hantierte an der Rückseite herum und zog die Antenne heraus. Sofort hatten wir einen vollkommen klaren Empfang. Alle jubelten.

Tagelang drängten die Leute in das Haus des Fernsehbesitzers. Sie saßen, hockten, standen im Türrahmen oder auf den Zehen im Hof und spähten durch Löcher in der Wand oder zwischen den Köpfen hindurch. Sie starrten mit beinahe religiöser Hingabe auf den Bildschirm. Musste jemand, der vorne saß, auf die Toilette, so brauchte er eine ganze Weile, um sich mühsam durch die Menschenmenge zu zwängen und in den Hof zu gelangen.

Ich war extrem neugierig auf das Fernsehen. Zwar konnte ich das Programm nicht sehen, aber ich konnte es hören, und ich genoss die Gesellschaft der anderen. Manche Nachbarn störten sich an der Anwesenheit eines blinden Kindes. «Was willst du hier? Du siehst ja doch nichts. Du nimmst nur jemandem den Platz weg.»

Solche Kommentare kränkten mich, aber ich antwortete nicht darauf. Es stimmte ja: Ich konnte nichts sehen und nahm einen Platz ein, den jemand anderer hätte nutzen können. Vielleicht dachten sie, mein Schweigen sei gleichbedeutend mit Einverständnis. Aber was sie sagten, war lediglich Ausdruck eines plumpen Vorurteils, und zu jener Zeit wusste ich nichts darauf zu antworten. Ich konnte es nur stumm hinnehmen. Aber ich schwor mir, dass ich, sollte ich eines Tages irgendeinen Vorteil gegenüber anderen haben, nicht versuchen würde, ihn auszunutzen. Stattdessen würde ich versuchen, großherzig zu sein und anderen immer mit Respekt zu begegnen. Am Ende blieb mir nichts anderes übrig, als den Fernsehabenden fernzubleiben. Stattdessen verbrachte ich mehr Zeit damit, die Natur und alles Lebendige zu genießen und mehr darüber zu erfahren.

In China haben Blinde auf dem Land kaum eine Chance, Arbeit zu finden und ihren Lebensunterhalt zu verdienen. In meiner Jugend konnte ein Blinder Wahrsager oder Geschichtenerzähler werden oder beide Metiers miteinander verbinden. Hatte er Erfolg, so konnte er möglicherweise zu Hause bleiben und die Klienten bei sich empfangen, vor allem um das chinesische Neujahrsfest herum, wenn die Leute wissen wollten, was sie in den kommenden Monaten vom Schicksal zu erwarten hatten. So konnte ein Blinder sogar ein unter den gegebenen Umständen angenehmes Leben führen. War dies nicht möglich, so musste er auf nicht gekennzeichneten Pfaden und unsicheren Wegen von Dorf zu Dorf wandern und eine kleine Trommel schlagen, um seine Ankunft anzukündigen. Aber die meisten Blinden verließen kaum einmal das Haus ihrer Familie.

Als Junge hörte ich mir gerne die Märchen an, die blinde wandernde Geschichtenerzähler am Straßenrand zum Besten gaben. An jedem Markttag versammelte sich eine Menschenmenge um den Geschichtenerzähler. Jedes Mal, wenn er am Ende eines Kapitels angekommen war, etwa jede halbe Stunde, machte er eine Pause, um bei den Zuhörern ein paar Münzen einzusammeln. Jemand bot ihm einen Platz zum Übernachten an, andere Familien brachten ihm Essen, um den Gastgebern ein wenig von der Last abzunehmen.

Ich erinnere mich noch an den Tag, an dem ein Blinder ins Dorf kam und vor einer großen Zuschauermenge eine lange Geschichte vortrug. Als er fertig war, trat betretene Stille ein. Es war klar, dass er etwas zu essen und einen Platz zum Übernachten erwartete, aber niemand wollte ihm etwas anbieten. Ich spürte, dass der arme Geschichtenerzähler, der nach seiner Stimme zu urteilen zwischen vierzig und fünfzig Jahre alt sein musste, verunsichert war, denn die Nacht brach herein und das Publikum zerstreute sich. Die Situation war mir furchtbar peinlich, aber bei uns konnte er unmöglich übernachten, da sich bereits zwei Familien in unserem Haus drängten. Trotzdem sagte mir mein Vater, ich solle den Geschichtenerzähler zu uns einladen, wenn es niemand anderer tat. Schließlich rang sich doch ein Dorfbewohner durch und bot dem Blinden an, im Haus seiner Familie zu übernachten.

Am nächsten Morgen schickte mich mein Vater hinüber, um dem Blinden ein paar Jianbing-Pfannkuchen zu bringen. Später sammelten ein älterer Nachbar und ich bei anderen Dorfbewohnern Getreide und getrocknete Süßkartoffeln ein. Normalerweise gaben die

Leute einem Geschichtenerzähler lieber Nahrungsmittel als Geld, das im Dorf sehr knapp war. Nach einer Weile trug ich einen großen mit Essen gefüllten Sack über der Schulter.

Kaum hatte ich ihm die Lebensmittel ausgehändigt, da begann der Geschichtenerzähler, sie an Dorfbewohner zu verkaufen, die sie brauchen konnten. Das war das übliche Verfahren: Was sonst hätte er mit den ganzen Waren anfangen können, zumal er nicht wusste, was ihn auf seiner Wanderung als Nächstes erwartete? Mit ein wenig Kleingeld in der Tasche nahm er seinen Stock und machte sich auf den Weg ins nächste Dorf.

In China gibt es kaum Sicherheitsvorkehrungen auf den Straßen, Geländer auf Brücken und Zäune bei Kanälen sind selten. Der Blinde würde darauf angewiesen sein, dass Fremde so freundlich waren, ihn darauf hinzuweisen, dass er «auf den Graben dort drüben achten» oder «beim Überqueren des Flusses vorsichtig sein» musste. So lebt ein blinder Mensch auf dem Land in China.

Im Jahr 1982 kehrte mein Vater heim. Zu jener Zeit begann sich das Leben in unserem Dorf zu ändern. Wir lebten immer noch in tiefster Armut und hatten manchmal kaum genug zum Überleben, doch nach Jahren der Furcht und des Stillstands erwachte das ländliche China langsam zu neuem Leben. Die Wirtschaftsreformen eröffneten den Menschen neue Möglichkeiten. Das «Haushaltsverantwortungssystem», das Schritt für Schritt die Kommunen ersetzte, gab den Bauern mehr Freiraum bei der Nutzung ihres Lands und beim Einsatz ihrer Arbeitskraft. Unser Dorf kaufte 1978 einen Traktor und drei Jahre später einen zweiten – dies waren bedeutsame Ereignisse, die uns monatelang beschäftigten. Wir warteten Stunden am Flussufer auf die Ankunft des Traktors, und als er endlich eintraf, umschwärmten wir ihn und begleiteten ihn ins Dorf.

Trotz der Modernisierung blieb das Leben der Bauern unsicher und hart. Die Dorfbewohner diskutierten lange darüber, wie sie unser Leben verbessern konnten. Einige, darunter mein Vater, beschlossen, Schweine zu züchten und auf dem Markt zu verkaufen.

Die Zukunftsaussichten waren verlockend. Meine Aufgabe war es, getrocknete Süßkartoffeln zu mahlen, mit Wasser zu vermischen und zu einem Brei zu verkochen, der als Schweinefutter diente. Aber als wir die Tiere schließlich zum Markt brachten, erhielten wir weniger als einen Yuan pro Pfund. Dieser Erlös genügte nicht einmal, um die Kosten des Futters, geschweige denn den Arbeitseinsatz und die übrigen Ausgaben zu decken. Wir hatten alle das Gefühl, gescheitert zu sein.

Meine Brüder waren mittlerweile verheiratet oder hatten das Haus verlassen. Ich war der Einzige, der unseren Eltern auf dem Feld helfen konnte. Ich beteiligte mich wie jeder andere an der Landarbeit. Wie es bei uns hieß: Wer essen will, muss arbeiten. Mein Vater war mit mir genauso streng wie mit meinen Brüdern; es spielte keine Rolle, dass ich blind war. Ich machte jede Arbeit, ich erntete und hackte Erdnüsse, bereitete den Futtermais vor, jätete im Frühjahr und im Sommer das Unkraut. Zu Hause bereitete ich Brot und Klebreisklöße zu. Wenn etwas zerbrach, reparierte ich es. Mein Vater verglich mich oft mit den nicht behinderten Kindern meines Alters – «Sieh dir an, was sie können und du nicht» –, was mir damals sehr unfair schien. Mittlerweile ist mir klar, dass er mich darauf vorbereitete, scheinbar unüberwindliche Hindernisse zu überwinden. Er brachte mir eine einfache Ethik bei: Wenn es andere tun können, kannst du es auch; wenn es andere nicht tun können, solltest du trotzdem in der Lage sein, es zu tun. Er sagte zu mir: «Stelle fest, nach welchem Prinzip etwas funktioniert, und finde einen Weg!» Besonders gefiel ihm, wenn mir etwas gelang, was meine Brüder nicht konnten.

Einmal entschied mein Vater, dass wir Tabak anbauen würden, um Geld zu verdienen. Als die Blätter reif waren und geröstet werden konnten, schlüpfte ich in meine Plastiksandalen – dies war die übliche Fußbekleidung im ländlichen China – und watete unsicher durch das nasse Feld. Bald waren meine Sandalen mit Schlamm verklebt, und ich zog sie aus, um barfuß weiterzulaufen. Aber ich hatte ein Problem: Wie sollte ich feststellen, welche Tabakblätter reif waren? Normalerweise erkennt man das an der Farbe, aber ich hatte mittlerweile auch die Fähigkeit eingebüßt, Farben zu unterscheiden.

Ich rang lange mit dieser Herausforderung. Man kann die reifen Blätter nicht am Geruch erkennen – jeder, der schon einmal durch ein Tabakfeld gegangen ist, kennt den durchdringenden Geruch dieser Pflanzen. Mein Vater schlug vor, ich solle einfach die untersten drei Blätter jeder Pflanze pflücken, da diese als Erste reiften und die meisten Pflanzen mittlerweile etwa drei reife Blätter hätten. Aber ich fürchtete, dass ich auf diese Art zu viele unreife Blätter ernten würde. Um eine solche Verschwendung zu vermeiden, begann ich, die Tabakpflanzen mit meinen Fingern zu untersuchen. Ich tastete die einzelnen Blätter ab und fand heraus, dass sich die Oberflächenstruktur im Verlauf des Lebenszyklus der Pflanze geringfügig veränderte, auch wenn sehende Menschen den Unterschied kaum bemerken dürften.

Mein Vater beobachtete mich. «Warum nimmst du dieses nicht?», fragte er, nachdem ich ein bestimmtes Blatt berührt, aber nicht gepflückt hatte.

«Es ist nicht reif», antwortete ich vollkommen überzeugt.

«Ah, du kannst den Unterschied ertasten!»

Im ersten Jahr, in dem wir Tabak anbauten, verkaufte sich unsere Ernte gut. Die Güteklassen der Blätter waren klar festgelegt, und die Preisunterschiede waren groß. Aber im Jahr darauf mussten die Bauern zur Erntezeit feststellen, dass Regierungsbeamte ihre Beziehungen nutzten, um die Bauern zu übervorteilen und sich zu bereichern. Als wir unseren Tabak in die Markthalle brachten, sagte man uns, unsere Blätter seien gemessen an den staatlichen Vorgaben minderwertig und würden einen entsprechend geringen Preis erzielen. Die Farce war leicht zu durchschauen: Jedermann wusste, dass wir hochwertige Blätter anboten. Als wir frustriert die Markthalle verließen, stießen wir auf Verwandte der Beamten, die gerade unsere Ernte für wertlos erklärt hatten. Unverfroren boten uns ihre Spießgesellen nun an, uns die Blätter zu einem geringfügig höheren

Preis als die staatlichen Einkäufer abzunehmen. Da der Staat ein uneingeschränktes Monopol auf dem Tabakmarkt hatte, gab es niemand anderen, dem wir unsere Ernte legal hätten verkaufen können. Da uns keine andere Wahl blieb, verkauften wir sie mit Verlust.

Die Korruption im Staatsapparat infizierte die gesamte Vertriebskette. Die Parteifunktionäre erzeugten ein Überangebot, indem sie die Bauern ermutigten, mehr und mehr Tabak anzubauen – nur um sich später zu weigern, uns unsere Ernte zu einem angemessenen Preis abzunehmen. Die meisten Leute begriffen nur langsam, dass sie betrogen wurden, und glaubten weiterhin der staatlichen Propaganda, die den Tabakproduzenten Gewinne versprach. «Dieses Jahr wird es vielleicht besser werden», sagten die Bauern – mein Vater eingeschlossen –, nur um einmal mehr in denselben Teufelskreis zu geraten.

In einem Jahr verkauften wir die gesamte Ernte für nur 200 Yuan – das entsprach damals rund 25 Dollar. Allein das Rösten der Blätter hatte fast so viel gekostet, geschweige denn dass diese kärglichen Einnahmen die Kosten von Dünger, Pestiziden oder unserem Arbeitsaufwand gedeckt hätten. Und wir waren keine Ausnahme. Leider arbeiten die Bauern, die mehr als siebzig Prozent der Bevölkerung Chinas stellen, bis zum heutigen Tag unter solchen Bedingungen. Sie arbeiten tagein, tagaus für einen erbärmlichen Lohn und haben kaum Möglichkeiten, ihr Leben zu verbessern.

Ende der achtziger Jahre glaubte niemand mehr den Versprechen der jährlichen Propagandakampagnen, und die Tabakröstereien begannen zu verfallen. Die Geduld des chinesischen Volks kann enden, und im Lauf der Zeit verstanden viele Dorfbewohner einschließlich meiner Familie, dass sie ihr Überleben oder ihr Wohlergehen unmöglich dem Staat anvertrauen konnten. Wer seinen Tabak nicht verkaufen konnte, dem blieb nicht einmal die Möglichkeit, sich den Magen damit zu füllen. In einer stillen Revolution begannen die Bauern, stattdessen Wassermelonen anzubauen. Der Lebensstandard begann zu steigen. Aber an Orten wie Dongshigu währte dieser Fortschritt nicht lange, denn die Partei hatte bereits begonnen, ihre

Aufmerksamkeit den Städten zuzuwenden. Einige Dorfbewohner glaubten weiter an die Zentralregierung und hielten die Korruption für ein Problem, das nur die örtlichen Funktionäre betraf. Andere hielten ihnen entgegen: «Redet nicht von guten und bösen Parteikadern. Alle Krähen am Himmel sind schwarz.» Die, die Böses tun, sind überall gleich.

Als ich allmählich erwachsen wurde, begannen sich meine Eltern Sorgen um mich zu machen. Was für eine Zukunft hatte ich? Würde ich je imstande sein, meinen Lebensunterhalt zu bestreiten oder allein zu leben? Gleichgültig, wie viel ich auf dem Feld oder im Haus half, sie sahen eine abhängige Person in mir. Die Voreingenommenheit gegenüber Behinderten war ausgeprägt auf dem Land, und selbst die Mitglieder meiner eigenen Familie konnten sich nie vollkommen davon befreien. Meine Familie und enge Freunde nahmen manchmal Rücksicht auf mich, weil ich blind war, doch die Vorurteile waren schwer zu überwinden. Die Leute schauten seit meiner Kindheit auf mich herab – ich war «fehlerhaft», unfähig, für mich selbst zu sorgen, nicht wert, dass man mir Zeit und Mühe widmete. Die Blindheit war nicht nur ein körperliches, sondern auch ein soziales Problem. Da mich viele Menschen für nutzlos hielten, war ich fast unsichtbar für sie. Ich existierte praktisch nicht.

Mein Schicksal war absehbar. Wann immer jemand meinem Vater vorschlug, ich solle beginnen, mir meinen Lebensunterhalt als Geschichtenerzähler zu verdienen, protestierte ich lautstark. Ich war mir sicher, dass diese Form der Unterhaltung bald verschwinden würde. Radio und Fernsehen würden sie verdrängen. Wenn die Leute erst einmal Programme von besserer Qualität hören konnten, würden die Vorführungen von Straßenkünstlern ihren Reiz verlieren. Außerdem konnte es unangenehm und ermüdend sein, lange Zeit am Straßenrand zu sitzen und einem Geschichtenerzähler zuzuhören, und es war schwierig, die Spannung aufrechtzuerhalten, wenn sich eine Geschichte über viele Tage erstreckt. Obendrein mussten die Bauern ihre Felder bestellen und hatten nicht immer

Zeit, sich am Markttag den ganzen Tag niederzulassen und einem Erzähler zuzuhören.

Aber die Leute wussten, welchen Stellenwert Behinderte auf dem Land hatten: Egal wie viel Arbeit man auf dem Hof beisteuerte, man hing von der Unterstützung der Familie ab, vor allem weil wir alle Steuern und Gebühren zahlen und Arbeit für den Staat leisten mussten. Wenn ich ein wenig eigenes Geld verdiente, indem ich Geschichten erzählte oder als Wahrsager auftrat, konnte ich nach Meinung meiner Umgebung einen Beitrag zu dem Haushalt leisten, der mich unterhielt. Aber ich wusste, die meisten Leute schätzten das Geschichtenerzählen und die Wahrsagerei gering, weil sie darin eine andere Form von Bettelei sahen.

Manche Dinge sah ich mit einer Klarheit, die für viele andere nicht nachvollziehbar war. Die meisten Kinder, die sehen können, wachsen unter den wachsamen Augen ihrer Eltern auf und eignen sich langsam neue Fähigkeiten an. Sie sehen, wie sie anderen Menschen helfen können, wie sie sich durch ihren «Nutzen» für die Gemeinschaft Respekt und Ansehen sichern können. Mit ihrem Erwachsenwerden gewinnen sie an Wert für die Gesellschaft. Aber wenn sie altern und schwächer werden, verlieren sie ihren «Nutzen» und werden schließlich von der Hilfe anderer Menschen abhängig. Insbesondere auf dem Land versinken sie gegen Ende ihres Lebens oft in tiefster Armut. Es ist oft die Rede vom Respekt für die Älteren, aber die Wirklichkeit sieht anders aus: Viele alte Menschen in China können von der Gemeinschaft bestenfalls ein paar freundliche Worte erwarten.

Ich kannte das Gefühl der «Nutzlosigkeit» schon sehr früh in meinem Leben. Als ich siebzehn Jahre alt war, ließ sich mein Vater schließlich von den Leuten überzeugen, die ihm seit langem einzureden versuchten, ich sollte die Wahrsagerei erlernen. Wenige Kilometer entfernt lebte ein blinder Wahrsager, bei dem mich mein Vater in die Lehre schicken wollte. Ich wehrte mich nach Kräften und versuchte, meinen Vater davon zu überzeugen, dass er eine bessere Lösung finden musste. Sogar meine Mutter war dagegen, dass ich

Wahrsager wurde. Meine Hoffnung richtete sich darauf, meine Blindheit heilen zu können. Ich gab nicht nach und weigerte mich standhaft, bei dem Wahrsager in die Lehre zu gehen.

An einem Tag im Herbst 1988 kehrte Vierter Bruder mit einer überraschenden Neuigkeit heim: Gao Bo, ein Blinder, den ich als Kind gekannt hatte, ging zur Schule! Mein Bruder hatte Gao Bo, der die Blindenschrift lernte, im Fernsehen gesehen.

«Wo geht er zur Schule?», fragte mein Vater. «Wie schafft er es, am Unterricht teilzunehmen?»

«Er besucht eine Blindenschule in Linyi», antwortete mein Bruder.

«Also gut», sagte mein Vater, «dort sollten wir auch hingehen.»

Anfang der achtziger Jahre gab es in ganz China nur fünf Schulen für Blinde, und diese Schulen befanden sich alle in den am weitesten entwickelten Städten, in Peking, Shanghai, Nanking, Tiranjin und Quingdao. Die Schulen in Tiranjin und Quingdao waren von Missionaren gegründet, nach der Machtübernahme der Kommunisten im Jahr 1949 jedoch vom Staat übernommen worden. Die Schule in Quingdao lag für uns am nächsten, aber wir waren weitgehend abgeschnitten von der Außenwelt und erhielten keine Informationen über solche Themen. Erst als wir von Gao Bo und der drei Jahre zuvor eröffneten Blindenschule in Linyi hörten, verstanden wir, dass eine Schulbildung für mich überhaupt möglich war.

Ich war hin und her gerissen, ja, die Neuigkeiten über Gao Bo waren niederschmetternd für mich. Hatte ich doch nie die Hoffnung aufgegeben, dass es eines Tages eine Heilung für meine Blindheit geben würde. Ich lebte in der Hoffnung, irgendwann würde irgendwo jemand einen Weg finden, um mich zu heilen. Der Besuch einer Blindenschule war gleichbedeutend mit dem Eingeständnis, dass mein Augenlicht gegenwärtig nicht wiederhergestellt werden konnte. Deshalb wollte ich trotz all meiner Neugierde lieber nicht nach Linyi gehen.

Aber schließlich sah ich ein, dass mir eine Schulbildung das Grundwissen vermitteln würde, das ich später, sollte meine Blindheit geheilt werden, für ein Studium nutzen konnte. Meinen Eltern war klar, dass dies meine einzige Chance auf eine bessere Zukunft war. Sie waren entschlossen, einen Weg zu finden, um das geringe Schulgeld aufzubringen. Diese Aussicht gab meinem Vater neue Hoffnung. Er war zuversichtlich, dass ich nach dem Abschluss zumindest als Lehrer an einer Blindenschule meinen Lebensunterhalt verdienen könnte – dies sollte meine «eiserne Reisschale» sein, eine lebenslange Einkommensquelle und ein Beruf, der mir Sicherheit und Respekt verschaffen würde. Zweifellos eine bessere Option als die Wahrsagerei.

Im Jahr 1989 gab es im Dorf immer noch einige, die es für eine Verschwendung hielten, Geld für die Ausbildung eines blinden Jungen auszugeben. Außerdem würde ich erst mit fast achtzehn Jahren in die Grundschule kommen. «Selbst für normale Kinder ist es nicht unbedingt nützlich, die Schule zu besuchen», sagten unsere Nachbarn zu meinem Vater. «Was hat es für einen Sinn, dass *er* hingeht?» Die meisten Kinder auf dem Land kamen nicht über die Mittelschule hinaus. Es war unvorstellbar, dass es ein Kind aus einem Ort wie Dongshigu auf die Universität schaffte. Und erst ein Kind, das obendrein blind war?

Im Sommer dachte ich viel über die dramatischen Veränderungen nach, die mir bevorstanden. Ab dem Herbst würde ich den Großteil meiner Zeit in der Schule verbringen. Ich würde in jedem Schulhalbjahr mindestens vier Monate am Stück dort sein und kaum Zeit für mich selbst haben. Nachdem ich mein ganzes Leben in Freiheit am Fluss gelebt hatte und nach Belieben durch die Wälder gestreift war, würde ich nun mit anderen blinden Schülern in einem Wohnheim leben. Viele der älteren Dorfbewohner waren in ihrem ganzen Leben nie über die nähere Umgebung von Dongshigu hinausgelangt, und viele andere waren nur deshalb in weiter entfernte Orte gekommen, weil sie zu Arbeitsdiensten eingezogen worden waren. Und ich würde jetzt monatelang fern von meiner Familie und meinem Dorf leben.

Am Abend vor der Abreise entschloss ich mich, im Fluss schwimmen zu gehen. Ich wollte die Erinnerung an diese letzte Erfahrung mit auf meinen Weg nehmen. Es war bereits Mitte September, und ich war ganz allein am Fluss. Die Luft war nicht mehr warm, aber ich zog mich aus und suchte einen Ort, an dem ich meine Kleidung leicht wiederfinden würde. Alles in meiner Umgebung war mir vertraut. Ich spürte das kalte Wasser über meine Haut fließen und lauschte dem Gurgeln des Flusses, während ich befreit im Wasser trieb. Ich wusste aus Erzählungen, dass der Sand am Grund weiß und sehr sauber war. Ich tauchte unter und lag für einen Moment auf dem Rücken im Sand. Ich schob ein wenig davon zu einem Unterwasserkissen zusammen, doch die Strömung spülte es im Nu wieder unter meinem Kopf weg.

Dieses Spiel hatte ich von Kindheit an im Fluss gespielt, es war für mich ganz normal. Nostalgie und Sehnsucht stiegen in mir auf. Ich entsann mich, wie ich als kleiner Junge im Fluss gebadet und geangelt hatte und mit meinen Freunden im Wasser umhergetollt war. Alles war Stille und Frieden. Hingebungsvoll lauschte ich dem Klang des Wassers, dem Plätschern der Wellen am Ufer, den über dem Wasser schwirrenden Insekten und dem Zirpen der Grillen im Gras.

Es wurde kühler, und ich stieg aus dem Wasser und zog mich eilig an. Während ich auf dem schmalen Pfad entlang des Wassers ins Dorf zurückschlenderte, dachte ich an all die Veränderungen, die mich erwarteten. Ich dachte daran, wie ich lachend und scherzend mit meinen Freunden diesen Pfad entlanggelaufen war, nackt und barfuß. Aber in diesem Augenblick herrschte eine tiefe Stille. Ich dachte über die aufeinander folgenden Stadien im Leben eines Menschen nach. Keine dieser Lebensphasen kann wiederholt werden. Sind sie einmal abgeschlossen, gibt es kein Zurück.

Am nächsten Morgen stand ich im Morgengrauen auf. Meine Mutter kochte mir Nudeln und überreichte mir eine Decke und eine kleine Tasche, die ein paar Kleidungsstücke enthielt, die meine Brüder nicht mehr brauchten. Sie gab mir auch einen Behälter, der gekochte und mit Fenchelsamen und Salz gewürzte Erdnüsse in Sojasauce enthielt. Dritter Bruder schenkte mir zum Abschied einige gebackene Sesamkernkuchen. Das Einzige, was ich sonst noch mitnahm, war ein angeschlagener Teebecher, der ein Erinnerungsstück meines Vaters aus seiner Zeit als Eisenbahnarbeiter in den fünfziger Jahren war.

In Begleitung meines Vaters bestieg ich den Bus nach Linyi, das gut sechzig Kilometer südlich von Dongshigu lag. Da keine Sitzplätze mehr frei waren, mussten wir während der ganzen zweistündigen Fahrt über holprige Straßen stehen. Mir gingen zahllose Fragen durch den Kopf. Wie würde die Schule sein? Würde ich mit den anderen Schülern zurechtkommen? Ich versuchte, mir mein neues Leben bis in die kleinsten Details vorzustellen: Bestanden die Böden der neuen Schule aus Ziegeln oder aus gestampfter Erde?

Als wir im geschäftigen Linyi eintrafen, konnte uns niemand sagen, wo die Blindenschule war. Wir riefen ein Fahrradtaxi, aber der Fahrer brachte uns zu einer Schule für Taubstumme. Als wir die Blindenschule schließlich fanden, wurde mir bang ums Herz. Sofort spürte ich eine gewisse Kälte. Ich stand vor der Schule und wusste, dass der Hof mit Ziegeln gepflastert war. Ich hörte das abrupte Läuten der Schulglocke und die klatschenden Schritte von Schülern auf der Treppe. Einer fragte mich, ob ich neu sei.

Wir bogen in der Eingangshalle nach rechts ab, wo wir das Büro des Studienleiters Xue Keming betraten, der uns begrüßte und meine Hand ergriff. Er erklärte uns die Abläufe, und mein Vater übergab ihm die Mitteilung über die Aufnahme, die uns die Schule geschickt hatte, sowie mein Schulgeld. Direktor Xue erläuterte uns den Lehrplan und betonte, dass in seiner Einrichtung im Wesentlichen derselbe Stoff unterrichtet werde wie in regulären Schulen.

Direktor Xue ließ meinen Klassenlehrer holen, der meinen Vater und mich in den dritten Stock hinaufführte, wo das Wohnheim für die Jungen untergebracht war. Auf dem Weg kamen wir im zweiten Stock an den Klassenzimmern und dem Wohnheim der Mädchen vorbei – alle Schüler waren in einem einzigen Gebäude untergebracht. Ich betrat den Raum, in dem ich schlafen würde, und stellte fest, dass er etwa sieben Meter im Quadrat groß war und zehn Betten enthielt. Ich war der erste neue Schüler, der eingetroffen war. Wir wählten ein Bett im Südostwinkel des Zimmers aus. Neben dem Bett stand ein Nachttisch mit einer Schublade, außerdem war da ein kleiner Kasten. Der Raum unter dem Bett diente als Speicherplatz. Dort schob ich die Kleidung hinein, die ich von daheim mitgebracht hatte. Alle Betten im Schlafsaal waren neu, und die Glasfenster waren mit einem Fliegengitter versehen. Dieser Ort war nicht zu vergleichen mit den primitiven steinernen Schulhäusern auf dem Land.

Als ich um Viertel vor zehn meine Sachen verstaut hatte, war bereits die zweite Schulstunde beendet. Die Schüler strömten in den Hof, und ich öffnete das Fliegengitter, das voller Staub war; offenbar war es seit einer Ewigkeit nicht mehr abgewischt worden. Unten im Hof hörte ich die Schüler, wie sie Turnübungen machten. Die Anweisungen kamen aus einem Lautsprecher. Mein Vater war beeindruckt. «Du wirst sogar Freiübungen machen!», sagte er. Ich lauschte der Stimme, die aus dem Lautsprecher drang, und versuchte zu verstehen, was sie sagte. Bald würde ich selbst solche Übungen machen.

Mein Vater ging hinaus, um einige Dinge für mich zu kaufen: eine Emaille-Waschschüssel, eine Thermosflasche für heißes Wasser, ein Handtuch und etwas Seife. Er brachte sogar eine Zahnbürste und Zahnpasta mit, obwohl ich mir noch nie die Zähne geputzt hatte. Später an diesem Tag probierte ich die Zahnbürste aus; mit kribbelndem Gaumen und wundgescheuertem Zahnfleisch dachte ich: Das ist wirklich ein ganz anderes Leben!

Nach einer Weile sagte mein Vater, er müsse jetzt gehen. Er versprach mir, mich zu Ferienbeginn abzuholen. Da es im Dorf kein Telefon gab, würden wir in den Monaten bis dahin keinerlei Kontakt zueinander haben. Als wir zum Tor gingen, hielt ich den Arm meines Vaters fest und begriff, dass das Alter und die langen Jahre der harten körperlichen Arbeit ihren Tribut gefordert hatten: Dies war nicht mehr der starke Arm, an dem ich mich als Kind festgehalten hatte. Er war dünner geworden, und die Haut begann zu erschlaffen.

Am Schultor angekommen, sagte mein Vater: «Geh jetzt zurück, du musst mich nicht weiter begleiten. Lerne fleißig, und wenn du Schwierigkeiten hast, wende dich an deine Lehrer. Tu, was sie dir sagen.» Er gab mir fast das gesamte Geld, das er in seiner Tasche hatte, und behielt für sich gerade genug für die Busfahrt nach Hause. Er riss auch noch ein paar Lebensmittelmarken ab und steckte sie mir zu.

Als er sich entfernte, horchte ich auf seine Schritte. Das Geräusch seiner langsam über den Gehsteig schleifenden Schuhe hallte von den Mauern der Schule wider, wodurch seine Bewegungen noch langsamer wirkten. Er blieb stehen und befahl mir erneut, in den Schlafsaal zurückzukehren. Ich sagte ja, rührte mich jedoch nicht von der Stelle. Ich stand noch da, als seine Schritte verklungen waren.

Drei **Eine ungewöhnliche Bildung**

Langsam und vorsichtig kehrte ich ins Schulgebäude zurück und fand den Weg über die Treppen hinauf in meinen Schlafsaal. Ich begann, mir meine neue Umgebung einzuprägen. In meinem Leben vollzogen sich ungezählte große und kleine Veränderungen, die meine Wahrnehmung und mein Bewusstsein überfluteten. Zum Beispiel hatte es daheim kein Echo gegeben, wenn wir im Haus sprachen. Hier hingegen löste jedes Geräusch ein «Wengwengweng» aus, das mir in den Ohren wehtat. Sogar meine Schritte im Treppenhaus hallten laut von den Betonmauern wider. Der Lärm war eines von vielen Dingen, an die ich mich gewöhnen musste.

Zurück im dritten Stock erkundete ich den Raum. Ich streckte die Arme aus und ertastete mit den Händen, wo sich mein Bett im Verhältnis zu den anderen Betten, den Wänden und dem Fenster befand. Ich maß ab, wie weit die Tür entfernt war. Ich ging in den Gang hinaus, folgte den Geländern an den Wänden, zählte die Türen, die vom Gang weggingen. Bei den Toiletten waren die Türen verschlossen. Wie sonderbar, dachte ich. Warum erlaubten sie den Schülern nicht, die Toiletten zu benutzen?

Am Nachmittag kam Gao Bo zu mir, um mich zu begrüßen. Ich wollte unbedingt mehr über die Unterrichtsfächer wissen und was wir sonst noch lernen würden. Gao Bo brachte mich in sein Klassenzimmer und zeigte mir eines seiner Schulbücher. Zum ersten Mal in meinem Leben fühlte ich Braille-Buchstaben. Obwohl der Unterricht für die neuen Schüler noch nicht begonnen hatte, entschloss ich mich, einige Kameraden aus höheren Klassen zu bitten, mir die Braille-Schrift beizubringen, die im Chinesischen zweiundfünfzig grundlegende Buchstaben hat, zu denen weitere für Betonung und Zeichensetzung kommen. Bald lernte ich, mit der Braille-Tafel zu schreiben. Das ist ein kleines Metallgitter mit Reihen von jeweils sechs kleinen Löchern. Indem man mit einem Stift von rechts nach links Punkte in ein dickes Blatt Papier drückt, bildet man Worte. Um zu lesen, was man geschrieben hat, dreht man das Papier um und ertastet die Dellen von links nach rechts. Das Verfahren war langsamer als das Schreiben mit einem Stift, aber wir hatten keine andere Möglichkeit, Worte zu Papier zu bringen.

Dann begann der reguläre Unterricht. Da die Schule erst wenige Jahre zuvor eröffnet worden war – mein Jahrgang war der vierte –, bot sie zunächst eine begrenzte Zahl von Kursen auf Grundschulniveau an. Wir erhielten Unterricht in Fächern wie Sprache, Mathematik, Geographie, Geschichte, Sport, Geisteswelt und Ethik, Musik und Handarbeiten. Ich interessierte mich besonders für Geschichte, musste jedoch rasch feststellen, dass mein Bild von der Vergangenheit Chinas manchmal deutlich von dem des Lehrers abwich. Im Unterricht erfuhren wir sehr wenig, verglichen mit dem, was ich in den Gesprächen mit meinem Vater unter der alten Kerosinlampe gelernt hatte.

Als ich mich an die Braille-Schrift gewöhnt hatte, empfand ich es als befreiend, die Finger über eine Seite gleiten zu lassen und mich aus der Abhängigkeit von Vorlesern zu lösen. Bald verschlang ich sämtliche Braille-Bücher, die es in der Schule gab. Besonders fasziniert war ich von einer beliebten Reihe mit dem Titel *Die 100 000 Warums*. Das war genau das Richtige für mich. Während ich mich durch die Beschreibungen von Astronomie, Geographie, Biologie und Physik fraß, entdeckte ich, dass ich in den Jahren, in denen ich die Umgebung meines Dorfes erkundet hatte, ein natürliches Verständnis für diese Themen entwickelt hatte. Ich las über den Mond und erfuhr, wie er von der Anziehungskraft der Erde in seiner Umlaufbahn gehalten wird. Ich erinnerte mich an sein kaltes weißes Licht, das ich als kleiner Junge noch hatte sehen können. Wenn ich in *Die 100 000 Warums* über Zentrifugal- und Zentripetalkraft las, dachte ich an ein Spielzeug, das ich aus einem Strang und etwas Lehm gebastelt hatte. Als der Lehm noch nass war, knetete ich ihn um den Strang zu einer Kugel, und nachdem die Lehmkugel getrocknet war, schwang ich sie im Kreis und spürte die Kraft, die den Ball nach außen zog.

Das Leben in der Blindenschule war strikt geregelt, und wir hatten kaum Zeit für uns selbst. Wir waren den ganzen Tag im Klassenzimmer oder im Speisesaal und hatten nur vor dem Zubettgehen dreißig oder vierzig Minuten frei. In diesen kostbaren Momenten holten viele Schüler ihre Flöten hervor, wanderten durch die Gänge oder im Hof umher und spielten Pop-Melodien oder volkstümliche Lieder. Die Zementmauern im Inneren warfen ein klares Echo zurück, und das Heer der Flöten erzeugte eine wundervoll kakophonische Symphonie.

Eines Abends stand ich auf dem Gang und hörte den Liedern zu, die meine Mitschüler spielten. Ich kannte die Melodien aus dem Lautsprecher des alten Plattenspielers, den mein Vater vor einigen Jahren gekauft hatte. Ich selbst hatte nie ein Instrument erlernt. Nach einer Weile trat ich an einen Schüler heran, der gut Flöte spielte. Ich erkundigte mich nach seinem Namen und fragte ihn, ob er mir beibringen würde zu spielen.

«Na klar», sagte er.

Ich gestand ihm, dass ich keine Flöte hatte.

«Warum kaufst du dir keine?», fragte er.

Ich schwieg. Wie konnte ich Geld für eine Flöte ausgeben? Der eine Yuan, den sie gekostet hätte, war einfach zu viel für mich.

Bevor die Lichter ausgeschaltet wurden, mussten wir in den ersten Stock hinunterlaufen, um uns die Zähne zu putzen und die Toilette im Hof zu benutzen. Die Toiletten in unserem Stock waren immer verschlossen, und in der Nacht wurde jedes Stockwerk und das gesamte Gebäude zugesperrt, weshalb wir bis zum Morgen nicht auf die Toilette gehen konnten. Niemand wusste, warum wir eingesperrt wurden, und hin und wieder hatte ein Schüler keine andere Wahl, als sich auf dem Gang zu erleichtern.

Bald wurde mir klar, dass die Blindenschule von Linyi ganz anders war, als ich sie mir vorgestellt hatte. Meine Familie und ich hatten gehört, dass Behinderte in den staatlichen Schulen eine ausgezeichnete Bildung erhielten. Wir waren sicher, dass der Staat die Überlegenheit des Sozialismus, an die wir alle glaubten, unter Beweis stellen und für die behinderten Schüler viel mehr tun würde, als nur ihre Grundbedürfnisse zu erfüllen. Die Wirklichkeit sah ganz anders aus. Die Schule hatte viel zu wenig Mittel zur Verfügung und konnte den Schülern keinerlei zusätzliche Unterstützung geben. Darauf waren meine Eltern und ich nicht vorbereitet.

Nach wenigen Tagen in der Schule begriff ich, dass es sehr schwierig werden würde, mit den sechsundzwanzig Yuan auszukommen, die mir mein Vater dagelassen hatte. So funktionierte die Schulkantine etwa immer noch nach dem planwirtschaftlichen Modell. Die Schüler mussten sich zu Beginn eines Halbjahrs Rationsmarken kaufen, die sie gegen Mahlzeiten eintauschen konnten. Ich stellte rasch fest, dass mein Geld nur für zwei Monate reichen würde, wenn ich mich in der Kantine normal ernährte. Obendrein musste ich auch für Dinge wie Schreibpapier und anderes Schulmaterial bezahlen. Nachdem ich mir alles durchgerechnet hatte, war klar, dass ich mich hauptsächlich von gedämpften Brötchen und Maisbrot ernähren musste, die ich durch die billigsten verfügbaren Salzgurken ergänzen konnte, die mir ein Lehrer außerhalb der Schule besorgte.

Und es gab noch mehr Probleme mit Essen und Wasser. Aufgrund des unzureichenden Drucks in den Leitungen kam oft aus den Wasserhähnen in der gesamten Schule kein Wasser, weshalb wir keine Möglichkeit hatten, uns zu waschen oder uns die Zähne zu putzen. In der Kantine fehlte ebenfalls oftmals Wasser zum Kochen. Um Abhilfe zu schaffen, schickten die Lehrer jene Schüler, die nicht vollkommen blind waren, außerhalb der Schule Wasser holen. Eigentlich sollten die Küchenangestellten das auf diese Art beschaffte Wasser abkochen, bevor sie es uns zu trinken gaben. Aber wir entdeckten, dass sie das Wasser zum Dämpfen von Brot verwendeten, bevor sie unsere Thermosflaschen damit füllten. Auch die Körperhygiene war eine tägliche Herausforderung. Da kein Wasser durch die Rohre kam, konnten wir die Toiletten nicht benutzen und hatten keine Möglichkeit, uns zu waschen.

Im ersten Jahr in Linyi wurde ich Schülervertreter und nahm an den Verwaltungssitzungen teil, in denen Probleme im Schulalltag behandelt wurden. Ich sprach den Wassermangel an, da ich es für meine Pflicht hielt, die Schulleitung auf Probleme hinzuweisen, damit sie gelöst werden konnten. Ich spürte, dass sich die Verwaltungsbeamten nicht über meine Kritik freuten, aber sie bedankten sich höflich für meine «nützlichen Anregungen». Dennoch blieb die Schule untätig. Also wandte ich mich an das kommunale Bildungsamt, in der Hoffnung, die Stadtverwaltung werde unser Los verbessern. Es geschah weiterhin nichts, aber meine Beschwerde machte den Schulleiter so wütend, dass er mich beim Bildungsamt anzeigte. Er stellte mich sogar während der Turnstunde im Hof zur Rede und hielt mir vor, ich hätte mich mit dem Problem direkt an ihn wenden müssen. «Müssen wir Ihnen diese Dinge wirklich erklären?», fragte ich ihn. «Seit Beginn des Schuljahrs hat niemand baden können. Herr Direktor, wie oft haben Sie in diesem Winter gebadet?» Er wirkte schockiert, weil ich so direkt mit ihm sprach, aber ich gab nicht klein bei.

Die Schüler begannen sich zu beklagen, weil sie sich in der Schule manchmal wie in einem Gefängnis fühlten. Wenn uns kein Familienmitglied begleitete, war es uns verboten, das Schulgelände zu verlassen, um Lebensmittel zu kaufen oder etwas zu unternehmen. Doch die meisten Schüler stammten vom Land und erhielten selten Besuch von ihren Familien. Meine Familie zum Beispiel brachte mich anfangs zu Semesterbeginn zur Schule, aber nach einer Weile unternahm ich die Reise allein. Ich bekam nur Besuch von meinen Angehörigen, wenn sie mich für die Winter- oder Sommerferien abholten. Die Schulleitung erklärte das Ausgehverbot damit, dass es zu gefährlich für uns sei, uns in der Stadt zu bewegen. Der Verkehr sei chaotisch, und es gebe dort draußen schlechte Menschen, die unsere Behinderung ausnutzen würden. Ich hielt dem entgegen, wir könnten nicht wie Gefangene leben, sondern müssten früher oder später am Leben der Gesellschaft teilnehmen. Schließlich hatte uns die Schule nicht nur auszubilden; es gehörte auch zu ihren Pflichten, uns auf die Teilnahme am gesellschaftlichen Leben vorzubereiten. Wie sollten wir je lernen, uns in einer nicht vertrauten Umgebung zurechtzufinden, wenn wir die Schule nie verlassen durften?

Ich fragte mich, ob die Schule nicht sogar gegen die Gesetze verstieß, indem sie unsere Bewegungsfreiheit einschränkte. Eines Tages sprach ich einen der Lehrer darauf an. «Oh», sagte er überrascht, «du weißt also auch über Gesetze Bescheid!»

Wir hielten an unserer Forderung nach mehr Unabhängigkeit fest, und nach fast zwei Jahren gab die Schulleitung schließlich nach und erlaubte mir und einem Freund, das Schulgelände ohne Begleitung zu verlassen. Die Verwaltung und das Schulpersonal hatten jedoch wenig für meine Bemühungen übrig und ließen mich spüren, was sie von mir hielten. Fast zwei Jahre lang gaben mir die Küchenangestellten nur klein geratene oder übrig gebliebene Dampfbrötchen, und als mich meine Mitschüler wegen «guter schulischer Leistungen, guter Moral und guter Gesundheit» zum «Drei-Götter-Schüler» wählten, weigerte sich die Schulleitung, mir die Auszeichnung zuzugestehen. Stattdessen teilte man meinen Eltern mit, ich sei ein Störenfried mit ungehörigen Vorstellungen.

Trotz der mangelhaften Einrichtungen der Schule und ungeachtet meiner Auseinandersetzungen mit der Verwaltung war ich dankbar für die Gelegenheit, lernen zu dürfen, denn es gab damals kaum Schulen für Behinderte. Unsere Schule hatte weniger als vierzig Schüler, von denen etwa ein Fünftel Mädchen waren. Wir studierten fleißig, und unsere Lehrer nahmen den Unterricht sehr ernst. Unsere Lebensbedingungen waren inakzeptabel, aber das war nicht die Schuld der Lehrer, die fürsorglich und warmherzig waren und uns nach besten Kräften unterstützten. Allen Widrigkeiten zum Trotz bemühten sich die Lehrer in Linyi unermüdlich, uns mit wenigen Mitteln eine möglichst gute Bildung zu geben.

1992 begann ich, samstags Gesangsstunden in einer nahe gelegenen Kunstschule zu nehmen. Bald drängte ich in unserer Schule auf einen ernsthafteren Kunstunterricht und auf Gelegenheiten für Auftritte. Ich verlangte, dass die Schule mehr Instrumente kaufte, und dem Direktor muss zugutegehalten werden, dass er Geld lieh, um sie zu beschaffen. Unser musikalisches Können wuchs, und wir gewannen die ersten Preise bei Wettbewerben mit anderen Behindertenschulen in der Provinz Shandong. Um der Schule zu mehr Geltung zu verhelfen, begann ich, Journalisten anzurufen und sie zu unseren Konzerten einzuladen. Das war dem Schulleiter unangenehm. Er rief mich in sein Büro und wies mich zurecht, weil ich mich auf eigene Faust an die Medien gewandt hatte.

Ich war bereits drei Jahre in Linyi, als ein neuer Schulleiter eintraf. Endlich besserten sich die Bedingungen. Es dauerte nicht lange, da wurden ordentliche Wasserrohre verlegt. Das Essen wurde besser. Der neue Direktor beantragte mehr Geld und ließ einen fast hundert Meter tiefen Brunnen bohren, um das Problem mit der Wasserversorgung zu lösen. Es gelang ihm sogar, sich beim Ministerium für zivile Angelegenheiten Geld zu beschaffen, mit dem er einen Jahresvorrat Mehl für die Schule kaufte. Nun mussten wir die Rationsmarken nicht mehr bezahlen.

Mein Vater war begeistert. In seinen Augen bewiesen diese Veränderungen die Überlegenheit des Sozialismus. Leider glaubte er auch, dass ich nun nicht mehr auf seine Unterstützung angewiesen sei. In jenem Halbjahr aß ich noch weniger als in den vorangegangenen Jahren und ernährte mich fast ausschließlich von Dampfbrötchen und Maisbrot. Bald war ich so geschwächt, dass ich erkrankte und mehrere Tage nicht am Unterricht teilnehmen konnte. Ich lag zitternd und mit Schüttelfrost im Bett; das Medikament, das man mir gab, wirkte nicht. Schließlich wurde ich ins Krankenhaus gebracht. Die Ärzte erklärten, die Mangelernährung habe die Auswirkungen einer schweren Erkältung erheblich verschärft.

Meine Lehrer kümmerten sich während meiner Krankheit bemerkenswert fürsorglich um mich. Einer von ihnen gab mir einen Apfel und eine Birne, ein anderer etwas weißen Zucker. Normalerweise hätte ich diese Köstlichkeiten gierig verschlungen, aber jetzt schmeckte alles bitter. Ein dritter Lehrer brachte mir zwei rohe Eier, die ich in meinem Teebecher mit warmem Wasser verrührte. Das Gemisch schmeckte nicht gut, aber ich zwang mich, es zu trinken, weil es nahrhaft war.

Die Schulleitung teilte mir mit, dass sie meine Familie benachrichtigen müsse. Meine Mutter und Älterer Bruder kamen mich besuchen, und meine Mutter brach in Tränen aus, als sie sah, in welch schlimmer Verfassung ich war.

«Warum kaufst du nur Brot?», fragte sie. «Würde es dir nicht besser gehen, wenn du auch ein wenig Gemüse und Protein zu dir nehmen würdest?»

«Was kann ich mir denn kaufen?», antwortete ich wütend. Ich erinnerte sie daran, dass mir niemand Geld für dieses Semester gegeben hatte. Ich hatte das Schuljahr mit nur zwanzig Yuan begonnen, die mir Dritter Bruder gegeben hatte. Ein bisschen Geld hatte ich mir dazuverdient. Nach diesem schmerzhaften Gespräch legten meine Mutter und Älterer Bruder weitere dreiundzwanzig Yuan zusammen.

Als ich in den Ferien heimkehrte, war mein Vater wütend über die mangelnde staatliche Unterstützung für die Schule. «Wenn der Sozialismus nicht für die Behinderten sorgen kann», sagte er, «wie kann er dann den anderen Systemen noch überlegen sein?» Die Regierung war offenkundig nicht ernsthaft daran interessiert, behinderte Menschen auszubilden und zu versorgen. Niemand kümmerte sich darum, dass Schüler wie ich in tiefer Armut lebten. Die traurige Wahrheit war, dass ich nichts zu essen hatte, wenn mir meine Familie kein Geld gab – wie aber konnte ich ohne Nahrung zur Schule gehen?

Während ich im Herbst 1990 in Linyi war, tauchten in unserem Haus in Dongshigu Parteikader auf, um Steuern und Abgaben einzutreiben. Wie vor zweitausend Jahren gingen die Steuereintreiber in China immer noch mit einer Liste in der Hand von Tür zu Tür und hielten fest, wie viele Personen in einem Haushalt lebten und welche Steuern dieser Haushalt zahlen musste. Obwohl ich behindert war und nicht arbeiten konnte, musste ich seit meiner Geburt als Dorfbewohner eine Steuer entrichten. Und der Staat verlangte, dass jedes Haushaltsmitglied einmal im Jahr einen mehrtägigen «Freiwilligendienst» im Brücken- oder Straßenbau oder bei ähnlichen Arbeiten leistete. War jemand zu jung, zu alt oder behindert, so musste seine Familie entweder seine Arbeitsdienste übernehmen oder einen entsprechenden Geldbetrag bezahlen. Außerdem mussten die Bauern jedes Jahr abhängig von der Zahl der Haushaltsmitglieder eine bestimmte Menge Getreide an den Staat abtreten.

Mein Vater hatte vor einiger Zeit in der Zeitung einen Artikel über ein neues Gesetz zum Schutz Behinderter* gelesen. In Wahrheit enthielt dieses Gesetz wenig mehr als eine allgemeine Aufforderung, Behinderte mit Respekt zu behandeln. Aber im Gesetz stand ausdrücklich, dass Behinderten, die arbeitsunfähig waren, darunter blinde Personen, «keine zusätzlichen materiellen Belastungen aufgebürdet werden sollten». Die wenigsten Bestimmungen des neuen Gesetzes hatten einen praktischen Nutzen, sieht man von der Vorschrift ab, dass Blinde die innerstädtischen öffentlichen Verkehrsmittel kostenlos benutzen durften.

Mein Vater hatte die jährliche Kopfsteuer für mich seit meiner Geburt bezahlt, aber nun begann er, an der Rechtmäßigkeit dieser Abgabe zu zweifeln. Es schien ihm unmenschlich, mich zu einer Zahlung zu verpflichten – wenn überhaupt, sollte der Staat behinderten Menschen unter die Arme greifen, anstatt ihnen zusätzliche

* Das «Gesetz über den Schutz von Personen mit Behinderungen» wurde seit seiner Einführung geändert. Sofern nicht anders erwähnt, beziehe ich mich in diesem Buch auf die ursprüngliche Fassung aus dem Jahr 1991.

Bürden aufzuhalsen. Ich litt seit langem darunter, dass wir Behinderten auf andere angewiesen waren, um unsere Grundbedürfnisse zu erfüllen, aber die Vorschrift der «Freiwilligenarbeit» erschwerte unsere Lage zusätzlich. Wir hatten bereits begriffen, dass uns die Gesellschaft für nutzlos oder zumindest für weniger wertvoll als «normale» Menschen hielt, aber die Verpflichtung zum Arbeitsdienst rief uns in Erinnerung, dass uns die Gesellschaft für unzulänglich hielt.

Als mein Vater versuchte, mit den Parteikadern über das neue Gesetz und die chinesische Verfassung zu sprechen, die behinderten Menschen theoretisch Schutz garantiert und das Recht jedes bedürftigen Bürgers auf staatliche Unterstützung beinhaltet, wiederholten die Steuereintreiber lediglich schulterzuckend die Anweisungen, die sie erhalten hatten. Meinem Vater blieb nichts anderes übrig, als sich zu beugen und zu bezahlen.

In den Schulferien, die ich im Winter daheim verbrachte, studierten mein Vater und ich das neue Gesetz, um seine wichtigsten Bestimmungen zu verstehen. Zurück in Linyi beschlossen einige Schulfreunde und ich, uns anzusehen, ob die Bestimmung über den kostenlosen öffentlichen Verkehr tatsächlich umgesetzt wurde. Mittlerweile durften wir die Schule auch ohne Begleitung eines Familienmitglieds verlassen. Wir entschlossen uns, eine kurze Busfahrt zu unternehmen.

Kaum waren wir eingestiegen, verlangte die Kontrolleurin, unsere Fahrscheine zu sehen. Wir pochten auf das Gesetz, aber die Frau blieb stur. «Davon habe ich noch nie etwas gehört!», schrie sie. «Wie sollte das hier funktionieren, wenn jeder gratis fahren darf?» Der Busfahrer schloss sich ihr an. «Was, ihr wollt den Fahrschein nicht bezahlen? Und als Nächstes wollt ihr kostenlos im Restaurant essen – euch nach Belieben den Bauch vollschlagen und einfach wieder gehen.»

An der nächsten Haltestelle weigerte sich der Fahrer, die Türen zu öffnen, und die übrigen Fahrgäste wurden wütend. Schließlich ließ er uns doch aussteigen. Zurück in der Schule baten wir die

Schulleitung, uns eine Kopie des Gesetzestextes zu besorgen – nicht in Braille-Schrift, sondern gedruckt. Von da an trug ich das Gesetz immer bei mir.

Wir testeten kein zweites Mal, ob die Verkehrsbetriebe von Linyi das Behindertenschutzgesetz umsetzten. Zum einen war es mir sehr unangenehm, vor den anderen Fahrgästen angeschrien zu werden, selbst wenn wir recht hatten. Zum anderen wussten wir bereits, worauf wir bei weiteren Versuchen stoßen würden: auf Bosheit, Sturheit und Unwissenheit. Wir berichteten den beiden Schulleitern von unserer Erfahrung, in der Hoffnung, dass sie die zuständigen Behörden informieren würden. Schließlich waren wir mit der staatlichen Propaganda vertraut: «Setzt die nationale Politik und die Gesetze mit Begeisterung um! Schützt die Rechte der Behinderten!» Aber nichts änderte sich. Ich bekam immer nur zu hören, dass auch Blinde für Busfahrten zahlen müssten.

Nachdem das Behindertenschutzgesetz im Mai 1991 offiziell in Kraft getreten war, hoffte ich auf kleine Fortschritte, obwohl mir klar war, dass ein tiefgreifender Wandel des ganzen Systems seine Zeit brauchen würde. Aber im Frühjahr und Herbst 1992 standen die Kader erneut vor unserer Tür, um von meinem Vater die Kopfsteuer für mich einzufordern. Es war, als wüssten sie nichts von dem Gesetz. In den Winterferien ging ich mit meinem Neffen Kegui ins Büro der Dorfverwaltung und arbeitete mich dort Stufe um Stufe in der Hierarchie hinauf, um die Anwendung des Behindertenschutzgesetzes einzufordern. Ich erklärte den Beamten, dass das neue Gesetz die Behörden verpflichtete, darauf zu verzichten, Geld und Dienste von Behinderten zu verlangen. Die Beamten ignorierten mich ausnahmslos. Sie verlangten weiter Abgaben von Obdachlosen und Behinderten. Weigerte sich ein Behinderter, Steuern zu zahlen, so erhielt er Besuch von «kleinen Arbeitstrupps» von Kadern, die ganze Familien verprügelten und ihre Häuser plünderten.

1993 rief ich die Zweigstelle von Canlian in Linyi an. Canlian, die Chinesische Vereinigung Behinderter Personen, ist eine quasistaatliche Einrichtung, die für den Schutz der Rechte Behinderter sorgen soll. Canlian wird mit öffentlichen Mitteln einschließlich jener Abgaben finanziert, die Unternehmen entrichten müssen, die nicht die vorgeschriebene Zahl von Behinderten beschäftigen, und unterhält Büros in sämtlichen Städten und Kreisen Chinas. Wie der Gesamtchinesische Gewerkschaftsverband die chinesischen Arbeiter und der Gesamtchinesische Frauenverband die chinesischen Frauen «repräsentiert», vertritt Canlian angeblich alle behinderten Menschen in China. In Wahrheit ist die Organisation ein Ableger der Kommunistischen Partei und eignet sich Geld an, das eigentlich verwendet werden sollte, um behinderten Menschen zu helfen. Canlian selbst beschäftigt nur sehr wenige Menschen mit Behinderungen und leistet nicht wirklich Beiträge zum Kampf der Behinderten für Gerechtigkeit, Menschenwürde und die Chance auf einen Lebensunterhalt.

Als ich den Mitarbeitern von Canlian am Telefon berichtete, welche Erfahrungen ich und andere machten, stieß ich auf Gleichgültigkeit. Im Lauf der Zeit besuchte ich einige Orts-, Kreis- und Gemeindebüros von Canlian sowie andere Behörden. Ein Beamter zeigte keine Regung, als ich ihm beschrieb, wie das Gesetz missachtet wurde. «Es gibt so viele Behinderte», antwortete er, als wir unsere Beschwerde vorbrachten. «Wenn sie alle von den Steuern befreit wären, woher bekämen wir dann unser Geld?»

Lange Zeit verstand ich nicht, warum meine Bemühungen zu nichts führten. Was in aller Welt taten die Funktionäre von Canlian, die sich um die Probleme der Behinderten kümmern sollten, den ganzen Tag? Die geringste Anstrengung dieser Funktionäre hätte genügen müssen, um im Lauf der Zeit etwas zu verbessern. Wie es in China heißt: «Ein Mönch sollte zumindest ein paar Mal am Tag den Gong schlagen.» Wenn es deine Arbeit ist, tu sie.

Auch 1994 zahlte meine Familie immer noch Steuern für mich. Steuern, die sie kaum aufbringen konnte. Also wandte ich mich erneut an Canlian. Hartnäckig suchte ich nach jemandem, der mir zuhören und meine Klagen ernst nehmen würde. Gemeinsam mit meinem Neffen Kegui und mehreren Klassenkameraden besuchte ich Funktionäre auf der Provinzebene der Organisation. Schließlich entschlossen wir uns, direkt nach Peking zu gehen. Unser Ziel war die Zentrale von Canlian. Ein Klassenkamerad war skeptisch: «Wisst ihr nicht, wie schwierig es für Behinderte ist, überhaupt in die Canlian-Zentrale hineinzukommen? Wenn ihr dort hineingeht und sagt, ihr wollt mit Herrn Soundso sprechen, werden sie nur sagen: Er ist nicht hier. Er ist beschäftigt.»

Ich ließ mich nicht abschrecken und schaffte es, einen Termin bei einem hochrangigen Canlian-Funktionär zu bekommen, der selbst blind war. Aber auch dieses Gespräch führte zu nichts. Er saß da, hörte sich unsere Klagen an, sagte kaum ein Wort und machte keinerlei Zusagen. Meine Erfahrung mit Canlian lässt sich in dem Kommentar eines hochrangigen Vertreters der Organisation zusammenfassen: «Ihr solltet nach Hause gehen und euch an euer örtliches Büro wenden. Bittet dort um Hilfe.»

Ich war verwirrt. Schließlich öffnete mir ein zynischer, ungewöhnlich belesener Nachbar die Augen. Er sagte: «In China gibt es kein Gesetz.» Dann erklärte er mir, wie er das meinte: «Das Rechtssystem wird von der ausführenden Gewalt kontrolliert, die der Partei unterworfen ist.» Er erklärte mir, dass das Recht in China im Gegensatz zu den westlichen Ländern nicht als eigenständige Gewalt betrachtet werden könnte. Ich fragte: «Was ist mit dem Strafrecht oder dem Verfassungsrecht?» Mein Nachbar lächelte spöttisch. «Vergleiche es mit anderen Ländern», sagte er. «In Amerika zum Beispiel ist sogar der Präsident dem Gesetz unterworfen. In China wäre das undenkbar.» Damals glaubte ich, ein Präsident sei dasselbe wie ein Kaiser und stehe über dem Gesetz. Mein Nachbar riet mir: «Lies mehr Bücher, und du wirst verstehen.»

Und ich begann zu verstehen. Zunächst einmal begriff ich, dass das Behindertenschutzgesetz nie wirklich umgesetzt wurde. Bis zum heutigen Tag ist es ein leeres Versprechen, eine weitere Lüge, die China sich selbst erzählt. Das Gesetz wurde im selben Jahr wie der Americans with Disabilities Act beschlossen, aber es ist unbestimmt und wirkungslos und hat keinen annähernd vergleichbaren Wert wie das amerikanische Gesetz. Es soll China in den Augen der Welt zivilisiert und fortschrittlich wirken lassen und enthält wie viele chinesische Rechtsnormen eine aufgeklärte Sprache. Aber das China auf dem Papier hat nichts mit der Wirklichkeit Chinas zu tun. Dass es ein bestimmtes Gesetz gibt, bedeutet nicht, dass es auch in der Realität angewandt wird. Hatte Canlian je die Absicht, das Behindertenschutzgesetz umzusetzen und etwas Konkretes zu tun, um das Leben von mehr als hundert Millionen behinderten Chinesen, von denen drei Viertel auf dem Land leben, zu verbessern? Wir werden diese Frage nie mit Gewissheit beantworten können, aber alles deutet darauf hin, dass dieses Gesetz nur zum Schein verabschiedet wurde.

In den fünf Jahren in Linyi brachte ich zügig die Grundschulausbildung hinter mich. Die Lehrer zeigten großen Einsatz, aber ihre Möglichkeiten waren beschränkt, da uns nur wenige Unterrichtsfächer angeboten wurden. Ich wollte mehr lernen, also entschloss ich mich, in die Blindenschule in Quingdao zu wechseln, wo die Bedingungen offenbar besser waren. Zudem schien Quingdao auch offener für Kontakte mit der Außenwelt zu sein. Die ursprünglich von Missionaren gegründete Schule war seit langem etabliert und bot Fächer wie Physik und Chemie an, von denen viele Leute annahmen, dass Blinde sie nie studieren könnten.

In Quingdao musste ich zwei Aufnahmeprüfungen ablegen, die ich beide bestand. Dennoch dauerte es ungewöhnlich lange, bis mir die Schule mitteilte, ob ich aufgenommen worden war. Als Zweiter Bruder in meinem Namen in Quingdao nachfragte, erklärte der Schulleiter, er habe vergessen, sich bei mir zu melden. Dann eröffnete er meinem Bruder, ich sei willkommen, müsse allerdings ein hohes Schulgeld zahlen. Meine Familie würde nur unter großen Opfern das Geld aufbringen können. Trotzdem bestärkte sie mich in meinem Wunsch, nach Quingdao zu gehen.

Am 3. September 1994 brach ich, begleitet von Zweiter Bruder, zu der fast achtstündigen Busfahrt nach Quingdao auf. Dort eingetroffen, erfuhr ich, dass ich als Ortsferner zusätzlich zu der normalen Schulgebühr eine «Ausbildungsersatzgebühr» von tausend Yuan bezahlen musste. «Sie sollten es sich gut überlegen, ob Sie hier studieren wollen», sagten uns die Beamten in der Schulleitung. Anfangs war Zweiter Bruder bereit, die Zusatzzahlung zu leisten, doch dann kamen ihm Zweifel. Sein Tonfall verriet mir, dass er unter großem Druck stand. Er verdiente nur zweihundert Yuan im Monat, und mein Vater bezog eine etwa genauso hohe Rente. Dennoch erklärte sich mein Bruder schließlich bereit, sowohl das Schulgeld als auch die Extragebühr zu bezahlen. Zweiter Bruder unterstützte mich in meinen ersten Jahren in Quingdao selbstlos und zahlte neben dem Schulgeld auch meine Lebenshaltungskosten und Arztrechnungen. Mir war bewusst, welche Entbehrungen er und meine Eltern auf sich nahmen, und ich tat alles, um die Kosten so niedrig wie möglich zu halten.

Die ersten Monate in Quingdao waren schwierig. Zum Teil lag das daran, dass die Schulleitung verlangte, ich müsse das letzte Grundschuljahr wiederholen, da sie annahm, jemand, der aus einer anderen Schule kam, könnte unmöglich dasselbe Niveau haben wie ihre Schüler. Aber ich konnte sie davon überzeugen, dass ich mithalten würde, und ich schaffte es. Doch die ungewohnte Umgebung, der erbitterte Wettbewerb zwischen den Schülern und das hohe Schulgeld setzten mich gewaltig unter Druck. Mit der Zeit gelang es mir besser, mich den neuen Bedingungen anzupassen.

In Quingdao spürte ich, wie sich mein Horizont erweiterte. Ich hatte mehr Freiheiten und war von begabten und ehrgeizigen Mitschülern umgeben. Der Unterricht war geregelt und anspruchsvoll, ganz ähnlich wie in einer normalen chinesischen Mittelschule. Wir beschäftigten uns mit Themen wie Geschichte, Geographie, Mathematik und Chemie sowie mit Kunst, Musik, «Handwerk» und «Alltagsfähigkeiten». Wir erlernten auch Akupunktur, Moxibustion und Massage; damit wurden wir auf das Berufsleben oder ein Studium der traditionellen chinesischen Medizin (TCM) vorbereitet, die neben der Musik das einzige für Blinde zugängliche Studienfach war. Ich beschäftigte mich eingehend mit den auch als «Energiekanäle» bezeichneten Körpermeridianen, durch die die Lebenskraft *qi* fließt, und mit den Hunderten Akupunkturpunkten am menschlichen Körper.

Menschen mit normalem Sehvermögen fragen sich vielleicht, wie Blinde studieren, welche Techniken sie im Unterricht anwenden, um sich den Lehrstoff anzueignen. Ich kann nicht für andere Blinde sprechen, aber mir fiel es schwerer, den Lehrstoff aufzunehmen, wenn ich mir mit dem Braille-Stift Notizen machte. Lieber hörte ich zum Beispiel beim Thema Physiologie den Beschreibungen des Lehrers genau zu und entwarf im Geist eine Karte des Körpers. Auf diese Weise hatte ich bald eine klare Vorstellung von den Körperstrukturen und den grundlegenden physiologischen Abläufen. Wenn ich später auf meinem Zimmer Zeit hatte, notierte ich mir mit der Braille-Tafel einige wichtige Punkte. Ich spürte, wie sich mein Gedächtnis verbesserte. Mein Verstand arbeitete schneller und speicherte die Information dauerhafter. Möglicherweise trainieren Schüler, die sehen können, ihr Gedächtnis weniger, weil sie sich auf ihre Notizen verlassen.

Mich interessierten alle Schulfächer, aber besonders gefiel mir die Physik. Unser Lehrer schärfte uns von Anfang an ein, gründlich über die Probleme nachzudenken, mit denen er uns konfrontierte. Gleichzeitig ermutigte er uns, Fragen zu stellen. In einer Unterrichtsstunde sprachen wir über das Hebelprinzip und den berühmten Kommentar von Archimedes: «Gebt mir einen ausreichend langen Hebel, und ich werde die Welt aus den Angeln heben.» Mit einem Hebel, erklärte uns der Lehrer, konnte eine kleine Kraft eine große bewegen.

Eine Unterrichtsstunde über die Schwerkraft lenkte meine Aufmerksamkeit auf ein kniffliges Problem. Ich fragte meinen Physiklehrer, was geschehen würde, wenn ich quer durch das Erdinnere einen Tunnel von Quingdao in Shandong nach New York graben würde und hineinfiele. Die Schwerkraft würde mich zum Mittelpunkt der Erde ziehen, aber würde ich dort stehen bleiben oder zwischen Quingdao und New York hin und her fliegen?

Mein Lehrer war ratlos. Jahrelang fand ich keine Antwort auf die Frage. Viele Jahre später fragte ich einen Freund, der in diesen Dingen versiert war, nach der Lösung. «Ich denke, du kennst die Antwort bereits», sagte er. «Bestünde im Tunnel ein vollkommenes Vakuum, so würdest du ewig wie ein Pendel zwischen Shandong und New York hin und her schwingen.»

In Quingdao studierte ich nicht nur eifriger, ich versuchte auch, die Welt außerhalb der Schule besser kennenzulernen. Aber für einen blinden Menschen gibt es nichts Beängstigenderes, als sich in einem unsichtbaren, vollkommen unbekannten Raum mit seinen zahllosen Unwägbarkeiten zurechtfinden zu müssen. Verbindet man einem Menschen, der sehen kann, die Augen und lässt ihn durch eine belebte Stadt gehen, so wird er rasch feststellen, dass die Welt entweder sehr weitläufig oder sehr eng erscheint. Mein Heimatdorf kannte ich in- und auswendig, aber nachdem ich Dongshigu verlassen hatte, musste ich jeden Schritt in einer neuen Umgebung erst studieren, und in einer großen Stadt verlor ich meine Selbständigkeit. Ein sehender Mensch lernt laufen, indem er herausfindet, wie er die Beine bewegen muss. Für einen Blinden ist laufen zu lernen sehr viel schwieriger. Für ihn kann es zur Qual werden, ohne Hilfe zu gehen. Er muss Erfahrungen sammeln und manchmal einen hohen Preis bezahlen. So war ich von Kindheit an fließende Richtungsänderungen ohne Orientierungspunkte gewöhnt, und ich hatte zu deuten gelernt, wie der Schall von Gegenständen in meiner Umgebung zurückgeworfen wurde und was mir das über die Dinge in meiner Nähe verriet. In einer Stadt war diese Fähigkeit jedoch nur von beschränktem Nutzen. Ich versuchte vergeblich, mit Hilfe meines Gehörs einen Weg durch ein Chaos aus Menschen, hupenden Autos, rumpelnden Lastwagen und Bussen und dröhnenden Baustellen zu finden.

Eines Tages fragte mich mein Physiklehrer Cui Beihong, den ich sehr mochte, ob ich schon einmal allein das Schulgelände verlassen hätte. «Nein», gestand ich, «nur gemeinsam mit Klassenkameraden.» Er sagte, wenn ich je Teil der Gesellschaft werden und etwas erreichen wolle, müsse ich unabhängiger werden. Bis dahin hatte ich nie einen Blindenstock verwendet, aber nun entschloss ich mich, zum Schulleiter zu gehen und um einen Stock zu bitten. Der Direktor brachte mich zu einem Lagerraum, wo er einige Stöcke aufbewahrte. Ich kaufte einen, der mir brauchbar schien, und wandte mich an einen Klassenkameraden, der oft in die Stadt ging, um einzukaufen oder zu telefonieren. Er war einverstanden, mich bei seinem nächsten Ausflug mitzunehmen. Einige Tage später brachen wir gemeinsam in die Stadt auf. Für meinen Geschmack bewegte er sich zu langsam, was mein Selbstvertrauen stärkte.

Nach dieser Erfahrung war ich überzeugt, dass uns die Schule Langstöcke zur Verfügung stellen und mit uns üben sollte, wie wir uns außerhalb des Schulgeländes verhalten sollten. Andere Schüler waren derselben Meinung. Ich übte mit meinem Lehrer Cui: Er ging hinter mir her, während ich mich durch die Straßen von Quingdao bewegte und herausfand, wie ich Kreuzungen überqueren, mich im Gedränge auf dem Markt zurechtfinden oder zum Strand gelangen konnte. Ich kletterte sogar ohne Führer einen Bergpfad hinauf. Nur wenige Lehrer waren bereit, diese Verantwortung zu übernehmen, aber Cui bewies Mut, indem er mich nicht nur begleitete, sondern auch der Schulleitung klarmachte, dass derartige Übungen Teil des Lehrplans sein sollten. Als die Schule begann, uns beizubringen, wie wir uns im normalen Leben zurechtfinden konnten, wuchs unser Bewegungsradius rasch. Meine Welt wurde größer.

Ich begann auch auf andere Art, die Welt zu erschließen. Mit einem Gerät, das ich noch in Linyi gekauft hatte, hörte ich oft Radio. Radiosendungen waren für mich schon immer eine wichtige Quelle für Nachrichten und Informationen gewesen, und bereits in Linyi war mir klar geworden, dass ich Englisch lernen musste, wenn ich im Leben vorankommen wollte. Dazu würde ich allerdings einen Kassettenrekorder brauchen, da es keine Englischbücher in Braille-Schrift gab.

Es war nicht leicht, an ein solches Gerät heranzukommen. Zu Beginn meiner Schulzeit hatte ich gehofft, mein Vater würde mir dabei helfen; ich war sicher, dass er verstehen würde, wie wichtig ein Rekorder für mich war. Seine Weigerung, mir ein Gerät zu kaufen, verletzte mich. Wollte er mir nicht dabei helfen, meine Möglichkeiten auszuschöpfen? Trotzdem war ich entschlossen, mir einen Rekorder zu kaufen, selbst wenn ich dafür meine Ersparnisse opfern musste. Mehr als zehn Jahre lang hatte ich nach und nach Geld gespart, indem ich zum Beispiel die Felle meiner Angorakaninchen und selbst gepflückte Heilpflanzen verkaufte oder einem Verwandten in seinem Apfelgarten half. Ich hatte immer nur ein paar Cent auf einmal zur Seite gelegt. Zwei oder drei Jahre nachdem ich auf die Idee gekommen war, mir einen Kassettenrekorder zu beschaffen, hatte ich endlich genug Geld beisammen. Doch nach kurzer Zeit musste ich feststellen, dass die Englisch-Sprachkurse für mich zu teuer waren; ich fand auch niemanden, der mir Kassetten geliehen hätte. Immerhin konnte ich das Gerät zur Wiederholung des Unterrichtsstoffs nutzen.

In meiner Zeit in Quingdao hörte ich im Radio am liebsten die Sendungen der Lokalsender über Rechtsfragen. Da war eine Sendung namens «Anwaltshotline», bei der die Hörer anrufen und sich juristischen Rat holen konnten. Mein Einsatz für die Umsetzung des Behindertenschutzgesetzes hatte mein Interesse am Recht geweckt, zudem hatte ich in meiner Umgebung viel Unrecht erlebt. Beim Radiohören begann ich auch zu begreifen, wie viel Macht die Medien hatten; eine Erkenntnis, die durch einen Ausflug in die Stadt in meinem ersten Jahr in Quingdao gefestigt wurde.

Laut Gesetz durften wie gesagt Blinde die öffentlichen Verkehrsmittel kostenlos benutzen, ohne sich ausweisen zu müssen. Wir bewegten uns meistens ohne einen Ausweis und ohne offizielle Fahrscheine, und in Quingdao hatten wir anders als in Linyi keine Probleme im Bus; die Einwohner dieser Stadt gelten als besonders freundlich. Daher waren meine Freunde und ich schockiert, als uns eines Tages ein Fahrscheinkontrolleur zwang, Fahrscheine zu kaufen.

Wir entschlossen uns, bei einem örtlichen Radiosender anzurufen und unser Problem zu schildern. Ein Journalist wandte sich an die Verkehrsbetriebe, und am nächsten Tag unterbrach unser Lehrer den Unterricht, um uns mitzuteilen, dass in seinem Büro drei Vertreter des städtischen Busunternehmens warteten, die sich bei uns entschuldigen und uns das Fahrgeld erstatten wollten. Überdies schenkten sie uns drei gebrauchte Wandkalender, die wir statt des teuren Braille-Papiers als Notizpapier verwenden konnten. Zum ersten Mal hatte ich erlebt, wie die Medien derartige Probleme lösen konnten – eine wertvolle Lektion über die wichtige Funktion der Massenmedien im Kampf für soziale Gerechtigkeit.

Wenn Blinde mit Kassettenrekordern lernen konnten, war für mich klar, dass ihnen der Computer noch größere Fortschritte ermöglichen würde. Im Herbst 1996 erzählte mir ein Klassenkamerad, dass ein Professor an der Tsinghua-Universität in Peking einen Sprachcomputer entwickelt hatte. Diese Neuigkeit elektrisierte mich. Ich drängte den Schulleiter, mehr über dieses Gerät in Erfahrung zu bringen, aber am Ende musste ich den Wissenschaftler selbst aufspüren. Schließlich erreichte ich ihn telefonisch. Ich hörte eine freundliche Stimme: «Hier ist Mao Yuhang.» Ich erzählte ihm, dass ich ein Schüler der Blindenschule in Quingdao sei und nach Peking kommen wolle, um den Umgang mit dem von ihm entwickelten Computer zu erlernen. Zu meiner Überraschung willigte er sofort ein und schlug mir vor, ihn zu Beginn der langen Ferien anlässlich des Neujahrsfests 1997 für zwei Wochen zu besuchen.

Sich allein durch Quingdao zu bewegen, war eine Sache. Auf eigene Faust im Zug mehrere hundert Kilometer nach Peking zu reisen, eine ganz andere. Ich bat einen Klassenkameraden, mich zu begleiten. Wir stellten bald fest, dass man unter solchen Umständen nichts als selbstverständlich betrachten kann. Alles war mühsam: die Fahrkarten zu kaufen, eine Toilette zu finden, sich etwas zu essen zu besorgen. In der Provinzhauptstadt Jinan mussten wir umsteigen, was für uns bedeutete, dass wir die Stadt durchqueren mussten, da der Anschlusszug an einem anderen Bahnhof abfuhr.

Wir gingen los und klopften den Weg mit unseren Stöcken ab. Aber wir wussten nicht genau, in welche Richtung wir gehen mussten. An einem Punkt gingen wir in eine Fußgängerunterführung und kamen uns vor wie beim Abstieg in eine Höhle. Irgendwo tropfte Wasser, und die Schritte und Stimmen vorbeieilender Menschen hallten in einem chaotischen Echo von den Wänden wider. Wir fanden ein Fahrradtaxi und baten den Fahrer, uns zu dem anderen Bahnhof zu bringen, wo wir den Zug nach Peking nehmen oder zumindest einen Platz für die Nacht finden wollten. Doch der Fahrer versuchte uns zu bestehlen. Er setzte uns irgendwo am Straßenrand ab und ließ uns fassungslos und verängstigt zurück.

Bald fanden wir eine andere Fahrradrikscha. Zufällig streifte ich den mit Baumwolle gefütterten Ärmel des Fahrers, ein Kleidungsstück, das mich an daheim erinnerte. Ich vertraute diesem Mann instinktiv, und zum Glück täuschte mich mein Gefühl nicht. Er brachte uns zur örtlichen Behindertenschule, wo wir die Nacht verbringen konnten, und weigerte sich, von uns Geld anzunehmen. Seine Warmherzigkeit hinterließ einen bleibenden Eindruck bei mir, ich weiß heute noch seinen Namen: Wang Xiaoqing. Bevor er wegfuhr, berührte ich das Fahrrad mit der Hand, um den Eindruck im Gedächtnis zu speichern. Ich bemerkte einen Handschuh auf der Lenkstange und dachte, wie schwierig es an eisigen Wintertagen sein musste, dieses Fahrzeug zu fahren. Zum Abschied sagte ich: «Bitte grüßen Sie Ihre Familie von mir.» Er antwortete: «Ihr habt einen weiten Weg vor euch. Ich hoffe, die Leute werden euch helfen.»

Am Tag darauf trafen wir in Peking ein. Auf dem Bahnhofsplatz, wo wir abgeholt werden sollten, drängten sich unzählige Menschen. In diesem Getümmel konnten wir Professor Mao unmöglich finden. Ich hatte die Idee, unsere weißen Langstöcke hochzuhalten, weil sie leicht zu sehen waren. Einige Leute begannen zu johlen, verspotteten uns und sagten uns, wie verloren wir aussähen. Nach einer Weile trat eine Frau an uns heran und stellte sich als Professor Maos Assistentin Liu Ning vor. Wir waren sehr erleichtert, endlich eine

Begleiterin zu haben, nachdem wir zwei zermürbende Tage lang auf uns gestellt gewesen waren.

Liu Ning brachte uns zu der berühmten Tsinghua-Universität. Es schien eine weitläufige Anlage zu sein. Ich hörte Elstern schimpfen und andere Vögel zwitschern. Ich genoss es, innerhalb der Mauern dieser ehrwürdigen Hochschule zu sein, die von Gelehrten und Studenten in ganz China verehrt wurde. Liu brachte uns zu einem kleinen Hotel, in dem Professor Mao ein Zimmer für uns reserviert hatte. Der Mann am Empfang verhielt sich abweisend. «Wie können die hier übernachten?», fragte er Liu Ning. «Machen Sie sich keine Sorgen», sagte ich. «Es wird kein Problem geben. Bringen Sie uns nur zu unserem Zimmer und zeigen Sie uns das Bad.» Der unterirdische Durchgang, der zum Bad führte, wirkte wie ein Kaninchenstall auf mich. Das Bad war schwer zu erreichen, aber die Belohnung war eine Dusche direkt neben der Toilette – und es gab warmes Wasser.

Am Abend kam uns der Professor besuchen. Er fragte uns, ob wir schon einmal einen Computer benutzt und überhaupt schon einmal einen gesehen hätten. Ich sagte ihm, ich hätte einmal ein solches Gerät gesehen – besser gesagt, ich hatte es berührt. Das war alles. «Kann es Bücher lesen?», fragte ich aufgeregt. Professor Mao lachte und sagte, das sei bisher nicht möglich, aber irgendwann werde auch das gehen. Wir freuten uns sehr darauf, in den folgenden zwei Wochen unter seiner Anleitung zu lernen, wie man einen Computer bediente.

Am nächsten Morgen suchten wir den Professor in seinem Büro auf. Ich wusste, dass dieser Computer wie jeder andere war – bis auf einen bedeutsamen Unterschied: Professor Mao hatte ein Programm geschrieben, das den Rechner in die Lage versetzte, die Worte zu sagen, die man auf der Tastatur eingab. Die Tonqualität war miserabel, der Computer war quälend langsam, und die Anordnung der Schriftzeichen auf der Tastatur schien mir vollkommen widersinnig. Aber in den folgenden zwei Wochen erlernten wir die unmöglich scheinende Kunst, Dinge zu tippen, die wir nicht sehen konnten. Und wir eigneten uns grundlegende Textverarbeitungskenntnisse an, etwa wie man Texte kopierte, löschte und bearbeitete.

Es fiel uns schwer, das alles zu lernen, aber jetzt mussten wir nicht jedes Mal, wenn wir einen Fehler machten, mit dem Schreiben ganz von vorn anfangen. Außerdem konnten wir endlich anderen Personen unsere Texte zeigen. Wenn man in Braille-Schrift schreibt, ist die Leserschaft sehr eingeschränkt, die «Übersetzung» in normale Schrift ist mühsam.

Obwohl wir in der Schule in Quingdao in absehbarer Zeit keine Möglichkeit haben würden, einen Computer zu verwenden, waren wir Professor Mao dankbar für seine Großzügigkeit. An unserem letzten Tag in Peking lud uns der Professor zu sich nach Hause zum Abendessen mit seiner Familie ein. Weder an jenem Abend noch zu irgendeinem anderen Zeitpunkt während unseres Besuchs hatte ich das Gefühl, dass ihm unsere Gegenwart unangenehm war. Bei den meisten Leuten war das anders. Er war stets herzlich und rücksichtsvoll und schien zu verstehen, was für hohe Hindernisse wir hatten überwinden müssen, um so weit zu kommen, dass wir bei ihm das Arbeiten mit einem Computer lernen konnten.

«Benutzt euren Verstand und denkt gründlich über die Dinge nach», riet er uns an jenem letzten Abend. «Ich weiß, dass ihr große Vorhaben und hohe Ideale habt, aber in China sind die Umstände schwierig.»

«Das stimmt», antwortete ich, «aber wenn du nicht den Mut aufbringst, dich den Schwierigkeiten zu stellen, wird dein Leben nie einen Wert haben.»

Nach dem Essen brachte uns Professor Mao zu unserem Hotel zurück und bat uns, unseren Familien Grüße von ihm auszurichten. Am nächsten Morgen packten wir unsere Sachen und machten uns in Begleitung von Liu Ning auf den Weg in einen alten Stadtteil von Peking namens Yongdingmen, wo wir uns von ihr verabschiedeten.

Jetzt waren wir wieder auf uns gestellt. Unser nächstes Ziel war das Petitionsbüro. Einer aus dem Kaiserreich übernommenen Tradition folgend, können sich die Chinesen auch heute noch mit Klagen und Ansuchen an dieses Amt wenden, in der Hoffnung, dass ihnen –

entgegen aller Wahrscheinlichkeit – jemand in einer Machtposition zuhören und zu ihrem Recht verhelfen wird. Hätte China ein funktionierendes Rechtssystem, so wäre das Petitionsbüro überflüssig, aber unter den gegebenen Bedingungen kann ein Bürger, dem Unrecht geschieht, eigentlich nichts anderes tun, als bei diesem Amt um Hilfe zu betteln. Doch das Einzige, was die Menschen an diesem Ort erhalten, ist die Gewissheit, dass es sinnlos ist, eine Bittschrift einzureichen. Nur wusste ich das damals noch nicht. Ich hatte noch Hoffnung.

Der Gang zum Petitionsbüro an jenem Wintermorgen war in gewisser Hinsicht der Höhepunkt von sechs Jahren der Proteste. Mittlerweile sechsundzwanzig Jahre alt, war ich ein blinder Student, der sich seinen Lebensunterhalt nicht selbst verdienen konnte. Im Gegenteil: Meine Familie, die die Kosten meiner Schulausbildung kaum noch tragen konnte, musste nach wie vor Steuern für mich zahlen und den Staat jedes Jahr dafür entschädigen, dass ich meinen «freiwilligen Arbeitsdienst» nicht leisten konnte. Das Behindertenschutzgesetz war seit sechs Jahren in Kraft, ohne dass sich meine Lage oder die meiner Familie irgendwie gebessert hätte. Jetzt wollte ich den Besuch in Peking nutzen, um mich mit meiner Klage über dieses Unrecht direkt an die Zentralregierung zu wenden. Deshalb wandte ich mich an das Petitionsbüro, das sich seit Jahrhunderten in derselben Gasse in der Altstadt befand. Ich handelte in der Tradition des «loyalen Untertanen», der den vorgeschriebenen Weg geht, wagte jedoch zugleich einen riskanten Protest, der mir leicht Schwierigkeiten mit den Beamten in der Heimat einbringen konnte, weil sie durch meine Petition möglicherweise einen Gesichtsverlust erleiden würden. In den letzten Jahren waren zahlreiche Bittsteller nach ihrer Rückkehr aus Peking von den Beamten in ihren Heimatorten verprügelt, verhaftet oder entführt worden.

Mein Klassenkamerad und ich gesellten uns also im Petitionsbüro zu den Verzweifelten und Enttäuschten, um unsere Rechte als Behinderte einzufordern. Nachdem wir Stunden in einer Warteschlange gestanden hatten, durften wir ein Formular ausfüllen und den Zweck unserer Petition erklären. Nach einer Weile führte mich ein Beamter in einen kleinen Raum und schickte meinen Kameraden in einen anderen. Der Mann schrieb etwas auf ein Stück Papier und drückte es mir mit der Anweisung in die Hand, ich solle es im Petitionsbüro der Provinz abgeben. Er verriet mir nicht, was er geschrieben hatte. «Zeigen Sie dieses Dokument niemandem außer den Beamten», warnte er mich.

Er erhob sich, um den Raum zu verlassen, aber ich versperrte ihm die Tür. «Sie können nicht einfach aufstehen und weggehen, ohne etwas zu unternehmen», sagte ich.

«Gehen Sie aus dem Weg», erwiderte er. «Ich habe Ihnen gesagt, was Sie tun sollen.»

In den vergangenen fünf Jahren hatte ich sämtliche Petitionsbüros auf den unteren Ebenen besucht: im Dorf, in der Gemeinde, in der Stadt, im Kreis und in der Provinz. Jetzt hatte ich die höchste Ebene in der Hauptstadt erreicht. Danach hätte ich nur noch in den Zhongnanhai eindringen können, jenen abgeriegelten Komplex, in dem die Parteiführung residiert. Schlagartig wurde mir klar, dass das Petitionssystem vollkommen wertlos war. Die Kommunistische Partei würde nie etwas für mich tun. An diesem Tag gelangte ich zu der Überzeugung, dass ich besser gegen soziale Ungerechtigkeiten kämpfen konnte, indem ich rechtliche Schritte unternahm. Ich musste versuchen, das Recht mit dem Gesetz in der Hand zu erkämpfen.

Mein Klassenkamerad und ich verließen das Büro und machten uns auf dem Weg zum Bahnhof. Ein Mann sprach uns an, der wissen wollte, ob wir gerade im Petitionsbüro gewesen seien. Da er freundlich schien, holte ich den Zettel mit der Botschaft des Beamten hervor und bat ihn, mir vorzulesen, was dort stand. «‹Chen Guangcheng hat uns aufgesucht, um ein Problem in Shandong zu melden›», las er. «‹Wir hoffen, Sie können diese Angelegenheit regeln.›» Der Mann erklärte mir, dass nur mein Name und jener der Provinz von Hand geschrieben seien. Der restliche Text war ein Vordruck. Es gab weder ein Zeichen noch einen Stempel, aus dem hervorgegangen wäre, von wem das Schreiben stammte. Es machte keinen Unterschied – ich wusste, dass sich ohnehin niemand die Mühe machen würde, diese Mitteilung zu lesen.

Wie sich herausstellte, waren meine Proteste und meine Petition in Peking der Aufmerksamkeit der örtlichen Beamten daheim nicht entgangen. Einige Zeit später, als ich schon wieder in Quingdao zur Schule ging, schickte die Lokalregierung einen Vertreter zu meiner Familie. Der Mann eröffnete meinem Vater gutgelaunt, der Staat werde von nun an keine Steuern mehr von mir verlangen. Stattdessen werde man mich jährlich mit zweihundert Yuan unterstützen. Als Gegenleistung müsse mein Vater lediglich ein Dokument in meinem Namen unterschreiben, in welchem dem Staat das Eigentum an zwei Dritteln meines Landes überschrieben wurde. Erleichtert darüber, dass er endlich von der Steuer befreit wurde, und glücklich, weil meine Reise nach Peking erfolgreich gewesen war, gehorchte mein Vater.

Zu jener Zeit verwendeten viele Leute auf dem Land noch ein persönliches Siegel oder einen Unterschriftstempel. Beim Unterzeichnen eines amtlichen Dokuments bestand die korrekte Vorgehensweise darin, den eigenen Stempel so nah wie möglich an das letzte Wort zu setzen, um zu verhindern, dass jemand anderer in die Lücke seinen eigenen Stempel oder einen zusätzlichen Text einfügte. Mein Vater wusste das nicht und setzte seinen Stempel irgendwo auf das Blatt. Der Beamte nutzte diesen Fehler und fügte vor dem Siegel meines Vaters vier bedeutsame Worte ein. Nun hatte es den Anschein, als hätte mein Vater der Feststellung zugestimmt, ich sei «unzuverlässig» und lege «falsche Beweise» vor. Es dauerte jedoch einige Zeit, bis wir erfuhren, was geschehen war.

Als die Bauern im nächsten Frühling begannen, ihre Felder für die Aussaat vorzubereiten, entdeckten wir, dass sich der Staat zwei Drittel meines Landes angeeignet hatte (wie jedem Landbewohner waren mir in der Reformzeit etwa tausend Quadratmeter zugeteilt worden). Ohne jegliche rechtliche Grundlage hatte der Staat mein kleines Feld unangekündigt an andere Dorfbewohner verpachtet.

Ich protestierte wiederholt beim Parteisekretär des Dorfes und schickte Beschwerden an Behörden, aber dieser Landraub schien unabänderlich zu sein. Jahrelang hatte der Staat durch eine rechtswidrige Besteuerung mein Geld gestohlen; nun hatten seine Vertreter mir in einem unverhohlenen Akt der Korruption auch mein Land weggenommen. Der schäbige Taschenspielertrick des Beamten zeigte, dass sich trotz des Gesetzes außer den Erpressermethoden nichts geändert hatte. Damit war mein Fall für die Behörden erledigt. Jahrelange Anstrengungen, die im Gang zum Petitionsbüro in Peking gegipfelt hatten, waren durch einen flinken Handgriff eines Bürokraten hinter verschlossener Tür ausgelöscht worden. Am Ende nahm mir der Staat unter dem absurden Vorwand, ich sei weggezogen, um die Schule zu besuchen, auch mein restliches Land weg.

1998 dachte ich ernsthaft darüber nach, auf die Universität zu gehen. Ich hatte erfahren, dass die Universität für traditionelle chinesische Medizin in Nanking im Herbst blinde Studenten aufnehmen würde. Zu jener Zeit ließen nur zwei Hochschulen im ganzen Land blinde Studenten zu. Die Universität in Nanking nahm alle drei Jahre eine kleine Gruppe blinder Studenten auf, die ausschließlich Akupunktur und chinesische Massage studieren konnten. Bis dahin hatten in China nur etwa vierhundert Blinde eine Hochschulausbildung abgeschlossen. Wie groß war die Chance, dass der blinde Sohn einer bitterarmen Bauernfamilie die Universität besuchen konnte?

Die Möglichkeit, mich in Nanking zu bewerben, reizte mich sofort. Aber ich hatte meine Ausbildung in Quingdao noch nicht abgeschlossen und wusste, dass es der Schulleitung nicht gefallen würde, wenn ich vorzeitig wegging. Ich war hin und her gerissen: Ein Teil von mir wollte die Schulbildung abschließen, aber ich wollte auch so rasch wie möglich mit dem Studium beginnen, um einen Beruf ergreifen zu können und unabhängig zu werden. Ich war mir sicher, dass nur eine Hochschulausbildung meinen Wissensdurst stillen konnte.

Ich tat mich mit einem Klassenkameraden zusammen, der ebenfalls herausfinden wollte, welche Voraussetzungen man erfüllen musste, um in Nanking studieren zu können. Wir beschlossen, die Universität anzurufen, um Genaueres über Voraussetzungen, Prüfungsunterlagen und Studiengebühren in Erfahrung zu bringen. Wir nahmen unsere Blindenstöcke und brachen auf. Mit dem Bus fuhren wir zum Post- und Telegrafenamt, wo wir ein öffentliches Telefon benutzten, das wenig kostete. Nachdem wir mit jemandem an der Universität gesprochen hatten, begannen wir sofort mit der Vorbereitung auf den Aufnahmetest. Die größte Sorge bereiteten mir die Studiengebühren und andere Abgaben, die für eine mittellose Familie wie meine extrem hoch waren. Allein die Bewerbung würde zweihundert Yuan kosten, und die jährliche Studiengebühr würde bei zweitausendachthundert Yuan liegen, wobei dieser Betrag weder Unterkunft noch Verköstigung oder sonstige Ausgaben enthielt.

Meine Familie musste von dieser außergewöhnlichen Chance und von meiner Absicht wissen, zum Aufnahmetest anzutreten. Wenn ich diese Chance nicht nutzte, würde ich vielleicht keine zweite bekommen. Ich rief Zweiter Bruder an, der mittlerweile in Yinan lebte, und erzählte ihm, dass ich in Nanking die Möglichkeit zu einer wirklichen Ausbildung hätte. Ich machte ihm klar, dass ein Universitätsdiplom sehr viel wertvoller sein würde als der Abschluss in Quingdao. Seine Antwort schockierte mich: Er hielt eine Hochschulausbildung für sinnlos. Außerdem, hielt er mir entgegen, sprächen die Leute in Nanking einen ganz anderen Dialekt. Was konnte ich lernen, wenn ich nicht einmal verstand, was die Lehrer sagten? Auch Vierter Bruder lehnte mein Vorhaben ab. Mir war klar, dass das Geld das Hauptproblem war. Meine Brüder waren besorgt wegen der hohen Kosten, für die sie vermutlich würden aufkommen müssen. Möglicherweise kämpften auch sie mit latenten Vorurteilen. Keiner meiner Brüder hatte die Universität besucht, weshalb ihnen die Vorstellung, ich könnte studieren, zweifellos befremdlich erschien. Es verletzte mich, dass sie mein Studium als Geldverschwendung ablehnten.

Ich schilderte mein Dilemma einer Freundin namens Wang Yongbo, die westliche Medizin studierte. Sie ermutigte mich zu einer Bewerbung. Von Idealismus und großen Hoffnungen für die Zukunft erfüllt, entschloss ich mich, alles zu tun, was in meiner Macht stand, um an der Universität für chinesische Medizin in Nanking angenommen zu werden. Trotz aller Hindernisse – trotz des Widerstands meiner Familie, trotz des fehlenden Geldes – meldete ich mich für die Aufnahmeprüfung an. Wang Yongbo füllte das Bewerbungsformular mit mir aus und ging mit mir zur Post, um es abzuschicken. Im Jahr davor hatte ich in der Schule Besuch von einem Onkel erhalten, der mir zweihundert Yuan geschenkt hatte. Ich hatte nicht gewagt, diesen hohen Betrag anzurühren. Jetzt bezahlte ich die Antragsgebühr mit diesem Geld.

Um die Aufnahmeprüfung abzulegen, würde ich nach Nanking reisen müssen. Zudem würde ich einen Identitätsnachweis aus meinem Heimatort – sie nannten es einen «Beweis» meiner Herkunft – vorlegen müssen. Mir war nicht wohl bei dem Gedanken, diesen Ausweis zu beschaffen, denn ich wusste, dass ich daheim erneut mit der Ablehnung meiner Familie konfrontiert würde.

Ich nahm einen Bus nach Hause. Zweiter Bruder holte mich in Yinan ab. Während der Fahrt nach Dongshigu beschwor er mich, die Aufnahmeprüfung nicht abzulegen. Doch in meinem Heimatdorf angelangt, fand ich endlich den Rückhalt, den ich brauchte. Nachdem sich mein Vater meinen Plan angehört hatte, sagte er: «Wenn du die Prüfung bestehst, werden wir dich unterstützen.»

Die nächste Herausforderung bestand darin, für die Aufnahmeprüfung zu lernen, die neben der chinesischen Medizin auch Themen wie Chinesisch, Mathematik und Politik beinhaltete. Es gab praktisch kein Studienmaterial in Braille-Schrift. Bevor ich Quingdao Richtung Heimat verließ, hatte meine Freundin Wang Yongbo daher begonnen, den Lehrstoff auf Tonband aufzunehmen. Weil sie für ihre eigenen Prüfungen lernen musste, musste sie nach einer

Weile damit aufhören. Mehrere Freunde von ihr sprangen ein und schlossen die Arbeit ab.

Daheim im Dorf herrschte eine brütende Sommerhitze. Da es in unserem Haus nur einen einzigen Ventilator gab, konnte ich während des Tages kaum lernen. Also studierte ich in der Nacht und legte mich schlafen, wenn die Sonne aufging. Immer wieder fiel der Strom aus, sodass ich nicht mit dem Tonband arbeiten konnte. Dann setzte ich mich mit den wenigen Braille-Büchern hin, die mir zur Verfügung standen.

Ende Juli war es an der Zeit, mit den Vorbereitungen für die Reise nach Nanking zu beginnen. Die fast fünfhundert Kilometer entfernte Stadt im Süden hatte damals sechs Millionen Einwohner. Wir hatten vereinbart, dass mich mein neunzehnjähriger Neffe Chen Kegui nach Nanking begleiten würde. Wie so oft in meinem Leben brachte meine Familie in diesem entscheidenden Augenblick große Opfer für mich. Wohl wissend, dass ich in den Examenstagen Kraft brauchen würde, bereitete uns meine Mutter genug Jianbing für die ganze Reise zu. Wir nahmen auch eine große Menge in Öl frittierte Heuschreckenlarven mit – ein knuspriger und nahrhafter Imbiss, wenn man sich erst einmal daran gewöhnt hat.

Die Aufnahmeprüfung, das *Gao Kao,* ist ein alljährlicher Ritus, dem in ganz China nicht nur die Schulabgänger, sondern auch ihre Großfamilien, ja manchmal ganze Gemeinden entgegenfiebern. Das entsprechende Examen für Blinde fand zu einer anderen Zeit statt, war ein wenig anders aufgebaut und wurde anders bewertet, aber der Druck war der gleiche. Die Prüfungen waren umfangreich und anspruchsvoll. Als ich sie endlich hinter mich gebracht hatte, war ich zuversichtlich, gut abgeschnitten zu haben; gleichwohl konnte ich nicht sicher sein, dass mich die Universität aufnehmen würde.

Nach den Prüfungen kehrte ich nach Dongshigu zurück. Ich hatte große Sorge, dass die Universität mich vielleicht nicht erreichen könnte, da meine Familie kein Telefon besaß. Endlich kam ein Brief: Ich hatte bestanden und war aufgenommen worden. Im folgenden Monat sollte ich mein Studium in Nanking aufnehmen.

Vier **Kein Weg zurück**

Nach einer schlaflosen Nachtfahrt in einem nicht klimatisierten Bus trafen mein Vater und ich in den frühen Morgenstunden eines Septembertages im Jahr 1998 in Nanking ein. Die Sonne war noch nicht aufgegangen, als wir vor der Blindenschule standen. Obwohl ich an der Universität für chinesische Medizin eingeschrieben war, würde ich gemeinsam mit den übrigen blinden Studenten in dieser Schule wohnen und getrennt von den anderen Studenten studieren. Die Professoren würden in die Blindenschule kommen, um uns zu unterrichten. Nur für den Sezierkurs würden wir im Bus zur Universität gebracht werden, die etwa eine halbe Stunde entfernt war. Wie ich rasch feststellte, beruhte diese Trennung auf einem Vorurteil, das sich hinter einem Schleier bürokratischer Vorschriften und amtlicher Ausreden versteckte.

Mein Vater und ich fanden das Zimmer 102 im ersten Stock des Hauptgebäudes der Schule. In dem Raum standen vier Stockbetten. Ich entschied mich für eines der oberen Betten nahe dem Fenster. Der im Wohnheim lebende Lehrer half mir dabei, mich häuslich einzurichten, und brachte mir ein paar Gebrauchsgegenstände: ein Kissen und Bettzeug, eine Thermosflasche, zwei Emailleschalen, zwei Löffel und zwei Waschschüsseln, die jeweils mit einer Nummer versehen waren. (Ich hatte die Nummer 98018.) Der Lehrer erklärte mir die Abläufe im Wohnheim. Ich war erleichtert zu hören, dass sich sowohl die Kantine als auch eine Ausgabestelle für Trinkwasser ganz in der Nähe befanden.

Dann erfuhren wir, dass die Universität die gesamte Studiengebühr am folgenden Tag kassieren wollte; diese Neuigkeit überschattete meine ersten Stunden in Nanking. Kaum hatte mein neues Leben als Universitätsstudent begonnen, da wich unsere Freude tiefer Niedergeschlagenheit und Lethargie. Unsere finanzielle Situation war niederschmetternd. Mit einer Rente von gerade einmal dreihundert Yuan im Monat sollte mein Vater die Studiengebühr von zweitausendachthundert Yuan sowie weitere dreitausend Yuan für Lehrbücher und Lebenshaltungskosten aufbringen. Er hatte dreitausend Yuan mitgebracht. Es war ihm klar gewesen, dass dieser Betrag nicht für das ganze Jahr reichen würde, aber er hatte gedacht, dass er nach seiner Heimkehr einen Weg finden würde, das restliche Geld aufzutreiben. Ich wusste, dass er bereits im Dorf die Runde gemacht hatte, um sich Geld zu leihen, aber anscheinend hatte er nicht allzu viel Glück gehabt. Mir war aufgefallen, dass er in letzter Zeit nicht viel lächelte: Er stand unter gewaltigem Druck. Ich wusste, welche finanzielle Last ich meiner Familie aufbürdete, und war ebenfalls sehr angespannt.

Nachdem wir mittags in meinem Zimmer frittierte Krapfen gegessen und frische Sojamilch getrunken hatten, legte ich mich hin, um ein wenig zu schlafen. Im Lauf des Nachmittags trafen weitere Studenten ein und begannen, sich in ihrer neuen Unterkunft einzurichten. Am Abend, als es langsam Zeit war, zu Bett zu gehen, bemerkte ich, dass mein Vater in dem geschäftigen Treiben verschwunden war. Ich fand ihn in der Cafeteria. Er saß auf einer kleinen Bank und klammerte sich an die kleine, abgenutzte Tasche, die seine Habseligkeiten enthielt.

«Ich habe keinen Platz zum Schlafen», sagte er. «Ich werde die Nacht einfach hier verbringen.»

«Das geht doch nicht», sagte ich.

«Diese Bank ist ein guter Platz», antwortete er. «Wenn ich müde werde, lege ich mich einfach hier schlafen.»

Auf der schmalen Bank zu schlafen war eigentlich unmöglich. Musste mein Vater, der über sechzig Jahre alt war, wirklich in einer Kantine übernachten? Als er mich neun Jahre früher in der Schule in Linyi abgeliefert hatte, war er bereits von den Jahren gezeichnet gewesen; jetzt war er ein alter Mann. Beim Gehen konnte er kaum noch die Füße heben, und seine Schritte waren langsamer denn je. Ich war aufgebracht und bestand darauf, mein Bett mit ihm zu teilen. Das ganze Stockbett wackelte, als er mit meiner Hilfe hinaufkletterte. Das bittere Schicksal meines Vaters beschäftigte mich lang; ich konnte das Gedankenkarussell nicht stoppen. Das Leben unserer Familie musste endlich besser werden. Mein Vater schlief rasch ein und begann zu schnarchen.

Am Morgen gingen wir ins Büro, um die Studiengebühr zu bezahlen. Einige Mitarbeiter der Universität waren zu uns herübergekommen, um die neuen Studenten zu registrieren. Sie eröffneten uns, dass wir zusätzlich zu der Studiengebühr vierhundert Yuan für Bettzeug und verschiedene Dinge bezahlen mussten, die die Blindenschule für uns gekauft hatte. Insgesamt schuldeten wir ihnen also dreitausendzweihundert Yuan. So viel Geld hatte mein Vater nicht mitgebracht. Die Mitarbeiter der Universitätsverwaltung waren damit einverstanden, dass mein Vater achtzehnhundert Yuan für die Studiengebühr sofort bezahlte und das restliche Geld sobald wie möglich schickte. Nachdem er die vierhundert Yuan an die Blindenschule gezahlt hatte, waren noch achthundert Yuan übrig. Am nächsten Tag erfuhr ich, dass die Lehrbücher für das erste Semester die Hälfte dieses Geldes aufzehren würden. Von dem kümmerlichen Betrag, der übrig blieb, musste ich mich das ganze Semester über ernähren und alle sonstigen Ausgaben bestreiten. Irgendwie würde ich die nächsten Monate überstehen, aber einmal mehr würde ich bitteren Hunger leiden.

Wie für alle chinesischen Studienanfänger begann das erste Semester auch für uns mit einer zweiwöchigen militärischen Ausbildung. In dieser Zeit gewann ich neue Freunde, von denen einige während meiner drei Jahre an der Universität enge Weggefährten blieben. Da war Gen Yao, der später zum Christentum konvertierte; wir haben noch heute Kontakt. Da war der brillante Chen Xianyang, dessen Familie so wohlhabend war, dass er im Flugzeug nach Nanking reiste, ein zu jener Zeit für normale Leute unvorstellbarer Luxus. Mit ihm führte ich hitzige Diskussionen über Politik, das Leben und viele andere Dinge. Und dann war da He Zhou, der ausgesprochen intelligent war, leider jedoch zu wenig Ehrgeiz besaß. Ich genoss es, mit diesen Freunden zu sprechen und zu debattieren.

Ich war begeistert, ein richtiger Student an einer Universität zu sein, und stürzte mich in die Arbeit. Im ersten Semester studierte ich Anatomie und Sezieren, Diagnose, Akupunktur und Massage. Ich absolvierte auch einen Pflichtkurs in «Grundlagen des Marxismus». Im Seziersaal hing immer ein schwerer Geruch nach Formaldehyd. Auf jedem Tisch lag eine Leiche, wir arbeiteten aber auch mit Modellen mit menschenähnlichem Gewebe. Ich fürchtete mich nicht vor den Leichen und schreckte nicht davor zurück, sie zu zerlegen. Wir lernten, wie sich die Knochen ineinander fügten und zusammenarbeiteten, wie die Muskeln angeordnet waren und wo Venen und Arterien verliefen. Ich stellte fest, dass man die exakte Lage der Akupunkturpunkte mit den Händen oft besser finden konnte als mit den Augen.

Zusätzlich zu diesen Kursen belegte ich im Herbst als Wahlfach einen Grundkurs in Recht und Medizin. Dies war das einzige Mal, dass ich an der Universität mit dem Recht in Berührung kam. Mein Interesse an diesem Gebiet war im Lauf der Jahre gewachsen. Ich ließ mir oft aus Rechtstexten vorlesen, aber das Behindertenschutzgesetz war das einzige, das ich je in Braille-Schrift finden konnte. Wie nicht anders zu erwarten, gab es kein Braille-Lehrbuch für dieses Fach. Ich musste mich darauf beschränken, aufmerksam zuzuhören und mir im Anschluss an die Vorlesungen ein paar Notizen zu machen. Genau genommen gab es nur für die Hälfte der Kurse Lehrbücher, die wir lesen konnten. Nach dem ersten Semester konnte ich mir nicht einmal mehr diese wenigen Bücher leisten. Stattdessen lieh ich sie mir von He Zhou, der sie mir weitergab, sobald er sich einem anderen Stoff zuwandte.

Ich studierte leidenschaftlich gerne, aber meine Gesundheit bereitete mir Probleme. Das Muster war mir mittlerweile vertraut: Die ersten Tage oder Wochen in der Schule kam ich zurecht; ich wurde nie richtig satt, aber eine Weile konnte ich den Hunger gut ertragen. Oft lief mir das Wasser im Mund zusammen, wenn ich Speisen roch – sogar der Geruch von etwas so Gewöhnlichem wie Instantnudeln versetzte mich in Verzücken.

Nach ein oder zwei Monaten wurde der Nahrungsmangel quälender, und es traten beunruhigende Symptome auf. Zunächst wurde ich antriebslos, doch trotz der Erschöpfung fand ich nachts keinen Schlaf. Als Kind hatte ich problemlos springen und laufen können. Ich hing einarmig an einem Ast, während ich mit der anderen Hand nach einem Vogelnest tastete. Jetzt ermüdete es mich schon, eine Weile stehen zu müssen. Noch beunruhigender war, dass mich mein Gedächtnis, das immer gut funktioniert hatte, oft im Stich ließ. Am Anfang des Semesters konnte ich mir den Lehrstoff durch einfache Lektüre einprägen und war für den Unterricht am nächsten Tag gerüstet, aber nach einer Weile drosselte die Mangelernährung meinen Verstand, und bald hatte ich Mühe, auch nur kurze Texte zu verarbeiten. Oft hatte ich das Gefühl, als wäre mein Gehirn hart und unflexibel geworden und die gesamte untere Hälfte meines Kopfes wäre dick und leblos.

Jedes Mal, wenn ich in den Ferien heimkehrte, erschrak mein Vater beim Anblick seines ausgezehrten Sohnes und kochte mir rasch eine Brühe mit Schweinsknochen und Kohl. Doch da lag meine letzte nahrhafte Mahlzeit so lange zurück, dass mein Körper eine derart üppige Mahlzeit nicht mehr verkraftete. Nach wenigen Bissen musste ich mit aufgeblähtem und schwerem Magen den Löffel weglegen.

Am folgenden Tag schwoll mein Bauch stets wie ein Ballon an. Wenn ich leicht darauf klopfte, machte er ein hohles Geräusch. Erst nach vier oder fünf Tagen konnte ich die Nahrung wieder normal verdauen. Ich konnte mich kaum richtig erholen, bevor es wieder zurück ging an die Universität. Nur in den langen Sommerferien hatte ich genügend Zeit, um wieder zu Kräften zu kommen. Nach einer Weile begann ich wieder gut zu schlafen und gewann meine Konzentrationsfähigkeit zurück. Aber im folgenden Semester begann der Zyklus von Verfall und Erholung von neuem.

Neben dem Studium wuchs mein Interesse an politischen Fragen und am Alltagsgeschehen. Meine wichtigste Informationsquelle war das Radio. Der von der amerikanischen Regierung finanzierte gemeinnützige Sender Radio Free Asia war eine Offenbarung für mich. Ich hörte RFA zum ersten Mal mit dem Kurzwellenradio eines Zimmergenossen. Er hatte eine Sendung mit dem Titel *Hörer-Hotline* eingeschaltet. Jedermann konnte dort anrufen und seine Meinung sagen oder seine Erfahrungen schildern. An diesem und vielen folgenden Abenden lagen wir auf unseren Betten und hörten uns die Sendung an. Ich hörte die unzensierten Stimmen chinesischer Durchschnittsbürger, die mehr über die Welt wissen wollten oder unter Diskriminierung litten. Es meldeten sich auch engstirnige Nationalisten zu Wort, um die Vereinigten Staaten zu kritisieren. Das beeindruckte mich am meisten: Ein von der amerikanischen Regierung unterstützter Sender unternahm keinen Versuch, Angriffe auf diese Regierung in seinen Sendungen zu unterbinden. Wenn mein Zimmergenosse das Radio nicht brauchte, lieh ich es mir oft aus, um bis spät in die Nacht RFA oder Voice of America zu hören, da ich vor Hunger nicht schlafen konnte.

Einige Radiosendungen eröffneten mir eine ganz neue Welt. In *Tiananmen Great Escape* auf RFA wurden die Geschichten von Menschen erzählt, die der brutalen Niederschlagung der Demokratiebewegung in Peking im Jahr 1989 entkommen waren und in die Vereinigten Staaten, nach Hongkong, Taiwan oder in andere Länder geflohen waren. Diese Sendung war spannend wie eine Miniserie, nur dass hier Geschichten aus dem wirklichen Leben erzählt wurden. Ich dachte daran, dass ich 1989 unter anderen Umständen – wenn ich damals kein Achtzehnjähriger gewesen wäre, der gerade erst Lesen und Schreiben lernte – möglicherweise auch an den Kundgebungen auf dem Tiananmen-Platz teilgenommen hätte, bei denen Hunderte, wenn nicht Tausende Studenten, Arbeiter und andere Bürger getötet worden waren.

In meinem zweiten Semester wurde ich tatsächlich in einen Konflikt verwickelt, der mich auf einen Konfrontationskurs zu den

Machthabern brachte. Der Auslöser war ein schreckliches Erlebnis meines Freunds Chen Xianyang. Eines Abends lag ich mit starken Kopfschmerzen im Bett, als ein Studienkollege ins Zimmer stürmte. «Xianyang ist zusammengeschlagen worden!», schrie er. Wir liefen in Xianyangs Zimmer und fanden ihn auf seinem Bett sitzend. Er hatte schlimme Verletzungen im Gesicht und an den Armen davongetragen und blutete. Schockiert erzählte er uns, dass er das Telefon benutzt hatte, als ein Lehrer der Blindenschule aufgetaucht war und verlangt hatte, ihn sofort telefonieren zu lassen. Der Mann schien betrunken, und unser Freund ignorierte ihn. Darüber geriet der Lehrer so in Wut, dass er begann, mit einem Gegenstand auf Xianyang einzuprügeln. Als Xianyang zu Boden ging, trat der Lehrer ihn in die Rippen. Ein solcher Angriff wäre für jeden Menschen beängstigend, aber ein Blinder konnte sich nicht gegen Schläge und Tritte verteidigen, die für ihn aus dem Nichts kamen.

Nach dem Angriff war der Lehrer weggelaufen, aber zwei Personen waren Zeugen der Attacke gewesen. Sie bestätigten Xianyangs Darstellung, und wir meldeten den Vorfall sofort beim Schulleiter. Dieser stellte den Lehrer zur Rede und informierte die Bildungsämter der Stadt Nanking und der Provinz Jiangsu. Es vergingen mehrere Wochen, ohne dass etwas geschah. Ich war empört über die langsame Reaktion der Behörden auf diesen Angriff auf einen blinden Studenten. Wir verlangten, dass der Täter die Krankenhausrechnungen von Xianyang bezahlte und dass uns die Schule über ihr Vorgehen gegen den Lehrer informierte. Aber nichts geschah.

Wohin auch immer wir uns wandten – an die Schulleitung, die Universitätsverwaltung oder die zuständigen städtischen Behörden –, das Resultat war immer das gleiche: Die Verantwortlichen vertrösteten uns und blieben untätig. Auf jeder Ebene der Bürokratie sagte man uns, wir sollten uns an die nächsthöhere Stelle wenden, und irgendwann erreichten wir einen Punkt, an dem man uns zu denen zurückschickte, die direkt für das Problem zuständig waren. Als sich das Schuljahr seinem Ende näherte, sah Xianyang ein, dass wir nichts erreichen würden, und drängte uns, uns fürs Erste auf die bevorstehenden Examen zu konzentrieren.

Doch ich weigerte mich, die Sache auf sich beruhen zu lassen. Ich schlug vor, die Medien einzuschalten. Wir hatten gehört, wie sich andere an das Radio wandten, und ich selbst hatte ja schon einmal diesen Weg gewählt. Ich hörte gelegentlich eine bekannte Sendung im Verkehrsradio Nanking mit dem Titel *Die direkte Leitung, um deine Sorgen loszuwerden.* Der Moderator war ein Mann namens Dong Sheng. Zweck der Sendung war es, soziale Missstände aufzudecken. Wenn jemand anrief, um einen Vorfall zu beschreiben, gingen die Journalisten der Sache nach und berichteten in einer der folgenden Sendungen über die Ergebnisse ihrer Recherche. Meine Kameraden und ich wollten in der Sendung anrufen, aber viele Studenten befürchteten, dass sich die Blindenschule an demjenigen rächen würde, der sich beim Radio meldete. Am Ende erklärte sich ein Freund von mir, der von außerhalb kam und zu Besuch war, bereit, unter meinem Namen anzurufen, während wir uns weiter auf die Prüfungen vorbereiteten.

Als der Moderator Dong Sheng hörte, dass ein Lehrer einen blinden Schüler zusammengeschlagen hatte, geriet er außer sich. Es meldeten sich Zuhörer, die eine Untersuchung des Vorfalls und der Untätigkeit der Schule forderten. Ich war schon für die Sommerferien nach Hause zurückgekehrt, als mich die Nachricht erreichte, dass Dong Sheng persönlich die Schule besucht hatte. Der Fall sorgte für derart großes Aufsehen, dass sich das Bildungsamt der Provinz Jiangsu schließlich zum Handeln gezwungen sah. Zu Beginn des Wintersemesters beugte sich die Blindenschule von Nanking dem medialen Druck und erfüllte unsere drei Hauptforderungen: Xianyang wurde entschädigt, seine Arztrechnungen wurden bezahlt, und der Lehrer entschuldigte sich öffentlich. In einer Schulversammlung im Herbst bat er vor seinem Kollegium und den zweiundzwanzig blinden Studenten um Verzeihung. Er gab zu, betrunken gewesen zu sein und Xianyang misshandelt zu haben. Schließlich zahlte er seinem Opfer sechshundert Yuan Schadenersatz.

Wir zogen widersprüchliche Lehren aus dieser Geschichte. Auf der einen Seite hatten wir gesehen, dass die Medien viel bewirken konnten, wenn einfachen Bürgern Unrecht widerfuhr, und in diesem Fall war es uns gelungen, die Macht der Medien für unser Anliegen zu nutzen. Normalerweise hätten diejenigen, die die Macht hatten, Xianyang verletzt, erniedrigt und zum Schweigen gebracht, doch dank unseres kollektiven Einsatzes behielt er die Oberhand und bekam sein Recht. Auf der anderen Seite hatten wir festgestellt, in welchem Ausmaß die Beziehungen zwischen Partei und Bürokratie das gesamte gesellschaftliche Leben Chinas infizierten und die ungeschriebenen Gesetze vorgaben. Hinzu kam, dass ich persönlich die Schule und eine Reihe von Beamten im Bildungswesen beleidigt hatte, indem ich den Mund aufgemacht hatte. Eines Tages sollten sie sich rächen.

Die Vorgänge um Chen Xianyang fielen mit einem weiteren bedeutsamen Ereignis in meinem Leben zusammen. Auch dieses hatte mit den Medien und der Politik zu tun. An einem Tag im Herbst 1999 hörte ich auf Radio Free Asia Berichte und Interviews eines Journalisten namens Han Dongfang aus Hongkong und wählte die Telefonnummer, die er in der Sendung nannte – ich erinnere mich noch heute an die Nummer –, nachdem er seinen Hörern versichert hatte, sie könnten ihn per R-Gespräch anrufen. Ich kam durch, und wir unterhielten uns über die Entlassungswelle in den chinesischen Staatsbetrieben. Millionen Menschen sanken zu jener Zeit in die Armut ab. Dongfang erkundigte sich nach meinem Leben, und ich schilderte ihm das Los eines Bettelstudenten, der sich keine Lehrbücher leisten und seinen Magen nicht füllen konnte. Er fragte mich, warum ich keine Nachhilfe gebe, um mir ein wenig dazuzuverdienen. Ich erklärte ihm, dass ich blind sei und dass es mir sehr schwerfalle, eine bezahlte Arbeit zu finden. Er bot mir spontan seine Hilfe an.

Anfangs lehnte ich ab. Ich wollte keine wohltätige Unterstützung. Aber schließlich nahm ich sein Angebot, mir etwas Geld zu schicken, dankbar an, bestand jedoch darauf, es ihm zurückzuzahlen, sobald ich dazu imstande war. Bevor er mir das Geld zukommen ließ, stellte Dongfang etwas klar. Er hatte in China als Aktivist für die Rechte der Arbeiter gekämpft und hatte nach Hongkong ins Exil gehen müssen. Ich musste mir darüber im Klaren sein, dass es riskant war, eine rekonstruierbare Verbindung zu ihm zu haben. Ich antwortete, dass ich mich nicht fürchte und keinen Grund sehe, seine Hilfe nicht anzunehmen. Seine bedingungslose Unterstützung gab mir Halt in meinen letzten anderthalb Jahren an der Universität. Wir schlossen eine innige Freundschaft, die bis zum heutigen Tag andauert. Aber er tat gut daran, mich zu warnen; meine Beziehung zu einem «Staatsfeind» sollte bald Folgen für mich haben.

Die Blindenschule von Nanking hatte im Fall von Chen Xianyeng schließlich unseren Forderungen nachgegeben, aber die Schulleitung ließ keinen Zweifel daran, dass sie nicht erfreut war, von den Medien bloßgestellt worden zu sein. Auf Bitte der Universität arrangierte die Schule normalerweise ein einjähriges Praktikum für alle blinden Studenten, aber im Frühjahr 2000 teilte uns die Schulleitung mit, dass wir uns selbst auf die Suche nach einem Praktikumsplatz machen müssten. Man sagte uns, dass uns nach der Kontroverse über den Fall Xianyang kein Arbeitgeber aufnehmen werde. Zum Glück kamen wir alle trotzdem in Einrichtungen unter und informierten die Schule ordnungsgemäß über unsere Praktikumsplätze. Nun kündigte die Schulleitung an, sie werde die Platzierungen nach eigenem Ermessen ändern. So vertuschten die Administratoren, dass wir unsere Praktikumsplätze in Eigeninitiative gefunden hatten, und sicherten sich die inoffiziellen Vorteile, die mit diesen institutionellen Beziehungen einhergingen.

Mehrere Studenten, darunter auch ich, hatten einen Platz in einem renommierten Krankenhaus in Nanking erhalten. Doch kurz nachdem die Schulleitung ihre Absicht bekundet hatte, in die Verteilung der Plätze einzugreifen, nahm sie Kontakt zum Krankenhaus auf und teilte der Leitung mit, es sei entschieden worden, mich in eine andere Stadt zu schicken. Und ich war nicht der Einzige, der so bestraft wurde. Die sieben «ungehorsamsten» Studenten aus unserer Klasse wurden in ein Massagekrankenhaus in das achthundert Kilometer entfernte Luoyang in der Provinz Henan geschickt, während die fügsamen Studenten in Nanking bleiben durften. Wir waren wütend, aber als wir die Schulleitung zur Rede stellten, erhielten wir eine vollkommen haltlose Erklärung: «Schlechtes Benehmen.» Gemeint war offenkundig etwas anderes: Wir hatten nicht gehorcht. Einmal mehr sah ich, wie das korrupte Denken der Partei funktionierte. Die Machthaber glaubten, in jeder Situation ungestraft das Wohlergehen anderer Menschen missachten und die Wahrheit mit Füßen treten zu dürfen.

Im Juni 2000 brachen Xianyang, ich und weitere fünf Studenten, die von der Schule wegen «schlechten Benehmens» aussortiert worden waren, im Zug nach Luoyang auf. Wir saßen schwitzend auf «harten Plätzen», die am wenigsten kosteten. Obwohl wir nach all den Opfern, die wir in den vergangenen Jahren für unsere Ausbildung gebracht hatten, enttäuscht darüber waren, wie die Schule uns behandelte, hofften wir, in Luoyang ein anderes Miteinander kennenzulernen und neue Kenntnisse zu erwerben.

Wir trafen gegen zehn Uhr abends in Luoyang ein und machten uns auf den Weg zu unserem Wohnheim. Unser Schlafsaal befand sich im dritten Stock des Gebäudes. Am nächsten Tag lernten wir unsere Massagelehrer kennen, einige von ihnen waren ebenfalls blind.

In den folgenden Tagen und Wochen stellte ich fest, dass man in diesem Krankenhaus einen gleichermaßen aufschlussreichen und verstörenden Einblick in die Funktionsweise der chinesischen Gesellschaft erhielt. Unter unseren Klienten waren zahlreiche örtliche Beamte, darunter der stellvertretende Bürgermeister und verschiedene Behördenleiter. Während wir diese Parteifunktionäre massierten oder an ihren Meridianen arbeiteten, telefonierten sie viel. Ihre Gesprächspartner waren oft Verwandte, die einen Beamtenposten ergattert hatten und ihre Schutzherren um eine Gefälligkeit baten.

Manchmal ließ sich unser Patient mit einem anderen Beamten verbinden, um ihm zu befehlen, seinem Verwandten die gewünschte Gefälligkeit zu erweisen. So erfuhr ich aus erster Hand, wie die Korruption in China funktioniert.

Manchmal ließ sich einer der Beamten auf ein Gespräch mit mir ein. Während ich seinen Rücken oder seine Beine massierte, sagte er: «Ach, ich spiele zu viel Mah Jong, ich spiele zu viel Poker – sogar im Büro tun wir die ganze Zeit nichts anderes. Jetzt machen mir die Wirbelsäule und die Schultern zu schaffen.» Ich fragte mich, warum ich dabei half, diese Beamten zu heilen, damit sie weiter Mah Jong spielen konnten. Nach einer Weile gelangte ich zu der Überzeugung, dass ich das nicht akzeptieren konnte. In China gab es viele Menschen, die sich nicht einmal grundlegende Medikamente leisten konnten. Ich würde mit dieser Arbeit Geld verdienen können, aber was für einen Sinn hatte das? Ein Krankenhaus soll Menschen heilen und Leben retten. Das Krankenhaus in Luoyang schien einem anderen Zweck zu dienen.

Wir arbeiteten unter unzumutbaren Bedingungen. Das Krankenhaus behandelte meine Klassenkameraden und mich wie Besitzstücke. Unsere Vorgesetzten erwarteten von uns, dass wir sieben Tage in der Woche unentgeltlich arbeiteten. Schließlich beschlossen wir, uns zu beschweren. Wir trafen uns mit einem der Direktoren und wiesen ihn darauf hin, dass das Krankenhaus gegen das chinesische Arbeitsrecht verstieß, das eine maximale Wochenarbeitszeit von vierzig Stunden vorschrieb. Die Krankenhausleitung, die noch nie mit einer so spezifischen Beschwerde konfrontiert worden war, war nicht erfreut. Schließlich erklärte sich das Krankenhaus widerstrebend bereit, uns am Samstag frei zu geben. Uns war klar, dass die Verantwortlichen verärgert waren und unseren Protest nicht so einfach hinnehmen würden.

Seit Beginn meines Praktikums machte ich mir Sorgen um meine Familie. In meinem Heimatdorf war ein seit langem schwelendes Problem zutage getreten.

Im Jahr vor meinem Praktikum war ich in den Winterferien nach Dongshigu heimgekehrt. Als ich am Ortseingang am Tor des ersten Hauses vorbeiging, hörte ich einen Gruß.

«Da bist du ja wieder», sagte eine Frauenstimme.

Es handelte sich um eine Dorfbewohnerin namens Su Zhilan. Hinter ihrer Freundlichkeit hörte ich noch einen anderen Ton. «Ja, ich bin wieder da», antwortete ich. «Wie geht es Ihnen?»

Mit düsterer Stimme erzählte sie, dass ihr Bruder vor kurzem auf dem Markt zusammengebrochen war. Sie hatten ihn ins Krankenhaus gebracht, aber die Ärzte hatten ihn nicht retten können. Die Todesursache war unbekannt.

Da ich mich an der Universität mit medizinischen und gesundheitlichen Fragen beschäftigte, begann ich, über mögliche Diagnosen nachzudenken. Und da war noch etwas anderes, das mir schon seit einer Weile durch den Kopf ging und das damals das wichtigste Gesprächsthema im Dorf war: die Verschmutzung unseres Trinkwassers.

Die chinesische Wirtschaft wuchs seit einem Jahrzehnt rasant, es war sogar von einem Wirtschaftswunder die Rede. Aber der industrielle Fortschritt hatte einen hohen Preis. Die Umwelt wurde rücksichtslos zerstört, und die Luft- und Wasserqualität wurde immer schlechter. Einmal mehr bezahlte das Volk den Preis. Kurz nachdem ich vor zehn Jahren das Dorf verlassen hatte, um zur Schule zu gehen, war im benachbarten Duoshang am Ufer des Meng eine große Papierfabrik gebaut worden. Duoshang lag nur wenige Kilometer flussaufwärts. Seit damals leitete die Fabrik ihr Abwasser unbehandelt in den Fluss, der mittlerweile die Farbe von Sojasauce hatte und vielerorts mit Schaum bedeckt war. Unser Dorf begann bald die Auswirkungen der Verschmutzung zu spüren: Es kam zu einem massiven Fischsterben. Bald hielten sich nur noch Lurche, Frösche und Kröten im Fluss, und schließlich konnten auch diese Tiere nicht mehr im verseuchten Wasser überleben. Viele Dorfbewohner bewässerten ihre Felder weiter mit Wasser aus dem Fluss. Nach einer Weile verkümmerten die Wassermelonen am Stil. Die Dorfbewohner gingen nicht mehr im Fluss schwimmen, da das Wasser Hautausschläge verursachte. Der Meng, einst ein klarer und schöner Fluss und die Lebensader unseres Dorfes, brachte uns jetzt nur noch Gift.

In unserem Dorf gab es keine tiefen Brunnen. Der einzige Brunnen lag nah beim Fluss und war weniger als drei Meter tief. Wir tranken Flusswasser, das durch Sedimentablagerungen gefiltert wurde. Das war nie ein Problem gewesen, solange der Fluss sauber gewesen war. Doch in den letzten Jahren waren zahlreiche Krankheiten bei uns aufgetaucht. Viele davon waren zweifellos vom verunreinigten Trinkwasser verursacht worden.

All das ging mir durch den Kopf, als ich hörte, wie Su Zhilan vom Tod ihres Bruders berichtete. Wer konnte wissen, wie viele andere Dorfbewohner betroffen waren und wie groß der Schaden war? Ich fasste den Entschluss, mich mit den Verantwortlichen im Dorf zusammenzusetzen. Es war klar, dass Dongshigu einen tiefen Brunnen brauchte. Nur so würden die Dorfbewohner sauberes Wasser zu «essen» bekommen, wie wir auf dem Land sagen.

In den letzten Jahren hatte das Dorf sich bemüht, der Verschmutzung des Flusses an der Quelle entgegenzuwirken. Die Dorfbewohner hatten verlangt, dass die Papierfabrik geschlossen wurde oder zumindest aufhörte, Chemikalien in den Fluss zu leiten. Alle Proteste waren ungehört verhallt. Kontrollbesuche des Umweltschutzamts in der Fabrik endeten normalerweise damit, dass große Mengen Spirituosen flossen und Geld in aufgehaltene Hände gelegt wurde. Es war klar, dass wir den Vorgängen in der Fabrik irgendwann auf den Grund gehen mussten, aber für den Augenblick mussten wir uns darauf konzentrieren, das Trinkwasserproblem mit einem neuen Brunnen zu lösen.

Nachdem ich im Jahr 2000 aus den Neujahrsferien zurückgekehrt war, rief ich Han Dongfang in Hongkong an, um ihm für das Geld zu danken, das er mir geschickt hatte. Im Verlauf des Gesprächs erwähnte ich meinen Besuch in Dongshigu. Ich musste oft an Su Zhilans Bruder und an die vom verseuchten Flusswasser ausgehende

Gefahr denken. Mein Vater und andere Dorfbewohner kämpften seit Jahren um eine Wasserleitung ins Dorf, aber die örtlichen Beamten hatten sie stets mit der Begründung, dafür fehle es an Geld, auf einen späteren Zeitpunkt vertröstet. Dongfang hörte sich meinen Bericht an und versicherte mir, dass man durchaus etwas tun könne. Er wollte die internationale Gemeinschaft auf das Problem aufmerksam machen und eine ausländische Hilfsorganisation dazu bewegen, einen neuen Brunnen für unser Dorf zu finanzieren. Es war mir nicht ganz klar, was er mit der «internationalen Gemeinschaft» meinte, aber ich war Feuer und Flamme. Wenn wir das Geld auftreiben konnten, würde den Behörden nichts anderes übrig bleiben, als zu handeln. Dongfang bat mich, mit den Leuten im Dorf zu sprechen und ihm eine Kostenaufstellung für den Brunnenbau zu schicken.

Ich rief umgehend die einzige Telefonnummer in Dongshigu an – 1996 war endlich eine Leitung in unser Dorf gelegt worden – und verlangte, mit dem Bürgermeister Du Dexiang zu sprechen. Mit dem kurz zuvor gewählten ehemaligen Grundschullehrer Du, der ein Nachbar meiner Familie war, hatte sich zum ersten Mal ein wirklicher Vertreter der Gemeinde gegen die Parteimitläufer durchgesetzt.

Ich begrüßte ihn mit der im Dorf üblichen Anrede: «Hallo, großer Bruder», sagte ich, «Kleiner Fünf am Apparat.»

«Hallo, Alter Fünf!», rief er fröhlich, wobei er sich der respektvollen Anrede «Alter» bediente, obwohl er älter als ich war. «Was gibt es?»

Ich fragte ihn, ob die Bemühungen um einen Zugang zu sauberem Trinkwasser schon gefruchtet hätten. Er seufzte und antwortete, sie seien im Sand verlaufen. «Das Dorf hört immer von denen da oben, wenn diese Geld wollen, aber man vergeudet seine Zeit, wenn man sie um etwas bittet.»

Ich bat ihn, die Kosten eines Brunnens und einer Wasserleitung zu kalkulieren, da ich möglicherweise eine Finanzierungsquelle hätte. Er antwortete, er werde sich sofort an die Arbeit machen, und versicherte mir, dass er mir vertraue – das war ungewöhnlich, denn es war nicht üblich, dass eine blinde Person an einem so komplexen Projekt beteiligt war. Kurze Zeit später schickte ich den Kostenplan an Han Dongfang, der sich auf die Suche nach einem Geldgeber machte. Nach einigen Monaten hatte er jemanden gefunden: die Erste Sekretärin der britischen Botschaft in Peking.

Ich lernte die Diplomatin unter ihrem chinesischen Namen Wu Ruolan kennen, ihr englischer Name ist Caroline Elizabeth Wilson. Als ich das erste Mal am Telefon mit ihr sprach, war ich beeindruckt von dem Respekt, den sie mir entgegenbrachte. Als Behinderter war ich bis dahin nur selten mit solcher Hochachtung behandelt worden. Wo waren das berechnende Wesen und die Geldgier der Kapitalisten, von denen uns die Kommunistische Partei immer erzählte? Nachdem sich Wilson meinen Bericht über den verseuchten Fluss und die verzweifelten Bemühungen meines Heimatdorfes für einen Brunnen angehört hatte, erklärte sie mir, dass Großbritannien Hilfsgelder für Projekte wie dieses bereitstelle und dass die von uns veranschlagten Kosten von 205 000 Yuan (das entsprach damals etwa 26 000 Dollar) durchaus im Rahmen lägen. Ihre Regierung werde mit einiger Sicherheit bereit sein, die Finanzierung zu bewilligen, aber sie und einige Mitarbeiter wollten den Bürgermeister und mich in Peking treffen und anschließend nach Dongshigu reisen, um sich selbst ein Bild von der Lage zu machen und sicherzustellen, dass der Brunnen den Erfordernissen des Umweltschutzes genüge.

Bürgermeister Du Dexiang und ich waren dankbar und zuversichtlich. Wir begannen, die Reise nach Peking vorzubereiten, die für einen späteren Zeitpunkt im Sommer vorgesehen war. In der Zwischenzeit war der Widerstand gegen die Papierfabrik und die Verschmutzung des Flusses gewachsen. In zwei Nachbardörfern hatte sich die wütende Bevölkerung zusammengetan, und der Protest weitete sich rasch aus. Rund 40 000 Menschen in 43 Dörfern waren von der Umweltkatastrophe betroffen, und die Dorfkomitees schlossen sich der Forderung an, die Papierfabrik müsse geschlossen werden. Von den Verantwortlichen kam keine Antwort.

Mutige Dorfbewohner schlichen sich mit Videokameras bewaffnet nachts auf das Fabrikgelände und filmten, wie die ekelerregenden Abwässer in den Fluss geleitet wurden und das Wasser erst rot und dann schwarz färbten. Sie brachten die Aufnahmen nach Linyi und brannten sie auf DVDs, um sie den Beamten der Umweltbehörde zu zeigen. Nichts geschah. Sie spielten die Aufnahmen Journalisten vor, die es jedoch nicht wagten, über die Verseuchung des Flusses zu berichten. Wenn trotzdem eine Lokalzeitung einen Artikel veröffentlichen wollte, schritten die Zensoren des örtlichen Propagandabüros ein. Ging ein Bericht den örtlichen Zensoren durchs Netz, so wurde das Propagandaministerium in Peking aktiv, was schlimme Folgen für die Autoren haben konnte. Zu jener Zeit war es nicht möglich, sich an einen ausländischen Journalisten zu wenden: Bis 2008 war es ausländischen Berichterstattern verboten, durch das Land zu reisen und Einwohner zu befragen, und für gewöhnliche Bürger war es gefährlich, Kontakte zu einem ausländischen Journalisten zu unterhalten.

Kurz bevor Bürgermeister Du Dexiang und ich nach Peking reisen sollten, um uns mit Frau Wilson zu treffen, meldeten sich mehrere Organisatoren der Proteste gegen die Papierfabrik bei mir. Sie wussten, dass ich schon einmal eine Petition in Peking eingereicht hatte, und fragten mich, was sie tun sollten. Ich dachte lange darüber nach, was ich ihnen raten sollte. Da die örtliche Umweltschutzbehörde nicht das geringste Interesse an der Sache zeigte, schlug ich vor, diese Ebene zu übergehen und das nationale Umweltamt in Peking auf das Problem aufmerksam zu machen. Ich empfahl ihnen, gleichzeitig zum Petitionsbüro zu gehen. Zwar glaubte ich nicht, dass eine Petition einen Nutzen haben würde, aber damals kannte ich keinen besseren Weg. Schließlich schlug ich vor, dass wir ein förmliches Schreiben an die Umweltschutzbehörde und die zuständigen Rechtsabteilungen schicken sollten, um ihnen zu zeigen, dass wir entschlossen waren, eine Klage einzureichen, wenn sie nicht bereit waren, sich der Sache anzunehmen. Alle Beteiligten waren mit diesem Vorgehen einverstanden, und wir beschlossen, zur selben

Zeit, da der Bürgermeister und ich Frau Wilson treffen würden, eine Delegation zu den zuständigen Ministerien in Peking zu schicken.

Im August 2000 brach eine kleine Gruppe von Bittstellern aus dem Kreis Linyi in einem gemieteten Kleinbus nach Peking auf. Die Gruppe, der auch Älterer Bruder angehörte, machte einen weiten Umweg nach Luoyang, um mich abzuholen. In Peking angekommen, übernachteten wir in einem kleinen Hotel unweit des Fernsehzentrums. Am nächsten Tag wartete ich in Gesellschaft von Älterer Bruder auf Frau Wilson, die mich zum Abendessen abholen würde. Ich erinnere mich noch an jedes ihrer Worte und daran, wie klar sie sprach. «Verzeihung», sagte sie, «sind Sie Herr Chen? Möchten Sie uns in unserem Wagen begleiten?» Nie zuvor hatte sich jemand mit einer derart ausgesuchten Höflichkeit und ähnlichem Respekt an mich gewandt.

Wir fuhren zu einem kleinen, eleganten Restaurant, wo es an jedem Tisch nach frischen Blumen duftete. Ich erinnere mich nicht genau, was wir aßen – ein Gericht enthielt Lilienzwiebeln, ein anderes Auberginen –, aber es war eine köstliche Mahlzeit. Wir saßen mehr als sechs Stunden zusammen und unterhielten uns bis nach Mitternacht über verschiedenste Themen. Wir sprachen über das Trinkwasserprojekt, das ländliche Bildungswesen, die Lebensbedingungen der Landbevölkerung, den Status der Behinderten in China ... Wir sprachen sogar über Blindenhunde, die es in China nicht gab. Frau Wilson fragte, warum wir keine solchen Hunde hätten. Ich erklärte ihr, dass die meisten Chinesen nie von dieser Möglichkeit gehört hätten und dass blinde Menschen in China meistens von anderen abhingen und kaum in der Lage seien, für einen Arbeitshund zu sorgen.

Das Gespräch mit Frau Wilson war ein berührendes Erlebnis. Sie schien vollkommen unbefangen in meiner Gegenwart, was für mich ungewohnt war. Als wir auf dem Weg zum Restaurant durch die Straßen Pekings fuhren, beschrieb sie mir, was sie sah. Links kommt dieses Gebäude, und gleich fahren wir an jener Sehenswürdigkeit zur Rechten vorbei. Sie wusste genau, wie sie mich führen musste, und nahm mich ganz selbstverständlich bei der Hand oder am Arm. Ich war daran gewöhnt, dass Leute mein Hemd mit zwei Fingern anfassten, so als wollten sie sich so weit wie möglich von mir fernhalten. Frau Wilson behandelte mich mit tiefem Respekt. Als ich im Nachhinein darüber nachdachte, wurde mir klar, dass ich mich in ihrer Gegenwart zum ersten Mal in meinem Leben wie ein vollwertiger Mensch gefühlt hatte. Nicht einmal in meiner Familie hatte ich dieses Gefühl.

Im Lauf dieses Abends dachte ich über die gewaltige Kluft zwischen meiner Lebenssituation und der von Frau Wilson nach. Ich war ein neunundzwanzigjähriger Student im letzten Jahr auf der Universität und hatte eine ungewisse Zukunft vor mir. Wilson war nur ein Jahr älter als ich, aber sie war bereits eine hochrangige Diplomatin. Wir hatten fast dieselbe Zeitspanne in dieser Welt verbracht – woher also dieser Unterschied? Wie viel davon war auf die sozialen und kulturellen Vorteile eines Menschen zurückzuführen, der im Westen aufgewachsen war? Wie viel auf die Mängel Chinas, auf meine eigenen Defizite oder auf meine Behinderung? Ich konnte diese Fragen nicht beantworten, aber ich war von der intellektuellen Kraft dieser Frau beeindruckt. Die Begegnung mit ihr spornte mich an, meine Anstrengungen zu verdoppeln, um im Leben voranzukommen.

«Was kann ich für Sie tun?», fragte sie mich an jenem ersten Abend, und ich gab die Antwort, die ich seitdem viele Male gegeben habe: «Stellen Sie mich Ihren Freunden vor.» Sie versprach es, und sie hielt Wort. Am nächsten Abend gingen wir wieder zusammen essen, und sie stellte mir einen befreundeten Rechtsanwalt vor. Ich hatte das Gefühl, einen Traum zu erleben.

Ich werde nie vergessen, wie dieser Abend endete. Wir gingen durch eine weite Halle, und Frau Wilson beschrieb mir die schöne Einrichtung. Dann blieben wir stehen. Sie nahm meine Hände und legte sie auf einen hohen, fülligen, runden Gegenstand. «Fühlen Sie das», sagte sie. Ich legte meine Hand auf das Objekt, aber ich hielt mich zurück. Seit meiner Kindheit setze ich meine Hände ein, um Neues zu verstehen. Ich lasse die Finger über einen Gegenstand gleiten, ertaste Konturen, Vertiefungen, Erhebungen und Kerben. Meine Hände sind wie der Rover einer Raumsonde, der die Oberfläche eines noch unberührten Planeten erkundet. Aber ich weiß aus Erfahrung, dass dieses Verhalten Menschen mit normalem Sehvermögen unangenehm ist. Sie lernen mit den Augen und empfinden es als befremdlich, wenn jemand mit den Händen lernt.

Frau Wilson schien genau zu wissen, was ich wollte. «Keine Scheu», sagte sie, «berühren Sie das Objekt, lernen Sie es kennen, sehen Sie es sich genau an.» Ich begann zu tasten; ich empfand keine Scham mehr, so als könnte mich niemand sehen, als wäre meine Art, die Welt kennenzulernen und zu erfahren, vollkommen normal. Meine Hände fuhren über den schlanken, geschwungenen Hals des Objekts, glitten über die glatte, kalte Oberfläche und erreichten den weit geöffneten Mund: Ich stand vor einer riesigen Vase, einem bemerkenswerten Kunstgegenstand, der größer war als ich.

An diesem Abend machte mir Frau Wilson ein einfaches, aber außergewöhnliches Geschenk: Sie stand an meiner Seite, ermutigte mich und ließ mir Zeit. Sie sorgte dafür, dass ich jeden Zollbreit dieser herrlichen Vase mit meinen Augen sah.

Als im September der Besuch von Caroline Wilson in Dongshigu bevorstand, gerieten die örtlichen Beamten in Panik. Kaum hatten wir dem Parteisekretär den Besuch einer britischen Diplomatin angekündigt, alarmierte er den Leiter der Kreisverwaltung, den Parteisekretär des Kreises und das Amt für Internationale Beziehungen der Kreisregierung. Es folgten strikte telefonische Anweisungen: Niemand darf die Wasserverschmutzung gegenüber den ausländischen Gästen erwähnen! In diesem Kreis gibt es keine Probleme! Einem Mitglied der Bittstellergruppe wurde verboten, sich zu zeigen, während Frau Wilson uns besuchte. Sich ein wenig Geld für einen Brunnen zu beschaffen, war eine Sache. Aber es war etwas ganz anderes, Informationen über einen Umweltskandal und seine katastrophalen Auswirkungen auf die Gesundheit der Menschen an Ausländer weiterzugeben.

Als der große Tag gekommen war, fuhren Älterer Bruder und ich zum Flughafen von Linyi, um Caroline Wilson und die Journalistin Zhang Lijia von der britischen Zeitung *The Independent* abzuholen, die eine Reportage über den Umweltskandal schreiben würde. Zur Begrüßung der beiden Frauen waren auch mehrere Behördenvertreter erschienen. Bevor Wilson und Zhang mit uns nach Dongshigu fahren konnten, mussten sie ein *jiedai* über sich ergehen lassen, einen jener maßlosen Festschmäuse, die für die Diplomatie im chinesischen Beamtenapparat charakteristisch sind. Wir wurden in ein Hotel in der Kreishauptstadt Yinan gebracht, wo wir an einer Tafel Platz nahmen, die mit frittierten Seidenwürmern, knusprigen Skorpionen und Likörflaschen beladen war. Die Parteifunktionäre hüllten den Raum in Zigarettenrauch und prahlten mit ihren Reisen und ihren Einkaufstouren im Ausland. Sie sprachen einen Toast nach dem anderen aus, offenkundig in der Hoffnung, die Gäste so betrunken zu machen, dass sie den Zweck ihres Besuchs vergessen würden. Es war eine maßlose Zeitverschwendung.

Caroline Wilson und Zhang Lijia konnten es nicht erwarten, endlich in mein Heimatdorf zu kommen, um sich ein Bild von unserem Leben zu machen, aber das Bankett zog sich in die Länge. Mir wurde klar, dass die Beamten alles tun würden, um das Vorhaben der beiden Besucherinnen zu unterbinden. In den Augen dieser Behördenvertreter, die im kommunistischen Denken erzogen worden waren, war jeder Ausländer ein Feind, eine Bedrohung. Besonders fürchteten sie sich vor Zhang Lijia, weil sie Journalistin war. Am Vortag hatten die Beamten meinen Bruder und mich davor gewarnt, uns privat mit Zhang oder Wilson zu treffen, doch ich hatte darauf bestanden, dass die beiden Frauen das Recht hatten, sich aufzuhalten, wo immer sie wollten.

Als das Festbankett endlich beendet war, eröffneten mir die Beamten, dass sie für die beiden Besucherinnen Zimmer im selben Hotel reserviert hatten. Caroline Wilson, die nicht glücklich darüber war, wie sich die Dinge entwickelten, ging hinaus, um dem Zigarettenqualm zu entkommen. Als sie den Raum verlassen hatte, hörte ich einen Funktionär sagen: «Was wird jetzt aus unserem Plan?» Ich erfuhr erst später, was damit gemeint war. Am Ende blieb ihnen jedoch nichts anderes übrig, als den beiden Besucherinnen zu erlauben, mit meinem Bruder und mir in unser Dorf zu fahren.

Als wir am Abend in Dongshigu eintrafen, brachte ich Caroline Wilson und Zhang Lijia zu unserem barfüßigen Doktor, der ihnen die vom verseuchten Wasser verursachten Gesundheitsprobleme und Krankheiten beschrieb. Ich stellte den beiden Besucherinnen auch die übrigen Mitglieder unserer Bittstellergruppe vor, und anschließend gingen wir mit Taschenlampen zum Meng hinunter. Mein Bruder deutete auf das dunkle Wasser. «Schau nur, wie hoch der Fluss steht!», rief er. Offenbar hatten sie versucht, den Fluss sauberzuspülen, was ihnen jedoch nicht gelungen war. An manchen Stellen sah das Wasser relativ sauber aus, während an anderen die übliche rotschwarze Brühe stand. Sie hatten es nicht geschafft, das gesamte kontaminierte Wasser wegzuspülen. Das also war der Plan der Behörden gewesen.

Da wir wussten, dass die britische Botschaft unser Projekt bewilligen würde, sobald sich Caroline Wilson persönlich ein Bild von der Lage in unserem Dorf gemacht hatte, hatten wir bereits einen Arbeitstrupp zusammengestellt, der bereit war, sofort mit den Bohrungen zu beginnen. Bevor Frau Wilson nach Peking zurückkehrte, versammelte sich fast die gesamte Bevölkerung des Dorfes zu einer Feier anlässlich des Bohrbeginns. Der örtliche Parteisekretär hielt eine euphorische Rede über das Projekt. Dann erteilte der Dorfvorsteher mir das Wort – «Sag ein paar Worte, Alter Fünf!» –, und ich sagte einen einzigen Satz: «Ich hoffe, dass wir, das Volk, einen höheren Lebensstandard erreichen können!» Wir zündeten Feuerwerkskörper, warfen die Maschinen an und begannen zu bohren.

Den Brunnenschacht zu bohren war schwieriger, als wir erwartet hatten. Ich wurde in sämtliche Details der Arbeiten eingebunden und beteiligte mich auch noch an dem Projekt, nachdem ich auf meinen Praktikumsplatz in Luoyang zurückgekehrt war. Wir mussten tief genug graben, um an Grundwasser zu gelangen, das frei von

Giftstoffen aus dem Fluss sowie frei von den natürlich vorkommenden Nitraten war, die den Boden bis in eine Tiefe von vierzig Metern belasteten. Überdies musste unser Brunnen genug Wasser für das ganze Dorf liefern, etwa zehn Kubikmeter pro Stunde. Das Bohrloch wurde tiefer und tiefer, aber es blieb trocken. In mir stieg der Verdacht auf, dass unser Bohrtrupp nicht übermäßig motiviert oder nicht besonders fähig war. Angesichts des näherrückenden Winters, der Bohrungen unmöglich machen würde, konnten wir die schleppenden Fortschritte nicht länger hinnehmen und entschlossen uns, das Bohrunternehmen zu wechseln.

Etwa einen Monat später stieß der neue Bohrtrupp erstmals auf Wasser. Zu unserer Freude wurden die Männer in immer größerer Tiefe fündig: zuerst bei 40 Metern, dann bei 80 Metern und schließlich bei etwa 160 Metern. Dies wurde letztlich die Tiefe unseres Brunnens. Ich war dabei, als der Brunnen im Dezember zum ersten Mal Wasser hochpumpte, das mit großer Kraft aufstieg. Viele Dorfbewohner waren gekommen und brachen in Jubel aus, als das klare, frische Wasser aus dem Brunnen sprudelte.

Kurz darauf begannen wir, die Leitungen zu verlegen. Ich bestand darauf, dass wir ein wenig mehr Geld für hochwertige Rohre vom Stromunternehmen «Peking Schneeflocke» ausgaben – dieser Hersteller galt als der Beste in der Branche. (Viele andere Dörfer hatten sich entschlossen, bei den Rohren zu sparen. Nach fünf oder sechs Jahren traten erste Lecks in den Leitungen auf, was dazu führte, dass Wasser versickerte und die Stromrechnung stieg.) Zahlreiche Dorfbewohner meldeten sich freiwillig zum Ausheben der Gräben, und jedes Haus in Dongshigu bekam seinen eigenen Anschluss. Kurz nach dem chinesischen Neujahrsfest «aßen» wir alle sauberes Wasser.

Obwohl mein Praktikum noch nicht abgeschlossen war, entschloss ich mich im Herbst 2000, die Kontakte zu den Personen zu pflegen, die mir Caroline Wilson vorgestellt hatte. Die chinesische Medizin gefiel mir, aber mir wurde klar, dass ich langfristig nicht auf diesem

Gebiet arbeiten wollte. Nach dem Kampf um sauberes Wasser für mein Dorf blickte ich zuversichtlicher in die Zukunft. Ich verspürte einen wachsenden Drang, das Leben meiner Mitmenschen zu verbessern und zu einem wirklichen gesellschaftlichen Wandel beizutragen.

Im Lauf des Studienjahrs fuhr ich bei drei oder vier Gelegenheiten über das Wochenende nach Peking. Vor diesen Ausflügen bat ich einen Freund oder eine der Personen, die ich kennengelernt hatte, mich mit weiteren Freunden oder Kollegen bekanntzumachen. Auf diese Art vergrößerte ich meinen Bekanntenkreis. Ich reiste immer allein mit dem Zug von Luoyang zum Pekinger Westbahnhof, von wo aus ich mich mit Hilfe meines Blindenstocks in der Stadt zurechtfand. Um Geld zu sparen, aß ich während der Fahrten nichts.

Bei meinem ersten Aufenthalt in der Hauptstadt kehrte ich in das Hotel zurück, in dem ich bei dem Treffen mit Caroline Wilson untergebracht gewesen war. Aber ich stellte fest, dass dieses Hotel zu weit vom Bahnhof entfernt war. Daher quartierte ich mich von da an immer in einem billigen Hotel nahe beim Bahnhof in einem Kellerzimmer ein. Nachdem ich alle Personen getroffen hatte, mit denen ich an einem Wochenende verabredet gewesen war, kehrte ich im Nachtzug nach Luoyang zurück, wo ich bei Sonnenaufgang eintraf. So war ich rechtzeitig zum Frühstück im Krankenhaus zurück, bevor der Arbeitstag begann.

Von den Ausflügen nach Peking kehrte ich immer voller Energie und mit großen Plänen zurück. Im April 2001 wurde ich jedoch brutal auf den Boden der Tatsachen zurückgeholt. Aus Nanking kamen ein Universitätslehrer, der stellvertretende Leiter der dortigen Blindenschule sowie einer ihrer Lehrer nach Luoyang und zitierten die sieben Praktikanten zu sich. Sie teilten uns mit, das Personal des Krankenhauses habe sich über uns beklagt. Vor allem mein Verhalten und das eines weiteren Klassenkameraden seien bedenklich. Die kleine Delegation aus Nanking eröffnete uns, dass wir das Praktikum nicht fortsetzen dürften und nach Nanking zurückkehren müssten; unsere fünf Klassenkameraden durften bleiben. Sie weigerten sich, uns zu sagen, womit wir diese Strafe verdient hatten, aber wir wussten, dass unser Protest gegen die Arbeitsbedingungen der Grund war.

Wütend packten wir unsere Taschen und machten uns auf den Weg nach Nanking. Dort eingetroffen, hatten wir ein Gespräch mit dem Leiter der Blindenschule. «Ihr Verhalten dort war nicht gut», erklärte er uns. «Sie haben Ihren Vorgesetzten nicht gehorcht.»

«Wie kann unser Verhalten schlecht gewesen sein?», fragte ich. «Wir behandelten jeden Tag sieben oder acht Patienten, was viel ist. Was ist schlecht daran?»

Zwei Tage später kam der stellvertretende Schulleiter am Morgen zu mir und sagte: «Die leitenden Leute wollen mit Ihnen sprechen.» Ich fragte mich, wen genau er mit den «leitenden Leuten» meinte.

Er brachte mich in einen kleinen Besprechungsraum im ersten Stock des Schulgebäudes und zog sich rasch zurück. Ich setzte mich. Mir gegenüber saßen zwei Männer, aus deren Stimmen ich schloss, dass der eine vierzig bis fünfzig Jahre alt sein musste, während der andere eher in den Zwanzigern war. Es folgte eine Reihe beängstigender Ereignisse, die mir deutlich zeigten, welche absurden Mühen der chinesische Polizeistaat auf sich nimmt, um seine Bürger an Kontakten zu Ausländern zu hindern.

«Wir sind vom Ministerium für Staatssicherheit», sagte der ältere der beiden Männer. «Wissen Sie, was wir tun?» Er wollte mich zweifellos einschüchtern.

«Nein, ich weiß es nicht», antwortete ich. «Sind Sie für Raketen oder Ähnliches zuständig?» Ich spielte mit der Ähnlichkeit der chinesischen Worte für «Raketen» und «Unheil».

«Nein, das nicht», sagte er. Er klang enttäuscht – warum zitterte ich nicht, warum kroch ich nicht vor ihnen zu Kreuze? In herablassendem Ton erklärte er mir, sein Ministerium sei für äußere Angelegenheiten zuständig, so wie sich die Behörde für öffentliche Sicherheit um innere Angelegenheiten kümmere. Dann sagte er: «Wir haben einen Bericht darüber erhalten, dass Sie Kontakt zu Ausländern haben. Stimmt das?»

Anfangs wusste ich nicht, was sie meinten, aber dann erinnerte ich mich an die Gespräche mit Han Dongfang, der in Hongkong für das Radio arbeitete. Im Verlauf des Verhörs stellte sich heraus, dass die Blindenschule von Nanking in einem Brief an die Universitätsleitung berichtet hatte, ich hätte Kontakte ins Ausland. Irgendwie musste ein Mitglied der Schulverwaltung herausgefunden haben, dass ich mit Han Dongfang zu tun hatte; zweifellos hatte jemand gemeldet, dass ich mich in den Kursen über medizinische Ethik, sozialistische Moralität und marxistische Prinzipien oft zu gesellschaftlichen Themen äußerte. Die Universität hatte sich nicht darum gekümmert, aber jetzt hatte die Blindenschule mich beim Ministerium für Staatssicherheit angezeigt. Mir war klar, dass sich die Schule für meine Beteiligung an der Auseinandersetzung über die Misshandlung meines Kameraden Chen Xianyang rächen wollte.

Der ältere Mann kam ganz nah und fragte: «Hat Ihnen jemand Geld gegeben?»

Ich leugnete es nicht.

«Wer hat Ihnen Geld gegeben?»

«Han Dongfang hat mir etwas Geld gegeben, damit ich mir Lebensmittel kaufen kann», antwortete ich.

«Wie haben Sie ihn kennengelernt?»

Ich erzählte ihnen, dass ich in Hans Sendung angerufen hatte und dass er mir angeboten hatte, mir ein wenig Geld zu schicken. Aber diese Antwort stellte die beiden Männer anscheinend nicht zufrieden.

Während mich die Beamten verhörten, verschafften sich Kollegen von ihnen Zugang zu meinem Zimmer und durchsuchten meine Sachen. Sie nahmen mit, was ihnen gefiel: meine Kontaktadressen, meine Bankkarte und mein gesamtes Geld einschließlich dessen, was mir Han Dongfang geschickt hatte.

Am Nachmittag brachten mich die beiden Männer in ein Hotel, wo sie mich unter Druck setzten, damit ich weitere Details über das Geld von Han Dongfang preisgab.

«Wissen Sie, was Han Dongfang tut?»

«Ich weiß, dass er in der Arbeiterbewegung aktiv ist. Warum fragen Sie das? Selbst wenn er mit den Nationalisten verbunden wäre, wäre nichts daran auszusetzen, dass er behinderten Personen hilft.»

«Sie sind sehr naiv. Kommt es Ihnen nicht eigenartig vor, wenn jemand Sie anruft und Ihnen Geld anbietet?»

Sie verhörten mich mehrere Tage lang. Sie befragten mich stundenlang zu jedem Namen auf meiner Kontaktliste. Wann immer ich sie aufforderte, mir das Gesetz über die nationale Sicherheit vorzulesen, damit ich die Rechtsgrundlage für ihr Vorgehen verstehen könnte, weigerten sie sich mit der Begründung, das Gesetz sei nur für den internen Gebrauch bestimmt. «Wie bitte?», fragte ich erstaunt. «Gibt es denn zwei Arten von Gesetzen in China – solche für den internen Gebrauch und solche für den externen Gebrauch? Das ist verblüffend!»

«Wir haben interne Regelungen», antworteten sie. «Wir dürfen nicht darüber sprechen.»

Sie bedrohten mich und erklärten, ihre Entscheidung, mich festzuhalten, sei ein Staatsgeheimnis, über das ich mit niemandem sprechen dürfe. Es machte mich wütend, dass der Staat derart schamlos seine Macht ausüben konnte.

Nach fünf Tagen gaben die beiden Sicherheitsbeamten schließlich zu, dass ich nichts Falsches getan hatte, und brachten mich zurück in die Schule. Der Ältere der beiden sagte: «Wir können Ihnen schriftlich bestätigen, dass Sie unter Hausarrest standen und entlassen worden sind. Sie dürfen diese Bestätigungen anfordern, wenn Sie möchten.»

Ich erwiderte: «Was soll das heißen: Ich darf sie anfordern, wenn ich möchte? Sie müssen sich an das Gesetz halten.»

Am Ende händigten sie mir zwei Schriftstücke aus. Das eine besagte, dass ich unter Hausarrest gestanden hatte, und aus dem anderen ging hervor, dass ich entlassen worden war, weil ich nicht im Verdacht eines Fehlverhaltens stand. Trotzdem machten sie mit ihren Lügen weiter und behaupteten, mich nicht fünf, sondern nur drei Tage in dem Hotel festgehalten zu haben.

Einen oder zwei Tage nach dem Verhör teilte mir die Blindenschule mit, dass ich mein Praktikum in meinem Heimatort abschließen würde. Einige Wochen nach meiner Rückkehr tauchten mehrere örtliche Staatssicherheitsbeamte auf und eröffneten mir, dass sie mich zur Polizeizentrale in Shuanghou mitnehmen würden. Dort beklagte ich mich heftig über die langwierigen Verhöre und die Entscheidung, mich nach Dongshigu zurückzuschicken. Wieder daheim, führte ich imaginäre Gespräche mit den beiden Sicherheitsbeamten. Ich stellte mir vor, wie ich sie anschrie: *Die Kommunistische Partei lässt einen blinden Studenten in der Schule fast verhungern und fällt in dem Augenblick über ihn her, in dem ihm ein freundlicher Mensch dringend benötigte Hilfe anbietet. Dann beschuldigt ihr diesen Studenten, ein Feind der Regierung zu sein, bedroht ihn mit dem Ausschluss aus der Universität und nehmt ihm sein Geld weg. Das einzige Staatsgeheimnis ist, dass ihr mich eingesperrt und mir das Geld gestohlen habt, das mir geschenkt wurde.*

Ich glaubte, die Staatssicherheitsbeamten nicht wiederzusehen, aber das war ein Irrtum. Als ich zwei Monate später in die Schule zurückkehrte, um an der Abschlussfeier teilzunehmen und mein Diplom abzuholen, tauchten die beiden Geheimpolizisten erneut auf und brachten mich ein zweites Mal in das Besprechungszimmer, in dem sie mich seinerzeit verhört hatten. Sie teilten mir mit, dass sie mir das Geld von Han Dongfang nicht zurückgeben würden. Als ich nach dem Grund fragte, sagten sie, Han sei ein «Staatsfeind». Ich antwortete: «Selbst wenn es so wäre, hätte das nichts damit zu tun, dass er einem behinderten Studenten helfen will.»

Nun änderten sie ihre Taktik und verlangten von mir, eine von ihnen vorbereitete Erklärung auswendig zu lernen, die sie auf Video aufnehmen würden. Ich sollte erklären, ich hätte ihnen das Geld freiwillig übergeben.

«Wenn Sie dazu bereit sind, werden wir den Fall noch heute zu den Akten legen», sagte der ältere Beamte.

Ich weigerte mich. Also gingen sie dazu über, mich zu erpressen. Wenn ich die Erklärung nicht abgab, würden sie der Universität die Anweisung geben, mir mein Abschlussdiplom vorzuenthalten.

Ich geriet außer mir vor Wut. Die Bosheit der Partei war grenzenlos. Gab es irgendetwas, das ihre Vertreter nicht tun würden, um zu bekommen, was sie wollten? Ich wusste seit langem, dass die Kommunistische Partei sämtliche Ebenen des Staats und der Gesellschaft kontrollierte, aber jetzt erfuhr ich ihre Allmacht am eigenen Leib. Das korrupte Verhalten dieser Beamten wurde offenkundig von der Parteiführung geduldet oder sogar akzeptiert. Ich hatte keinen Zweifel daran, dass die beiden Männer ihre Drohung wahr machen würden. Sie wussten, wie verwundbar ich war. Ich hatte ihnen die Stirn geboten, solange ich konnte, aber als mein Diplom auf dem Spiel stand, blieb mir keine Wahl mehr. Ich willigte ein, ihnen mein Geld zu überlassen und die von ihnen vorbereitete Erklärung aufzunehmen. Ich hoffte, wenn ich erst einmal mein Diplom hätte, könnte ich mein Geld immer noch zurückfordern und das Unrecht aufdecken, das sie mir angetan hatten.

Nie zuvor in meinem Leben war ich derart erniedrigt worden, nie zuvor hatte ich mich so machtlos gefühlt. Mein Diplom stand für all die Arbeit, die Mühen und Kämpfe, die ich in den vergangenen zwölf Jahren auf mich genommen hatte. Und bis zu diesem Zeitpunkt hatte ich, allen Versuchungen zum Trotz und ungeachtet des möglichen persönlichen Schadens, stets an meinen Prinzipien festgehalten. Jetzt drohten sie mir nicht nur, meinen Universitätsabschluss zu verhindern, sondern zwangen mich auch, alles zu verleugnen, was richtig und wahr war.

Ich kochte innerlich, als ich die Erklärung aufnahm: «Aus freien Stücken überlasse ich das Geld, das Han Dongfang mir gegeben hat, dem Ministerium für Staatssicherheit.» Doch sie waren noch nicht zufrieden. Nun verlangten sie, dass ich dasselbe auch in Braille schrieb. In dem Wissen, dass sie diese Schrift nicht lesen konnten, schrieb ich neben die Erklärung die Anmerkung, dass ich gezwungen worden war, dieses Dokument zu unterschreiben. Sollte diese widerwärtige Erpressung jemals untersucht werden, so würde die Wahrheit ans Tageslicht kommen.

Zum ersten Mal in meinem Leben hatte ich persönlich Bekanntschaft mit dem chinesischen Polizeistaat gemacht, der es offenkundig darauf abgesehen hatte, mich einzuschüchtern. Aber ich war nicht verängstigt, sondern kochte vor Wut. Von diesem Augenblick an war ich ein unversöhnlicher Gegner der Kommunistischen Partei, deren Unmenschlichkeit und Korruption ich ausgesetzt gewesen war. Ich schwor mir, mich nie der Partei zu unterwerfen.

Im Juli 2001 machte ich meinen Abschluss an der Universität für chinesische Medizin in Nanking. Entsprechend der damals üblichen Praxis garantierte mir der chinesische Staat wie allen Universitätsabsolventen einen Arbeitsplatz in meinem Fachbereich. Nachdem wir unseren Abschluss gemacht hatten, sollten wir mit unseren Diplomen und einem politischen Dossier zu unserem örtlichen Arbeitsvermittlungsbüro gehen, das über unseren Bestimmungsort entscheiden würde. Neue Absolventen erhielten oft einen weit von ihrem Heimatort und ihrer Familie entfernten Arbeitsplatz. Da mir diese Aussicht nicht zusagte, machte ich mir nicht die Mühe, dem Arbeitsvermittlungsbüro den vorgeschriebenen Besuch abzustatten.

Als sich der Sommer seinem Ende zuneigte, wurde mein Vater unruhig, weil ich immer noch nicht begonnen hatte, mir meinen Lebensunterhalt selbst zu verdienen. Ich konnte ihm keinen Vorwurf machen, denn statt Geld zu verdienen, häufte ich bei meinem gesellschaftlichen Einsatz und bei der Pflege meiner Kontakte hohe Telefonrechnungen an. Schließlich reichte ich meine Papiere ein, damit man mich einer Arbeitseinheit zuteilte, aber das tat ich in dem Wissen, dass ich nie chinesische Medizin praktizieren würde.

Mittlerweile fast dreißig Jahre alt, war ich sicher, dass die Medizin nicht das Richtige für mich war. Zum einen wollte ich nicht jeden Tag acht Stunden in einem Krankenhaus verbringen, das den Großteil meiner Behandlungshonorare einstreichen würde. Zum anderen glaubte ich nicht, als Mediziner das Leben der Menschen wesentlich verbessern zu können. Ich fand die traditionelle chinesische Medizin immer noch faszinierend, aber als Arzt würde ich nicht zur Lösung der grundlegenden gesellschaftlichen und politischen Probleme Chinas beitragen können. Ich wollte etwas tun, das mir wirklich am Herzen lag; ich wollte einen Beitrag zum gesellschaftlichen Fortschritt leisten. Ich musste oft an einen klugen Spruch denken, den ich irgendwo gelesen hatte: Gute Ärzte heilen Krankheiten, großartige Ärzte heilen Menschen, aber die besten Ärzte heilen das Land. Ich wusste nicht, wohin mich mein Weg führen würde, aber ich wollte ihm bis zum Horizont und darüber hinaus folgen.

Fünf Der Kampf für unsere Rechte

Wäre ich in jenem Mai nicht heimgekehrt, weil man mich gezwungen hatte, mein Praktikum in Dongshigu zu beenden ... Hätte ich mich nicht genau in diesem Augenblick entschlossen, mich hinzulegen, um mich von der Mittagshitze zu erholen ... Hätte ich das Radio nicht eingeschaltet ... Hätte sie nicht genau an diesem Tag in der Sendung angerufen, nachdem sie monatelang nur zugehört hatte ...

Die Stimme des Moderators klang forsch und professionell. «Was können wir für Sie tun?»

Eine lange Pause. Schließlich antwortete eine junge Frauenstimme. «Ich nehme an ... ich suche nach Arbeit.»

«Und nach was für einer Arbeit?»

«Ich weiß nicht, ich möchte nur ... vielleicht Lehrerin oder etwas in der Art?»

«In diesem Fall sollten Sie uns verraten, was Sie studiert haben, welche Kenntnisse Sie besitzen.»

«Ich habe Englisch studiert, am Institut für chemische Industrie in Quingdao.»

«Sehr schön. Möchten Sie eine Telefonnummer hinterlassen für den Fall, dass ein potenzieller Arbeitgeber Kontakt zu Ihnen aufnehmen will?»

Es trat erneut eine Pause ein. Dann begann die junge Frau, langsam und deutlich die Nummer zu sagen: 6450567.

«Viel Glück, und danke für Ihren Anruf!» Und fort war sie. Der Moderator wandte sich dem nächsten Anrufer zu, der begann, über seine Hoffnungen und Sorgen zu sprechen, eine weitere private Welt, in wenige öffentliche Minuten gepackt. Die aus Linyi übertragene Sendung, eine Art von Kleinanzeigenecke, war beliebt, denn sie stand jedem offen, der Hilfe oder einen Rat brauchte. Ich schaltete sie nicht oft ein, aber hin und wieder hörte ich gerne die Stimmen und Geschichten gewöhnlicher Menschen, die aus ihrem Leben erzählten.

An jenem Tag hörte ich hinter den nervösen Antworten dieser jungen Frau etwas, das mich faszinierte. Ihre Stimme verriet mir, dass sie Anfang zwanzig war, und ich war sicher, dass sie auf dem Land aufgewachsen war, obwohl sie erzählt hatte, dass sie in der Stadt Englisch studiert hatte. Das war ungewöhnlich. Aber warum klang sie so hoffnungslos? Was hemmte sie?

Die Telefonnummer der jungen Frau war in mein Gedächtnis eingebrannt. Einige Tage, nachdem ich ihr Gespräch mit dem Radiomoderator verfolgt hatte, wählte ich die Nummer. Ich kannte die Frau nicht und konnte ihr keine Arbeit anbieten, aber ich wollte sie aufmuntern. Wir unterhielten uns aus Höflichkeit in Mandarin, obwohl sie nur knapp hundert Kilometer von Dongshigu entfernt aufgewachsen war und einen ähnlichen Dialekt sprach wie ich.

Sie sprach bemerkenswert offen darüber, dass sie die Aufnahmeprüfung für die Hochschule nicht bestanden hatte, was für ein schwerer Schlag das für ihr Selbstwertgefühl gewesen war und dass sie sich nach dem Abschluss geschämt hatte und jetzt für unwürdig hielt. Sie hatte keine Arbeit. Da sie den Aufnahmetest für die Universität nicht geschafft und ihre Ausbildung selbst hatte bezahlen müssen, hatte sie keinen Anspruch auf einen vom Staat zugeteilten Arbeitsplatz. Daher hatte sie das vergangene Jahr daheim bei ihrer Familie verbracht. Die meiste Zeit saß sie allein in ihrem Zimmer und hörte Radio. Sie wusste nicht, wie sie Arbeit finden sollte, mied den Kontakt zu anderen Menschen und verließ nur selten das Haus.

«Wie kann das sein?», fragte ich. «Sie sollten Selbstvertrauen haben. Sie sind offenkundig ein Mensch mit Fähigkeiten. Auf dem Land haben nur wenige Englisch gelernt, und Sie beherrschen es gut, was bedeutet, dass Sie sehr intelligent sind. Wie hätten Sie Ihre Ausbildung sonst in der Stadt fortsetzen können? Viele Schulen suchen nach Englischlehrern. Sie sollten losgehen und sich um eine Stelle bewerben.»

«Sie wissen so gut Bescheid», sagte sie. «Kann ich Sie anrufen, wenn ich Rat brauche?» Ich gab ihr meine Nummer.

Sie verriet mir ihren Namen: Yuan Weijing. Im folgenden Monat rief sie mich mehrmals an. Meistens wollte sie einfach nur über die Dinge sprechen, die ihr durch den Kopf gingen. Es dauerte nicht lange, da spürte ich, dass zwischen uns eine natürliche Vertrautheit wuchs.

Eines Tages fragte sie mich, ob sie mich besuchen könne. Sie wollte wissen, was das für ein Mann war, der ihr Selbstvertrauen aufgebaut hatte, nur indem er am Telefon mit ihr sprach.

Ich wiederholte, was ich ihr schon einmal gesagt hatte, aber diesmal sagte ich es mit Nachdruck: «Sie müssen wissen, dass ich behindert bin. Bitte kommen Sie mich nicht besuchen, wenn Sie keinen Behinderten zum Freund haben wollen. Dann sollten Sie uns beiden eine peinliche Erfahrung ersparen.»

Sie zögerte keinen Augenblick. Es war ihr gleichgültig. Sie wollte mich bald besuchen kommen.

An dem Tag, an dem wir uns zum ersten Mal begegneten, es war der 21. Juli 2001, lag ich in meinem kleinen Zimmer auf dem Bett und genoss meine *wushui*, meine Mittagspause, genau wie an dem Tag, als ich Weijings Stimme zum ersten Mal im Radio gehört hatte. «Hier ist jemand, der dich besuchen will», rief meine Mutter, und im nächsten Augenblick spürte ich die stille Gegenwart einer jungen Frau im Raum, der Frau, die mir am Telefon von ihrem Leben erzählt hatte.

Ich richtete mich auf und setzte meine Sonnenbrille auf. Später erzählte sie mir, dass es sie überrascht hatte, dass ich mich normal bewegte. Sie hatte geglaubt, «behindert» bedeute, dass ich im Rollstuhl säße. Sie hatte sich einen Querschnittgelähmten wie Deng Pufang vorgestellt, Chinas berühmtesten Behinderten. Wie die meisten Chinesen, die auf dem Land aufwachsen, wusste sie nicht, dass «behindert» ganz unterschiedliche Dinge bedeuten konnte.

Ohne etwas zu sagen, nahm sie die kahle Umgebung auf: die schäbigen Möbel, die grobe und einfache Einrichtung des Hauses.

Später erzählte sie mir, das Haus meiner Familie habe sie an das ihrer Großeltern erinnert. Ihre Eltern waren wohlhabender. Sie sah zu, wie meine Füße, die ihr eigenes Leben in Blindheit zu führen schienen, auf der Suche nach den gelben Kunststoffsandalen ungelenk in weiten Kreisen den Fußboden abtasteten. Als ich sie gefunden hatte, stand ich auf. Obwohl Sommer war, trug ich die schweren, unmodischen Nylonhosen eines Bauern.

Weijing begann zu verstehen. Sie sah, dass die sanfte, vernünftige Stimme des gebildeten Mannes, mit dem sie sich am Telefon unterhalten hatte, einem bodenständigen Landbewohner gehörte, dem blinden Sohn eines armen Bauern.

Jahre später sagte sie zu mir: «Einem Menschen wie dir war ich noch nie begegnet. Ich fürchtete mich nicht vor dir, obwohl ich damals genau wie alle Leute Vorurteile hatte.» Sie hatte eine blinde Nachbarin, eine bemerkenswerte Frau, die drei Kinder großzog, für ihre Familie kochte und die Hausarbeit machte, ohne Anerkennung dafür zu erhalten. Vor dieser Frau hatte sich Weijing stets gefürchtet. Als Kinder hatten sie und ihre Freunde die Frau aus sicherer Entfernung beobachtet, um zu sehen, ob sie hinfallen und wieder auf die Beine kommen würde. Stattdessen sahen die Kinder, wie die Frau ihre Schweine fütterte und viele andere Arbeiten mit verblüffender Sicherheit bewältigte. Dies war ihre erste Begegnung mit der Welt der Blinden gewesen, aber anders als ich hatte diese Frau beängstigend und unnatürlich auf sie gewirkt.

Bei Weijings erstem Besuch tauschten wir einige Minuten lang Höflichkeiten aus. Dann begannen wir uns richtig zu unterhalten, wie wir es am Telefon getan hatten. Die Unterschiede zwischen uns traten in den Hintergrund. Wir waren arglos und emotional, und im Augenblick war uns gleichgültig, was andere denken mochten oder welche Hindernisse sie uns in den Weg legen würden – damals konnten wir uns nicht vorstellen, dass jemand auf den Gedanken kommen würde, sich zwischen uns zu stellen. Und wir konnten nicht ahnen, was uns alles widerfahren sollte, sei es getrennt oder gemeinsam. Wir wussten nur, dass wir einander wiedersehen wollten, wir hofften, dass es ein nächstes Mal und danach ein weiteres Mal geben würde. An jenem Sommernachmittag genossen wir die Gesellschaft des anderen so sehr, dass wir immer weiter scherzten und über ernste Dinge sprachen, einander Ratschläge gaben und uns gegenseitig aufmunterten, Fragen stellten, zuhörten und gemeinsam träumten.

Etwa eine Woche später hatte Weijing eine Begegnung mit dem Glück. In der Gegend wurde eine private Mittelschule eröffnet, die mehrere Englischlehrer brauchte. Ich ermutigte sie, sich zu bewerben, und versicherte ihr, dass sie nicht weniger fähig sei als andere Menschen, ja dass sie Dinge tun könne, zu denen andere nicht imstande seien. Obwohl Weijing an ihren Chancen zweifelte, bewarb sie sich. Die Schule hielt sie für die beste Bewerberin und stellte sie als Erste ein. Sie zog bei ihren Eltern aus und nahm sich ein Zimmer im Wohnheim der Schule. Jetzt klang ihre Stimme am Telefon hell und hoffnungsvoll. Ich war überzeugt gewesen, dass sie es schaffen konnte, und jetzt wusste sie es ebenfalls.

Die Nachricht über unseren erfolgreichen Kampf um einen Brunnen für das Dorf verbreitete sich, und es machten Berichte über meine Petitionen die Runde. Bald kamen Leute nach Dongshigu, um mich um Rat zu bitten. Ich interessierte mich sehr für unsere Gesetze und versuchte herauszufinden, wie ich meine Rechte wahrnehmen konnte. Im Lauf der Jahre hatte ich Bücher und Artikel über verschiedene rechtliche Fragen gesammelt. Meine Familie las mir diese Texte vor, wenn ich zu Hause war. Mein ungewöhnlicher Bildungsweg, meine Erfahrung mit Petitionen und mein Einsatz für den Brunnen machten mich in den Augen der Menschen der Umgebung zu einem «Rechtsexperten». Die chinesische Landbevölkerung leidet seit jeher unter einem Mangel an professioneller Rechtsberatung. Wenn ich in der Schule war, konnten mein Vater und meine älteren Brüder, die gemeinsam mit mir viel über Gesetze gelernt hatten, die Leute beraten, die kamen, um mich um Hilfe zu bitten. Sie halfen den Besuchern, ihre Rechte besser zu verstehen, und ihre rechtlichen Kenntnisse sollten sich später als unverzichtbar erweisen, als wir begannen, Klagen einzureichen.

Unter den Ersten, die mich aufsuchten, waren viele Behinderte, die wissen wollten, welche Rechte sie hatten, und wie sie sich gegen eine rechtswidrige Besteuerung und gegen die Gebühr wehren konnten, die der Staat von ihnen verlangte, weil sie den «freiwilligen Arbeitsdienst» nicht leisten konnten. Dieselben Probleme hatte ich in meinen Petitionen angesprochen. Bis zu ihrer Abschaffung 2006 musste jeder Einwohner ungeachtet seines Alters oder seiner Arbeitsfähigkeit sämtliche lokalen Steuern und Abgaben entrichten.

Diese Steuern sollten einen bestimmten Prozentsatz des durchschnittlichen Pro-Kopf-Einkommens einer Gemeinde oder Region nicht übersteigen, doch dieses Durchschnittseinkommen wurde vom Staat geschätzt. Im Lauf der Zeit hatten die örtlichen Verwaltungen begonnen, die Bürger zu betrügen, indem sie die Durchschnittseinkommen viel zu hoch ansetzten und diese aufgeblähten Zahlen an die Kommunalverwaltung weiterleiteten. Diese meldete ihrerseits noch stärker übertriebene Einkommensschätzungen an die Kreisverwaltung; dasselbe Spiel wiederholte sich auf jeder weiteren Verwaltungsebene. Verdiente der typische Bauer fünfhundert Yuan im Jahr, so schätzten die Beamten sein Einkommen schließlich auf sage und schreibe dreitausend Yuan. Auf diesen Betrag wurde dann eine Kopfsteuer von fünf Prozent erhoben. Das waren hundertfünfzig Yuan – fast ein Drittel des tatsächlichen Jahreseinkommens dieses Bauern. Obendrein stieg das imaginäre Durchschnittseinkommen unabhängig von der tatsächlichen Wirtschaftsentwicklung jedes Jahr um mindestens zehn Prozent. Und das Volk wurde nicht nur ausgeplündert, sondern auch noch verhöhnt: Die Steuerkampagne endete jedes Jahr damit, dass sich die Beamten zu einem üppigen Festschmaus versammelten und ihren Erfolg feierten, indem sie sich auf Kosten der Bevölkerung hemmungslos betranken und sich die Bäuche vollschlugen.

Wie trieben die Beamten das Geld ein? In den achtziger Jahren oblag die Steuererhebung den Dorfverwaltungen, aber als die gemeldeten Durchschnittseinkommen im Lauf der Zeit stiegen, begannen sich die Menschen gegen die unfaire Belastung zu wehren. Daraufhin riefen die Dorfverwaltungen die Kommunalverwaltung zu Hilfe, die Polizeieinheiten und Beamte schickten, um die Dorfbewohner einzuschüchtern und zur Zahlung zu zwingen. Aber nach einigen Jahren gewöhnten sich die Menschen daran, dass Beamte und Polizisten auftauchten, wenn es an der Zeit war, die Steuern zu kassieren, und ignorierten die Forderungen dieser Besucher.

Die Antwort mancher Lokalverwaltungen bestand darin, «kleine Arbeitstrupps» zu bilden, die aus dreißig bis vierzig Parteikadern und eigens angeheuerten Schlägern bestanden. In manchen Dörfern bezahlten die Einwohner ihre Steuern im «Regierungsbüro», das oft einfach ein Hof im Dorf war, und bekamen eine Quittung. Wer Einspruch gegen seinen Steuerbescheid erhob, wurde in einen Raum gebracht, wo an einer Wand einige herrische Parteikader saßen, neben denen mit Knüppeln bewaffnete Männer standen. Der Dorfbewohner musste auf einer niedrigen Bank gegenüber den versammelten Würdenträgern Platz nehmen. «Hast du mitgebracht, was du uns schuldest?», fragten die Kader von oben herab. Bezahlte der Dorfbewohner nicht, so wurde er verprügelt und erhielt den Befehl, mit dem Geld zurückzukehren.

Was geschah, wenn jemand nicht im Steuerbüro erschien? Nun, in diesem Fall statteten sie ihm einen Besuch in seinem Haus ab. Öffnete der Bewohner nicht, so traten sie die Tür ein, brachen sie mit einer Hacke auf oder schlugen sie mit einer Axt ein. Sie forderten das Geld, umringten den Hausherrn und hielten ihn fest, während ihre Spießgesellen alles stahlen, was irgendeinen Wert hatte und zu Geld gemacht werden konnte: Tiere, Weizen, getrocknete Süßkartoffeln, einen kaputten alten Fernseher. Den Erlös steckten sie natürlich selbst ein. Leistete ein Bauer Widerstand, so schrien sie ihn an, schlugen ihn und folterten ihn. Manchmal steckten sie ihn in einen Jutesack und übergossen ihn mit heißem Wasser. Ihre Grausamkeit kannte keine Grenzen.

Es gab Leute, die sich trotzdem zur Wehr setzten, obwohl ihr Widerstand unvermeidlich weitere, noch härtere Strafen nach sich zog. Einer dieser tapferen Menschen war Liu Naitang, ein ungewöhnlich intelligenter Mann, der schon über sechzig Jahre alt war und im Alter erblindet war. Er verdiente sich seinen Lebensunterhalt als wandernder Geschichtenerzähler. Liu war einer der Ersten, die sich um Rat an mich wandten, und im Lauf der Jahre wurden wir Verbündete und enge Freunde.

Ich lernte ihn Ende des Jahres 2000 kennen. Als er erfuhr, dass ich in den Winterferien aus der Schule heimkehren würde, nahm er eine lange Busreise auf sich, um die Bergkette zu umfahren, die zwischen unseren Dörfern verlief. Bei gekochten Steckrüben, Kohl und Schweinsknochen erzählte uns Naitang, dass es ihm drei Jahre zuvor unmöglich gewesen war, die überhöhten Steuern und Arbeitsabgaben aufzubringen, die man von ihm verlangt hatte. Also hatte er sich geweigert zu zahlen.

«Ich bin blind und kann nicht mehr arbeiten», hatte er zu den Steuereintreibern gesagt. «Es fällt mir schon schwer genug, überhaupt Essen auf den Tisch zu bringen. Es ist nicht fair, noch mehr von mir zu verlangen, als ich euch unter großer Mühe bezahle.»

Der Parteisekretär des Dorfes geriet in Wut. «Du bist blind wie eine Fledermaus, weil deine Vorfahren Schmutzfinken waren», sagte er, «und jetzt musst du für sie büßen. Du willst, dass dir der Staat deine Steuern erlässt. Aber was hast du für das Land getan, um eine Vorzugsbehandlung zu verdienen? Du bist völlig wertlos, du kannst nicht einmal die Steuern zahlen, die du dem Staat schuldest.»

In den folgenden siebenundzwanzig Tagen beschimpfte und bedrohte der Parteisekretär ihn über den Lautsprecher im Dorf und verhöhnte ihn vor seinen Nachbarn. «Wäre ich an der Macht», brüllte er in das Mikrofon, «würde ich sämtliche Blinden in China totschlagen oder sie lebendig in einen Brunnen werfen!» Als ihm jemand vorhielt, es sei gegen das Gesetz, den Dorflautsprecher auf diese Art zu missbrauchen, ging er dazu über, durch die Gassen zu gehen und die Schmähungen hinauszuschreien.

Naitang beklagte sich wiederholt persönlich bei der Kommunalregierung über die anhaltenden Schmähungen, aber niemand schritt ein. Dann erzählte ihm ein Freund vom Behindertenschutzgesetz, und er wandte sich an mich um Rat. Als er zum ersten Mal in unser Dorf kam, war ich in der Schule, aber mein Vater erklärte ihm, was er über das Gesetz wusste. Mit dieser Information bewaffnet machte sich Naitang auf den Heimweg und wandte sich erneut an die Verwaltung. Die Beamten hielten ihm entgegen, das Behindertenschutzgesetz sei eine nationale Rechtsvorschrift, die sie auf kommunaler Ebene nicht umzusetzen gedachten. Naitang wandte sich an Canlian, das die Behinderten vertreten sollte, und andere zuständige Behörden, die sich jedoch darauf beschränkten, von ihm zu verlangen, er solle sich beim Parteisekretär seines Dorfes entschuldigen.

Naitang war empört. «Wo steht geschrieben, dass das Opfer den Täter um Verzeihung bitten muss?», fragte er den Bürgermeister.

«Der Parteisekretär ist Ihr Vorgesetzter», antwortete der Bürgermeister, «und deshalb müssen Sie sich bei ihm entschuldigen.»

Nun sah Naitang keine andere Möglichkeit mehr, als sich auf den Markt zu stellen und seinen Fall zu besingen. Er begann Teile des Behindertenschutzgesetzes auswendig zu lernen.

Als mein Vater, der seit Jahrzehnten Parteimitglied war, Naitangs Bericht über seine Erfahrungen hörte, zitterte er vor Wut. Er war entrüstet über die Grausamkeit und Gier der Partei, die ihr erklärtes Ziel verriet, «dem Volk zu dienen».

Als Naitang Dongshigu erneut besuchte, hörte ich seine Geschichte aus seinem Mund und geriet ebenso wie mein Vater in Wut. Und ich konnte mit Naitang fühlen, da ich wie er blind war. Ich ließ mir sämtliche Details seines Falls schildern und erkundigte mich genau nach dem Ablauf der Steuerkampagne in seiner Gemeinde. Naitang gab der Zentralregierung in Peking nicht die Schuld an seiner Bedrängnis, denn wie viele Chinesen glaubte er, dass die lokalen Parteifunktionäre das Zentrum hintergingen und die Anweisungen der Parteiführung missachteten. Er hatte sich entschlossen, nie wieder illegale Steuern zu bezahlen, da er dadurch nur «dem Feind helfen würde». Außerdem wusste jedermann, dass die Parteikader, die ihn bedrängten, möglichst viel von den Steuern, die sie aus dem Volk herauspressten, in die eigene Tasche steckten. Staatliche Unterstützung interessierte ihn nicht; er wollte nur, dass der Missbrauch aufhörte.

Ich erklärte ihm, dass die Behörden gegen das Behindertenschutzgesetz und andere Vorschriften verstießen, indem sie diese Steuer von ihm verlangten. Es war illegal, behinderten Menschen irgendwelche zusätzlichen Lasten aufzubürden. Ich schlug ihm vor, den Bürgermeister seiner Gemeinde zu verklagen, um die Behörden zu zwingen, die widerrechtlich von ihm erhobenen Steuern zurückzuzahlen. Hatten wir einmal die Gesetzwidrigkeit ihrer Vorgehensweise vor Gericht bewiesen, so konnten wir den Parteisekretär verklagen und ihn zwingen, sich bei Naitang zu entschuldigen. Mein Vorschlag gefiel Naitang, aber er befürchtete, die Anwaltskosten nicht aufbringen zu können. Ich versicherte ihm, dass ich ihm nach besten Kräften helfen würde, ohne dass er mich dafür bezahlen musste.

Ich besaß mittlerweile ein Mobiltelefon, das ich nur in dringenden Fällen benutzte, weil die Gespräche extrem teuer waren. Aber nachdem ich Naitangs Geschichte gehört hatte, rief ich sofort einen Anwalt in Peking an, den mir Caroline Wilson vorgestellt hatte. Dieser Anwalt, dessen Name Wang Shiqiang war, war ein warmherziger Mensch von einnehmendem Wesen. Wir diskutierten oft über gesellschaftliche Probleme. Er bezweifelte, dass man mit einzelnen Klagen den sozialen Fortschritt vorantreiben konnte, aber ich antwortete ihm, es gebe nichts, was man nicht ändern könne. Wer etwas anderes glaube, arbeite entweder nicht hart genug oder habe noch nicht die richtigen Mittel gefunden. Ich war davon überzeugt, dass sogar ein Gerichtsverfahren über einen einzelnen Fall langfristig weitreichende Auswirkungen haben konnte.

Einmal beantragten Wang und ich einen Zuschuss der britischen Regierung zu einem Projekt über Behindertenrechte, und ich schlug

Wang vor, Naitangs Fall in den Mittelpunkt unseres Projektvorschlags zu rücken, damit wir die Anwaltshonorare von dem Zuschuss abziehen konnten. Wang war sofort einverstanden und erklärte sich bereit, einen Anwalt zu suchen, der den Fall übernehmen würde.

Liu Naitang war außer sich vor Freude, als er die Neuigkeit erfuhr. «Ich bin glücklich, Sie kennengelernt zu haben», sagte er. «Darf ich Sie berühren?»

«Natürlich», antwortete ich. Ich stand auf und stand vor ihm. Bei meinem Kopf beginnend, huschten seine Hände über meinen ganzen Körper, um meine Größe, mein Gesicht, meine Figur zu erfassen. «Jetzt weiß ich, wie groß Sie sind», sagte er. Ich stand still, während er mich auf seine Art betrachtete, dann verabschiedeten wir uns voneinander.

Kurze Zeit später fand Wang einen Rechtsanwalt namens Sun Ting, der bereit war, Naitang vor Gericht zu vertreten. Im Juli 2001, etwa zu der Zeit, als ich mein Studium in Nanking abschloss, reichten wir Liu Naitangs Klage gegen den Bürgermeister seiner Heimatgemeinde ein. Als die Beamten der Stadtverwaltung erfuhren, dass wir sie wegen der Steuerkampagne verklagt hatten, wurden sie sehr nervös. Sie räumten ein, einen Fehler begangen zu haben, und versprachen, Neitang sein Geld zurückzugeben, wenn er die Klage zurückzog.

Naitang fragte mich, was er tun solle. «Die Beamten sind bereit, einzugestehen, dass sie im Unrecht waren», antwortete ich, «aber nur, wenn du die Klage zurückziehst. Aber glaubst du wirklich, dass sie dir dein Geld zurückgeben würden, nachdem du die Klage zurückgezogen hast? Und was kannst du tun, wenn sie sich weigern?» Naitang befolgte meinen Rat und weigerte sich, die Klage zurückzuziehen. Daraufhin begannen die Vertreter der Gemeindeverwaltung, seine Verwandten unter Druck zu setzen.

Als der Prozess am 10. August begann, erschien kein Rechtsvertreter der Gemeinde oder des Bürgermeisters. Unser Anwalt Sun

Ting legte trotzdem die Fakten dar. Ein Blinder war widerrechtlich besteuert worden und wurde auf Anweisung des Bürgermeisters verfolgt und gequält. Der Beklagte erhielt noch eine Gelegenheit, einige Tage später vor Gericht zu erscheinen. Da der Bürgermeister dem Verfahren erneut fernblieb, fällte das Gericht sein Urteil: Der Beklagte musste sein Fehlverhalten gegenüber dem Kläger Liu Naitang beenden und die widerrechtlich von ihm erhobenen Steuern zurückzahlen. Wir hatten den Prozess gewonnen.

Naitang nutzte seine Tätigkeit als wandernder Geschichtenerzähler, um überall, wo er auftrat, Kopien des Gerichtsurteils zu verteilen. Der Erfolg dieser Klage inspirierte viele Bauern und Behinderte auf dem Land, aber er machte der illegalen Besteuerung und der gesetzwidrigen Unterdrückung der Behinderten kein Ende. Stattdessen kehrte nach der Urteilsverkündung sogar der «kleine Arbeitstrupp» der Gemeindeverwaltung in Naitangs Dorf zurück, um seine «Steuerschulden einzutreiben». Naitang war zum Glück nicht daheim, als sie kamen, aber die Funktionäre traten seine Haustür ein und forderten das Geld von seiner Familie. Angesichts der Gefahr für Leib und Leben blieb seinen Angehörigen nichts anderes übrig, als sich dreihundert Yuan zu borgen und die Steuereintreiber zu bezahlen. Obwohl uns ein Gericht Recht gegeben hatte, setzte sich das Unrecht fort, was uns später dazu bewegte, Liu Naitangs Fall in eine Sammelklage einzubeziehen.

Bald nach unserer ersten Begegnung im Sommer 2001 begannen Weijing und ich, viel Zeit miteinander zu verbringen. Weijing kam oft nach Dongshigu, und nach dem Abendessen gingen wir zusammen zum Fluss hinunter und spazierten Hand in Hand unter den Bäumen am Ufer entlang. Die meisten im Dorf schliefen seit langem, aber wir blieben noch draußen. Eine abendliche Brise raschelte in den Bäumen, der Fluss strömte ruhig vorbei, und in der Ferne hörten wir die nächtlichen Klänge des Dorfes.

An diesen langen Abenden am Fluss sprachen wir über viele Dinge. Schon ganz zu Beginn gestand mir Weijing, dass sie nicht daran gewöhnt war, über das Leben anderer Menschen nachzudenken. Sie hatte sich bisher kaum mit Politik oder mit dem Leiden anderer Menschen beschäftigt. Meine Arbeit und unsere Gespräche über die grundlegenden gesellschaftlichen Probleme und die Herausforderungen, denen sich China und die Welt gegenübersahen, öffneten ihr die Augen. Die politischen Ideen, mit denen wir uns in unseren Unterhaltungen beschäftigten, waren vollkommen neu für sie.

Schon früh bemerkte ich, dass Weijing die verbreitete, wenn auch unerklärliche Furcht vor behinderten Menschen wunderbarerweise fremd war, und es dauerte nicht lange, da wurden sogar Zeichen und Regungen der Liebe erkennbar. Anfangs tat ich, als würde ich es nicht bemerken, denn obwohl auch meine eigenen Gefühle stärker wurden, konnte ich den Gedanken nicht ertragen, verletzt zu werden. Ich wusste, welchen Vorurteilen jemand begegnete, der einen behinderten Menschen liebte. Es war nicht sicher, ob Weijing dem Druck, dem sie zwangsläufig ausgesetzt sein würde, standhalten konnte. Nach meinem Verständnis erlaubt die Liebe nicht die geringste Unaufrichtigkeit, nicht einen Hauch von Falschheit. In der Liebe kann es keinen Kompromiss geben. Und wir mussten uns zueinander bekennen: Wenn wir gemeinsam zu dieser Reise aufbrachen, mussten wir durchhalten, bis wir am Ziel waren.

Weijing wagte es nicht, ihren Eltern von uns zu erzählen. Aber im Herbst 2001 rief sie mich eines Tages aus der Schule an und sagte: «In meinen Gedanken ist nichts außer dir, weißt du das nicht?»

Mein Herz tanzte. Nie zuvor in meinem Leben hatte ich Worte so voller Liebe gehört. Ich wäre nie auf den Gedanken gekommen, ich könnte einmal eine Chance auf eine Liebesbeziehung zu einem anderen Menschen erhalten, so sehr hatten sich die Vorurteile der Gesellschaft auch meiner bemächtigt. Wie konnte eine körperlich gesunde Frau mich lieben, mich heiraten? Ich hatte nicht nur Angst, verletzt zu werden, sondern machte mir auch Sorgen über die Auswirkungen unserer Beziehung auf Weijings Zukunft.

Aber was sie an diesem Nachmittag gesagt hatte, änderte alles.

Von da an rief ich sie fast täglich an, um ihr zu sagen, was ich fühlte. Oft telefonierten wir stundenlang.

Aber die Liebe folgt nie einem geraden Weg. Eines Abends rief mich Weijing an. Sie klang besorgt, sie war zu Hause. Ihre Familie versuchte, eine Heirat für sie zu arrangieren. Sie hielt den Hörer von sich weg, sodass ich zwei Männer hören konnte, die sich über diese Lösung unterhielten. Auf dem Land war es üblich, Heiratsvermittler zu engagieren, die Personen mit ähnlichem sozialem und familiärem Hintergrund zusammenbrachten. Aber ich war nicht auf den Gedanken gekommen, dass Weijings Eltern das tun würden. Ich war zu diesem Zeitpunkt in Peking und sagte ihr, dass ich in wenigen Tagen zu ihr kommen würde. Mein restlicher Aufenthalt in der Hauptstadt schien sich endlos in die Länge zu ziehen.

Aus Peking zurückgekehrt, reiste ich sofort in Weijings Heimatstadt Linshu weiter. Einer meiner früheren Lehrer an der Blindenschule in Linyi arbeitete mittlerweile in Linshu an der Schule für Taubstumme. Ich besuchte ihn und konnte im Wohnheim der Schule übernachten. Meine Vorfreude auf das Treffen mit Weijing konnte ich kaum beherrschen.

Am Morgen wartete ich in der Eingangshalle auf sie. Als sich ein Fahrrad näherte, begann mein Herz zu rasen. Ich hörte Weijings Stimme. Sie wechselte ein paar Worte mit dem Mann an der Tür, dann hörte ich ihre schnellen Schritte über die Treppe heraufkommen. In ihrer Hand raschelte eine Plastiktüte. Ich lief zum Treppenansatz und schloss sie in die Arme. Aber sie war ein wenig gehemmt und schob mich weg. Ich nahm sie an der Hand und führte sie in mein Zimmer.

«Was hast du in der Tüte?», fragte ich.

«Etwas für dich», antwortete sie.

Sie drückte mir die Tüte in die Hand, und ich zog neue Unterwäsche heraus. Noch nie in meinem Leben hatte ich solche Kleidung besessen – ich hatte immer nur die abgetragenen Sachen meiner Brüder geerbt. Ich war vor vielen Jahren von zu Hause weggegangen, um allein zu leben, und bei meinen gelegentlichen Besuchen daheim hatte sich kaum einmal jemand um mein Äußeres gekümmert. Nun hatte Kleine Yuan, wie ich sie nannte, extra für mich etwas zum Anziehen gekauft. Mein Herz quoll über vor Freude. Ich zog sie an mich und küsste sie.

Wir sprachen über die Geschehnisse seit unserer letzten Begegnung, und später machten wir uns im Bus auf den Weg nach Dongshigu. Auf der Höhe meines Heimatdorfes hielt der Bus an der Nationalstraße 205. Wir überquerten die Brücke über den Meng und gingen Hand in Hand durch das Wäldchen am Flussufer. Meine Eltern, die auf unserem kleinen Feld arbeiteten, sahen uns von weitem kommen. Ich wusste, dass sie Weijing mochten. Sie riefen: «Wir können sehen, dass ihr Händchen haltet! Wir freuen uns so für euch!»

Von da an erlaubte ich mir zu hoffen, dass Weijing und ich einen Weg finden würden, um unser Leben lang zusammenbleiben zu können.

Liu Naitangs Schicksal war kein Einzelfall. Wir sprachen mit vielen Menschen, die ähnliches Unrecht erlitten hatten. In einem der bedrückendsten Fälle ging es um ein gesundes Ehepaar, das nicht nur zwei schwerbehinderte Kinder, sondern auch die blinden Eltern des Ehemanns versorgen musste. Die Steuerlast erdrückte die Familie. Eines Tages reisten Weijing und ich in die trostlose Bergregion, in der das Paar lebte, um die Frau und die vier behinderten Familienmitglieder kennenzulernen. Der Mann hatte eine Arbeit an einem weit entfernten Ort angenommen, um die Familie zusammenzuhalten und die Haushaltssteuer aufbringen zu können. Er konnte nur selten nach Hause kommen, weshalb die arme Frau zusätzlich zur Feldarbeit und sämtlichen Hausarbeiten auf ihrem abgelegenen Hof ganz allein für die vier behinderten Familienmitglieder sorgen musste.

Es beeindruckte Weijing, wie diese Frau Tag für Tag für die vier geliebten Menschen sorgte, ohne je ausruhen zu können. «Woher nehmen Sie die Hoffnung, um weiterzumachen?», fragte Weijing.

Die Antwort überraschte uns. «Wenn Sie so fragen», sagte die Frau, «muss ich Ihnen sagen, dass ich eigentlich keine Hoffnung habe. Um die Wahrheit zu sagen: An vielen Tagen will ich einfach nicht weiterleben. Aber wer würde für meine Kinder sorgen, würde ich mir das Leben nehmen? Sie können nicht einmal gehen. Ich schulde es ihnen, hier zu sein. Ich habe die Verantwortung, sie großzuziehen. Wenn ich nicht bereit bin, für sie zu sorgen, wie kann ich dann erwarten, dass es jemand anderer tun wird? Deshalb mache ich weiter.»

Von diesem Tag an sah Weijing mein Engagement mit anderen Augen. Es wurde ihr klar, wie wichtig unsere Arbeit war, und schließlich gab sie ihren Beruf auf, um sich dem Einsatz für die Behinderten zu widmen. Sie sagte, Englischunterricht könnten auch andere geben, aber sie war nicht sicher, ob andere bereit sein würden, für die Rechte behinderter Menschen zu kämpfen. Außerdem wollte sie an meiner Seite arbeiten.

Gegen Ende des Jahres 2001 beschlossen Weijing und ich, einige der von uns untersuchten Fälle zusammenzufassen und eine Sammelklage einzureichen. Auf diese Art wollten wir ein möglichst großes Publikum über die brutalen Praktiken der chinesischen Steuereintreiber aufklären. Nachdem wir monatelang Material zusammengetragen hatten, waren wir im Juli 2002 endlich so weit, eine Klage einzureichen. Sie umfasste drei Fälle: Liu Naitangs Anschlussklage gegen die Parteikader, die ihn quälten, den Fall der sechsköpfigen Familie, die unter einer untragbaren Steuerlast litt, und den Fall eines Jungen namens Yin Xiangping, der bei einem Unfall einen Hirnschaden erlitten hatte. Gemeinsam war diesen Fällen, dass der Staat behinderten Menschen illegale Steuern auferlegte, die mit Gewalt eingetrieben wurden. Wir wussten von Anfang an, dass wir allein vor Gericht ziehen mussten, da wir kein Geld für einen Rechtsanwalt hatten.

Auf dem Land gab es fast keine Anwälte. Es gab nur Bauern, die sich selbst rechtliche Kenntnisse aneigneten, weil sie den glühenden Wunsch hegten, für ihre Rechte zu kämpfen. Solche unbeugsamen Bauern wurden als «barfüßige Anwälte» bezeichnet. Diese Bezeichnung war eine Abwandlung eines Begriffs aus der Kulturrevolution. Damals hatte man begonnen, Bauern medizinische Grundkenntnisse zu vermitteln, damit sie die örtliche Bevölkerung behandeln konnten. Diese Bauern verbrachten den Großteil ihrer Zeit auf dem Feld und gingen oft ohne Schuhe: Sie waren «barfüßige Ärzte». Sie bezogen kein Gehalt vom Staat, sondern sammelten wie jedermann in den Volkskommunen «Arbeitspunkte», die sie gegen Getreide oder Geld tauschen konnten.

Der wesentliche Unterschied zwischen diesen «barfüßigen Anwälten» und den barfüßigen Ärzten ist, dass das chinesische Regime diese Rechtsberater nie unterstützt hat, sondern im Gegenteil aktiv verfolgt. Auch ist es diesen autodidaktischen Bauernanwälten verboten, ein Entgelt «im Namen eines Rechtsanwalts» zu beziehen. Tun sie es trotzdem, so droht ihnen die schwerwiegende Anschuldigung der Anmaßung einer Anwaltslizenz zur illegalen Bereicherung. Dabei unterscheidet sich die Arbeit eines barfüßigen Anwalts nicht allzu sehr von der eines zugelassenen Anwalts. Er untersucht Sachverhalte und sammelt Beweismaterial, dokumentiert seine Erkenntnisse und setzt Schriftsätze und Eingaben auf, die bei Gericht vorgelegt werden sollen. Manchmal verteidigen wir unsere Mandanten sogar vor Gericht, ich selbst tat das allerdings nicht. Das heißt, wir tun fast alles, was man von einem zugelassenen Anwalt erwarten und wofür ein Anwalt ein angemessenes Honorar verlangen würde.

Die meisten Menschen, die sich an einen barfüßigen Anwalt wenden, haben kaum Geld für ein Honorar, aber ich fühlte mich sowieso nie wohl bei dem Gedanken, jemanden, der meine Hilfe brauchte, um Geld zu bitten. Die Leute unterstützten mich nach Kräften, zum Beispiel brachte mich jemand auf seinem Traktor zum Gericht, oder jemand bezahlte mir ein Taxi, damit ich eine Person aufsuchen konnte, die meine Hilfe brauchte. Später begann ich, mich bei Organisationen um Zuschüsse zu bewerben, um die Kosten meiner juristischen Arbeit teilweise decken zu können. Aber am

Anfang tat ich einfach nur mein Bestes, um Menschen zu helfen, die einen Rechtsbeistand brauchten.

Die meisten chinesischen Rechtsanwälte lehnen es ab, Behinderte und Obdachlose zu vertreten. Das liegt zum Teil daran, dass sie von diesen Menschen kein angemessenes Honorar erwarten können. Und es ist riskant, solche Fälle zu übernehmen, denn oft ist es der Staat, der die Rechte dieser Menschen verletzt. Die meisten Anwälte fürchten sich davor, die Behörden und die Partei zu verärgern. Diese Sorge ist verständlich. Es ist allgemein bekannt, dass Anwälte, die Bürgerrechtsfälle übernehmen, oft unter Repressalien zu leiden haben, die vom Verlust der Zulassung bis zu Misshandlung und Verhaftung reichen. Ich beobachte weiterhin die Fälle tapferer Freunde und Mitarbeiter, die wegen ihres Einsatzes für die Rechte chinesischer Bürger ins Gefängnis gesteckt, misshandelt und bedrängt werden. Manche von ihnen leiden furchtbar unter der Verfolgung durch das Regime, weil sie für die Rechte derer kämpfen, die sich nicht selbst verteidigen können.

Während wir unsere Sammelklage vorbereiteten, nahm ich Kontakt zu Li Zhizeng auf, einem anderen juristischen Autodidakten aus der Gegend. Ich fragte ihn, ob er mit uns an diesem Fall arbeiten wolle. Wir sammelten Beweismaterial und setzten unsere Schriftsätze mit größter Sorgfalt auf, um den Verfahrensvorschriften zu entsprechen. Da mir klar war, wie viel in diesem Fall von den Medien abhängen würde, lud ich zwei erfahrene Journalisten aus Peking ein, um die Aufmerksamkeit der Öffentlichkeit auf die Rechte der Behinderten zu lenken. Ich wollte einen Präzedenzfall schaffen.

Als am 29. Juli der Prozess begann, herrschte ein großes Gedränge im Gerichtssaal. Anscheinend wollten alle dabei sein – alle außer den Beklagten, die sich weigerten, vor Gericht zu erscheinen. Wir sahen ein paar Beamte, Parteimitglieder, die neugierig auf den Behinderten waren, der einen Behördenvertreter verklagte. Aber die größte Überraschung war eine andere Gruppe von Zuschauern: Im Saal drängten sich Blinde und Behinderte, die von nah und fern gekommen waren. Die meisten von ihnen hatten persönlich nichts mit unserer Klage zu tun.

Es war eine bemerkenswerte Versammlung und eine Demonstration des Rückhalts. Für einen Augenblick war die Behindertengemeinde Realität geworden. Vor etwa zweitausend Jahren begannen die blinden Landbewohner in China, sich selbst um ihre Belange zu kümmern. Sie schlossen sich zu inoffiziellen Gilden zusammen und forderten ihre Rechte ein. Sie legten Preise für Aktivitäten wie das Geschichtenerzählen und die Wahrsagerei fest, traten für jene ein, die unfair behandelt wurden, und bestraften jene, die ihrer Gemeinschaft schadeten oder mit ihrem Verhalten das Ansehen anderer Behinderter schmälerten. Sie tauschten Botschaften aus, indem sie einen Sorghumstiel versandten, in dem eine Hühnerfeder steckte. Abhängig von der Position der Feder hatte der Stiel verschiedene Bedeutungen. Traditionell wurden diese Botschaften von Menschen, die sehen konnten, von Dorf zu Dorf gebracht, doch in jüngster Zeit hatten die Blinden begonnen, Mobiltelefone zu benutzen.

Um mir ein Bild davon zu machen, was die blinde Gemeinschaft über diesen Prozess dachte, ging ich im Gerichtssaal umher und sprach mit so vielen Besuchern wie möglich. Die Leute erzählten mir, dass die Gesetze, die ihnen Schutz geben sollten, fast nie angewandt wurden. Sie waren alle der Meinung, dass Klagen wie unsere etwas bewegen konnten, aber viele glaubten nicht an eine faire Verhandlung. Die Partei hatte die totale Kontrolle über sämtliche staatlichen Funktionen und steuerte die Ergebnisse von Gerichtsverfahren wie diesem mittels ihrer politischen und legislativen Komitees. Die im Gerichtssaal versammelten Zuhörer sagten: «Die Partei sagt dem Gericht, was es tun soll!» Ich musste ihnen zustimmen. Ich wusste, dass wir mit dieser Klage die Grenzen des Rechts überschritten und uns auf das Gebiet der Politik begaben, aber ich sah keine andere Wahl.

Der Bürgermeister – der abwesende Beklagte – hätte den Prozess verlieren müssen, aber er hatte einen mächtigen Beistand: den Richter. Nach der Verhandlung teilte man uns mit, unsere sorgfältig zusammengestellten Beweise seien unzureichend, weshalb unsere Klage als «unangemessen» abgewiesen wurde. Das Gericht gestand uns zu, dass die Steuern fälschlich erhoben worden waren, ordnete jedoch nicht an, den widerrechtlich Besteuerten ihr Geld zurückzuzahlen. Wir legten Berufung beim Stadtgericht der mittleren Ebene ein, in der Hoffnung, ein solches Gericht werde weniger eng mit der Kreisverwaltung verbunden sein und uns anhören. Tatsächlich errangen wir den ersehnten Erfolg: Das Gericht untersagte den Behörden, illegale Steuern einzutreiben, und wies den Bürgermeister an, seine Handlungen einzustellen.

Obwohl wir bei unseren Klagen auf viele Hindernisse stießen, schöpfte ich Kraft aus der Möglichkeit, das Leben von Menschen zu verbessern. Mir wurde bewusst, wie beglückend es sein würde, meinen Klienten dabei zu helfen, auch nur ein klein wenig Gerechtigkeit zu erreichen, indem ich mich auf dem Rechtsweg für ihre Anliegen einsetzte.

Als sich immer mehr Leute an mich wandten, wurde mir klar, dass ich bisher kaum darüber nachgedacht hatte, welche Art von Fällen ich übernehmen sollte. Ich tat einfach, was mir richtig schien, und ließ mich von meinem Gerechtigkeitssinn und meinem Verständnis des Gesetzes leiten. Beschrieb mir jemand einen Fall, der eine genauere Untersuchung wert schien, so war mein einziges Kriterium, ob die Geschichte, die ich gehört hatte, Hinweise auf ein gesetzwidriges Verhalten und darauf enthielt, dass die Person, die mich um Hilfe bat, verfolgt oder bedrängt wurde. Wenn ich mit Fällen von himmelschreiender Ungerechtigkeit konfrontiert wurde, konnte ich nicht anders, als zu versuchen, gegen das Unrecht zu kämpfen und für jene einzutreten, die sich nicht selbst wehren konnten.

Obwohl mir bewusst war, welcher Drangsal die Behinderten ausgesetzt waren, war ich bereit, jedem zu helfen, dessen Rechte verletzt worden waren. Ich nahm einfach jeden Kampf auf, der mir angetragen wurde. Und da ich als Blinder kein Recht studieren und folglich auch keine Anwaltszulassung erwerben durfte, konnte man mir auch keine Zulassung entziehen, weshalb ich wenig zu befürchten hatte. Zumindest dachte ich das.

Ich musste immer häufiger nach Peking reisen, um meiner Tätigkeit nachgehen zu können. Manchmal brach ich alleine auf, manchmal begleiteten mich Älterer Bruder oder mein Neffe Chen Hua, und später kam gelegentlich Weijing mit. Andere Bürgerrechtsaktivisten ermutigten mich, nach Peking zu ziehen und mich ihrer Gemeinschaft anzuschließen, aber ich war überzeugt, dass ich auf dem Land gebraucht wurde, wo ich den Menschen Hilfe anbieten konnte, die sie offenbar nirgendwo anders finden konnten. Außerdem genoss ich in Dongshigu den Rückhalt meiner weitläufigen Familie; wäre ich in die Stadt gezogen, so hätte ich für meinen Lebensunterhalt Fälle annehmen müssen, die mich nicht interessierten. Also blieb ich bei meinen Eltern, und wir hielten uns über Wasser, wie wir es seit jeher getan hatten. Wir führten ein bescheidenes Leben, ernährten uns von dem, was wir selbst anbauten, und beschränkten unsere Ausgaben auf das Nötigste.

Meine Tätigkeit in diesen Jahren beruhte auf Überzeugungen, an denen ich bis heute festhalte. Wir gaben einfachen Menschen eine Möglichkeit zum gewaltlosen Widerstand gegen das Unrecht, das ihnen angetan wurde. Wir versuchten, dem Gesetz in einem Land Geltung zu verschaffen, in dem das Recht nichts gilt, weil es der Herrschaft der Kommunistischen Partei unterworfen ist, die fälschlich für sich in Anspruch nimmt, das Gesetz zu respektieren. Die Menschen mussten darüber aufgeklärt werden, welche Rechte ihnen das Gesetz einräumte. Ich wollte der Landbevölkerung und behinderten Menschen die Augen dafür öffnen, was ihnen zustand, und sie ermutigen, für ihre Rechte einzutreten. Sie mussten erkennen, dass sie dauerhafte Verbesserungen nur erreichen konnten, indem sie sich zusammenschlossen und mit einer Stimme sprachen.

Mit einer langen Reihe von Klagen begannen wir, den Menschen zu zeigen, wie das Gesetz funktionierte. So versuchten wir das Rechtsbewusstsein der Bevölkerung zu wecken. Eine Klage kann die

Lage einer Familie ändern, und aus dem Erfolg dieser Familie können andere Familien lernen. Um eine Gesellschaft zu verändern, müssen sich ihre Mitglieder zusammentun und ihre Rechte einfordern. Die Herrschaft des Rechts ist unerreichbar, wenn das Volk auf einen Wandel von oben wartet.

An einem Frühlingstag im Jahr 2002 kehrte ich von einem Ausflug nach Peking zurück und machte am Ortsrand von Dongshigu Halt, wo sich die Bewohner oft versammeln, um Neuigkeiten auszutauschen oder eine Partie Schach zu spielen. Diese ungezwungenen Zusammenkünfte boten mir immer eine gute Gelegenheit zu erfahren, was die Leute wirklich über die Politik und über die aktuellen Geschehnisse dachten.

Ich war eine Weile fort gewesen, aber nach einigen Minuten wusste ich, welches Thema die Diskussionen beherrschte. Anscheinend hatte die Dorfführung – die aus Parteifunktionären und sogenannten «gewählten» Vertretern einschließlich des Bürgermeisters bestand – eine geheime Abmachung getroffen, den Sand von einem Strand am Fluss zu verkaufen. Sie würden einen Erlös von nur viertausend Yuan in die Bücher nehmen, während sie zwischen vierzigtausend und fünfzigtausend Yuan in die eigene Tasche stecken wollten. Die Diskussion wurde hitziger, und als einige Dorfbewohner zur Brücke aufbrachen, um sich anzusehen, was am Fluss geschah, schloss ich mich der Gruppe an. Das beauftragte Unternehmen hatte bereits die Bulldozer hergebracht und baute die Zelte auf, unter denen die Arbeit durchgeführt werden sollte.

Ich stand auf der Brücke und dachte darüber nach, wie viele tausend Jahre die Natur gebraucht hatte, um diesen Sand zu mahlen und am Ufer abzulegen. Die Dorfbewohner waren stets sorgsam damit umgegangen und hatten jedes Jahr nur eine kleine Menge verwendet, um sie in ihren Höfen oder auf den Gehwegen auszustreuen. Als Junge hatte ich es geliebt, an diesem Strand schwimmen zu gehen. Ich erinnerte mich noch daran, wie sich der weiche Sand unter meinen Füßen angefühlt hatte. Als dann 1996 die Brücke gebaut wurde, die unser Dorf endlich mit der Außenwelt verband, diente der Sand als Teil des Grundes, in dem die Pfeiler verankert wurden. Ich war wütend. Der Gedanke, dass Habgier diese Ressource und die Schönheit unseres Flusses zerstören würden, widerte mich an.

Die anderen Dorfbewohner dachten genauso, und plötzlich drehten sie sich zu mir um und sagten: «Alter Fünf! Was sollen wir tun?»

Es war klar, was ich antworten musste: Wenn wir die langfristige Gesundheit des Dorfes und seiner Umwelt erhalten wollten, durften wir den Sand nicht verkaufen. Wir mussten die Arbeiter daran hindern, mit dem Ausbaggern zu beginnen, selbst wenn wir selbst zum Ufer hinuntergehen und einschreiten mussten. Wenn ein Gespräch zu nichts führte, würden wir vor Gericht ziehen.

Ich entwarf eine Strategie. «Als Erstes sollten wir neue Dorfvertreter wählen und dem Dorfvorstand mitteilen, dass wir sein Vorhaben ablehnen und die Auflösung des Vertrags verlangen. Außerdem sollten wir verlangen, dass die Führung verschiedene andere Probleme löst, darunter das Abrutschen eines der Wege in den Hügeln, der nach Unwettern nie repariert wurde. Schließlich müssen sie garantieren, dass die Finanzen des Dorfes von nun an offengelegt werden. Wenn die Führung nicht bereit ist, diese Forderungen zu erfüllen, oder wenn sie untätig bleibt, sollten wir Neuwahlen einleiten.»

Meine Vorschläge gefielen meinen Mitbürgern. Wir begannen darüber nachzudenken, wie wir unseren Plan in die Tat umsetzen konnten. Doch während wir noch auf der Brücke standen, heulten die Motoren der Bulldozer auf. Ohne über die Folgen unseres Handelns nachzudenken, liefen wir über die Brücke, rutschten über die Uferböschung hinunter und umringten die Zelte und Maschinen. Da sie ihre Bulldozer nicht mehr bewegen konnten, schalteten die Arbeiter die Motoren aus. Fürs Erste hatten wir uns durchgesetzt.

Ohne sich richtig organisiert zu haben, begannen die Dorfbewohner in den folgenden Tagen, abwechselnd die Baustelle zu bewachen. Sobald es Hinweise darauf gab, dass die Arbeiten wieder aufgenommen wurden, schlugen die Wachposten Alarm. Gleich am ersten Morgen kam jemand zu meinem Haus gelaufen, um mich abzuholen. Als ich am Ufer eintraf, war der Bagger mitten in der Bewegung zum Stillstand gekommen. Ich ließ eine Hand über die Schaufel gleiten, deren Zähne im Sand ruhten.

Mehrere Tage lang herrschte gespannte Ruhe. Wir wussten, dass zwischen der Dorfverwaltung und dem Unternehmen eine hitzige Diskussion entbrannt war. Die Vertreter der Firma waren verärgert über die kostspielige Verzögerung der Arbeit. Die Bevölkerung bestand darauf, dass die Verantwortlichen den Vertrag aufkündigten, der unmöglich gültig sein konnte, wenn ihm das Dorf nicht zugestimmt hatte. Schließlich blieb dem Unternehmen nichts anderes übrig, als Dongshigu unverrichteter Dinge zu verlassen. Wir erfuhren nie, ob die örtlichen Funktionäre dem Unternehmen die Anzahlung für den Sand erstattet haben.

Noch während diese Auseinandersetzung tobte, arbeiteten wir an unseren anderen Forderungen und an den Unterlagen für die Abwahl des Dorfvorstands. Zunächst mussten wir die Unterschriften von mindestens einem Fünftel der wahlberechtigten Einwohner sammeln, um anschließend die Kommunalregierung von Shuanghou über unsere Beschwerde gegen das Dorfkomitee und über die beabsichtigte Neuwahl zu informieren. Dann musste die Kommunalregierung innerhalb eines bestimmten Zeitraums auf unseren Antrag antworten und Neuwahlen organisieren. Gleichzeitig würden wir unseren Neuwahlantrag öffentlich machen, indem wir am Ankündigungsbrett des Dorfes ein Dokument aushängten, in dem wir unseren Standpunkt und die beabsichtigte Maßnahme erklärten.

Wieder achteten wir genau darauf, uns an die gesetzlichen Vorschriften zu halten. Wir befolgten alle einschlägigen Regeln, um Hindernisse und Verzögerungen zu vermeiden. Trotzdem scheiterten wir. Die Gemeinde blockte uns ab: Sie weigerte sich einfach, auf unsere Forderungen zu reagieren. Es gab keinen Weg, um Neuwahlen durchzusetzen. Wir kamen monatelang nicht von der Stelle.

An einem Tag im Herbst 2002 arbeitete ich auf unserem Feld, als aus den Lautsprechern, die über das Dorf verteilt an Masten und Bäumen hingen, eine Ansage schallte. Die Kommunalregierung verkündete, dass der Parteisekretär des Dorfes – die mächtigste Person im Dorf wurde von der Partei ohne Begrenzung der Amtszeit ernannt – zurückgetreten sei. Der Parteisekretär konnte nicht abgewählt werden, da er nicht gewählt worden war. Sein Rücktritt hing also nicht direkt mit unserem Antrag auf Neuwahlen zusammen, aber die Botschaft war unmissverständlich: Wenn ein Funktionär besonders harter Kritik aus der Bevölkerung ausgesetzt war, verlor er seinen Nutzen für die Partei, weshalb es das Vorteilhafteste war, ihn aus dem Amt zu entfernen. Dass unser Parteisekretär nicht von der Partei abgesetzt wurde, sondern sein Amt selbst zurücklegte, spielte keine Rolle. Seine Vorgesetzten erlaubten ihm lediglich, das Gesicht zu wahren, denn alle Welt wusste, dass er im Fall einer Weigerung, seinen Sitz freiwillig zu räumen, von der Partei geschasst worden wäre und seine Zukunft aufs Spiel gesetzt hätte.

Zumindest für den Augenblick hatten wir das Flussufer retten können. Ebenso wichtig war, dass sich die Bevölkerung von Dongshigu erstmals durchgesetzt hatte – und die Menschen hatten bewiesen, dass sie gemeinsam etwas tun konnten, um ihr Leben zu verbessern.

Die Geschehnisse in meinem Heimatdorf waren kein isolierter Vorfall, auch anderswo erhob sich die Landbevölkerung immer öfter gegen das Unrecht. Anfang 2002 erschien in der Zeitschrift *Newsweek* eine Reportage mit dem Titel «Barfüßige Anwälte», in der auch mein Einsatz für Liu Naitang und mein Kampf gegen die Verschmutzung des Meng beschrieben wurden. Unser von den chinesischen Medien totgeschwiegener Kampf fand mittlerweile internationale Anerkennung.

Ich war mit Älterer Bruder in Peking, als er mein Foto auf dem Titelblatt der internationalen Ausgabe von *Newsweek* sah. Aufgeregt beschrieb er mir das Foto: Ich stand in schwarzer Jacke und mit meiner schwarzen Sonnenbrille auf der Nase vor der Tür unseres

Hauses, im Hintergrund war im Türrahmen das *chunlian* zu sehen, die traditionelle Papiergirlande mit dem Neujahrsreim. Diesen Bericht verdankte ich meiner Freundschaft mit Zhang Lijia, der Journalistin, die Caroline Wilson nach Dongshigu begleitet hatte. Dies war ein Wendepunkt für mich. Die internationale Anerkennung für meine Bemühungen zeigte mir, dass ich tatsächlich etwas bewirken konnte. Wann immer meine Arbeit es erforderte, reiste ich nach Peking, wo ich mich auch im Kampf für die Menschenrechte engagierte. Ich traf mich mit möglichst vielen Personen und bewegte jeden neuen Bekannten dazu, mich weiteren Kontaktpersonen vorzustellen. Zhang Lijia hatte ich dank Caroline Wilson kennengelernt, und jetzt stellte Wilson mich auch Nick Young vor, dessen *China Development Brief* eine wichtige Quelle von Informationen über die aktuellen Entwicklungen in der chinesischen Zivilbevölkerung und über die Arbeit der internationalen Hilfsorganisationen war. Durch Zhang Lijia hatte ich den Fotografen Li Wei kennengelernt, der das Foto für *Newsweek* geschossen hatte. Li Wei wiederum stellte mir eine Kulturexpertin aus der amerikanischen Botschaft vor, die mich später zum International Visitor Leadership Program des amerikanischen Außenministeriums einlud. Dieses Programm soll durch den beruflichen Austausch zwischen China und den USA das gegenseitige Verständnis fördern. Amerika, das auf der anderen Seite der Erde lag, schien mir auf einmal nicht mehr ganz so fern.

Wann immer ich konnte, nahm ich an Sitzungen und Konferenzen teil, um meinen Freundschaftskreis zu erweitern und meine politischen Kenntnisse zu vertiefen. Es wurde über verschiedenste vielversprechende Projekte gesprochen, von denen einige bereits liefen. Eine Konferenz über Behindertenrechte in Peking führte Aktivisten aus der ganzen Welt zusammen, die Strategien und Erfahrungen austauschten. Diese Konferenz gab mir die Hoffnung, dass es uns eines Tages auch in China gelingen würde, das offizielle Monopol von Canlian auf diesem Gebiet zu brechen. Ich sah auch, dass die Rechtshilfeaktivitäten ausgeweitet wurden. Wichtige Zentren dieser Aktivitäten waren die Rechtsfakultäten der Universitäten Peking und Wuhan; ich hatte Gelegenheit, beide Fakultäten zu besuchen. Auf einigen Konferenzen wurde ich mit Themen konfrontiert, die mir vollkommen neu waren, darunter Feminismus und Umweltschutz. Über keines der beiden Themen hätte ich in der Schule oder daheim im Dorf etwas lernen können.

Ich gewöhnte mich daran, Journalisten Interviews zu geben, und meine Tätigkeit weckte die Aufmerksamkeit internationaler Medien wie der BBC sowie fortschrittlicher einheimischer Publikationen wie *Caijing* (Finanzen und Wirtschaft), einer Zeitschrift, die die Grenzen dessen erweiterte, was innerhalb Chinas veröffentlicht werden durfte.

Trotz meiner Armut lernte ich langsam eine größere Welt kennen, die jenseits meines Horizonts eines blinden chinesischen Landbewohners lag. Eines Abends holte Li Wei mich in meinem Hotel in Peking ab. Er lud Weijing und mich zu einer Pizza und zu einem Besuch bei McDonald's ein, wo wir Bekanntschaft mit uns unbekanntem Essen machten. Ich ging zum ersten Mal zu einer richtigen Party, die Lijia in ihrem Haus in Peking veranstaltete. Die Gäste und das Essen waren halb westlich und halb chinesisch. Wenn sich Chinesen zu einer solchen Feier versammeln, warten sie mit dem Essen und halten sich strikt an bestimmte Verhaltensregeln. Bei dieser Party waren alle ungezwungen und entspannt. Mit einem Getränk oder einem Imbiss in der Hand führten Diplomaten, Journalisten und Leute aus der Politik gelöste Unterhaltungen, äußerten offen ihre Meinung, erzählten von ihrer Arbeit und hörten sich an, was andere über ihre Aktivitäten zu berichten hatten. Es gefiel mir, wie mich Lijias Freunde behandelten. Weder sahen sie auf mich herab, weil ich behindert war, noch verhielten sie sich übermäßig respektvoll. Ich fühlte mich überraschend wohl in ihrer Gegenwart.

Ich erzählte jedem, den ich traf, von meinem großen Ziel: Ich wollte eine gemeinnützige Einrichtung gründen, die sich für die Rechte von Behinderten in ganz China einsetzen würde. Einige

Leute wiesen mich darauf hin, dass das extrem schwierig sein würde. Li Wei etwa meinte, dass eine solche Organisation vermutlich ein Jahrzehnt brauchen würde, um etwas bewirken zu können. Aber die Warnungen entmutigten mich nicht, und vieles von dem, was ich bei meinen Besuchen in Peking tat, diente dem Ziel, eine solche Einrichtung zu gründen und zu finanzieren. In China waren Non-Profit-Organisationen relativ neu, und es gab Leute, die meine optimistische Einschätzung teilten, dass die Zivilgesellschaft politische Veränderungen durchsetzen konnte und der Fortschritt nicht aufzuhalten war.

Ich arbeitete hart, um meine Organisation zu registrieren, stieß jedoch auf Widerstände, die mir einen Vorgeschmack auf die Schwierigkeiten gaben, denen ich später begegnen sollte. Die Kommunistische Partei verhindert die Entwicklung jeder von ihr unabhängigen Interessenvertretung und unterdrückt alle Personen und Organisationen, die nicht direkt mit ihr verbunden sind und sich ihrer absoluten Kontrolle entziehen. Bevor man in China irgendeine Einrichtung registrieren lassen kann – selbst kleinste Gruppen müssen ein Verfahren durchlaufen, das langwierig und teuer sein kann –, muss man eine *guakao danwei* finden, eine «angeschlossene Arbeitseinheit». Das ist eine etablierte Organisation, die stets ein offizielles Organ des Staats oder der Partei ist oder mit einem solchen Organ verbunden ist, zum Beispiel eine Universität. Und hier handelt es sich nicht um eine lockere oder nur nominelle Verbindung. Man kann nichts tun, ohne an ein Parteiorgan gebunden zu sein, was bedeutet, dass man letzten Endes immer eine Untereinheit eines größeren, von der Partei gesteuerten Gebildes ist. Mit einem Wort: In China kann eine Organisation nur wirklich unabhängig sein, wenn sie illegal ist.

Wie sich herausstellte, war keine «angeschlossene Arbeitseinheit» bereit, sich mit mir einzulassen. Niemand wollte die Verantwortung für meine Aktivitäten übernehmen. Und da mich keine *guakao danwei* unterstützen wollte, konnte ich meine Einrichtung nicht registrieren lassen. Ich hatte den Verdacht, dass Canlian, das theoretisch der ideale Partner gewesen wäre, einen potenziellen Rivalen in meiner Organisation sah. Da ich keinen offiziellen Rückhalt genoss, fiel es mir schwer, an finanzielle Unterstützung heranzukommen, denn die potenziellen Geldgeber – große internationale Stiftungen, westliche Botschaften, ausländische Menschenrechtsgruppen – schreckten davor zurück, einem Einzelgänger ohne offiziellen Status zur Seite zu stehen. Dieses Problem ist bis heute nicht gelöst. Viele ausländische Stiftungen, Nichtregierungsorganisationen und gemeinnützige Einrichtungen möchten sich am Kampf gegen gesellschaftliche Missstände in China beteiligen, aber da sie nur in Programme oder Einrichtungen investieren können, die eng mit dem chinesischen Staat verbunden sind, können sie nicht zur Veränderung der chinesischen Gesellschaft beitragen, ohne ihrerseits durch die Machtverhältnisse des Landes verändert zu werden. Noch heute müssen die Menschen, die sich am Kampf der chinesischen Basisbewegungen beteiligen, fast vollkommen auf die Unterstützung internationaler Hilfsorganisationen verzichten. Stattdessen fließen die Hilfsgelder fast unvermeidlich in die Taschen von Bürokraten, in Auswüchse des Staates und an Leute mit den richtigen Verbindungen.

In dieser Zeit verbrachte ich in Peking viele schlaflose Nächte. Manchmal musste ich einfach aus den überfüllten kleinen Hotels fliehen, in denen ich mich einquartiert hatte. Ich brach spätabends zu langen Spaziergängen auf und ließ meine Gedanken schweifen, während ich meinen auswendig gelernten Weg durch das Gewirr von Menschen und Autos fand. Bei diesen Wanderungen beschäftigte ich mich mit grundlegenden Fragen und erforschte mich selbst. Langsam reifte eine wichtige Erkenntnis in mir: Eine Organisation oder eine offizielle Plattform mochte nützlich sein, aber letzten Endes musste ich als Individuum aktiv werden. Ich musste einfach handeln und Projekt für Projekt in Angriff nehmen.

Im Übrigen fühlte ich mich nicht vollkommen allein, vor allem weil ich wusste, dass es auch andere gab, die mit ebenso großem Einsatz wie ich dafür kämpften, dass sich Staat und Partei dem Gesetz unterwarfen und sich nicht auf Lippenbekenntnisse zur sozialen Gerechtigkeit beschränkten.

Im Rückblick ist klar, dass die barfüßigen Anwälte Teil der Weiquan-Bewegung waren, die sich zu jener Zeit überall in China ausbreitete. *Weiquan* bedeutet «Verteidigung der Rechte», und im Grunde ging es immer darum: Wir verteidigten die Bürgerrechte der gewöhnlichen Menschen mit dem Gesetz in der Hand. Wir nahmen die Gesetzesreformen, die die Kommunistische Partei in den achtziger Jahren durchgeführt hatte, für bare Münze und versuchten durchzusetzen, dass Richter diese Gesetze tatsächlich anwandten, um Verstöße gegen die Menschenrechte, gegen die Umwelt und gegen die Grundrechte wie Meinungsfreiheit, Religionsfreiheit und Pressefreiheit zu ahnden. Während der wirtschaftliche Wandel unaufhaltbar schien, standen die politischen Reformen seit langem still. Die brutale Niederschlagung der Reformbewegung auf dem Tiananmen hatte deutlich gezeigt, wo der Protest des Volks an Grenzen stieß und wie gefährlich er sein konnte.

Die Weiquan-Bewegung suchte einen anderen Weg, um Widerstand gegen das chinesische Unterdrückungsregime zu leisten. Die Bewegung hatte weder eine Führung noch eine zentrale Organisation, sondern war eine bunt gemischte Sammlung engagierter Aktivisten, Rechtsanwälte und Intellektueller, die die Kommunistische Partei mit dem chinesischen und internationalen Recht in der Hand dazu zwingen wollten, sich an das Gesetz zu halten, seien es die chinesischen Rechtsvorschriften, die die Partei selbst verabschiedet hatte, oder das internationale Recht, das sie anerkannt hatte.

Aber als wir sie beim Wort nahmen und aufforderten, ihre Versprechen zu halten, kam die wahre Natur der Partei zum Vorschein, die sie hinter rhetorischen Bekenntnissen zum Rechtsstaat zu verbergen versuchte. Da wir nach Gerechtigkeit strebten und von den Machthabern verlangten, das Gesetz zu respektieren, waren wir eine Bedrohung für die Allmacht der Kommunistischen Partei. Die Parteifunktionäre sahen Feinde in uns. Schon bald sollte sich zeigen, dass sie zu allem bereit waren, um ihre Macht zu verteidigen.

Sechs **Neue Wurzeln**

Weijing und ich verbrachten eine Weile in verliebter Begeisterung, doch irgendwann mussten wir uns eingestehen, dass wir in einer Sackgasse steckten. Ihre Familie war strikt dagegen, dass sie einen Blinden heiratete. Eigentlich hatten ihre Angehörigen nichts gegen mich – wir waren uns noch gar nicht persönlich begegnet –, aber sie glaubten, dass mir als Behindertem ein Stigma anhaftete, das ich nie loswerden würde, gleichgültig wie selbständig ich war oder welchem Beruf ich nachging. Besonders unnachgiebig war Weijings Mutter, die sich zu jener Zeit von einer Hirnblutung erholte. «Ich weiß nicht, ob ich es mir verzeihen könnte, wenn wir heirateten und ihr etwas zustieße», sagte Weijing zu mir.

Die Haltung ihrer Eltern verhärtete sich zusehends, und der Druck auf Weijing wuchs. Eines Tages fragte ich sie, ob sie ernsthaft über die Möglichkeit nachgedacht hatte, dass ihre Familie unsere Partnerschaft nicht akzeptieren würde.

«Ich glaubte, mich damit beschäftigt zu haben, aber vielleicht habe ich nicht wirklich gründlich darüber nachgedacht», gab sie zu.

«Du solltest dich damit auseinandersetzen», sagte ich. «Wenn du glaubst, du kannst ihre Ablehnung verkraften, können wir den nächsten Schritt tun.» Eine Trennung von Weijing würde ein schwerer Schlag für mich sein, aber ich wollte die Beziehung nicht fortsetzen, wenn wir keine Chance auf eine gemeinsame Zukunft hatten. Ebenso klar war für mich, dass ich eine Ehe, die meine Eltern über einen Heiratsvermittler arrangierten, niemals akzeptieren würde. Sofern Behinderte nicht wohlhabend sind, werden sie in China zumeist mit anderen Behinderten verheiratet, wenn sie überhaupt einen Partner finden.

Weijing und ich telefonierten weiterhin viel, und in jenem Herbst kam sie mich gelegentlich in Dongshigu besuchen, doch die letzten

Monate des Jahres 2001 vergingen quälend langsam. Manchmal verbrachten wir zauberhafte Stunden zusammen, andere Male waren wir zu bedrückt, um zu sprechen. Während des Laternenfests 2002 kam sie zu mir zu Besuch. Wie in Wellen lief der Lärm explodierender Knallkörper durch das Dorf, doch Weijing wollte sich das Feuerwerk nicht anschauen. Sie war zu verstört von dem, was sie durchgemacht hatte. Dennoch bestand ich darauf, auf das Dach hinaufzugehen, wo sie das Feuerwerk besser sehen konnte. Ich hoffte, das Spektakel würde sie aufheitern. Wortlos folgte sie mir. Ich wusste, dass über unseren Köpfen Feuerwerkskörper explodierten und Farbschweife durch die Luft zogen, aber ich stand bedrückt unter dem für mich unsichtbaren Himmel. Mit Weijings Hilfe hatte ich auf neue Weise sehen gelernt. Jetzt war mir nicht nur die leuchtende Welt verschlossen; die Frau, die ich liebte, die Frau, die mir diese Welt beschreiben und sie für mich zum Leben erwecken konnte, war verstummt.

Trotz aller Widrigkeiten weigerte sich Weijing, die Beziehung zu mir zu beenden. Eines Tages in jenem Frühling beschloss ihr Vater, meine Eltern aufzusuchen und sich selbst ein Bild von der Lage zu machen. Er wusste, dass seine Tochter und ich entschlossen waren, zusammenzubleiben. Er reiste mit einer von Weijings Schwestern nach Dongshigu. Ich hatte gehofft, das Gespräch würde ihn dazu bewegen, seine Meinung zu ändern, aber er sagte Weijing nachher, er lehne eine Heirat nun noch entschiedener ab als zuvor. Er hatte mit eigenen Augen gesehen, wie unvorteilhaft die Verbindung für seine Familie war. Ich war nicht nur blind, sondern lebte in einem bitterarmen, abgelegenen Dorf in einem schäbigen Haus, in dem seine Tochter weit von ihrer Familie entfernt sein würde, die wie die meisten Familien auf dem Land kein Auto besaß.

Kurz nach dem Besuch ihres Vaters kam der Anruf, vor dem ich mich gefürchtet hatte. Weijings Stimme war von Tränen verklebt. Sie sagte: «Wir müssen uns trennen.» Ihre Familie war gegen unsere Beziehung, und ihre Freunde, Klassenkameraden und Kollegen bombardierten sie mit verletzenden Argumenten und drängten sie, die Beziehung zu beenden. Sei realistisch, sagten sie. Wie kann ein Behinderter ein Einkommen verdienen? Unter allen Männern in der Welt musst du dir ausgerechnet einen Blinden aussuchen? Was werden die Leute über dein Kind denken, über das Kind eines behinderten Vaters? Du hast eine gute Arbeit und eine gute Familie. Du könntest überall einen Mann finden, der zu dir passt. Außerdem ist er sehr arm: Wovon werdet ihr leben? Ihre Freunde hielten Weijing für verrückt. Obendrein war sie eine von drei Töchtern, und ihre Eltern fürchteten um ihre Altersversorgung, weil sie noch immer keine männlichen Nachkommen hatten. Chinesische Frauen ziehen nach der Hochzeit normalerweise zur Familie ihres Mannes und können ihre Eltern im Alter nicht versorgen.

Ihre Familie bewegte sogar Weijings Arbeitgeber dazu, den Kontakt zwischen uns zu unterbinden. Ich war empört und gekränkt, als ich das erfuhr. Am Ende ließ ich mich von einem Freund zur Schule fahren, wo ich Weijing für einen Moment weglockte, um ein schmerzhaftes Gespräch mit ihr zu führen. Ich drängte sie, sich mehr anzustrengen, um dem Druck zu widerstehen: Egal wie hoch die Hindernisse sein mochten, gemeinsam konnten wir sie überwinden.

Anfang April besuchte sie ihre Familie über ein langes Wochenende und wurde praktisch unter Hausarrest gestellt. Ihre Eltern nahmen das Telefon aus ihrem Zimmer weg und überwachten die Leitung. «Du musst sie verlassen», sagte ich zu ihr, als sie wieder an ihrem Arbeitsplatz in der Schule war. «Du musst selbst entscheiden.» Sie stand unter gewaltigem Druck. Sie liebte mich und wollte mich nicht aufgeben. Aber sie liebte auch ihre Familie und wollte sie nicht verletzen. Besonders sorgte sie sich um ihre Mutter, deren Gesundheitszustand schlecht war. Außerdem wollte sie sich nicht von ihren Schülern trennen, denen sie sich sehr verbunden fühlte.

Ihre Familie versuchte einen weiteren Schachzug. Sie hatten einen passenden Partner für sie gefunden, einen gut aussehenden Soldaten aus guter Familie, der sogar größer als ich war. An einem Nachmittag lud er sie zu einem Motorradausflug in die Berge ein.

Anschließend hatte sie drei Tage Zeit, um eine Antwort zu geben. Zum Entsetzen ihrer Eltern lehnte sie ab. Sie hatte ohnehin nur in das Treffen eingewilligt, weil sie ihrer Familie zeigen wollte, dass sie jeden Partner zurückweisen würde, den man ihr vorschlug.

Obwohl die folgenden Monate für mich zermürbend waren, konzentrierte ich mich weiter auf meinem Einsatz für die Behinderten und auf den Aufbau meiner NRO, einer Nichtregierungsorganisation. Ich arbeitete an einem Antrag auf einen Zuschuss von einer kanadischen Stiftung. Weijing hatte mir geholfen, die erforderlichen Unterlagen zusammenzustellen. Als das Ende der Frist für die Einreichung des Förderantrags nahte, überredete ich Weijing, mich nach Peking zu begleiten, um die Arbeit abzuschließen; außerdem konnte sie sich auf diese Art dem unerträglichen Druck ihrer Familie ein wenig entziehen. Wir brachen am 21. April auf und mieteten uns bei einer Arbeiterfamilie ein Zimmer. Kurze Zeit später entschloss sich Weijing, ihre Arbeit aufzugeben, obwohl ihr ihre Schüler viel bedeuteten. Gemeinsam schrieben wir einen Brief an ihren Vater, in dem wir ihm offen erklärten, was wir füreinander fühlten. Dann rief Weijing ihre Mutter an und erklärte ihr, wie sie sich entschieden hatte. Ihre Mutter hörte nicht mehr auf zu weinen.

Die Reaktion ihrer Familie entmutigte sie vollkommen, und nach wenigen Tagen entschloss sich Weijing zur Rückkehr nach Shandong. Ich begleitete sie, aber nach einem kurzen Aufenthalt in Dongshigu reiste ich in Begleitung meines Neffen Chen Hua wieder nach Peking. Wann immer ich Zeit hatte, rief ich Weijing an. Schließlich erklärte sie sich bereit, wieder zu mir nach Peking zu kommen. Dort lebten wir unter schwierigsten Bedingungen. Wenn wir die Miete bezahlt hatten, blieb uns kein Geld für Lebensmittel oder irgendetwas anderes. Wir waren so arm, dass wir nur Wassermelonen kauften, weil wir nicht nur das Fruchtfleisch, sondern auch die Schale essen konnten. Nach zwei Monaten hatten wir kein Geld mehr und mussten über den Sommer nach Dongshigu zurückkehren.

Das chinesische Herbstfest – es findet im achten Monat des Mondkalenders statt – ist der Familie gewidmet. Meine Eltern schlugen vor, zu einem Treffen mit Weijings Familie nach Linshu zu reisen. Auf dem Land ist es Brauch, dass sich die Familien von angehenden Ehepaaren treffen. Aber Weijing entschloss sich, stattdessen allein heimzukehren. Ich bereitete mich auf das Ende unserer Beziehung vor, da ich nicht glaubte, dass Weijing dem Druck ihrer Familie noch länger standhalten würde. Da ich sie liebte, fuhr ich eines Tages jedoch mit meinem Vater und Älterer Bruder in ihr Heimatdorf, um ihren Eltern einen lebenden Hahn, Fleisch und Mondkuchen zu überbringen.

Weijing und ihre Mutter nahmen uns am Hoftor in Empfang. Ihre Mutter hatte sich erholt, aber ich konnte meine Nerven kaum im Zaum halten, denn es war unsere erste Begegnung.

«Das ist meine Mutter», sagte Weijing.

«Mama, ich bin Guangcheng», sagte ich.

Wir gingen hinein und aßen miteinander, es gab frittiertes Hühnchen mit jungem Knoblauch. Ihr Vater war höflich und zuvorkommend, aber das Treffen führte zu nichts. So sehr Weijing und ich uns auch bemühten, ihre Familie beharrte kalt darauf, dass wir nicht zusammengehörten. Unsere Beziehung war zum Stillstand gekommen.

Der Herbst ging in den Winter über, das Jahr 2002 neigte sich seinem Ende zu. Eines Tages stand Weijing überraschend vor der Tür. Sie hatte ihren Besuch nicht angekündigt. Ich wusste, wie quälend die Situation für sie war, und war bereit zu akzeptieren, was immer kommen mochte. Sie erzählte mir, dass sie immer der Liebling ihrer Mutter gewesen war, die besonders unter Weijings Verbindung mit mir litt. Die Reaktion der Mutter bestand darin, Weijing zum Ziel ihrer Wut zu machen. Sie verfluchte und beschimpfte sie und versuchte ihr das Versprechen abzuringen, mich nicht wiederzusehen. Weijing fühlte sich schuldig, weil sie das Gefühl hatte, die Liebe ihrer Familie zu verraten. So wurde sie hin und her gerissen zwischen der romantischen Liebe und der Liebe zu ihrem eigenen Fleisch und Blut. Sie war derart zerrissen, dass sie sich entschloss, ihren eigenen Qualen und dem Schmerz der Menschen, die sie liebte, ein Ende zu machen und sich das Leben zu nehmen. Zum Glück schritt ihr Vater rechtzeitig ein und hielt sie davon ab.

Aber Weijings Geduld war erschöpft. «Ich habe mich entschlossen, zu dir zu kommen und einen Ausweg zu finden», sagte sie zu mir bei ihrer Ankunft. «Was immer wir tun, wir werden es gemeinsam tun. Du wirst sagen, dass es ein Glücksspiel ist, aber ich bin bereit, alles auf eine Karte zu setzen.»

Mein Herz setzte für einen Schlag aus. Ich konnte nicht garantieren, dass es gut ausgehen würde, aber ich blickte voller Hoffnung in unsere Zukunft. Ich schloss sie in die Arme und küsste sie, und zum ersten Mal begannen wir darüber zu sprechen, wie wir unser restliches Leben miteinander verbringen würden.

Wir hatten zumindest einen Trost: Ihr Vater hatte sich entschlossen, unserer Verbindung stillschweigend zuzustimmen, und war sogar bereit, unsere Heirat zu unterstützen. Um heiraten zu können, mussten wir beide unsere Haushaltsregistrierungen und einen von den örtlichen Behörden ausgestellten Nachweis des Wohnsitzes vorlegen. Wir baten Weijings Vater, uns heimlich ihre Dokumente weiterzugeben und die erforderliche Registrierung im Heimatdorf ihrer Familie zu arrangieren.

Als die Dokumente vorlagen, kehrte Weijing in ihr Dorf zurück, um sie abzuholen. Ihre Mutter, die nicht gewusst hatte, dass sie nach Linshu kommen würde, begegnete der Tochter im Ort und begann sie zurechtzuweisen. Sie verfolgte Weijing gut drei Kilometer bis zur Bushaltestelle und schrie immer wieder: «Du willst keine Mutter haben? Wie kannst du so grausam sein? Ich habe dich großgezogen, und du hast nicht die geringste Achtung vor mir?»

Weijing war verstört, aber sie wollte ihrer Mutter klarmachen, dass sie sich endgültig entschieden hatte. Sie erklärte, eine Trennung von mir werde ihr das Herz brechen, und das könne ihre Mutter unmöglich wollen. «Ich habe es dir gesagt, aber du wolltest uns nicht unterstützen.» Mit Tränen in den Augen ließ sie ihre Mutter am Straßenrand zurück.

Aber Weijings Mutter gab nicht nach. Uns wurde klar, dass wir erneut fortgehen mussten, um uns ihrem Einfluss zu entziehen. Also zogen wir zu meinem Bruder in Yinan. In der ersten Nacht im Haus von Vierter Bruder war Weijing verzweifelt. Sie schlief keine Minute, sondern weinte bis zum Morgen. Die Schuldgefühle trieben sie fast in den Wahnsinn. Sie hatte das Gefühl, eine untreue Tochter zu sein. Ich lag neben ihr und wollte sie trösten und ihren Schmerz lindern, und konnte doch nicht mehr tun, als ihr die Tränen abzuwischen.

Kurz nach dem Jahreswechsel gingen wir mit meinem Bruder zum Bürgeramt des Kreises Yinan, um die Papiere auszufüllen. Am 3. Januar 2003 holten wir unseren Trauschein ab.

Weijings Stimme bebte vor Emotion, als sie sagte: «Jetzt bin ich also tatsächlich eine verheiratete Frau.»

Es hätte der glücklichste Augenblick in unserem Leben sein sollen, aber ich wusste, dass meine Frau bedrückt war.

Wir machten Fotos und verteilten Süßigkeiten unter den Beamten. Der jahrelange Kampf um unsere Beziehung war endlich vorbei.

Mein Freund Liu Naitang, der in diesen Dingen bewandert war, wählte den achten Tag des ersten Mondmonats – den 8. Februar 2003 – für unser traditionelles Hochzeitsfest im Dorf. Im ländlichen China ist eine Hochzeit zugleich Vermählungsritual, Familienzusammenkunft, Dorffest und Hauseinweihungsfeier. Unser «neues Haus», das leer gestanden hatte, seit Zweiter Bruder es einige Jahre früher gebaut hatte, stand nicht weit von meinem Elternhaus entfernt im südlichen Teil des Dorfes. Es war uns nicht bestimmt, dort lange als Jungvermählte zu leben, und in einer heimtückischen Wendung des Schicksals sollte es später von der Staatsmacht beschlagnahmt und in unser persönliches Gefängnis verwandelt werden. Aber diese Geschehnisse lagen noch in der Zukunft. An jenem Tag fand in diesem Haus unsere Hochzeitsfeier statt.

Vor der Hochzeit putzten Weijing und ich unser neues Heim und richteten uns häuslich ein. Wir hatten kein Geld für Möbel, aber meine Brüder, die selbst kaum Erspartes hatten, retteten uns, indem sie auf Weisung meines Vaters sechstausend Yuan zusammenlegten. Dank dieser Hilfe konnten Weijing und ich das Nötigste für unser Eheleben kaufen. Es ist Sitte, dass Frischvermählte ein neues Ehebett haben müssen, aber zu meiner großen Scham konnten wir uns kein neues Bett leisten und mussten uns mit dem Bett begnügen, das mein Vater vor vielen Jahren in der Parteischule verwendet hatte. Wir kauften eine einfache Strohmatratze sowie neue Decken, Laken und Kissen für unser Ehebett. Außerdem konnten wir uns für das Geld meiner Brüder zwei Sofas, einen Teetisch, eine Waschmaschine und ein Fernsehgerät leisten.

Wenige Tage vor der Hochzeit trafen im Haus meiner Eltern Köche ein, die im Hof einen Ofen aus Lehmziegeln bauten. Sie begannen, die Zutaten vorzubereiten, und lagerten alle verderblichen Lebensmittel in einem kühlen Raum. Mein Vater und meine Brüder, allesamt gute Köche, halfen bei den Vorbereitungen. Bald kamen Scharen von Verwandten. Wir freuten uns sehr, sie zu sehen, doch das Geld in den «roten Umschlägen», die sie uns übergaben, deckte die Kosten der Hochzeitsfeier nicht; normalerweise dienen die Geldgeschenke diesem Zweck. Es würde eine karge Hochzeit werden, was nicht zuletzt daran lag, dass sich Weijings Familie nicht an den Kosten beteiligte. Ihre Verwandten wussten nicht einmal von unserer Heirat. Den von der Familie der Braut ausgerichteten dritten Festtag, eigentlich ein fester Brauch, würde es nicht geben. Weijing und ich machten uns Sorgen, aber wir waren bereit, uns in unser Schicksal zu fügen. Ihre Familie hatte alles getan, um unsere Beziehung zu zerstören, und es war uns klar, dass sie nicht bereit sein würde, unsere Hochzeit mit uns zu feiern.

Unser «Hochzeitsauto» war ein vollkommen mit Blumen bedeckter Santana 2000. Es betrübte uns sehr, dass wir nicht dem Brauch gehorchend im Haus von Weijings Eltern aufbrechen konnten. Stattdessen wählten wir das Haus von Vierter Bruder als Ausgangspunkt unserer Reise. Weijing schlug kleine Geldscheine in glückbringendes rotes Papier ein und warf sie der Tradition gehorchend aus dem Autofenster, wann immer wir über eine Brücke fuhren. Als der Wagen langsam in mein Dorf rollte, wurde er von triumphalen Explosionen begrüßt. Überall am Straßenrand wurden Feuerwerkskörper gezündet. Am Ende unseres kleinen Konvois fuhren zwei Autos, in denen ein Kollege von Vierter Bruder und Zweite Schwägerin mit ihren Verwandten saßen, die für Weijings abwesende Familie eingesprungen waren. Insgesamt waren es sechs Autos, die zu den Feierlichkeiten ins Dorf fuhren.

Unter den Hochzeitsgästen war auch der Rechtsanwalt Wang Shiqiang aus Peking, mit dem mich Caroline Wilson bekannt gemacht hatte; er hatte seine Frau und einen Freund mitgebracht, der für das staatliche Zentralfernsehen arbeitete. Auf dem Weg hatten sie in der Canlian-Niederlassung in Linyi Halt gemacht, wo sie vor der Teilnahme an meiner Hochzeit gewarnt worden waren. Man hatte ihnen gesagt, ich würde vom örtlichen Büro des Ministeriums für Staatssicherheit beobachtet, mit dessen Geheimpolizisten ich in Nanking Bekanntschaft gemacht hatte. Als ein Anruf beim Ministerium dieses Gerücht als falsch widerlegte, änderten die Canlian-Funktionäre ihre Meinung und begleiteten Wang sogar zu unserer Feier. Obendrein schenkten sie uns eine Bettdecke. Unterdessen hatte Wangs Freund vom Fernsehen den Sender in Linyi informiert, der ein Reporterteam und eine Kameracrew schickte. Die Redaktion war der Meinung, die Hochzeit eines Blinden mit einer nicht behinderten Frau sei eine Reportage wert. Später hörte ich, dass viele Zuschauer zutiefst gerührt waren, als die Bilder von unserer Feier am nächsten Tag ausgestrahlt wurden. Die Canlian-Funktionäre drängten Anwalt Wang noch vor Beginn des Hochzeitsbanketts zum Aufbruch; zuvor gelang es ihm jedoch noch, uns ein großzügiges Geschenk von zweitausend Yuan zu machen. Dieses Geld sollte uns in den folgenden Monaten sehr helfen.

Bei unserem neuen Haus angekommen, stiegen wir aus dem Hochzeitsauto aus. Die Sonne wärmte unsere Gesichter. Ich trug eine Blume im Knopfloch und fühlte mich wie neugeboren. Weijing und ich tauschten zwei Seidenblumen aus und überschritten die Türschwelle, um unsere Brautkammer zu betreten – damit waren wir ein Ehepaar. Obwohl all die Hindernisse, die wir zu überwinden gehabt hatten, einen Schatten auf diesen Moment warfen, wurde mein Herz von Freude überflutet. Und obwohl mir Weijing später gestand, wie traurig sie darüber war, dass ihre Familie sie nicht begleitete, war es auch für sie der glücklichste Tag in ihrem Leben.

Im Hof drängten sich Dutzende Verwandte und Freunde. Ich werde nie vergessen, wie glücklich mein Vater an diesem Tag war. Er hatte nicht geglaubt, meine Hochzeit erleben zu dürfen. Wir beantworteten die Fragen der Journalisten vom Lokalfernsehen aus Linyi, und ich sprach sogar über meine Arbeit als Menschenrechtsaktivist. Am selben Tag heiratete auch der Sohn eines Nachbarn, sodass das ganze Dorf im Freudentaumel war. Alle schlossen sich der Feier an, als im Haus meiner Eltern die Musik zu spielen begann und das Festbankett eröffnet wurde.

Als sich die Feier ihrem Ende näherte, kehrten wir in unser neues Heim zurück, um mit Freunden und Nachbarn zu feiern. Wie es bei uns Brauch ist, verteilten wir Süßigkeiten und Zigaretten; an den Wänden hing aus roten Papierbögen ausgeschnitten das Zeichen *shuangxin* («Doppeltes Glück»), das Symbol des Eheglücks. Einige Gäste sangen mit einer geborgten Anlage Karaoke. Wir servierten unseren Gästen Wasser in kleinen Wegwerftassen. Unsere Freunde und einige der jüngeren Verwandten blieben noch lange wach und vergnügten sich mit Hochzeitsspielen. Meine Neffen banden einen Apfel an einen Faden und ließen ihn hin und her schwingen, während Weijing und ich versuchten, davon abzubeißen, ohne unsere Hände zu benutzen. Die Zuschauer amüsierten sich köstlich, wenn der Apfel plötzlich weggezogen wurde oder wenn wir uns unabsichtlich küssten. In China ist es auf dem Land nicht üblich, dass Paare sich in Gegenwart anderer küssen. Hochzeitsgäste lieben es zuzuschauen, wie sich Braut und Bräutigam vor Peinlichkeit winden.

Am nächsten Morgen standen wir früh auf, um das Ehebett an die Stelle zu schieben, an der es bei Neuvermählten zu stehen hatte. Dem Brauch folgend, vollzog meine Nichte für uns das Ritual der «Schuhverehrung» und machte die Runde im Dorf, um Verwandte und Nachbarn mit neuen Schuhen und Geldbündeln zu beschenken. Die Schuhe haben eine doppelte Bedeutung: Das Wort *xie* – «Schuh» – klingt genauso wie das Wort für «danke», und die Schuhe symbolisieren die Mühe, die alle Beteiligten bei der Vorbereitung der Hochzeit auf sich genommen haben – vielleicht haben sie dabei sogar ihre Schuhe durchgelaufen. Im Gegenzug dankten uns unsere Nachbarn und Verwandten, indem sie kleine, in rotes Papier eingeschlagene Geldbündel auf das Tablett meiner Nichte legten.

Nach dem Essen bereiteten wir einige Opfergaben vor und brachen zum «Besuch beim glücklichen Grab» auf, wie es bei uns heißt. Wir erwiesen den Vorfahren meiner Familie die Ehre, deren Gräber wir mit rotem Papier bedeckten, um die Freude der Verstorbenen über das Glück ihrer Nachfahren auszudrücken. Beim Grab meines Großvaters väterlicherseits legten wir Kuchen, Gemüse und Tee ab, gossen Alkohol aus, verbrannten ein wenig Papiergeld, verbeugten uns vor dem Grabstein und zogen uns wieder zurück. Ich erinnerte mich, wie meine Brüder bei ihrer Hochzeit das glückliche Grab besucht hatten. Ich war in einem heiteren Zustand und hatte das deutliche Gefühl, dass es irgendwo zwischen Himmel und Erde noch eine andere, geheimnisvolle Welt gab.

Die Monate nach unserer Hochzeit waren eine bittersüße Zeit. Zuerst mussten wir ein schmerzliches Nachspiel unserer fröhlichen Feier über uns ergehen lassen. Weijing rief ihre Eltern an, die aus dem Fernsehen von unserer Heirat erfahren hatten. Das Gespräch war eine Qual. Zu jener Zeit bereiteten wir uns auf eine Reise vor, die mir wie ein unmöglicher Traum zu sein schien. Das amerikanische Außenministerium hatte aus dem Zeitschriftenartikel von meinen Bürgerrechtsaktivitäten erfahren und mich zu einem einmonatigen internationalen Studienprogramm in die Vereinigten Staaten eingeladen. Weijing und ich sollten im Juli aufbrechen. Wir begannen, Pässe zu beantragen, Formulare auszufüllen und unsere Pläne mit der amerikanischen Botschaft in Peking abzustimmen.

Und schließlich bereiteten wir uns auf ein noch bedeutsameres Ereignis vor: Unser erstes Kind war auf dem Weg. Die meisten verheirateten Frauen in China werden in regelmäßigen Abständen im Auftrag der Familienplanungsbehörde ärztlich untersucht, um Schwangerschaften festzustellen. Aber die Ärzte kontrollieren keine unverheirateten Frauen. Daher wusste bis zu unserer Heirat niemand, dass Weijing schwanger war. Wir waren überglücklich, Eltern zu werden. All die Schwierigkeiten, die wir vor unserer Heirat auf uns genommen hatten, hatten sich gelohnt.

Am Abend des 3. Mai spürte Weijing gegen elf Uhr abends Schmerzen im Bauch. Erst glaubten wir, die Ursache sei ein langer Spaziergang gewesen, den wir an diesem Tag unternommen hatten. Wir waren darauf vorbereitet – Weijing hatte mir aus einem Buch über Schwangerschaft und Geburt vorgelesen –, aber der Beginn der Wehen überwältigte mich. Ich fürchtete mich bei dem Gedanken, wie wenig ich helfen konnte. Wir zogen uns rasch an und machten uns fertig für die Fahrt zum Krankenhaus. Die in Wellen kommenden Wehen zwangen Weijing immer wieder, sich niederzukauern, während ich versuchte, sie zu halten. Mit zahlreichen Unterbrechungen mühten wir uns zum Haus meiner Eltern und wählten die Notrufnummer 120. Nach etwa einer Stunde fuhr eine Ambulanz vor, die uns zum nächsten Krankenhaus mit Geburtenstation brachte.

Im Krankenhaus stellte eine Ärztin bei der Ultraschalluntersuchung fest, dass sich das Baby in Steißlage befand. Die Ärztin begann sofort, Weijing zu einem Kaiserschnitt zu drängen, und malte uns gravierende Folgen aus, wenn wir nicht dazu bereit seien. Das Krankenhaus würde keine Verantwortung übernehmen, wenn wir auf einer normalen Geburt beharrten und dem Baby etwas passierte. Wir waren wütend. Ich wusste, dass die Ärztin im Irrtum war, und wollte in ein anderes Krankenhaus fahren, aber mir war auch klar, dass sie alle ähnlich vorgingen und teure Eingriffe bevorzugten, die ihnen zusätzliche Einnahmen bescherten. Zugleich wollten sie sich der Verantwortung entziehen, indem sie sich die Unterschrift der Patienten holten. So blieb uns nichts anderes übrig, als dem Kaiserschnitt zuzustimmen.

Während Weijing in den Operationssaal gebracht wurde, warteten Älterer Bruder und ich draußen. Das Krankenhaus ließ nicht zu, dass Angehörige bei der Geburt anwesend waren. Ich bemühte mich, gelassen zu bleiben, und unterhielt mich mit meinem Bruder, lauschte dabei jedoch auf jedes Geräusch aus dem Nebenraum. Nach etwas mehr als einer Stunde hörten wir die Schreie eines gesunden, kräftigen Babys. Mein Bruder klang überrascht angesichts der Lautstärke der Schreie. «Ist das deins?», fragte er. «Es hört sich nicht wie ein Neugeborenes an, sondern wie ein sechs Monate altes Baby», antwortete ich.

Aber es waren tatsächlich die Schreie meines Sohnes. Eine Krankenschwester kam heraus, um uns mitzuteilen, dass Mutter und Kind wohlauf waren. Ich rief sofort meinen Vater an, um ihm die Neuigkeit mitzuteilen. Er war außer sich vor Freude. Wenige Minuten später brachte die Schwester meinen kleinen Sohn heraus und legte ihn mir in die Arme, da Weijing ein wenig Ruhe brauchte. Ich war hingerissen und konnte nicht anders, als meine Hände behutsam auf das wunderbare kleine Geschöpf zu legen. Zum ersten Mal in meinem Leben berührte ich so winzige Füße und dünne Beinchen; sie erinnerten mich an die Beine der Frösche, die ich als Kind am Fluss gefangen hatte.

Weijing war fünf Tage lang ans Bett gefesselt, sie erholte sich nur langsam. Sie war glücklich, aber von dem Kaiserschnitt gezeichnet. Unser Sohn, den wir Kerui nannten, schien unentwegt zu schreien, und da Weijing nicht aufstehen konnte, um ihn hochzunehmen, versuchte ich manchmal, ihm ein Fläschchen zu geben. Ich stellte mich beim Anrühren der Babymilch ungeschickt an und übergoss jedes Mal mich selbst oder Kerui damit. Es fiel mir schwer, den Schnuller in seinen Mund zu bringen. Das erinnerte mich daran, wie schwierig es für mich gewesen war, meine Zicklein dazu zu bringen, am Euter der Mutter zu trinken. Ich wollte meinen Sohn so gerne versorgen und im Arm halten, aber da ich im Umgang mit einem Kind ungeübt war, fiel mir das alles sehr schwer.

Nach sieben Tagen konnte Weijing das Krankenhaus verlassen.

Wie es bei uns Brauch ist, vergrub meine Mutter die Plazenta unter dem Haus, damit das Kind im Leben erfolgreich sein und stets feste Wurzeln haben würde. Zwölf Tage nach seiner Geburt wurde in einer Zeremonie Keruis kleiner Kopf geschoren. Wir bastelten ihm aus dem Holz eines Latiao-Buschs und aus Sorghum-Stängeln Pfeil und Bogen; am Bogen befestigten wir eine Knoblauchzwiebel und einen roten Stofffetzen, um das Böse von ihm fernzuhalten und sein Glück zu fördern. All das hängten wir über unserer Haustür auf, damit aus unserem kleinen Sohn ein Kämpfer und ein Gelehrter würde.

Weijing hielt sich an die traditionelle Vorschrift, «den Monat auszuharren», und nahm während des Wochenbetts nicht ein einziges Bad, verzichtete auf Lebensmittel, die die Milchproduktion hemmten, und ernährte sich stattdessen von den Köstlichkeiten, die meine Mutter eigens für sie vorbereitete: Hirsebrei mit braunem Zucker, pochierte Eier, Schlangenkopffisch. Der kleine Kerui verbrachte seine ersten hundert Lebenstage fast ausschließlich im Haus, wo ihm zahlreiche Besucher ihre Aufwartung machten. Zu unserer großen Freude waren unter diesen Besuchern auch Weijings Eltern. Entzückt von ihrem Enkel, schienen sie endlich bereit, die Feindseligkeiten zu beenden.

Der Sommer brachte weitere Veränderungen. Um meinen Eltern näher sein zu können, entschlossen wir uns, wieder zu ihnen zu ziehen, womit das «neue Haus» erneut aufgegeben wurde. Weijing und ich würden in dem Haus, in dem ich aufgewachsen war, unsere Familie aufbauen und unsere Zukunft gestalten.

Mitte Juli mussten wir uns von unserem erst elf Wochen alten Sohn trennen, um nach Amerika zu reisen. Wir waren bedrückt und fürchteten uns davor, das Baby zurückzulassen. Kerui würde bei meinen Eltern bleiben und sich daran gewöhnen müssen, nur noch Flaschenmilch zu trinken.

Wir packten nur einen kleinen Koffer für uns beide. Für die Fahrt nach Linyi riefen wir ein Taxi. Von dort aus fuhren wir im Zug nach Peking, wo wir das Flugzeug nehmen würden. Vor dem Aufbruch stand ich lange am Bett meiner Eltern und lauschte auf den Atem meines schlafenden Sohnes. Meine Lippen sagten: «Ich muss jetzt gehen», aber meine Füße gehorchten nicht. Als ich mich losgerissen hatte und fast beim Taxi war, das am Ortseingang wartete, überkam mich plötzlich ein überwältigendes Bedauern. Ich drehte mich auf der Stelle um und lief durch das Dorf zurück zu unserem Haus, um mich noch einmal von Kerui zu verabschieden. Ich sprach ihn mit seinem Kosenamen an: «Ruirui, dein Vater geht auf Reisen.» Ich beugte mich hinunter zu dem winzigen Kind, das in ein dünnes Deckchen gewickelt war, streichelte seinen Körper und küsste es auf den Mund. Ich nahm die kleinen Händchen meines Sohnes in meine und hielt sie, bis ich es kaum noch ertragen konnte. Offenbar stand ich zu lange dort, vielleicht kitzelte ich ihn mit dem Schnurrbart, denn er begann sich zu regen und gab einen zarten, kaum hörbaren Ton von sich. Aber ich brachte ihn wieder zum Schlafen, zog mich zurück, schloss die Tür und lief zum Auto.

Zum ersten Mal in meinem Leben bestieg ich ein Flugzeug. Wie immer war ich sehr neugierig und betastete alles um mich herum. Als das Flugzeug zur Rollbahn fuhr, nahm ich Weijings Hand, und unser Griff wurde fester, als die Maschine abhob und aufstieg. Nervös beschrieb sie mir, wie die Welt unter uns kleiner und kleiner wurde. Langsam entspannte ich mich, und bald begann ich darüber nachzudenken, wie Amerika wohl sein mochte. Was würde ich dort lernen, was würde ich empfinden? Die Maschine wurde ruhiger, das Dröhnen der Triebwerke schmolz beinahe zu einem Flüstern, und der Kapitän meldete sich, um den Passagieren ein paar Worte über den Flug zu sagen.

Viele Stunden später landeten wir in Washington. Weijing hatte Englisch studiert, aber sie war aus der Übung gekommen und hatte Mühe zu verstehen, was die Leute zu ihr sagten. Alles war vollkommen neu für uns. Zum Glück hatte das State Department eine Dolmetscherin namens Annie Wang geschickt, die uns in Empfang nahm und zum Hotel Hilton begleitete. Ich begann, unser Zimmer zu erkunden, und entdeckte zahlreiche kleine Unterschiede:

ein Bügeleisen im Schrank – so etwas war mir in den billigen Hotels in Peking, in denen ich zu übernachten pflegte, nie begegnet –, das fremde Fahrenheit-System zur Temperaturmessung, die viel zu kalte Milch, die Fenster, die man kaum öffnen konnte (aus Haftungsgründen, wie man mir erklärte), und die bemerkenswerte Stille, die über einer so großen Stadt wie Washington lag. Weijing berichtete mir, dass die Gebäude im Gegensatz zu Peking, wo sich Hochhäuser drängten, niedrig waren.

Als das State Department erstmals die Möglichkeit angedeutet hatte, uns in die Vereinigten Staaten einzuladen, hatte ich den Diplomaten erklärt, dass wir uns ein Bild von den Rechten Behinderter und von den amerikanischen Gesetzen zu ihrem Schutz machen wollten. Vor allem interessierte mich, was die Zivilgesellschaft dazu beitrug, diese Rechte durchzusetzen. Wie lebten Behinderte in den Vereinigten Staaten, vor allem auf dem Land? Welche nützlichen Lehren konnte ich für den Aufbau meiner Organisation ziehen?

Das amerikanische Außenministerium hatte ein Besuchsprogramm zusammengestellt, um mir diese Fragen zu beantworten, und in weniger als einem Monat besuchten wir sieben verschiedene Orte – die Hauptstadt Washington, New York, Vermont, Cincinnati, Austin, den Bundesstaat Washington und San Francisco –, wo wir uns mit zahlreichen Gruppen, Organisationen und Einzelpersonen trafen, die sich für gesellschaftliche Veränderungen einsetzten. Als unsere Rundreise abgeschlossen war, hatten wir gesehen, was möglich war, und waren überall mit den gewaltigen Unterschieden zwischen China und den Vereinigten Staaten konfrontiert worden.

In Vermont wurde mir klar, dass der ländliche Raum in den Vereinigten Staaten nichts mit dem in China gemein hatte. In meiner Heimat war das Leben auf dem Land gleichbedeutend mit Armut und Rückständigkeit. In Amerika war es auf dem Land schöner als in der Stadt, und die Menschen hatten Zugang zu allem, was sie brauchten, seien es Werkzeuge oder materielle Güter.

Im Verlauf unserer Reise lernten wir verschiedenste Einrichtungen, darunter auch Schulen, kennen, die Blinde und andere Behinderte betreuten. Ich erlebte die Stärke der amerikanischen Zivilgesellschaft auf lokaler Ebene und begann zu verstehen, wie viele grundlegende Dienste die dortigen gemeinnützigen Einrichtungen bereitstellten, sei es in der Armutsbekämpfung, in der Beschäftigungspolitik, in der Bildung oder in der Unterstützung von Behinderten. Wir informierten uns über den Americans With Diabilities Act und erfuhren, wie die Behinderten in den Vereinigten Staaten für dieses Gesetz gekämpft hatten, das ihnen wichtige Rechte garantierte. Sie hatten sich sogar mit Rollstühlen an die Brooklyn Bridge gekettet, um die Öffentlichkeit auf ihre Probleme und Forderungen aufmerksam zu machen.

Wir kamen auch in Kontakt mit gemeinnützigen Einrichtungen und Gelehrten, die sich mit Chinas Umgang mit den Menschenrechten beschäftigten. Einer dieser Gelehrten war Jerome Cohen, ein auf chinesisches Recht spezialisierter Professor an der juristischen Fakultät der New York University. Jahre später gestand mir Professor Cohen, dass er sich zunächst gegen ein Treffen mit mir gesträubt hatte, da ich kein Recht studiert hatte. Glücklicherweise verstanden wir uns auf Anhieb gut. Ich konnte ohne Dolmetscher chinesisch mit ihm sprechen, und nach diesem Gespräch hatte ich das Gefühl, endlich besser zu verstehen, wie das amerikanische Rechtssystem funktionierte und wie seine Unabhängigkeit von den anderen staatlichen Gewalten gewährleistet wurde. Es war faszinierend, einen Mann über diese Dinge sprechen zu hören, der sich nicht nur seit Jahrzehnten mit juristischen Fragen beschäftigte, sondern das Recht auch in einen globalen Kontext einordnen konnte.

Ich stellte Professor Cohen viele Fragen, doch im Verlauf des Gesprächs tauschten wir die Rollen, und er richtete Fragen zu verschiedensten Themen an mich. Ich berichtete ihm über die Lage der Behinderten im ländlichen China, über praktische rechtliche Fragen und über die Arbeit der barfüßigen Anwälte. Wir vergaßen die Zeit, und am Ende unseres Gesprächs schlug mir Professor Cohen vor, in Kontakt zu bleiben und uns im Herbst bei seinem nächsten Besuch in Peking erneut zusammenzusetzen. Ich freute mich über dieses

Angebot. Unser Treffen in New York war der Beginn einer wichtigen Freundschaft.

Die Aufrichtigkeit, Freundlichkeit und Furchtlosigkeit der Menschen, die ich in den Vereinigten Staaten kennenlernte, beeindruckte mich, und dasselbe galt für die Umsetzung dieser Werte in der Politik und in den Institutionen des Landes. In China konnte Canlian die schamlose Behauptung verbreiten, die Beschäftigungsrate der Behinderten sei von 73 Prozent im Jahr 2002 auf 84 Prozent im Jahr 2003 gestiegen. Beide Zahlen waren offenkundig vollkommen abwegig. Die amerikanische Regierung hingegen gibt eine Beschäftigungsrate der Behinderten von 25 Prozent an. Die Zahl ist nicht beeindruckend, aber man kann darauf vertrauen, dass die Angabe der Wahrheit entspricht.

In San Francisco hörte ich zu meiner Überraschung, wie eine Frauenrechtlerin, deren Organisation wir besuchten, die amerikanische Regierung dafür kritisierte, dass sie verschiedene internationale Konventionen nicht unterzeichnet hatte. Im Gegensatz zu dem, was ich aus China kannte, schien sie zu glauben, dass es ein selbstverständlicher Bestandteil der Tätigkeit ihrer Organisation war, öffentliche Kritik an den Regierenden zu üben. Zu meiner Verblüffung pries sie das sozialistische System Chinas. Ich sagte: «Wenigstens dürfen Sie das Land verlassen, auch wenn Sie Ihre Regierung kritisieren. Haben Sie keine Angst, dass die amerikanische Regierung Ihnen keinen Reisepass ausstellt?»

Ihre beiläufige Antwort: «Ich kann ja zum Postamt gehen, um mir einen zu holen.»

Gespräche wie diese zeigten mir, dass eine Gesellschaft nur richtig funktionieren kann, wenn Kritik erlaubt ist. Und sie zeigten mir, wie lebendig der Pluralismus in den Vereinigten Staaten war. Niemand hört gerne Kritik, aber in den Vereinigten Staaten kann jeder frei sagen, was er denkt, und jedermanns Stimme ist wichtig für das Wohlergehen der Nation. Ich gewann den Eindruck, dass die Vereinigten Staaten einen kleinen Staat, aber eine große Gesellschaft hatten – nur in der Außenpolitik und in der Landesverteidigung schien die Regierung tatsächlich das Sagen zu haben. In krassem Gegensatz zu China schien der Staat in den Vereinigten Staaten kein Recht zu haben, sich in das Alltagsleben der Bürger einzumischen, es sei denn, diese gaben ihm ausdrücklich die Erlaubnis dazu.

An einigen der Flughäfen, die ich bei meiner Rundreise kennenlernte, machte ich ein kleines Experiment, um die Dienstleistungen für Behinderte zu testen. Jedes Mal, wenn ich allein unterwegs war, kam mir ein Angestellter des Flughafens zu Hilfe, um mir den Weg zu zeigen. Auch andere Reisende schienen gerne bereit, mir zu helfen. Sie nahmen oft Mühen und einige Unannehmlichkeiten auf sich, um einem behinderten Ausländer beizustehen, der ihre Sprache nicht beherrschte und keine Unterstützung hatte. Wenn in China ein Mensch auf der Straße stürzt, wagt ihm niemand zu helfen. Das liegt nicht daran, dass die Chinesen schlechte Menschen sind. Der Grund ist vielmehr, dass das Gesellschaftssystem ethisches oder altruistisches Verhalten und Mitgefühl nicht fördert. Dazu kommt, dass die Chinesen Behinderte meiden. Ganz anders in den Vereinigten Staaten, wo mir fast immer jemand zu Hilfe eilte.

Das bedeutet natürlich nicht, dass in den Vereinigten Staaten alles besser ist als in China. Beispielsweise musste ich an das neue U-Bahn-Netz von Peking denken, als wir während unseres Aufenthalts in New York im Regen aus einer U-Bahn-Station kamen. In Peking kann man in den weitläufigen verglasten Eingangshallen der Stationen seinen Regenschirm aufspannen, bevor man auf die Straße tritt, während sich der Regen in New York über die nicht überdachten Treppen direkt in die Stationen ergoss. Dazu kommt, dass Blinde in China in den öffentlichen Verkehrsmitteln nicht bezahlen müssen – zumindest steht das im Gesetz.

Als ich im August 2003 aus den USA zurückkehrte, blickte ich zuversichtlich in die Zukunft. Mein erstes Ziel in Peking war die amerikanische Botschaft, wo ich mit Diplomaten über die Eindrücke sprach, die ich bei meinem Besuch gesammelt hatte. In den Vereinigten Staaten, erklärte ich den Amerikanern, war der Gesellschaft offenbar bewusst, dass die Behandlung und die Lebensumstände behinderter Bürger viel über den Umgang mit den grundlegenden Menschenrechten verraten. In China ist die Versorgung behinderter Menschen im Grunde eine Privatangelegenheit der Behinderten und ihrer Familien. Wie konnten wir das ändern?

Ich war außer mir vor Glück, als ich daheim in Dongshigu den kleinen Kerui wieder in den Armen halten konnte. Wir waren nur einen Monat fort gewesen, aber der Junge war sehr gewachsen. Weijing und ich freuten uns sehr, wieder im Schoß der Familie zu sein. Statt richtiger Geschenke, die wir uns nicht leisten konnten, hatten wir unseren Angehörigen einige der Gratisartikel mitgebracht, die wir in den amerikanischen Hotels vorgefunden hatten: Bonbons, Seifen und Shampoo.

Im September sollten wir nach Peking reisen, um Professor Cohen zu treffen und unser Gespräch fortzusetzen. Ich wusste, dass Professor Cohen führende chinesische Universitäten beraten hatte und sogar Zhou Enlai und Deng Xiaoping persönlich begegnet war. Außerdem hatte er beträchtlichen Einfluss in den Vereinigten Staaten und war der Autor vieler wichtiger Bücher über China. Er hatte wesentlich zur Verbesserung der amerikanisch-chinesischen Beziehungen beigetragen und eine wichtige Rolle bei der Aufnahme der Volksrepublik in die Vereinten Nationen gespielt. Meine Hoffnung war, dass er auch jetzt einen Beitrag leisten und uns im Kampf für ein freies, demokratisches und verfassungsgetreues China unterstützen würde.

Am Tag unserer Verabredung reisten Weijing und ich im Zug von Linyi nach Peking, wo wir mit der U-Bahn zur Tsinghua-Universität fuhren, an der Professor Cohen unterrichtete. Weijing kaufte einen Fahrschein, und ich hielt meinen Behindertenausweis hoch, der eigentlich in ganz China galt. Aber die Kontrolleurin schob ihn weg und verlangte, dass ich einen Fahrschein kaufte. Wie ungezählte Male zuvor erklärte ich ihr das Gesetz, das ich mittlerweile in- und auswendig kannte. Ich zitierte den Artikel 44, Absatz 3, doch die Kontrolleurin war unbeeindruckt. Ich müsse den Blindenfahrausweis für Peking vorweisen, fuhr sie mich an. Gemeint war einer jener Ausweise, die nur in einzelnen Städten ausgestellt werden und auch nur dort gültig sind. Aber das war widersinnig, denn der Zweck des Behindertenschutzgesetzes war ja eben eine einzige landesweite Regelung dieser Rechte. Ich hielt der Kontrolleurin entgegen, dass die Regeln des Pekinger Verkehrsbetriebs den nationalen Gesetzen widersprachen. Sie antwortete, das solle ich nicht ihr, sondern den Verkehrsbetrieben sagen.

Da Weijing und ich unter Zeitdruck standen, verzichteten wir darauf, die Diskussion fortzusetzen. Ich kaufte einen Fahrschein, behielt ihn jedoch und versprach der Frau, dass ich die Verkehrsbetriebe von Peking verklagen würde. Seit meiner Studienzeit hatte ich immer wieder für dieses Grundrecht kämpfen müssen. Ich wusste, dass ich die Kraft hatte, um bis zum letzten Atemzug zu kämpfen, aber wie sollte der einfache Behinderte, der ohnehin überfordert war und sich nur mit Mühe behaupten konnte, angesichts so vieler Widerstände seine Rechte einfordern? Was sagte es über China, dass ein zwölf Jahre altes nationales Gesetz immer noch unbekannt war und nicht angewandt wurde? An einem Ort wie Linyi konnte man die alte Entschuldigung vorbringen, die Berge seien hoch und der Kaiser fern, aber konnte das auch in Peking gelten, unter den Augen des Kaisers?

Noch am selben Tag machte ich mich nach dem Treffen mit Professor Cohen, bei dem wir über meine jüngsten Aktivitäten und die Hindernisse gesprochen hatten, auf die Suche nach einem Rechtsanwalt, der mir helfen würde, eine Klage gegen die Verkehrsbetriebe von Peking einzubringen. Ein Freund vermittelte mich an Lu Ziming, der sich bereit erklärte, den Fall zu übernehmen und auf sein Anwaltshonorar zu verzichten. Mittlerweile war ich mit den Abläufen so vertraut, dass wir uns direkt den Details zuwenden konnten. Lu hielt meine Klagebegründung fest, ich übertrug ihm ein Mandat und er machte sich daran, die Klage vorzubereiten. Das Ganze war im Handumdrehen erledigt.

Das Erlebnis in der U-Bahn war keineswegs eine Ausnahme von

der Regel. Nach dem Gespräch mit Anwalt Lu machten Weijing, mein neuer Rechtsbeistand und ich uns in Begleitung eines Freunds, der die Szene mit einer Videokamera aufnahm, auf den Weg zur U-Bahn. Einmal mehr versuchte ich, gratis mit der U-Bahn zu fahren, und einmal mehr stieß ich auf einen Kontrolleur, der sich weigerte, meinen Behindertenausweis anzuerkennen. Mein Freund filmte, wie mich der Kontrolleur daran hinderte, auf den Bahnsteig zu gelangen, obwohl mein Anwalt ihm die Gesetzeslage leicht verständlich erklärte. «Da können wir nichts machen», antwortete der Kontrolleur. «Wir tun nur, was uns unsere Vorgesetzten befehlen.» Dann tauchte der Stationsvorsteher auf und wiederholte vor laufender Kamera, dass ich einen Fahrschein kaufen müsse. Ein zweiminütiger Ausschnitt des Films wurde später im Staatsfernsehen für eine Sendung mit dem Titel *Verkehrsampel* verwendet. Von da an unternahm ich mit meinem Diktiergerät bewaffnet weitere Testfahrten und forderte andere Behinderte auf, ihre Erfahrungen ebenfalls zu dokumentieren.

Als wir unsere Klage einreichten, ersparten wir uns die übliche Gerichtsgebühr mit dem Argument, der Prozess könne dazu beitragen, das Bewusstsein für die Rechte der Behinderten zu erhöhen, da das Pekinger U-Bahn-Netz das bekannteste städtische Verkehrssystem Chinas war. Zu unserer Überraschung halfen uns die Gerichtsbediensteten nicht nur bereitwillig, sondern informierten sogar die Medien mit einer Pressemitteilung: «Blinder aus Shandong reicht beim Bezirksgericht Xicheng Klage wegen der Benutzung der U-Bahn ein.» Die Propagandaabteilung der Stadt Peking beeilte sich, diese Nachricht zu zensieren, aber sie hatte sich schon verbreitet. Wir wussten, dass viele Leute auf unserer Seite waren.

Kurze Zeit nach unserer Rückkehr nach Dongshigu erfuhren Weijing und ich von unserem Anwalt, dass die Verkehrsbetriebe von Peking Kenntnis von unserer Klage erhalten hatten und so rasch wie möglich einen Vergleich schließen wollten. Sie boten uns sogar eine finanzielle Entschädigung an. Ich erhielt einen Anruf von Cui

Junfeng, dem stellvertretenden Leiter der Pekinger U-Bahn, der mir in geschäftsmäßigem Tonfall mitteilte, dass der Richter diese Klage ohne Prozess beilegen wolle und dass das Geld kein Problem sein werde. Schließlich nahm die U-Bahn-Gesellschaft jeden Tag mehr als fünf Millionen Yuan ein, die Werbeeinnahmen nicht eingerechnet. Aber uns ging es nicht um Geld; wir lehnten es ab, auch nur einen Cent von dem Unternehmen anzunehmen. Viel wichtiger als eine einmalige Entschädigung eines einzelnen Klägers war, dass Millionen behinderte Menschen auf Dauer die Rechte wahrnehmen konnten, die ihnen zustanden. Ich rechnete damit, dass die Berichterstattung ausländischer Medien die Machthaber so unter Druck setzen würde, dass sie den einheimischen Medien erlauben würden, über den Fall zu berichten. Ein Sieg würde sinnlos sein, wenn die Öffentlichkeit nicht von dem Urteil erfuhr – nur wenn die Öffentlichkeit auf das Problem aufmerksam wurde und Druck auf die Machthaber ausübte, würde sich die Politik tatsächlich ändern. Als mich ein Freund von der BBC anrief, um mich zu der Klage zu interviewen, wusste ich, dass wir etwas in Bewegung gesetzt hatten.

In der ersten Anhörung im Herbst drängte Richter Zhang auf einen Vergleich. Er versicherte mir, dass das Gericht im Fall einer Einigung überwachen würde, dass die Pekinger Verkehrsbetriebe von nun an dem Behindertenschutzgesetz Folge leisteten. Ich beharrte darauf, dass das Gericht über meine Klage entschied und die Gesetzeslage klärte, denn nur dann würden die Verkehrsbetriebe wirklich verpflichtet sein, ihren Umgang mit den Behinderten zu ändern. Ein Vergleich würde nichts an der Situation ändern. Einmal hörte ich, wie Cui Junfeng den Richter im Flüsterton fragte, ob es noch möglich sei, die Klage diskret beizulegen. Richter Zhang antwortete ihm, dass ich einen Vergleich ablehnte, dass ihm klar sei, mit welchen Schwierigkeiten die Behinderten in der Gesellschaft kämpften, und dass er nach bestem Wissen und Gewissen urteilen werde. Hatte seine beispielhafte Integrität damit zu tun, dass er in Peking arbeitete? Endlich schien ich einen fairen und unparteiischen Richter gefunden zu haben, und ich war entschlossen, jede Entscheidung dieses Richters gelassen zu akzeptieren.

Richter Zhang setzte die Verhandlung unseres Falles für den 10. Dezember 2003 an. Am Prozesstag begleiteten mich Weijing und der befreundete Fotograf Li Wei zum Gericht. Wir trafen genau um 8.48 Uhr dort ein. Weijing sagte mir, dass bereits Dutzende chinesische Journalisten warteten, darunter solche von wichtigen staatlichen Medien. Als der Partei klar geworden war, dass die Geschichte nicht mehr totgeschwiegen werden konnte, hatte sie das Verbot der Berichterstattung offenbar aufgehoben. Dazu kam, dass Medienberichte über Gerichtsverfahren in China noch nicht wie in westlichen Ländern zum Alltag gehörten, und die Geschichte eines Blinden, der ein Großunternehmen herausforderte, sorgte für Schlagzeilen.

Als wir über die Treppe zum Gerichtsgebäude hinaufgingen, hörte ich die Stimme eines bekannten Nachrichtenmoderators: «Da ist er! Da ist er!» Im nächsten Augenblick umschwärmten mich Journalisten. Nachdem ich ein paar Fragen beantwortet hatte, ging ich in den Gerichtssaal und nahm zwischen Weijing und Anwalt Lu Platz, schaltete mein Aufnahmegerät ein und legte eine Braille-Kopie des Behindertenschutzgesetzes vor mir auf den Tisch.

Als Richter Zhang den Saal zur Ordnung rief, drängten sich mehr als vierzig Zuschauer im Raum. Unentwegt klickten die Auslöser von Fotoapparaten. Ich konnte hören, dass Cui Junfeng frustriert seufzte. Er konnte nicht fassen, wie schlecht die Dinge für ihn liefen. Als er vom Richter um seine Stellungnahme gebeten wurde, erklärte Cui, die Verkehrsbetriebe hätten sich lediglich an die Regeln gehalten, die die Kommunalregierung von Peking, das städtische Parteikomitee, die Öffentlichen Verkehrsbetriebe, das Bürgeramt und die örtliche Canlian-Niederlassung gemeinsam beschlossen hätten. Das mochte stimmen, aber ich hielt ihm ein überzeugendes Argument entgegen: «Sie sollten denjenigen finden, der Sie zu einer falschen Auslegung des Gesetzes verleitet hat, denn mit Ihrer Vorgehensweise haben Sie meine Rechte verletzt. Sie sollten die Verantwortung übernehmen.»

Am Ende der Verhandlung fasste Anwalt Lu unsere Argumente derart gewandt zusammen, dass einige Zuhörer in spontanen Beifall ausbrachen, bevor ihnen bewusst wurde, dass dieses Verhalten in einem Gerichtssaal unangemessen war. Als der Richter das Verfahren beendet hatte, umringten mich erneut die Journalisten. Ich las laut die entscheidende Passage aus dem Behindertenschutzgesetz vor und beantwortete Fragen der Reporter zu den Einzelheiten des Prozesses.

Einige Tage später gab Richter Zhang seine Entscheidung bekannt. Er stellte fest, dass uns das Gesetz recht gab, gestand uns jedoch nur einen Bruchteil der Entschädigung zu, die wir verlangt hatten, um unsere Reisekosten und andere Ausgaben in Zusammenhang mit der Klage zu decken. Ich erklärte den Journalisten, dass ich mir für den Fall, dass die Pekinger U-Bahn ihren Umgang mit Behinderten nicht ändere, eine Berufung vorbehalte. Wenn sie mir nicht glaubten, sollten sie mir einfach in die U-Bahn folgen. Also gingen wir los, und die Kamerateams dokumentierten, wie sich die Geschichte ein ums andere Mal wiederholte: die Ablehnung des Kontrolleurs, die Unnachgiebigkeit des Stationsvorstehers, die Forderung, die Kameras auszuschalten, obwohl wir uns im öffentlichen Raum bewegten.

In den folgenden Tagen wurde mir die Entscheidung des Richters mehrfach laut vorgelesen. Doch je mehr ich darüber nachdachte, desto größer wurde meine Enttäuschung. In einem Fall, der derart klar lag, hätte ein eindeutiges Urteil ergehen sollen, aber irgendwie hatte es den Anschein, als hätte ich gewonnen, ohne dass die Verkehrsbetriebe wirklich verloren hatten. Ich wollte eine klar formulierte Gerichtsentscheidung, die den Betreiber zwang, seinen Umgang mit Behinderten ein für alle Mal zu ändern. Nur so würde es eine einheitliche Regelung für das ganze Land geben. Ich begann über eine Berufung nachzudenken. Ich war davon überzeugt, dass diese Ungerechtigkeit im Alltagsleben beseitigt werden musste. Um das zu erreichen, mussten wir das Interesse der Medien wachhalten. Viele meiner Freunde in Peking, die selbst Menschenrechtsaktivisten und Intellektuelle waren, zeigten sich überrascht von meiner Reaktion. Ich begann mich zu fragen, ob sie weniger strenge Maßstäbe anlegten und eher zu Kompromissen bereit waren als ich.

Als ich Rechtsanwalt Lu auf die Möglichkeit ansprach, Berufung gegen das Urteil einzulegen, schien er nicht begeistert. Also entschloss ich mich, einen anderen Weg zu gehen. Ich wandte mich an die Öffentlichkeit und tat alles, um die Chinesen über den von uns gesetzten Präzedenzfall aufzuklären und so dafür zu sorgen, dass das Urteil schließlich umgesetzt wurde. Ich hielt den Druck aufrecht, gab vertrauenswürdigen Medien wie dem Fernsehen von Peking ausführliche Interviews, unternahm häufige Testfahrten, die ich über mehrere Monate hinweg genau dokumentierte, ja ich rief sogar den Richter an, um ihm zu sagen, dass mich die Kontrolleure in der U-Bahn weiterhin anhielten und gegen das Gesetz verstießen. Aber zu meiner Enttäuschung musste ich feststellen, dass es dem Richter offenbar gleichgültig war, dass sein Urteil missachtet wurde. Er riet mir sogar, die Sache auf sich beruhen zu lassen – und das sagte der Mann, der versprochen hatte, die Verkehrsbetriebe zu überwachen! Seine Reaktion zeigte mir, dass es richtig gewesen war, keinen Vergleich mit den Verkehrsbetrieben zu schließen und kein übermäßiges Vertrauen in das Gericht zu setzen.

Es geschah nicht über Nacht, aber nach einer Weile schienen meine häufigen Probefahrten und der stetige Strom von Medienberichten zu wirken. Die Kontrolleure in der U-Bahn hörten auf, von mir einen Fahrschein zu verlangen. Offenkundig hatten sie schließlich Anweisung von oben erhalten, behinderte Fahrgäste nicht mehr zu behelligen. Und die Verkehrsbetriebe von Peking begannen nicht nur, den Behindertenausweis anzuerkennen, sondern erlaubten auch der Begleitperson eines Behinderten, kostenlos zu fahren. In dieser Hinsicht könnte die U-Bahn von Peking mittlerweile als Vorbild für öffentliche Verkehrssysteme in aller Welt dienen.

Unsere Unnachgiebigkeit hatte sich schließlich ausgezahlt. Als sich die Nachricht von unserem Sieg verbreitete, trafen aus dem ganzen Land Bitten um Hilfe ein. Mir wurde klar, dass diese Art von Arbeit nie endete.

Auch während meines Streits mit der Pekinger U-Bahn nahm ich weiterhin zahlreiche Fälle an, in denen es um die Verletzung von Bürgerrechten durch den Staat ging. Ich begann auch mit der Planung und Durchführung eines Programms, in dem Menschen, die sehen konnten, lernen würden, wie ein blinder Mensch die Welt erlebt. Dazu würden wir ihnen die Augen verbinden, um sie einer simulierten Blindheit auszusetzen, und sie eine Reihe von alltäglichen Aktivitäten ausführen lassen; so sollten sie beispielsweise «blind» allein den Weg zur U-Bahn finden.

Ich profitierte sehr von meinem Kontakt zu Professor Cohen. Mit seiner Hilfe erfüllte ich mir einen Traum, den ich seit der Schulung bei Professor Mao gehegt hatte: Ich erwarb meinen ersten Computer, einen hochwertigen IBM-Rechner. Ich lernte so viel wie möglich über den Computer, und bald konnte ich mit Weijings Hilfe per E-Mail mit Professor Cohen kommunizieren. Ihm war klar, dass ich auch mehr juristische Bücher und sonstiges Material brauchte, und er half mir beim Erwerb grundlegender Rechtstexte über eine Vielzahl von Themen. Weijing las mir die Texte laut vor. Die neuen Kenntnisse erwiesen sich angesichts der wachsenden Zahl von Fällen, die an mich herangetragen wurden, als sehr nützlich.

Im Frühjahr 2004 traten bei meinem Vater Schwierigkeiten beim Schlucken von Nahrung auf. Nach einer Weile gelang es der Familie, seinen stoischen Widerstand zu überwinden und ihn ins Krankenhaus zu bringen. Die Ärzte entdeckten eine Wucherung in seiner Schilddrüse. Obwohl es sich anscheinend nicht um eine bösartige Geschwulst handelte, empfahlen die Ärzte eine Operation, und wir entschlossen uns zu dem Eingriff. Vor der Operation musste mein Vater für mehrtägige Untersuchungen ins Krankenhaus, wo sich die besorgte Familie um ihn versammelte.

Die Operation verlief gut, und nach wenigen Tagen wurde mein Vater aus dem Krankenhaus entlassen. Er klagte weiter über Beschwerden beim Essen, weigerte sich jedoch, sich erneut untersuchen zu lassen. Ich machte mir große Sorgen um seine Gesundheit, und im September 2004 überredeten wir ihn, sich einer Gastroskopie zu unterziehen. Die Ärzte diagnostizierten Magenkrebs. Eine Untersuchung in einem weiteren Krankenhaus bestätigte die Diagnose.

Es war, als hätte sich die Sonne verdunkelt. Ich suchte Hilfe bei einem berühmten Meister für chinesische Medizin, aber es gab keine traditionelle Therapie, die schnell genug wirken würde, und nach der Behandlung besserte sich der Zustand meines Vaters nicht. Ich war hin und her gerissen. Ich war fest vom Nutzen der traditionellen chinesischen Medizin überzeugt, aber meine Brüder waren anderer Meinung. Sie bestanden darauf, den Tumor rasch operativ entfernen zu lassen. Schließlich gab ich widerstrebend nach, und wir kratzten das Geld für die Operation und für einen Aufenthalt im Krankenhaus von Linyi zusammen.

Als mein Vater nach der Operation heimkehrte, war er nicht mehr derselbe. Natürlich hoffte ich das Beste, und es ermutigte mich zu sehen, wie sehr ihn der Anblick seines im Hof umhertollenden Enkels erfreute. Er hatte auch Heißhunger auf Süßigkeiten, vor allem auf die traditionellen Mondkuchen, die von den jüngsten Festtagen übrig geblieben waren. Ich schalt ihn für seinen Hang zu Süßem, was ich noch immer bedaure. Ebenso tut mir leid, dass ich dagegen war, den Kohleofen anzuheizen, als sich mein Vater in den ersten Herbsttagen beklagte, es sei zu kalt im Haus. Als wir Kinder waren, hatte er alles für uns getan, aber als er einen kalten Luftzug spürte, den sonst niemand im Haus bemerkte, waren wir nicht imstande, seine Bedürfnisse zu erkennen.

Wir konnten sehen, dass es mit ihm bergab ging, aber ich glaubte immer noch, dass er die Krankheit besiegen konnte, wenn wir traditionelle chinesische Heilmittel ausprobierten. Der Volksweisheit gehorchend, dass die Dinge besser werden, wenn man sich auf das Schlimmste vorbereitet, fertigten wir besondere Kleidung für ihn an. Auch als er im Bett lag und sich kaum noch rühren konnte, versuchten wir, es ihm so gemütlich wie möglich zu machen.

Im November schien sich sein Zustand zu stabilisieren. Kurz nachdem wir ihm einige medizinische Kräuter verabreicht hatten, reiste ich nach Peking, wo ich mehrere von der amerikanischen Non-Profit-Organisation National Endowment for Democracy finanzierte Workshops leiten sollte, in denen siebzig bis achtzig Behinderte lernen würden, wie sie sich für die Rechte der Behinderten einsetzen konnten. Weijing begleitete mich. Wenige Tage nach unserer Ankunft in Peking versuchte mich mein Vater anzurufen. Anscheinend hatte er seine alte Lesebrille aufgesetzt, die nur noch von einem Draht zusammengehalten wurde, und in seinem kleinen Notizbuch nach meiner Handynummer gesucht.

«Ich rufe Guangcheng an, damit er so schnell wie möglich nach Hause kommt», sagte mein Vater zu Älterer Bruder.

«Warum?», fragte mein Bruder. «Er ist doch gerade erst dort angekommen.»

«Mein Magen ist nicht in Ordnung», antwortete mein Vater. «Ich bin nicht sicher, ob ich ihn noch einmal sehen werde, falls er nicht sofort nach Hause kommt.»

Älterer Bruder rief mich an, um mir von diesem Gespräch zu erzählen. Am Nachmittag meldete er sich erneut: Der Zustand meines Vaters verschlechterte sich rasant. Weijing und ich nahmen den nächsten Bus nach Linyi. Ich fürchtete mich davor, mich am Telefon zu melden, denn in meinem Innersten wusste ich, dass mein Vater im Sterben lag.

In meiner Angst wiederholte ich immer wieder die alte Redensart «Tausend Meilen für die Begräbnisriten», die sich auf die Pflicht bezieht, alles stehen und liegen zu lassen, um an den letzten Riten für einen geliebten Menschen teilnehmen zu können. Um drei Uhr morgens hielt der Busfahrer auf der Höhe von Dongshigu auf der Autobahn an und ließ uns aussteigen. Wir folgten einem Graben bis zu einem Durchlass, der entlang eines Pfads verlief. Dieser Pfad war der schnellste Weg ins Dorf, aber schwere Regenfälle hatten ihn aufgeweicht, und wir mussten uns an einem Drahtzaun neben dem Weg festhalten. Im selben Augenblick rutschten Weijing und ich aus und fielen hin: ein furchtbares Omen so nahe beim Haus meiner Eltern. Ich halte mich nicht für abergläubisch, aber ich sagte zu Weijing: «Unser Vater ist tot.» In ihrem Herzen wusste sie es auch.

Wir stolperten ins Dorf und erreichten das Haus von Älterer Bruder. Es war mittlerweile vier Uhr morgens. Ich drückte gegen das Tor, aber es war verriegelt. Mir war klar, dass die ganze Familie im Haus meiner Eltern war. In diesem Augenblick sahen wir Älterer Bruder, der auf uns zukam. Er wusste, dass wir um diese Zeit eintreffen würden. Seine ersten heiseren Worte verrieten mir, dass er seit Stunden weinte. Unser Vater hatte die Welt bereits verlassen. Er war gegen zehn Uhr abends gestorben.

Nach traditioneller Zählung war Chen Gengkui fast siebzig Jahre alt gewesen. Niemand von uns war bereit, ihn gehen zu lassen. Umfangen von der dunklen Nacht schluchzten wir im Haus meiner Eltern. Nur der kleine Kerui schlief ahnungslos. Als er aufwachte, rief er nach seinem Großvater. Die Schuldgefühle brachen in Wellen über mich herein: Was war meine Arbeit wert, wenn ich nicht einmal am Sterbebett meines Vaters hatte sitzen können? Er hatte sich stets fürsorglich um mich gekümmert. Er war immer besonders stolz auf meine Fähigkeiten gewesen. Aber ich war unfähig gewesen, ihm beizustehen. Ich begann mich zu fragen, ob ich weiter für die Rechte anderer Menschen kämpfen sollte, obwohl ich mich nicht einmal um meine eigene Familie kümmern konnte. Der Kampf, auf den ich mich eingelassen hatte, erinnerte mich oft an die Geschichten, die ich über den Krieg gehört hatte: Hast du auf dem Schlachtfeld einmal eine bestimmte Linie überquert, so kannst du nicht mehr umkehren.

Der Tradition gehorchend, stellten wir einen kleinen Tisch auf, auf dem der Name meines Vaters geschrieben stand. Auf diesen Tisch legten wir eine Gedenktafel, einen mit Alkohol gefüllten Becher und eine Schüssel mit Getreide und Weihrauch. Wir kochten Wasser für die «Suppe», die wir der Leiche meines Vaters immer wieder anbieten würden. Unsere Nachbarn halfen uns dabei. Alle Familienmitglieder bedeckten sich den Kopf mit weißen Tüchern und gingen barfuß – beim Begräbnis eines Elternteils sollte sich ein

Mensch in jedem Augenblick unwohl fühlen. Wir trugen Begräbnisstöcke aus Weidenholz bei uns, deren Spitze wir mit Hanf und Papier umwickelten, um sie anzünden zu können. In China war mittlerweile die Feuerbestattung gesetzlich vorgeschrieben; trotzdem brachten wir den Leichnam meines Vaters in einem Sarg zum Friedhof, wo wir ihn auf einen Leichenwagen legten, der ihn zum Krematorium brachte. Der Gedanke, dass die Flammen diesen vertrauten Menschen verschlingen würden, war unerträglich. Ich konnte mir nicht vorstellen, dass seine mit feinen Fältchen übersäten Arme zu Asche zerfallen würden. Als seine Leiche noch im Haus lag, hatte ich immer wieder sein Gesicht berührt, um es mir genau einzuprägen. Ich hoffte, dass ich eines Tages mein Augenlicht wiedergewinnen würde, sodass ich mir ein Foto von meinem Vater würde ansehen können. Jetzt war er für mich unzugänglich, für immer fort.

In der Nacht nach dem Begräbnis wartete ich mit meinen Brüdern bis in die frühen Morgenstunden auf die verbrannten Überreste meines Vaters. Als uns die Asche gebracht wurde, schütteten wir die Asche in den Sarg und trugen ihn zum Grab. Später aßen wir zusammen zu Abend. Wir hatten große Mengen Papiergeld mitgebracht, um «die Überfahrt zu bezahlen» und dafür zu sorgen, dass unser Vater alles Nötige hatte, um zu dem Ort zu gelangen, der ihm jetzt bestimmt war. Am Tag darauf «umrundeten wir das Grab», wie es Brauch war. Jeder Schritt rief uns unseren Schmerz ins Bewusstsein. Der Tradition gehorchend legten wir Stroh neben das Sterbebett und schliefen dort sieben Nächte.

In den folgenden Wochen besuchten wir jeden Abend sein Grab, um ein Feuer anzuzünden und einige Stunden Totenwache zu halten. Nach zwanzig Tagen, an denen wir kein Fleisch zu uns nahmen, folgten wir dem Brauch des «Fünfwochengrabs»: Alle Verwandten, viele Dorfbewohner und alte Parteigenossen meines Vaters kamen in unser Haus und brachten Geschenke, Opfergaben und Blumengebinde, um ihn zu ehren. Er war ein angesehener Mann, der vielen Menschen viel Gutes getan hatte.

Im Alter von wenigen Monaten sitze ich auf dem Schoß meiner Mutter. Neben uns steht Vierter Bruder. Dies ist das einzige Foto von mir als Kind und das einzige, auf dem ich noch nicht blind bin.

Anfang des Jahres 1988 kam meine Familie wie jedes Jahr zusammen, um den Geburtstag meiner Großmutter zu feiern. Sie ist in der Mitte der ersten Reihe zu sehen. Links von ihr mein Vater und meine Mutter, rechts mein Onkel, der meinen Neffen Chan Kegui auf dem Schoß hat. Meine Brüder und ich sitzen in der zweiten Reihe, von rechts nach links: Älterer Bruder, Zweiter Bruder, Dritter Bruder und ich im Alter von sechzehn Jahren. In der letzten Reihe stehen die Ehefrauen meiner Brüder und zwei Cousinen.

Unser Hof vom Haupttor aus gesehen. In der Mitte unser Haus, rechts davon das Küchengebäude. Unter dem umgedrehten roten Eimer zwischen den beiden Gebäuden sieht man den Mahlstein unserer Familie.

© Joan Lebold Cohen

Mein Vater sitzt auf einem Hocker vor dem Küchengebäude und kocht. Ich war zehn Jahre alt, als er seine Tätigkeit in der Parteischule aufgab und in Rente ging. Ich hatte das Glück, noch einige Jahre mit ihm verbringen zu können.

© Zhang Lijia

Meine Mutter mit einem handgeflochtenen Korb, der mit frisch geernteten Erdnüssen gefüllt ist. Im Hintergrund schwingt Älterer Bruder eine Hacke. Die Feldarbeit wird in China auch heute noch weitgehend ohne Maschinen gemacht.

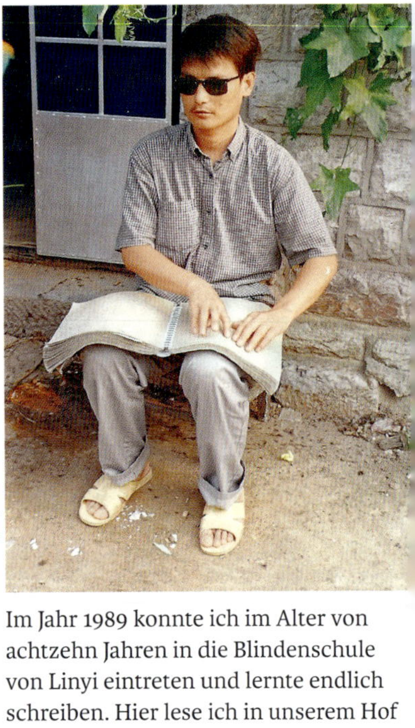

© Zhang Lijia

Im Jahr 1989 konnte ich im Alter von achtzehn Jahren in die Blindenschule von Linyi eintreten und lernte endlich schreiben. Hier lese ich in unserem Hof ein Buch in Brailleschrift.

Nachdem flussaufwärts eine Papierfabrik den Betrieb aufgenommen hatte, wurde der Meng, der an Dongshigu vorbeifließt, vollkommen verseucht. Mit Unterstützung von Caroline Wilson von der britischen Botschaft in Peking gelang es uns, einen ausreichend tiefen Brunnen zu graben, sodass wir endlich wieder sauberes Wasser «essen» konnten. Hier höre ich mir die Pumpe des Brunnens an.

© Yang Ziyun

Meine nicht formale juristische Ausbildung machte mich zu einem Rechtsexperten in unserer Gegend, wo Anwälte rar waren. Ich begann, Veranstaltungen wie diese zu organisieren, um die Landbevölkerung über ihre Rechte aufzuklären. Hier halte ich mit dem Anwalt Jiang Tianyong einen Vortrag vor einer Gruppe von Bauern und Behinderten.

© Li Wei

Im Lauf meiner Tätigkeit begegnete ich vielen Behinderten, die unter unvorstellbaren Bedingungen lebten. Die Mutter der beiden behinderten Kinder, die auf diesem Foto an meiner Seite zu sehen sind, musste nicht nur ihre Kinder, sondern auch ihre blinden Eltern vollkommen allein versorgen und obendrein die Feldarbeit bewältigen.

Im Jahr 2002 reichten wir eine Gemeinschaftsklage gegen die Behörden ein, die rechtswidrig Steuern von den Behinderten erhoben. Hier bin ich zu sehen, wie ich gemeinsam mit Li Zhizeng, der ebenfalls ein barfüßiger Anwalt ist, eine Gruppe Behinderter und ihre Familien zum Gericht führe.

Meine Tätigkeit als Rechtsberater der Landbevölkerung weckte bald die Aufmerksamkeit einer breiteren Öffentlichkeit und der internationalen Medien. Im Jahr 2002 berichtete *Newsweek* über die barfüßigen Anwälte in China.

Nach einer aufwühlenden Brautwerbung heirateten Weijing und ich am 8. Februar 2003. Wie in China üblich, ließen wir uns von einem Fotografen ablichten und posierten in Hochzeitskleidung, die wir uns vom Fotostudio geliehen hatten.

Weijing und ich mit unserem wenige Monate alten Sohn Kerui im Jahr 2003 nach unserer Rückkehr von einer Reise in die USA, wo wir auf Einladung des amerikanischen Außenministeriums zu Besuch gewesen waren.

© Teng Biao

Im Jahr 2005 begann ich, mit Hilfe einiger Freunde und Aktivisten die brutale Kampagne zu untersuchen, mit der die Behörden die Ein-Kind-Politik durchsetzen wollten. Hier bin ich mit Guo Yushan (rechts) zu sehen. Wir bekamen entsetzliche Berichte von Opfern der Kampagne zu hören.

Auf diesem Propagandabanner für die Ein-Kind-Politik steht: «Prügelt es heraus! Treibt es ab! Reißt es heraus! Tut alles, um nicht zu gebären!» Slogans wie dieser waren auf dem Land ein gewohnter Anblick.

© Yuan Weijing

Im September 2005 wurde ich in Peking verschleppt und in mein Heimatdorf gebracht. Dutzende Wachen wurden über das ganze Dorf verteilt, um mich an der Fortsetzung meiner Untersuchung zu hindern. Hier eine Gruppe von Wachen, die vor unserem Haus postiert waren.

Im Jahr 2006 wurden Li Jinsong und Li Subin, zwei meiner Anwälte, aufgehalten, als sie versuchten, nach Dongshigu zu gelangen, um die Umstände meines Hausarrests zu untersuchen. Der Aktivist Hu Jia machte dieses Foto, wenige Augenblicke bevor die Wachen das Auto umkippten – mit meinen Anwälten darin.

© Hu Jia

Am Tag vor meinem ersten Prozess im Jahr 2006 versammelten sich vor dem Gerichtsgebäude Dutzende Unterstützer, die T-Shirts mit meinem Konterfei trugen. Sie wurden ihnen wenig später vom Leib gerissen. Von links nach rechts: der Anwalt Gao Zhisheng, der Universitätsprofessor Sun Wenguang und der Demokratieaktivist Deng Yongliang.

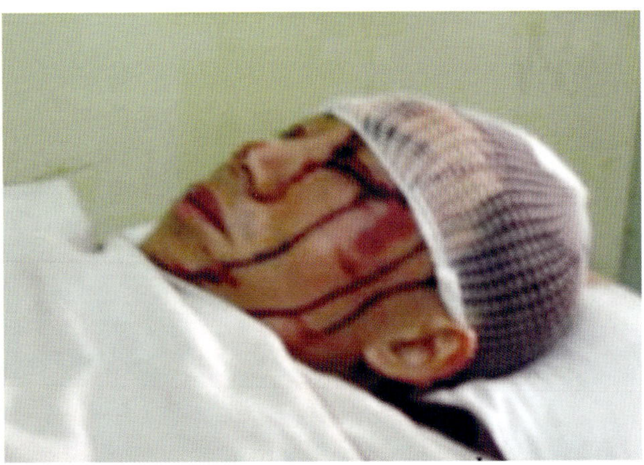

Nach meiner Verurteilung reisten zwei meiner Anwälte aus Peking an, um mich im Gefängnis zu besuchen. Sie wurden aufgehalten und erbarmungslos zusammengeschlagen. Li Fangping, hier kurz nach seiner Einlieferung ins Krankenhaus, erlitt schwere Kopfverletzungen.

© Li Jinsong

Das Gefängnis von Linyi, in dem ich nach zwei Schauprozessen eine Haftstrafe von 43 Monaten verbüßte. Links von der blauen Schiebetür sieht man den Eingang zum Besuchszimmer.

Zwei Stunden nach meiner Heimkehr aus dem Gefängnis, wo ich mehr als vier Jahre verbracht hatte, musste ich feststellen, dass ich den Hof meines Hauses nicht verlassen durfte. Einmal mehr war mein Haus zu meinem Gefängnis geworden.

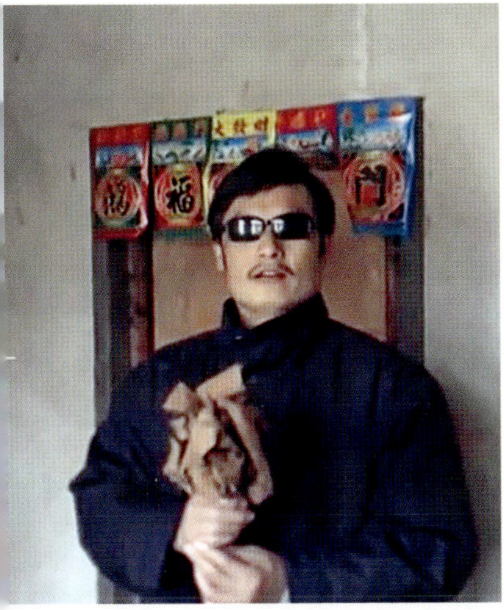

Im verzweifelten Bemühen, mit der Außenwelt zu kommunizieren, nahmen Weijing und ich ein Video auf, in dem wir unsere Situation schilderten. Auf diesem Standbild aus dem Video halte ich das Blätterbouquet, das meine Tochter Kesi und Teng Biao mir vor meinem Haftantritt gegeben hatten.

Auf der Straße, die Dongshigu mit der Nationalstraße 205 verbindet, patrouillierten rund um die Uhr Wachen. Das weiße Gebäude ist ein eigens errichteter Kontrollposten, die Autos verwendeten sie als Straßensperren. Jeder, der nach meiner Rückkehr aus dem Gefängnis versuchte, ins Dorf zu gelangen, wurde gewaltsam daran gehindert.

Auf einem weiteren Standbild aus unserem heimlich aufgenommenen Video sind Kesi und ich an der Eingangstür zu sehen. Meine Familie litt genauso wie ich unter dem Hausarrest. Kesi durfte den Hof nur selten verlassen.

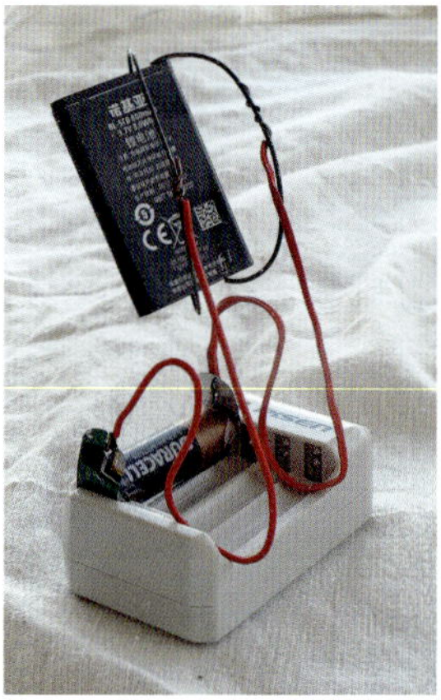

© Danica Mills

Nachdem unser Video in die Öffentlichkeit gelangt war, verprügelten uns die Wachen und plünderten unser Haus. Mit einem alten AA-Batterieladegerät gelang es mir, den Akku eines Handys zu laden, das ich versteckt hatte. So konnten wir noch eine letzte Mitteilung hinausschicken. Hier ein Nachbau der Vorrichtung.

Im Sommer 2011 begannen die Behörden, das alte Haus von Zweiter Bruder zu einem Spezialgefängnis für uns umzubauen. Im Herbst wiesen sie uns an, uns auf den Umzug vorzubereiten, aber glücklicherweise gaben sie das Vorhaben auf – vermutlich aufgrund des Drucks der Außenwelt.

Menschen aus dem ganzen Land versuchten, mich zu besuchen, um ihre Solidarität mit mir zu demonstrieren. Nachdem sie mit Gewalt daran gehindert worden waren, machten viele Fotos wie dieses und stellten sie ins Internet. Die Schriftzeichen bedeuten: «Freiheit für Guangcheng: Es gibt Licht und Wahrheit.»

Ein Netizen entwickelte eine Anwendung, mit der jedermann sein Porträt durch eine Sonnenbrille ergänzen konnte, um seine Solidarität mit unseren Anliegen zu bekunden. Ein weiterer Unterstützer, der im Internet den Namen «Krabbenfarm» trug, setzte die Fotos zu diesem Bild zusammen.

Mit freundlicher Genehmigung von CNN

m Dezember 2011 versuchte ler Schauspieler Christian ale, mich in Dongshigu zu esuchen. Er wurde außerhalb des Dorfes von Wachen mzingelt und zur Umkehr ezwungen. Ich erfuhr von esi von dem Vorfall: Sie rzählte mir, Batman habe ersucht, mich zu besuchen.

Wir nutzten auch meine Sonnenbrille für den Protest. Auf dem Papier steht: «Illegaler Hausarrest für Alte und Junge, Kranke und Behinderte. Sie brechen ein, schlagen uns und stehlen, brutal und unmenschlich.»

© Danica Mills

Im Lauf der Zeit entfernten die Wachen fast alles, was wir besaßen, aus unserem Haus. Unter den wenigen Dingen, die wir behalten durften, war dieser Kalender. Weijing suchte darin nach glückverheißenden Tagen, als wir meine Flucht planten.

Am Morgen des 20. April 2012 begann meine Flucht. Ich kletterte über die Mauer, die unseren Hof umgab, in den Nachbarhof. Um von den Wachen nicht gesehen zu werden, lag ich eine Weile auf dem Flachdach, das in der Mitte des Bildes zu sehen ist.

Auf diesem vor kurzem aufgenommenen Foto steht Älterer Bruder neben der Mauer zwischen dem nächsten und übernächsten Nachbarhof. Ich wusste, dass an der Ostseite der Mauer dieser Baum stand. Ich versuchte, daran herabzuklettern, bekam ihn jedoch nicht zu fassen und fiel hinunter.

Der geistig behinderte Sohn meiner Nachbarin, Chen Guangfeng, lebt im Hof in einer Art Gefängniszelle. Ich bemühte mich, außerhalb seines Gesichtsfelds zu bleiben und den Hund zu umgehen, bevor ich in den Ziegenpferch kletterte.

Vor vielen Jahren hatte auf diesem von Pflanzen überwucherten Hof das Haus meiner Familie gestanden. Als ich über die Mauer kletterte, fiel ich auf einen Steinhaufen und brach mir den rechten Fuß.

In der Nacht meiner Flucht gelang es mir, die Steinmauer, die auf diesem Foto zu sehen ist, teilweise abzutragen. (Sie wurde später wieder aufgebaut.) Die Straße auf der anderen Seite der Mauer war mit Scheinwerfern ausgeleuchtet; wären Wachen in der Nähe gewesen, so hätten sie mich unmöglich übersehen können, als ich die Straße überquerte.

Das Gelände am Ufer des Meng auf dem Weg zum Nachbardorf Xishigu ist steil und gefährlich. Ich warf hin und wieder Kieselsteine über die Böschung, um die Entfernung zum Wasser einschätzen zu können. Zu meinem Glück standen auf der Brücke nach Xishigu keine Wachen, als ich dort eintraf.

Freunde und Verwandte brachten mich von Xishigu nach Peking in einen sicheren Unterschlupf, den Guo Yushan (links) organisiert hatte. Am 25. April erhielt ich Besuch von Hu Jia (rechts) und seiner Familie.

Botschafter Gary Locke (rechts) war in den Tagen nach meiner Ankunft in der amerikanischen Botschaft in Peking aufmerksam und großzügig und schien fest entschlossen, mir zu meinem Recht zu verhelfen.

Die amerikanischen Unterhändler Harold Koh (links), Kurt Campbell (Mitte) und Botschafter Locke (rechts) sahen zu, als ich einen von mir diktierten Brief unterschrieb, in dem ich meine Verfolgung schilderte. Man versprach mir, dass Außenministerin Hillary Clinton den Brief persönlich dem chinesischen Ministerpräsidenten Wen Jiabao übergeben werde.

© AP Images

Ich versuche, gelassen zu wirken, als ich am 2. Mai die amerikanische Botschaft verlasse. Kurt Campbell hält meine linke Hand, Botschafter Locke meinen rechten Arm. Rechts hinter mir ist Harold Koh zu sehen.

Am Morgen des 2. Mai traf ich im Chao-Yang-Krankenhaus in Peking ein, wo ich mehr als zwei Wochen blieb. Kurze Zeit nach meiner Einlieferung wurde ich in ein Untersuchungszimmer im 9. Stock gebracht, wo ich endlich wieder mit meiner Frau und meinen Kindern vereint war.

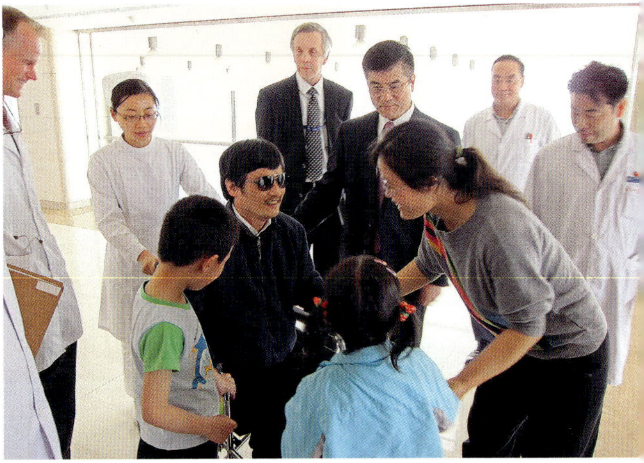

© AP Images

© ChinaAid

Am 4. Mai erhielt ich einen Anruf aus Washington, wo die Congressional-Executive Commission on China eine außerordentliche Anhörung zu meiner Situation durchführte. Von meinem Krankenhausbett aus sprach ich mit den Abgeordneten Chris Smith (Mitte) und Frank Wolf (links) sowie anderen Kongressmitgliedern. Der Anrufer war Bob Fu von ChinaAid (rechts).

© Andy Jacobsohn / Getty Images News / Getty Images

Meine Familie und ich landeten am 19. Mai 2012 auf dem Flughafen Newark, wo uns mein alter Freund Jerry Cohen in Empfang nahm, der mit uns zur New York University fuhr. Dort nahm ich kurze Zeit später ein Studium auf. An der Universität wurden wir von Freunden und Unterstützern sowie von zahlreichen Journalisten begrüßt. Ich sagte ein paar Worte und bedankte mich bei allen, die mich in den vergangenen Jahren unterstützt hatten.

© Eduardo Munoz /Corbis

Zwei Monate nach meiner Ankunft in den Vereinigten Staaten wurde ich von Mitgliedern beider Parteien in Washington D. C. begrüßt. Von links nach rechts: die republikanischen Abgeordneten Ileana Ros-Lehtinen, Chris Smith und der Sprecher des Repräsentantenhauses, John Boehner, sowie die demokratischen Abgeordneten Joseph Crowley, die Minderheitsführerin im Repräsentantenhaus, Nancy Pelosi, und Rick Larsen.

© Fang Fang – VOA

Bei einer Preisverleihung der Lantos Foundation hatte ich schließlich auch Gelegenheit, Hillary Clinton persönlich zu danken. Wir wechselten ein paar Worte, diesmal mit der Hilfe meiner Freundin und Dolmetscherin Danica Mills.

© Win McNamee / Getty Images News / Getty Images

Weijing und ich haben in den Vereinigten Staaten eine neue Heimat gefunden, und unsere Kinder haben ihr neues Leben mit ungetrübter Freude angenommen. Aber ich kann die Menschen, die ich zurückgelassen habe, nicht vergessen, und meine ganze Kraft gilt weiterhin dem Traum von Gerechtigkeit und Freiheit für alle Bürger Chinas.

Sieben **Das Böse ohne Maske**

Obwohl der Schmerz über den Tod meines Vaters noch frisch war, wollte ich meine Arbeit fortsetzen und einen Weg finden, denen beizustehen, die Hilfe brauchten. Anfang 2005 kehrten Weijing und ich nach Peking zurück, um an einer Schulung zur rechtlichen Stellung von Behinderten teilzunehmen. Während unseres Aufenthalts in der Hauptstadt rief mich ein entfernter Cousin namens Chen Guangdong an und fragte mich, ob die Gesetze über die Familienplanung geändert worden seien. Ich wusste nicht, warum er das fragte. Er erklärte mir, dass die Behörden in den Dörfern und Kreisen der Umgebung offenbar Razzien durchführten. Sie zwangen Frauen, die eigentlich das Recht hatten, ein Kind zu bekommen, ihr Baby abzutreiben, und sterilisierten alle Eltern, die bereits zwei Kinder hatten. Einige besorgte Familien hatten sich zusammengetan, um sich zur Wehr zu setzen, und Guangdong hatte ihnen angeboten, mich um Hilfe zu bitten. Er wollte wissen, ob die Leute rechtliche Schritte unternehmen konnten, um sich zu verteidigen. Ich versprach ihm, der Sache nachzugehen. Aus den wenigen Details, die er mir geschildert hatte, und aus dem, was ich über frühere Kampagnen zur Geburtenkontrolle wusste, schloss ich, dass die Behörden vermutlich gegen das Gesetz verstießen.

Der Anruf meines Vetters erinnerte mich an eine Zwangssterilisierungskampagne im Jahr 1992. Damals waren mehr als drei Dutzend Beamte aus verschiedenen Behörden der Kommunalverwaltung in Dongshigu eingefallen und hatten eine Gewaltorgie gefeiert. Schwangere, die ihr zweites Kind erwarteten, waren zu Zwangsabtreibungen aus ihren Häusern gezerrt worden, und Männer und Frauen waren gewaltsam sterilisiert worden. Versteckte sich ein bedrohter Dorfbewohner, so attackierten die Beamten seine Familie. Oft tauchten sie mitten in der Nacht auf, um Eltern oder Geschwister des Flüchtigen abzuholen. Manchmal rissen sie sogar das Haus eines Menschen ab, der gegen die Maßnahme «verstieß».

Obendrein forderten diese hartherzigen Beamten hohe «Ablösesummen» für bereits geborene Kinder – rund viertausend Yuan für das zweite Kind eines Paares und noch mehr für ein drittes Kind. Diese Beträge entsprachen etwa dem Acht- bis Zehnfachen des Jahreseinkommens eines Dorfbewohners. Wer nicht zahlen konnte oder wollte, wurde zusammengeschlagen oder grausam gequält. Er musste mitten im Winter in einer eiskalten Pfütze auf der Straße sitzen oder eine unerträglich lange Zeit einen Stapel Ziegelsteine hochhalten; ließ er sie fallen, wurde er zusammengeschlagen.

Auch unsere Familie musste in dieser Kampagne leiden. Die Frau meines ältesten Bruders hatte im Jahr 1988 ihr drittes Kind zur Welt gebracht. Um den Staat für diesen «Verstoß» zu entschädigen, musste sich meine Mutter bei Verwandten in einem anderen Dorf Geld leihen, da wir das Bußgeld von viertausendachthundert Yuan nicht aufbringen konnten. Sowohl mein Bruder als auch seine Frau wurden zwangssterilisiert, überdies verlor er nach fast zwanzig Dienstjahren seinen Posten als Lehrer, womit seine Familie ein unverzichtbares Einkommen einbüßte.

Die damalige Kampagne war von der Partei besonders rücksichtslos durchgeführt worden, aber solche unmenschlichen Zwangsmaßnahmen waren an der Tagesordnung. Tatsächlich waren die jüngsten «Familienplanungskampagnen» in vielerlei Hinsicht einfach Teil einer sprunghaften und oft gewalttätigen Gesellschaftspolitik, welche die Partei dem Land praktisch seit der kommunistischen Machtergreifung 1949 aufzwang. Ein Beispiel war die Bevölkerungspolitik. Unter Mao hatten die Kommunisten die Chinesen ursprünglich ermutigt, möglichst viele Kinder zu zeugen, da sie glaubten, die «zahlenmäßige Stärke» werde dem Sozialismus zugutekommen und den Sieg über den Kapitalismus beschleunigen. Doch 1978 entschloss sich die Partei plötzlich, die Bevölkerungsexplosion zu bremsen, und führte die Familienplanungspolitik ein, die vorsah, dass jedes Paar nur noch ein Kind haben durfte.

Diese Ein-Kind-Politik, wie sie im Westen bald genannt wurde, wurde von einem unablässigen Propagandaterror begleitet. Die mildeste Form dieser Propaganda waren Warnungen wie diese: «Die Ressourcen unserer Nation sind begrenzt, und mehr Menschen bedeuten, dass jeder ein kleineres Stück vom Kuchen bekommt.» Unerwähnt ließ die Partei, dass die Dinge in Wahrheit komplexer lagen: In einem gedeihenden Land können zehn zusätzliche Menschen hundert zusätzliche Kuchen erzeugen. Aber nach Jahren der Indoktrination glaubten viele Bürger die Behauptungen der Partei über die Bedeutung der Geburtenkontrolle; gleichzeitig waren die Menschen durch die vom Staat eingesetzte Gewalt derart eingeschüchtert, dass die Opfer dieser brutalen Kampagnen nur selten Widerstand leisteten. Stattdessen litten sie in Isolation, und manche nahmen sich sogar das Leben, was dem Staat offenbar gleichgültig war. Ein Slogan aus den späten achtziger Jahren lautete: «Wenn du eine Flasche Gift hast, werden wir sie dir nicht wegnehmen.» Ein anderer war: «Wenn du eine Schlinge hast, werden wir den Knoten nicht lösen.» Ende der neunziger Jahre konnte man auf den Spruchbändern und auf Hausmauern in den Dörfern noch verstörendere Losungen lesen: «Wenn du eine Flasche Gift brauchst, werden wir sie dir geben. Wenn du einen Strick brauchst, haben wir einen für dich.» Oder: «Besser ein Fluss aus Blut als ein einziger Mensch mehr.» Die langjährige staatliche Propaganda und die aggressive Umsetzung der Geburtenkontrollpolitik funktionierten. Ihre Auswirkungen waren verheerend.

Als ich jetzt von Chen Guangdong hörte, dass erneut eine gewalttätige Geburtenkontrollkampagne drohte, konnte ich die in mir aufsteigende Wut nicht unterdrücken. Ich glaubte fest an das Grundrecht jedes Menschen, über seinen eigenen Körper und seine Fortpflanzung zu entscheiden, und ich wusste, wie wichtig diese Frage für die Menschen in China war. Der Grundsatz der Ein-Kind-Politik ist unvereinbar mit den traditionellen familiären Werten der Chinesen. Mehrere Kinder zu haben, ist im ländlichen China bis heute nicht nur ein tief in der Kultur verwurzeltes Gebot und eine wirtschaftliche Notwendigkeit, sondern es gilt auch als Grundrecht.

In dieser Tradition haben männliche Nachkommen einen hohen Stellenwert. Von Söhnen wird erwartet, dass sie im Dorf bleiben und ihre Eltern im Alter versorgen, und aufgrund ihrer Körperkraft sind sie in der Landwirtschaft unverzichtbare Arbeitskräfte. Hinzu kommt, dass Männer in einer Gesellschaft ohne stabiles Rechtssystem gebraucht werden, um Streitigkeiten wenn nötig mit Gewalt beizulegen.

Töchter hingegen haben in den Augen der Landbevölkerung keinen dieser Vorzüge und werden traditionell «in ein anderes Haus verheiratet» – ein Grundsatz, der sogar Bestandteil der chinesischen Sprache ist. Verschmilzt diese traditionelle Bevorzugung männlicher Abkömmlinge mit der Ein-Kind-Politik, so ist das vorhersehbare Ergebnis ein eklatantes Ungleichgewicht zwischen den Geschlechtern. In China kommen sehr viel mehr Jungen als Mädchen zur Welt, obwohl das Gesetz auf dem Papier keine Auslese abhängig vom Geschlecht des Fötus erlaubt. Das von dieser Politik heraufbeschworene Ungleichgewicht hat gravierende Auswirkungen auf die zukünftige gesellschaftliche Stabilität Chinas und ist schwer zu beheben.

Nach dem Gespräch mit Chen Guangdong war ich entschlossen, etwas zu unternehmen. Weijing und ich fuhren umgehend nach Dongshigu, um uns ein Bild von der Lage zu machen. Im Dorf sprach sich rasch herum, dass wir heimgekehrt waren, und kaum hatten wir uns zum Frühstück niedergesetzt, da tauchten erste Besucher an der Tür auf, die sich einen Rat dazu holen wollten, wie sie sich schützen konnten.

In den folgenden Tagen und Wochen hörten wir uns ihre Geschichten an und setzten das Puzzle zusammen. Bald war klar, dass die Razzia genauso verlief wie vergangene Kampagnen. Das Parteikomitee der Gemeinde schickte Schlägertrupps in die Dörfer, damit sie alle Frauen zusammentrieben, die bereits zwei oder mehr Kinder zur Welt gebracht hatten. Diese Frauen wurden zwangssterilisiert. Frauen, die bisher nur ein Kind hatten, wurden gezwungen, sich eine Spirale einsetzen zu lassen, obwohl die Behörden eigentlich keine gesetzliche Handhabe hatten, um den Frauen eine bestimmte Verhütungsmethode aufzuzwingen. Frauen, die gegenwärtig schwanger waren und nach Ansicht der Behörden einen «Verstoß» begingen, wurden zum kommunalen Familienplanungsbüro geschleppt und anschließend in die Geburtenstation eines Krankenhauses gebracht, wo das Kind abgetrieben und die Eileiter durchtrennt wurden. Jedes Kreiskrankenhaus konnte zu diesen Eingriffen gezwungen werden. Ärzten, die sich weigerten, drohte der Verlust ihres Arbeitsplatzes, den rasch ein anderer einnehmen würde.

Die Behörden wandten Methoden an, die bei Schwangerschaftsabbrüchen im ersten und zweiten Trimester üblich waren, nur dass die werdenden Mütter in diesem Fall vom Staat gegen ihren Willen zur Abtreibung gezwungen wurden. Die seelische und körperliche Gesundheit der werdenden Mutter wurde vollkommen ignoriert, und eine postoperative Pflege gab es nicht. Bei fortgeschrittenen Schwangerschaften injizierten die Ärzte oft eine giftige Substanz in den Kopf des Fötus und verabreichten den Frauen anschließend wehenauslösende Medikamente. Kam doch einmal ein Baby lebend zur Welt, so brach Berichten zufolge ein Arzt oder eine Krankenschwester dem Neugeborenen das Genick oder ertränkte es in einem mit Wasser gefüllten Kübel.

Diese unbeschreiblichen Verbrechen, die auf ungeschriebene Anweisung der Partei verübt wurden, verstießen gegen die Verfassung der Volksrepublik China, das Strafrecht und sogar das Bevölkerungs- und Familienplanungsgesetz. Hier heißt es, die Ein-Kind-Politik solle «in erster Linie mittels ... sicheren, wirksamen und angemessenen Empfängnisverhütungsmethoden» durchgesetzt werden. In dem Gesetz ist auch festgehalten, dass Opfer von behördlichem Missbrauch jene Verantwortlichen, die «gegen die Persönlichkeits- oder Eigentumsrechte eines Bürgers oder andere legitime Rechte und Interessen verstoßen», strafrechtlich zur Rechenschaft ziehen können. Es ist also gesetzwidrig, dass Funktionäre ihre Macht missbrauchen, indem sie einen oder beide Elternteile entführen, Geld oder Eigentum beschlagnahmen oder Familienmitglieder einschüchtern.

Als mich immer mehr Dorfbewohner um Hilfe baten, hielt ich Rücksprache mit befreundeten Rechtsanwälten in Peking. Anfangs fiel es einigen von ihnen schwer zu glauben, dass die Behörden tatsächlich in großem Stil ein derart offenkundig kriminelles Verhalten an den Tag legten – die chinesischen Städter wissen oft wenig darüber, was auf dem Land geschieht. Als ich ankündigte, im Namen der Opfer eine Klage einzureichen, riet mir insbesondere ein Freund dazu, abzuwarten. Er meinte, Berichte aus zweiter Hand über Personen, die von Beamten der Familienplanungsbehörde terrorisiert wurden, genügten nicht. Ich sollte erst ein direktes Opfer finden, denn nur so könnte ich einen überzeugenden Fall aufbauen.

Erschwerend hinzu kam, dass die Medien zu dieser neuen Zwangskampagne schwiegen. Anscheinend hielt sich die Presse immer noch an ein Verbot jeglicher Berichterstattung über Familienplanungskampagnen, das die Zentrale Propagandabehörde 1992 verhängt hatte. Fürs Erste blieb mir also nichts anderes übrig, als innerlich vor Wut zu kochen und mein Bestes zu tun, um diesem Vorgang auf den Grund zu gehen und Opfer zu finden, die mutig genug waren, um sich den Behörden entgegenzustellen und ihre Rechte einzufordern.

Die staatliche Kampagne setzte sich fort, und die Fälle von Familien, die brutalen Übergriffen und systematischem Terror ausgesetzt waren, häuften sich. Am frühen Morgen des 18. April 2005 versuchten neun Beamte der Familienplanungsbehörde im nahe gelegenen Dorf Yinghou, eine Frau namens Liu Qinghua zur Zwangssterilisierung abzuholen. Wie viele andere junge Frauen überall in der Präfektur hatte sich Liu versteckt und ihrem Vater, dem neunundfünfzigjährigen Liu Yuancheng, aufgetragen, auf ihr Haus aufzupassen. Die Beamten stürmten das Haus, und als sie Qinghua und ihren Ehemann nicht fanden, schleiften sie Yuancheng aus dem Haus und stießen ihn in ein Auto, das ihn zum Familienplanungsbüro in Shuanghou brachte. Sie hielten ihn zwei Tage und eine Nacht fest, gaben ihm nichts zu essen und folterten ihn. Aber er gab das Versteck seiner Tochter nicht preis. Sie schlugen ihn bewusstlos und brachten ihn zum Dorf Xiaobu, wo sie ihn neben einer Brücke aus dem Auto warfen. Schließlich fanden Dorfbewohner den bewusstlosen und blutüberströmten Mann, und seine Familie konnte ihn zum Arzt bringen. Eine ältere Frau, die zum selben Zeitpunkt wie Yuancheng verschleppt und im selben Raum wie er festgehalten worden war, hatte gesehen, wie die Beamten ihn schlugen. Obwohl sie große Angst vor den Konsequenzen hatte, bestätigte sie später Yuanchengs Darstellung der Geschehnisse.

Als sich Yuancheng so weit erholt hatte, dass er reisen konnte, suchte er mich auf und bat mich um Hilfe. In meinen Augen lag der Fall vollkommen klar. Die Behörden hatten offenkundig das Gesetz gebrochen, als sie ohne Durchsuchungsbefehl in das Haus seiner Tochter eingedrungen waren und die persönliche Freiheit des Mannes mit der rechtswidrigen Verhaftung eingeschränkt hatten. Ich schlug Liu Yuancheng vor, mit seinem Fall vor Gericht zu gehen. Seine Familie war einverstanden.

Ich begann, Weijing eine Klageschrift zu diktieren. Wir wussten alle, dass der eigentliche Täter die Parteikomitees waren – es war jedermann klar, dass sie die Kampagne leiteten –, aber in der Praxis ist es unmöglich, in China eine Klage gegen die Kommunistische Partei einzubringen. Die andere Option bestand darin, einen Beamten einer staatlichen Behörde zu verklagen – zum Beispiel den Leiter der Familienplanungskommission des Kreises Yinan –, weil er die gesetzwidrigen Anweisungen der Kommunistischen Partei befolgte.

Ich schlug vor, den Bürgermeister von Shuanghou zu verklagen, da er direkt dafür verantwortlich war, dass der Schlägertrupp zu Qinghuas Haus geschickt worden war. Meine Hoffnung war, dass ein Urteil zu unseren Gunsten einen bedeutsamen *De facto*-Präzedenzfall schaffen würde. Wir wussten, dass überall in der Provinz Shandong und im ganzen Land ähnliche Kampagnen liefen. Wir wollten dem Volk eine Stimme geben. In diesem Fall gingen nur wir gegen die unmenschliche Ein-Kind-Politik vor, aber wir wollten, dass sich das Volk zu Wort meldete und wehrte.

Ende April reiste ich mit Mitgliedern der Familie Liu und mehreren anderen Opfern der Familienplanungskampagne zum Volksgericht des Kreises Yinan, wo wir die Klage einreichten. Eigentlich hätte uns das Gericht umgehend eine Bestätigung über den Erhalt der Klageschrift ausstellen sollen, und innerhalb einer Woche nach Einreichung der Klage hätten wir eine Mitteilung darüber erhalten sollen, ob unsere Klage die Voraussetzungen für eine Behandlung durch das Gericht erfüllte. Aber in diesem Fall mussten wir alle denkbaren Argumente vorbringen, nur um jemanden im Gericht dazu zu bewegen, die Unterlagen zur Eingangsstelle zu bringen, und dann verweigerten uns die Beamten einen Beleg über den Eingang der Klage. Da ich mit einer solchen bürokratischen Hinhaltetaktik gerechnet hatte, hatte ich mein Aufnahmegerät mitgebracht, mit dem ich den Ablauf dokumentierte.

Ich wusste, dass wir einen schriftlichen Beleg für die Einreichung der Klage brauchten, sei es die erhoffte «Annahmebestätigung» oder eine «Ablehnung der Klageschrift». Der erste Beleg würde bedeuten, dass unsere Klage eine Chance hatte, verhandelt zu werden. Eine Ablehnung hätte uns zumindest die Möglichkeit eröffnet, uns an eine höhere Instanz zu wenden. Mussten wir das Gericht hingegen mit leeren Händen verlassen, so würde das mit einiger Sicherheit bedeuten, dass unser Fall für alle Zeit in einem bürokratischen Schwarzen Loch verschwinden würde.

Wir wurden angewiesen, in einem kleinen Saal auf den zuständigen Beamten zu warten; sonderbarerweise war der Raum mit Handschellen und Schlagstöcken dekoriert. Es dauerte nicht lange, da kam der Leiter des Gerichtsregisters heraus, ein Mann namens Liu Changwei. «Warum gehen Sie nicht einfach nach Hause?», sagte er. «Wir können diese Klage gegenwärtig nicht annehmen. Wir werden darüber sprechen und uns bei Ihnen melden.»

«Welches Gesetz regelt Ihre Vorgehensweise?», fragte ich ihn.

Er beantwortete die Frage nicht, sondern sagte lediglich, das Gericht habe noch nie einen Fall wie diesen behandelt.

«Mag sein, dass Sie noch nie eine Klage wie diese gesehen haben», erwiderte ich, «aber hier ist sie. Wenn Sie nur Fälle behandeln, über die das Gericht schon geurteilt hat, wie können Sie dann je ein Vergehen verfolgen?»

Nun änderte Liu Changwei seine Taktik und erklärte, wir hätten ihm keinen unterschriebenen Brief vorgelegt, aus dem hervorging, dass wir einen zugelassenen Rechtsanwalt engagiert hatten, um uns vor Gericht zu vertreten.

Ich hielt ihm entgegen, dass es nach dem Gesetz über Verwaltungsverfahren nicht erforderlich sei, vor Beginn eines Gerichtsverfahrens einen Anwalt zu engagieren. «Gegenwärtig bin ich der Rechtsvertreter des Klägers», sagte ich.

«Glauben Sie, dass *Sie* das chinesische Gesetz vertreten können?», fragte er mich von oben herab.

Ich erinnerte ihn daran, dass ein Gericht, das es ablehnte, eine Klage zuzulassen, gesetzlich verpflichtet war, eine schriftliche Erklärung für diese Ablehnung zu geben.

Liu Changwei zog sich verärgert zurück. Ich wies zwei Mitglieder unserer Gruppe an, ihm ins Büro zu folgen und dafür zu sorgen, dass er uns entweder das eine oder das andere Dokument ausstellte. Als die beiden ihm über die Treppe hinauf folgten, geriet Liu Changwei in Wut. Aber am Ende rückte er ein Schriftstück heraus, aus dem hervorging, dass unsere Klageschrift eingegangen war.

Noch am selben Tag statteten wir auch dem Volksprokuratorat des Kreises Yinan einen Besuch ab. Diese Stelle soll Gesetzesverstöße von Behörden verfolgen. Dort können chinesische Bürger eine Beschwerde gegen Staatsbeamte einreichen und so eine Untersuchung in Gang bringen. Ein Beamter des Prokuratorats nahm unsere Beschwerde auf und gestand, dass er in jüngster Zeit zahlreiche derartige Klagen erhalten habe. Aber er machte klar, vorerst nichts tun zu können; erst müsse er die Führung der Kreisverwaltung um weitere Anweisungen bitten. Ich war mit meinem Latein am Ende. Welchen Nutzen hatte diese Behörde, die angeblich für die Einhaltung der Gesetze sorgen sollte, wenn sie ebenfalls nicht unabhängig war und direkt der Partei unterstand?

Im Frühsommer hatten wir noch immer nichts von einem Verhandlungstermin für den Fall Yuancheng gehört. Ursprünglich hatte ich gehofft, das Verfahren werde die Aufmerksamkeit der Medien auf die laufende Zwangskampagne lenken und dazu beitragen, die Gewalt gegen die Bevölkerung einzudämmen. Jetzt entschloss ich mich, die Dinge selbst in die Hand zu nehmen, und reiste nach Shanghai und Peking, um mir die Unterstützung von Freunden, Rechtsanwälten und Journalisten zu sichern. Als mir klar wurde, dass die heimischen Medien weiterhin nicht bereit waren, sich mit der Familienplanungskampagne zu befassen, wandte ich mich an ausländische Medien. Aber aus irgendeinem Grund zeigten diese ebenfalls kein Interesse daran, der Geschichte nachzugehen. Als Erstes stellte ich Kontakt zur *New York Times* her, die jedoch wenig Interesse an der Geschichte zeigte. Anfang Juli kam ich mit Philip Pan ins Gespräch, einem Journalisten der *Washington Post*, der eine Reportage über dieses Thema schreiben wollte, allerdings erst am Ende des Sommers nach Shandong kommen konnte. Mittlerweile hatte ich auch Kontakt zu den Menschenrechtsanwälten Teng Biao, Jiang Tianyong und Tu Bisheng sowie zu dem Schriftsteller und Gelehrten Guo Yushan aufgenommen. Sie waren alle bereit zu helfen, aber leider konnte keiner von ihnen sofort nach Dongshigu kommen.

Die Zeit verstrich, und meine Besorgnis wuchs. Ich wusste, dass die Rechtslage in Yuanchengs Fall klar war, aber ich war nicht sicher, ob das vor Gericht genügen würde. Wenn es um die Geburtenkontrolle ging, spielten die Gesetze anscheinend keine Rolle. Die Beamten konnten ungestraft nach Belieben schalten und walten, und das ganze System schien manipuliert oder zumindest aus dem Gleichgewicht geraten. Weder Ärzte noch Krankenschwestern, Beamte oder Richter schienen bereit, den grauenhaften Verbrechen, die für alle offenkundig waren, Einhalt zu gebieten.

Doch anscheinend hatte unsere Klage die Kreisverwaltung aufgeschreckt. Ihre Reaktion bestand darin, die Zwangskampagne noch energischer voranzutreiben. Statt zwei schickte unsere Gemeinderegierung jetzt vier Autos mit Kadern in die Dörfer. Statt jeden Tag ein paar junge Frauen abzuholen, begannen die Behörden, täglich mehr als hundert Frauen für Eileiterligaturen und Abtreibungen in die Entbindungs- und Kinderstation der Familienplanungsstelle des Kreises Yinan oder in andere Krankenhäuser zu bringen. In den folgenden Monaten wurde ich wiederholt von Beamten der Gemeinde bedrängt und bedroht. Sie kamen in mein Haus, um mich zurechtzuweisen, oder versuchten, mich mit verlockenden Posten und finanziellen Belohnungen zu bestechen, damit ich die Klage zurückzog. Vierter Bruder, der Parteimitglied war und an der Parteischule unterrichtete, wurde genötigt, mich zu beobachten.

Während des langen Wartens auf einen Prozesstermin gingen die schrecklichen Geschehnisse weiter. Oft spielten sich ganz in der Nähe furchtbare Szenen ab. So wurde mein Vetter Chen Guangdong, der mich als Erster auf die neue Zwangskampagne aufmerksam gemacht hatte, gemeinsam mit seiner Frau zum Ziel der Kampagne. Die beiden hatten zwei Töchter, und eines Tages tauchten in ihrem Haus ein Dutzend örtliche Parteikader auf. Guangdongs Frau war allein zu Hause. Sie flehte um Gnade und erklärte den Eindringlingen, dass sie nicht operiert werden dürfe, weil ihr Arzt eine Schilddrüsenkrankheit festgestellt habe. Aber die Kader stießen sie in einen Lieferwagen und fuhren sie in ein Krankenhaus, wo sie sterilisiert wurde; für diesen Eingriff ist eine Epiduralanästhesie erforderlich. Wir erfuhren erst davon, als sie schon wieder zu Hause war. Weijing ging sie besuchen und hörte sich an, wie Guangdongs Frau unter Tränen schilderte, was man ihr angetan hatte.

Unsere Nachbarn und andere Dorfbewohner wurden willkürlich herausgepickt. Eine Frau namens Du Dehong aus einem nahe gelegenen Dorf hatte eine offizielle Genehmigung für ihre zwei Kinder, aber die Kader jagten ihren Mann in die Berge und zwangen Dehong zur Sterilisation. Die Tochter des Paares, die noch ein Krabbelkind war, blieb mitten im Winter allein im ungeheizten Haus. Als die Eltern heimkehren durften, hatte das Kind blaue Lippen. Chen Gengjiang, ein Nachbar von uns, konnte einen Überfall von Kadern mit einer Pickhacke abwehren. Schließlich gelang es ihm, die Angreifer in seinem Haus einzusperren und zu uns zu fliehen, aber sein verängstigtes Kind blieb schreiend zurück.

Mittlerweile war es mein wichtigstes Ziel, diese brutale Kampagne zu stoppen und die Verfolgung zahlloser Opfer zu beenden. Leider hatte sich herausgestellt, dass es nicht genügen würde, mit dem Gesetz zu argumentieren. Das Gesetz kann erlittenes Leid nicht ungeschehen machen, und während wir auf das Verfahren warteten, setzte sich die Gewalt unvermindert fort.

Ohne die Unterstützung der Medien würden uns alle Beweise nichts nützen. Ich hoffte auf die Veröffentlichung einer Geschichte, welche die gesamte Tragweite dieser gewaltigen Kampagne ans Tageslicht bringen würde. Wurde sie von den Medien verbreitet, so würde ein öffentlicher Aufschrei die Folge sein, den die Verantwortlichen nicht ignorieren konnten. Ich entschloss mich, in der gesamten Präfektur möglichst viele Zeugenaussagen zu sammeln, und hoffte, die Medien könnten angesichts dieser schockierenden Beweise nicht untätig bleiben.

Im Frühjahr 2005 war ich unentwegt unterwegs. Manchmal konnte ich meine Emotionen kaum beherrschen, so viele furchtbare Geschichten musste ich mir anhören. Ich war darauf angewiesen, dass mich Freunde, Verwandte und die Familien von Opfern in ihren Autos oder auf ihren Motorrädern mitnahmen und zum Essen in ihre Häuser oder in Restaurants einluden. Wenn es kein anderes Beförderungsmittel gab, gingen Weijing und ich oft zu Fuß in die Dörfer der Umgebung, um mit Opfern der staatlichen Kampagne zu sprechen.

Im Mai brach ich gemeinsam mit Li Jian, einem Bürgerrechtsaktivisten und Journalisten, der eine Website mit dem Titel «Netz zur Verteidigung der Bürgerrechte» betrieb, auf, um Fakten zu sammeln.

Wir konzentrierten uns auf die drei nächstgelegenen Kreise, trafen uns mit Opfern, hörten uns ihre Berichte an, beantworteten ihre Fragen und formulierten ihre Beschwerden. Normalerweise zeichnete ich die Schilderungen der Opfer selbst auf und brachte das Material mit Hilfe anderer Personen zu Papier. Li Jian und ich hörten Personen zu, die berichteten, wie sie mit Besen, Gummiknüppeln und Schuhen geschlagen worden waren. Wir trafen Menschen, denen die Wirbelsäule gebrochen worden war, und sahen Haut, die sich durch die Schläge dunkellila verfärbt hatte.

Dort, wo die Kampagne gerade lief, taten Weijing und ich unser Bestes, um die Einsätze der Familienplanungsbehörde zu behindern. Manchmal versuchten wir, den Opfern zu helfen, indem wir direkt in ihre Dörfer gingen. Einmal durchwateten Weijing und ich sogar in der Nacht den Meng, um rasch zu einer Familie zu gelangen, die Hilfe brauchte. Da die Beamten das Rampenlicht scheuten, genügte oft schon unsere Anwesenheit, um sie zur Mäßigung zu bewegen. In der Zwischenzeit schrieben wir Briefe an die Familienplanungsbehörden in Shandong und Peking, um sie auf die Situation aufmerksam zu machen und die Partei aufzufordern, diese Probleme in Einklang mit dem Gesetz in Angriff zu nehmen. Niemand reagierte.

Später fanden wir heraus, woher die Anweisung zur Verschärfung der Kampagne in unserer Region gekommen war. Der Parteisekretär von Linyi, der unter Druck stand, die von der Provinzparteiführung vorgegebenen Ziele der Geburtenkontrollpolitik zu erreichen – oft wurden strenge Grenzwerte für Geburten festgelegt –, hatte ein offizielles Dokument herausgegeben, in dem Behördenvertreter und Parteikader angewiesen wurden, die Rechtskenntnis der Bevölkerung nicht zu überschätzen und auf die harten «herkömmlichen» Methoden zurückzugreifen, die sich schon 1992 bewährt hatten. Der Parteisekretär erklärte, es sei besser, versehentlich hundert Unschuldige zu töten, als einen einzigen Menschen entkommen zu lassen, der gegen das Gesetz verstoßen hatte. Nachdem wir die Existenz dieser Anweisung entdeckt und ihren Inhalt in Auszügen gelesen hatten, zog die Partei sämtliche Kopien ein und ließ sie vernichten.

Aber der Schaden war bereits angerichtet. Das heimtückische Programm zur zwangsweisen Geburtenkontrolle in einer weitläufigen Präfektur mit mehr als zehn Millionen Einwohnern lief auf vollen Touren. 2005 wurden neun Kreise und drei weitere Verwaltungsgebiete von Linyi in diese zentral gesteuerte Kampagne mit Razzien, Verhaftungen und Folter einbezogen, die vom Winteranfang bis in den Herbst dauerte. Schätzungsweise 520 000 Menschen wurden schikaniert, mit Geldbußen belegt, verhaftet oder gefoltert, und bis zu 130 000 Menschen wurden zu einer Abtreibung oder Sterilisation gezwungen.

Und diese Kampagne betraf uns auch persönlich: Weijing war wieder schwanger. Natürlich kannten wir das Familienplanungsgesetz, aber wir waren der Meinung, dass es unsere Rechte verletzte und ein Angriff auf die menschliche Natur war. Wir wollten ein zweites Kind. Wie konnte sich die Kommunistische Partei das Recht anmaßen, uns daran zu hindern? Als wir von der Geburtenkontrollkampagne in Linyi erfuhren, war Weijing bereits schwanger. Unerschrocken begleitete sie mich bis kurz vor der Geburt auf meinen Reisen. Wir taten, was in unseren Augen richtig war, und blendeten die Politik trotz der Gefahren so weit wie möglich aus.

Wir arbeiteten unermüdlich, bis sich Weijings Niederkunft ankündigte. Als die Wehen einsetzten, brachte ich sie ins Dorf ihrer Mutter. Am 21. Juli 2005, genau vier Jahre nach Weijings erstem Besuch in Dongshigu, brachte sie mit einem Kaiserschnitt unsere Tochter Kesi zur Welt. Als ich das wunderschöne Baby in den Armen hielt, dachte ich an all das schreckliche Leid, das andere Menschen zur selben Zeit erdulden mussten, weil sie ein Kind wie dieses haben wollten.

Im August 2005 war unser Rechercheteam vollständig, und wir weiteten unsere Untersuchung aus. Unsere erste Station war ein Dorf im Kreis Fei, der an unseren Heimatkreis grenzte. In einem Dorf hatten sich zahlreiche Opfer versammelt, damit wir sie alle auf einmal befragen konnten. Eine Frau namens Fang Zhongxia erzählte uns folgende Geschichte:

> Vor einiger Zeit setzten mir Mitarbeiter der Familienplanungsbehörde nach der Geburt meiner zweiten Tochter eine Spirale ein. Als ich zufällig trotzdem erneut schwanger wurde, drangsalierten die Beamten meine Mutter und zwangen sie, tausend Yuan zu zahlen. Anschließend war sie vollkommen verängstigt und versteckte sich. Zwei Monate später holten sie meine Schwiegermutter ab. Sie zerschlugen ihr Eigentum und verhafteten sie mehrfach. Dann taten sie dasselbe mit der Frau meines älteren Bruders und mit dem Mann meiner älteren Schwester, den sie eine Woche lang festhielten und bei siebenundzwanzig Gelegenheiten zusammenschlugen. Die Frau meines Onkels wurde während der Fahrt zum Familienplanungsbüro geschlagen und getreten und verlor dreimal das Bewusstsein. Sie erlitt einen so schweren Nierenschaden, dass sie nicht mehr arbeiten konnte. Dann fielen sie über meinen Neffen, seine Frau und sein Kind und über die jüngere Schwester meines Ehemanns her – sie misshandelten alle Verwandten von mir, die sie ausfindig machen konnten; insgesamt waren es zweiundzwanzig Familienmitglieder. Obwohl ich bereits im siebten Monat schwanger war, wurde ich zwangsweise ins Krankenhaus gebracht, wo man mir gegen meinen Willen ein wehenauslösendes Präparat injizierte. Ich verlor das Kind am nächsten Tag und wurde gezwungen, mir die Eileiter abbinden zu lassen. Erst danach wurden meine Verwandten freigelassen.

Im Verlauf unserer monatelangen Untersuchung hielten wir die Berichte Dutzender Opfer fest. Im Volkskrankenhaus des Kreises Fei sprachen wir mit Pei Jinglan, die in einem Aufwachraum lag. Sie erzählte uns ihre Geschichte:

> Mein jüngerer Bruder hatte zu viele Kinder bekommen. Die Leute vom Familienplanungskomitee stürmten mein Haus und begannen, mich herumzustoßen. Sie beschimpften mich und schleppten mich in ihr Büro. Vier Männer zogen mir das Hemd aus, steckten meinen Kopf in einen Sack und schlugen fast eine Stunde lang auf mich ein. Sie bohrten mir die Finger so fest zwischen die Rippen, dass ich vor Schmerzen schrie. Sie ließen mich auf allen vieren kriechen. Ich durfte den Kopf nicht heben, und einer von ihnen drückte mir den Kopf zu Boden und quetschte meinen Nacken, während ein anderer auf mich eintrat und schrie, er werde mich tottreten. Zusammen mit mir waren dreißig weitere Personen in dem Raum eingesperrt, und wir durften nicht auf die Toilette gehen. Eine alte Frau musste in eine Reisschale pinkeln.

Song Huahou, eine sechzigjährige Frau aus dem Dorf Maxiagou, Gemeinde Liangqiu im Kreis Fei, berichtete uns Folgendes:

> Meine Schwiegertochter hatte einen Sohn und durfte kein zweites Kind bekommen. Aber sie wurde schwanger, und sie schleppten mich ins Familienplanungsbüro. Sie verprügelten mich mit einem Gummiknüppel und schlugen mir mit den Fäusten ins Gesicht. Ich blutete aus dem Mund. Ich wurde sechsundzwanzig Tage lang festgehalten. In dieser Zeit wurden mehrere unserer Verwandten aus demselben Grund verhaftet und geschlagen. Einige bezahlten viel Geld und durften nach Hause gehen. Mein Bruder wurde ebenfalls verhaftet und mit einem Gummiknüppel geschlagen. Dann befahlen sie mir, ihn zu schlagen. Anschließend musste er mich schlagen. Sie meinten, wir schlügen nicht hart genug zu, also zeigten sie uns, wie wir es tun sollten. Sie hielten meinen Bruder achtzehn Tage lang fest, und als er endlich nach Hause gehen durfte, hatten sie seine Erdnussernte und seine Ziegen gestohlen, und er hatte dreitausend Yuan verloren. Jetzt hasst mich mein Bruder und sagt, wenn ich ihm nicht drei-

tausend Yuan gebe, um seinen Verlust auszugleichen, wird er nie wieder mit mir sprechen.

Xia Jingshan aus dem Dorf Xiajiagou in der Gemeinde Liangqiu, Kreis Fei, berichtete uns:

> Sieben Leute vom Familienplanungsbüro brachen in unser Haus ein, warfen meine Frau und mich in einen Lieferwagen und befahlen mir, ihnen den Weg zu einem Haus zu zeigen, von wo sie andere Leute verschleppen wollten. Als ich ihnen sagte, dass ich nicht wusste, wo dieses Haus war, schlugen sie mich mit einem Knüppel und beschimpften mich. Es blieb mir nichts anderes übrig, als sie von Haus zu Haus zu führen, und am Ende holten sie Leute aus mehr als zehn verschiedenen Familien heraus und schlugen sie. Jetzt werfen mir meine Nachbarn und Verwandten vor, die Leute vom Familienplanungsbüro zu ihren Häusern gebracht zu haben. Alle verachten mich.

Chen Baigao aus dem Bezirk Lanshan erzählte folgende Geschichte:

> Ich wurde in der Familienplanungsbehörde eingesperrt. Ich gehörte zur «Studiengruppe». Wir wurden jeden Abend geschlagen, und anschließend mussten wir fünfzig Yuan «Studiengebühren» bezahlen. Es waren mehr als sechzig Personen in einem Raum eingesperrt, Männer und Frauen zusammen, und wir mussten uns in einen Eimer in der Ecke erleichtern; es gab einen für die Männer und einen für die Frauen. Nachts konnten wir uns nirgendwo hinlegen, weil die Eimer übergelaufen waren und überall Pisse war.

Der vierundvierzigjährige Xiao Ruibin erzählte uns:

> Die Familienplanungsleute drehten einen Stuhl um und zwangen mich, mich auf die Stuhlbeine zu legen. Einer drückte meinen Kopf hinunter, während mich der andere mit einem Gummiknüppel schlug. Sie sagten, wenn sie mich totschlagen würden, müssten sie vielleicht zwanzigtausend Yuan für die Beerdigung zahlen. Sie schlugen mich bewusstlos. Dann übergossen sie mich mit kaltem Wasser, um mich aufzuwecken, damit sie mich weiterschlagen konnten.

Wir besuchten auch die Angehörigen eines älteren Mannes namens Shi Mingli aus der Gemeinde Tanyi, der in Gewahrsam genommen worden war, weil sein Sohn zu viele Kinder bekommen hatte. Nach einer Weile durfte Shi Mingli heimkehren, aber nun holten die Beamten seine Tochter und seinen Schwiegersohn ab. Seinem Schwiegersohn gelang die Flucht, woraufhin die Leute von der Familienplanungsbehörde seinen Nachbarn verhafteten. Die verbitterten Nachbarn gaben Shi Mingli und seiner Familie die Schuld an ihrem Unglück. Schließlich ging der alte Mann zum Familienplanungsbüro und bot an, die Strafe für die Nachbarn zu übernehmen. Die Beamten lehnten seinen Vorschlag ab. In seiner Verzweiflung nahm sich Shi Mingli das Leben.

All diese Menschen waren Opfer einer grausamen körperlichen und seelischen Misshandlung geworden. Abgesehen davon, dass die Geburtenkontrollkampagnen illegal und unmenschlich waren, rissen sie Familien auseinander, zerstörten Freundschaften und machten Nachbarn zu Feinden. Ich bin sicher, dass die Übergriffe, die ich untersuchen und dokumentieren konnte, nur einen winzigen Ausschnitt des Gesamtbilds darstellten. Beispielsweise hörten wir nur wenige Beschreibungen erzwungener Abtreibungen und Sterilisationen, was zweifellos daran lag, dass die Menschen nicht über derart niederschmetternde und traumatische Erfahrungen sprechen wollten.

Aber aus den Stimmen dieser Opfer hörte ich auch die Hoffnung auf Gerechtigkeit und Trost heraus. Ich spürte ihre Verletzungen in meiner Seele. Ihre Geschichten haben mir gezeigt, dass die Kulturrevolution nie wirklich beendet worden ist – sie hat lediglich metastasiert. Sie wird fortgesetzt, wann immer die Partei eine Kampagne gegen Menschen startet, die sich für Bürgerrechte einsetzen, einer Religionsgemeinschaft angehören, Anhänger von Falun Gong sind oder mehr als ein Kind in die Welt setzen wollen. Jeder – *jeder* – kann zum Opfer solch einer Kampagne werden.

Aber die Zeugenaussagen, die wir hörten, dienten auch einem wichtigen Zweck, denn diese Interviews wurden zur Grundlage unseres detailliertesten und härtesten Berichts. Teng Biao und Guo Yushan schrieben viele der von uns aufgezeichneten Berichte nieder, und ich gab ausländischen Journalisten Interviews über die brutale Zwangskampagne. Die nationale Familienplanungskommission stand unter Druck, Stellung zu nehmen, und schließlich erklärte sie, dass es in Linyi tatsächlich zu Übergriffen gekommen sei. Die Verantwortlichen seien zum Rücktritt aufgefordert worden oder würden anderweitig bestraft. Wir reichten weiter Einzelklagen ein, und unsere Untersuchung im Kreis Fei und anderswo bewegte uns dazu, über eine große Sammelklage gegen die Familienplanungskommission von Linyi nachzudenken. So gering die Aussicht auf einen Erfolg auch schien, wir waren uns darin einig, dass wir es versuchen mussten.

In jenem Sommer starteten die Behörden eine aggressive Einschüchterungskampagne gegen meine Familie. Auch einige der von uns befragten Opfer wurden bedroht. Mir wurde bewusst, dass wir unentwegt von Observierungsteams begleitet wurden. Wohin wir auch fuhren, es folgten uns zwei oder drei Autos, die schneller fuhren, wenn wir es taten, und bremsten, wenn wir langsamer wurden. Manchmal beschatteten sie uns offen, manchmal verdeckt. Einmal, als wir nach der Befragung von Opfern ein Dorf verließen, hielt uns ein örtlicher Funktionär auf. Die Landstraße fiel zu beiden Seiten steil zu den Feldern ab und war so schmal, dass zwei Autos nur knapp aneinander vorbeifahren konnten. Der Beamte hielt seinen

Wagen an und öffnete die Fahrertür, sodass wir nicht vorbeifahren konnten. «Warum kommen Sie nicht mit in unser Büro, damit wir uns unterhalten können?», sagte er in drohendem Ton. Er verlangte unsere Ausweise zu sehen, lehnte es jedoch ab, einen Blick auf die von uns gesammelten Beweise für Übergriffe der Familienplanungsbehörde zu werfen. Rasch versammelte sich eine Gruppe Dorfbewohner, die ihn wütend aufforderten, uns durchzulassen. Schließlich gab er nach, aber er folgte uns und schickte uns später eine Mitteilung, in der er uns bedrohte.

Am 11. August kehrten Teng Biao und Yushan gemeinsam mit mir nach Dongshigu zurück, um die Untersuchung fortzusetzen, da bemerkten wir, dass uns mehrere Personen folgten und beobachteten. Als wir in einem Dorf in der Gemeinde Yitang Opfer von Übergriffen befragen wollten, erwarteten uns bereits der Bürgermeister und mehrere Parteikader und Beamte. Ein Polizeiauto versuchte uns aufzuhalten. Es kam zu einer Verfolgungsjagd. Wir hatten das billigste Auto gemietet, das wir finden konnten, und bezweifelten, dass wir das Polizeiauto oder die Fahrzeuge der Kader abhängen konnten. Aber unser Fahrer war ein ortskundiger Einheimischer, der plötzlich in eine Sandstraße einbog, wo uns die Verfolger verloren.

Nachdem wir den Tag mit Nachforschungen verbracht hatten, beschlossen wir am Abend, in einem Hotel in Linyi zu übernachten. Wir glaubten, in der Stadt sicherer zu sein, aber wir hatten nicht bedacht, dass die Polizei unsere Bewegungen anhand unserer Mobiltelefone verfolgen konnte. Es war bereits spät am Abend, als ich mich schlafen legte. In diesem Augenblick klopfte jemand an die Tür.

Drei Polizisten drängten ins Zimmer. «Wir wollen Ihre Ausweise sehen», sagten sie.

«Das Gesetz schreibt vor, dass Sie sich ebenfalls ausweisen müssen», erwiderte ich.

Einer von ihnen hielt kurz einen Dienstausweis hoch und steckte ihn wieder ein. Es waren Polizisten aus Linyi. Wir forderten die anderen beiden auf, uns ebenfalls ihre Ausweise zu zeigen, aber sie antworteten, einer müsse genügen. Dann führten die Polizisten zwei Mitglieder unseres Teams hinaus, während noch mehr Polizisten und Beamte in unser Zimmer drängten. Später erfuhren wir, dass uns Dutzende Parteikader und Beamte gefolgt waren und nun das Hotel umstellten; einige von ihnen gaben sich als Gäste und Angestellte aus.

«Anscheinend machen sie sich Gedanken über unsere Familienplanung», sagte einer der Eindringlinge. Ich erkannte seine Stimme – es war Liu Wenbin, der stellvertretende Leiter der Familienplanungskommission von Yinan.

«Kennen Sie überhaupt die Vorschriften für die Familienplanung und die Rechtsgrundlagen?», fragte ich.

Bevor Liu Wenbin antworten konnte, fragte ein anderer Beamter: «Warum versuchen Sie, alles ins Internet zu stellen?» Er meinte zweifellos die Tatsache, dass Li Jian unsere Erkenntnisse auf seiner Bürgerrechts-Website gepostet hatte. «Warum wählen Sie nicht den vorschriftsmäßigen Weg?»

«Ich habe es bereits auf allen gesetzlichen Wegen versucht», antwortete ich. «Abgesehen davon ist es nicht verboten, diese Informationen ins Internet zu stellen. Aber gibt es ein Gesetz, das Ihnen erlaubt, Menschen willkürlich zusammenzuschlagen und einzusperren? Haben Sie noch nie von den Vorschriften für die Familienplanung und von den ‹sieben verbotenen Dingen› gehört, zu denen rechtswidrige Verhaftung, Misshandlung, Erniedrigung, Diebstahl fremden Eigentums und willkürliche Beschuldigung anderer gehören? Wenn Sie etwas an meiner Tätigkeit auszusetzen haben, sollten Sie sich an meinen Rechtsanwalt wenden.»

Da offensichtlich kein vernünftiges Gespräch mit ihnen möglich war, schickte ich mich an, das Hotel zu verlassen, aber einer der Polizisten hielt mich fest und stieß mich zurück. «Mit welchem Recht schränken Sie meine Freiheit ein?», fragte ich. Als ich die Arme des Mannes fühlte, der mich festhielt, begriff ich, dass er überhaupt keine richtige Uniform trug: Er hatte ein T-Shirt an.

Teng Biao, Guo Yushan und Tu Bisheng, die sich im Nebenraum einquartiert hatten, hörten den Aufruhr und kamen herüber, um nach dem Rechten zu sehen. «Diese Männer schränken widerrechtlich meine persönliche Freiheit ein», erklärte ich ihnen.

Dann wandte ich mich an Liu Wenbin. «Wer sind diese Leute?», fragte ich wütend.

«Woher soll ich das wissen?», antwortete er. «Ich weiß nur, dass sie von der Polizei von Yinan sind.»

Das Verhalten dieser Eindringlinge widerte mich an. Gemeinsam mit Teng Biao und Guo Yushan ging ich in ihr Zimmer hinüber, wo wir auf eine Gruppe von Kadern aus der Rechtsabteilung von Linyi stießen, darunter ihren Leiter, einen Mann namens He Fali.

«Gehören die Leute, die in unser Zimmer eingedrungen sind, zu Ihnen?», fragte ich ihn.

He nahm meine Hand und drückte sie.

«Sie antworten mir nicht!», schrie ich ihn an.

«Das ist meine Antwort», sagte er und drückte mir erneut die Hand.

Ich wiederholte meine Frage. Er zögerte, um dann zu sagen, er wisse es nicht und habe keine Beziehung zu diesen Personen.

Es war eine Farce. Niemand erklärte uns, was dieser Auftritt bedeutete. Die Eindringlinge behaupteten, einander nicht zu kennen und nicht zu wissen, warum sie hier waren. Natürlich stimmte das nicht. Tatsächlich fielen in jener Nacht Vertreter von vier verschiedenen Behörden in unser Hotel ein: Vertreter der Gemeinde Shuanghou, Beamte der Rechtsabteilung, Funktionäre der Familienplanungskommission und Polizeibeamte. Weder ich noch eine andere der anwesenden Personen hatte den geringsten Zweifel daran, dass der Parteisekretär von Linyi den Befehl gegeben hatte, uns unter Druck zu setzen. Nur er hatte die Macht, mitten in der Nacht so viele Vertreter verschiedener Behörden zu mobilisieren.

He Fali ging nach unten und ließ meine Freunde und mich mit einer Gruppe von Gemeindebeamten aus Shuanghou im Zimmer zurück. Nachdem sie eine Weile untereinander diskutiert hatten, eröffneten sie uns, dass sie uns nach Dongshigu zurückbringen würden. Es war uns klar, dass sie uns daran hindern wollten, unsere

Untersuchung fortzusetzen. Sie würden uns nach Hause bringen, um uns dann nicht mehr aus den Augen zu lassen. Außerdem würden sie mit Sicherheit versuchen, uns voneinander zu trennen, was gefährlich für uns werden konnte. Wir weigerten uns, mit ihnen zu gehen.

Als sie begriffen, dass sie bei uns nichts erreichten, gingen die Beamten hinunter, sodass wir Gelegenheit hatten, uns zu beratschlagen. Umringt von all diesen Beamten, konnten wir unmöglich unsere Untersuchung fortsetzen. Außerdem befürchtete ich, die bereits gesammelten Beweise zu verlieren. Daher schlug ich vor, mit dem Material, das wir hatten, heimzukehren, um alles so rasch wie möglich ins Internet zu stellen. Sollten die Funktionäre versuchen, uns in verschiedene Autos zu setzen, so würden wir nicht mitfahren. Die anderen waren einverstanden, und ich teilte den Beamten unsere Entscheidung und unsere Bedingungen mit. Sie erklärten sich bereit, einen Kleinbus zu besorgen, und kurz darauf zwängten wir uns in das Fahrzeug, das uns nach Dongshigu brachte, wo wir gegen zwei Uhr morgens eintrafen. Die Fahrzeuge der Kader und Beamten folgten uns. Meine Gefährten erklärten mir, dass es zu einer beunruhigenden Veränderung gekommen war: An allen Zufahrten zum Dorf waren Wachposten aufgestellt worden. Viele trugen zivile Kleidung, und obwohl es Gemeindekader unterschiedlichen Rangs waren, schienen sie eng mit der Polizei zusammenzuarbeiten.

Von da an wurden meine Familie und ich sowie die Opfer der Geburtenkontrollkampagne, die an der Untersuchung mitarbeiteten, ständig von zwanzig bis dreißig Personen observiert, die sich wenig Mühe gaben, ihre Gegenwart zu verbergen. Wann immer wir das Haus verließen, sahen wir sie. Sie folgten uns überallhin. Manchmal drehten wir den Spieß um und gingen ihnen nach, und gelegentlich sprachen wir sie an und fragten sie, was sie taten und welches ihre Anordnungen waren. Sie antworteten nie. Besonders wütend machte mich, dass sie keinen Besuch zu mir ließen. Wir wurden nicht nur daran gehindert, in die Nachbardörfer zu fahren, sondern Menschen, die sich um Hilfe an mich wenden wollten, wurden nicht zu mir durchgelassen. Unsere Untersuchung war zum Stillstand gekommen.

An einem Nachmittag gegen Ende August fuhr ich zum Haus von Weijings Mutter in Linshu, um meine Frau und unser achtundzwanzig Tage altes Töchterchen Kesi zu besuchen, die den größten Teil des Monats bei ihrer Familie verbracht hatten. Eine Reihe von Beamten und Parteifunktionären folgten mir, und als ich nach dem Besuch das Haus meiner Schwiegermutter verließ, hielten sie mich auf, stießen mich in ein Auto und brachten mich zum Sitz der Gemeindeverwaltung, wo sie mich bis zum späten Abend festhielten, bevor sie mich heimschickten. In der Zwischenzeit drangen Mitarbeiter der Familienplanungsbehörde, die sich als technische Inspektoren ausgaben, unter dem Vorwand, den Stromzähler kontrollieren zu müssen, in das Haus von Weijings Mutter ein. Sie entdeckten unser Kind, meldeten es sofort und ließen sich in Weijings Zimmer auf dem Boden nieder, um Mutter und Kind zu bewachen, während sie auf weitere Befehle warteten. Als Weijing sie zur Rede stellte, gerieten sie in Wut und standen auf, um sie zu schlagen. In diesem Augenblick kehrte meine Schwiegermutter heim und sah, wie die Männer ihre Tochter attackierten und das noch nicht einen Monat alte Baby verschleppen wollten. Zornig verteidigte sie ihre Tochter und ihr Enkelkind. Die Eindringlinge ließen von ihnen ab, blieben jedoch die ganze Nacht im Haus. Im Morgengrauen brachten sie meine Frau und mein Kind in einem nicht gekennzeichneten Auto zum Sitz der Gemeinderegierung in Shuanghou.

Am nächsten Tag brachten sie auch mich dorthin. Während der Fahrt rief ich befreundete Rechtsanwälte in Peking an und bat sie für die Beamten unüberhörbar, sie sollten sich mit den Medien in Kontakt setzen, wenn ich mich nicht spätestens in einer Stunde wieder bei ihnen meldete. Als ich in dem Gemeindebüro eintraf, fand ich dort Weijing und Kesi vor. Das Baby schrie vor Hunger, denn Weijing war derart verängstigt, dass ihre Muttermilch nicht mehr floss. Ich nahm Weijing am Arm und sagte laut, wir würden jetzt gehen, wobei ich mich bemühte, keinerlei Unsicherheit zu zeigen. Eine berüchtigte Beamtin namens Zhang Tingju stellte sich uns in den Weg, aber ich drängte mich an ihr vorbei und zog Weijing mit dem Baby im Arm zur Tür hinaus.

Einige Zeit später tauchten mehrere Beamte der Familienplanungsbehörde in unserem Haus in Dongshigu auf und verlangten von mir die Zahlung eines Bußgelds von mehreren zehntausend Yuan für mein zweites Kind. Ich erklärte mich einverstanden, sagte ihnen jedoch, ich müsse das Haus verlassen, um mir das Geld borgen zu gehen. Die Beamten waren ratlos, da sie mich nicht aus den Augen lassen wollten. Schließlich traten sie unverrichteter Dinge den Rückzug an. Einmal mehr waren wir heil davongekommen, aber schon bald sollten wir in sehr viel größere Bedrängnis geraten.

Trotz der Belagerung gab es genug Arbeit zu tun. Und um arbeiten zu können, musste ich hinaus in die Welt. Ich durfte mich nicht damit abfinden, von meinen Bewachern in Isolation gehalten zu werden. Ich weigerte mich, zu Hause auszuharren, solange unsere Arbeit nicht getan war.

In der Nacht des 25. August schlüpfte ich den Belagerern durch die Maschen. Zuvor hatten Weijing und ich einige Male das Haus verlassen, damit sich die Wachen daran gewöhnten, dass wir uns im Dorf bewegten. An jenem Tag besuchten wir einige Nachbarn und Verwandten, stets mit einer Schar von Beobachtern im Schlepptau. Am Abend kam mein Neffe Chen Hua herüber, um über unseren Plan zu sprechen. Zuerst würde er nach Hause gehen und den Anschein von Normalität erwecken. Später würde er sich aus dem Haus schleichen und an einem vereinbarten Treffpunkt im Dorf auf mich warten.

Nachdem wir die Kinder schlafen gelegt hatten, gingen Weijing und ich gegen zehn Uhr abends hinaus und schalteten unsere Taschenlampen ein. Augenblicklich strömten die Wachen zusammen und bildeten einen schwarzen Klumpen von Körpern, den wir hinter uns her zogen. Wenn sie uns zu nahe kamen, bewarfen wir sie mit Sand, um sie uns vom Leib zu halten.

Als wir den Treffpunkt erreicht hatten, zischte Chen Hua aus der Dunkelheit und zog mich in ein Maisfeld. Die Wachen bemerkten nicht, dass ich mich von Weijing getrennt hatte, und folgten ihr durch das Dorf bis zu dem Häuschen, in dem wir nach unserer Hochzeit kurze Zeit gelebt hatten. Weijing stieg über die Hofmauer und ging ins Haus. Sie warf Steine über die Mauer, um die Wachen fernzuhalten, und tat so, als würde sie mit mir sprechen. Nach etwa einer Stunde holten sich die Männer von meinem älteren Bruder den Schlüssel zum Hoftor und fanden Weijing allein im Haus. Die Wachen fragten meine Frau, wo ich sei, aber sie sagte nur schulterzuckend: «Ich nehme an, er ist nach Hause gegangen. Habt ihr ihn nicht gesehen?» Wütend durchkämmten sie das Dorf und die umliegenden Felder bis in die frühen Morgenstunden.

Während Weijing die Wachen abgelenkt hatte, waren Chen Hua und ich durch Obstgärten und über Erdnussfelder zum Nachbardorf Huangying gelaufen, wobei wir immer wieder kleine Strecken in unserer eigenen Spur zurückkehrten und den am wenigsten genutzten Weg zu unserem Ziel wählten. Es war eine schwierige Reise durch die Nacht. Wir mieden die Straßen und mussten eine Anhöhe überwinden und barfuß durch kalte Bäche waten. Durchnässt und schlammbedeckt erreichten wir Huangying und versteckten uns unter einer Brücke.

Wir verbrachten einige Stunden damit, sämtliche Telefonnummern anzurufen, an die wir uns erinnern konnten. Schließlich erreichten wir einen Taxifahrer, der sich bereit erklärte, uns abzuholen und zu einem etwa hundertneunzig Kilometer entfernten Busbahnhof außerhalb des Verwaltungsgebiets Linyi zu bringen, wo wir in einen Bus nach Nanking stiegen. Dort nahmen wir einen weiteren Bus, der uns nach Shanghai brachte. Als wir gegen sieben Uhr abends dort eintrafen, waren wir ausgehungert. Seit mehr als vierundzwanzig Stunden hatten wir nichts gegessen. Wir fanden etwas zu essen und machten uns auf den Weg zum Ziel unserer Reise. Wir wollten an einer Konferenz über Rechtsstaatlichkeit und Menschenrechte teilnehmen. Ich nahm an, dass ich in Shanghai fürs

Erste in Sicherheit sein würde. Nun konnte ich mit einigen der brillantesten und engagiertesten Menschenrechtsaktivisten Chinas Erfahrungen austauschen und Neues lernen.

Während meines Aufenthalts in Shanghai gelangten unsere Untersuchungsergebnisse endlich in die Welt hinaus. Das Regime hatte die Websites, auf denen unser Material veröffentlicht worden war, sperren lassen, aber am 27. August erschien in der *Washington Post* ein Artikel von Philip Pan unter dem Titel: «Wer kontrolliert die Familie?» Die Wirkung ließ nicht auf sich warten. Sogar die nationale Familienplanungskommission sah sich zu dem Eingeständnis gezwungen, die «örtlichen» Übergriffe in der Provinz Shandong verstießen anscheinend gegen das Gesetz. Die Behörden kündigten eine Untersuchung der Vorfälle an, obwohl außer einer kurzen Mitteilung in den staatlichen Medien natürlich nichts geschah.

Wenige Tage nach Erscheinen des Artikels fuhr ich im Zug von Shanghai nach Peking, um mich mit Professor Cohen zu treffen und mit unserem Team von Rechtsanwälten und Aktivisten die nächsten Schritte zu besprechen. Bevor ich Shanghai verließ, führte ich mehrere Telefongespräche mit einem Reporter des Magazins *Time*, der Shandong besuchen und ausführlicher über die gewaltsame Geburtenkontrolle berichten wollte. Weijing rief in der amerikanischen Botschaft an, um mit den Diplomaten über einen Zuschuss für ein kleines Bürgerrechtsprojekt zu sprechen. Diese Gespräche waren vermutlich ein schwerer Fehler. Später wurde mir klar, dass mein Handy abgehört wurde und dass ich der Partei nur weitere Gründe gab, mich als gefährlich einzustufen.

Kaum war ich in Peking eingetroffen, da waren mir die Häscher schon auf den Fersen. Der Menschenrechtsanwalt Jiang Tianyong, der sich unserem Team angeschlossen hatte, hatte eine Fahrkarte gekauft, um auf den Bahnsteig zu gelangen und mich abzuholen. Er konnte in den Zug einsteigen und mich warnen, dass auf dem Bahnsteig eine Gruppe von Personen wartete, die im Dialekt von Shandong sprachen. Ich fragte ihn, woher er wisse, dass diese Leute auf mich warteten. Er hatte gehört, dass sie über einen Mann mit Sonnenbrille gesprochen hatten, der aus dem Zug gestiegen war und ihrer Meinung nach Ähnlichkeit mit mir hatte. Wir stiegen rasch aus und gingen am äußersten Ende des Bahnsteigs entlang, um einen großen Bogen um die Männer aus Shandong zu machen. Es gelang uns, den Bahnhof unbemerkt zu verlassen.

Am Nachmittag trafen wir uns mit Teng Biao, dem wir von unseren jüngsten Schwierigkeiten berichteten. Teng, der an der Chinesischen Universität für Politikwissenschaft und Recht unterrichtete, wurde ebenfalls wegen unserer Untersuchung bedroht. Der Parteisekretär an der Universität, der offenkundig auf Anweisung der Parteizentrale handelte, hatte ihn mehrfach aufgefordert, unser Untersuchungsteam zu verlassen.

Ich war besorgt, weigerte mich jedoch aufzugeben. Gemeinsam mit Jiang Tianyong machte ich mich auf den Weg zur amerikanischen Botschaft, mit der wir über die Details eines Programms für Rechtsstaatlichkeit sprechen wollten, für das wir finanzielle Unterstützung brauchten. Als wir aus der U-Bahn kamen und uns der Botschaft näherten, hörte ich, dass auf der gegenüberliegenden Straßenseite ein Auto mit laufendem Motor stand. Als wir das Gebäude nach einer Weile wieder verließen, hörte ich an derselben Stelle den Motor eines Autos laufen. Ich sagte Anwalt Jiang, dass mir dieser Wagen verdächtig vorkomme, und bat ihn, zügig weiterzugehen. Er hatte denselben Eindruck. Als wir zur U-Bahn-Station liefen, sagte er mir, er sei sicher, dass wir observiert würden.

Wenige Augenblicke später tauchten sie direkt hinter uns auf. Wir wurden von einer großen Gruppe von Beamten, Parteifunktionären und Schlägern aus Shandong verfolgt. Unter ihnen waren der Bürgermeister Zhu Hongguo, der stellvertretende Bürgermeister Zhao Feng, der stellvertretende kommunale Parteisekretär Xia Fatian und einige Mitarbeiter des Sicherheitsdienstes von Yinan. Wir gingen so schnell wir konnten. Wir waren nur noch zwanzig Meter von der U-Bahn-Station entfernt, aber sie holten uns rasch ein.

Zhu Hongguo klopfte mir auf die Schulter und sagte: «Bruder!

Lass uns einfach nach Hause gehen. Du bringst mich um, ich kann nicht mehr.»

Ich sagte ihm, ich würde nicht heimkehren, da ich noch Arbeit zu erledigen hätte. Wir versuchten, den Eingang der U-Bahn-Station zu erreichen, aber die Männer aus Shandong umringten uns.

«Stehen bleiben!», befahl jemand. «Wir sind vom Büro für öffentliche Sicherheit.»

«Sogar die Polizei muss sich an das Gesetz halten», erwiderte ich.

Einer der Männer zog Jiang weg und sagte zu ihm, er wolle sich kurz mit ihm unterhalten. Offenbar wollten sie uns trennen. Mehrere Passanten verfolgten das Geschehen. Sie begriffen, dass hier etwas nicht stimmte, wussten jedoch nicht recht, wie sie sich verhalten sollten. «Diese Leute sind aus Linyi!», rief Anwalt Jiang. «Sie wollen uns verschleppen!»

Seine Hilferufe schienen die Männer aus Shandong zu bremsen. Wir nutzten die Gelegenheit, um uns einen Weg in die U-Bahn-Station zu bahnen. Wenigstens mussten wir keine Fahrscheine kaufen – dank unseres erfolgreichen Einsatzes in dieser Frage hatten wir nun sogar einen Vorsprung vor unseren Verfolgern. Die Kader kauften rasch Fahrscheine, liefen uns nach, stiegen in denselben Zug ein wie wir und setzten sich uns gegenüber. Anwalt Jiang und ich täuschten vor, an der nächsten Station aussteigen zu wollen. Als der Zug hielt und die Türen aufgingen, sprangen die Männer aus Shandong heraus, um uns zu folgen, aber wir machten kehrt und stiegen genau in der Sekunde wieder ein, als sich die Türen schlossen. Der Großteil unserer Verfolger blieb zurück. Wir wiederholten dieses Spiel auf der gesamten Strecke der Ringlinie. Als wir an der Station Gulou ausstiegen, hatten wir sämtliche Verfolger abgeschüttelt.

Das Erlebnis hatte uns zutiefst beunruhigt. Anwalt Jiang und ich suchten Tu Bisheng in seinem Büro auf. Ich übergab ihm die Ergebnisse unserer Untersuchung, in der Hoffnung, er und die anderen Mitglieder des Teams könnten die Arbeit im Fall meiner Verhaftung fortsetzen. Dann nahmen wir Kontakt zu Professor Cohen auf, der uns zum Abendessen in ein japanisches Restaurant unweit der

Tsinghua-Universität einlud, an der er zu jener Zeit unterrichtete. Wir führten ein langes und sehr aufschlussreiches Gespräch über den Stand unserer Untersuchung. Professor Cohen war sehr besorgt über meine Situation und befürchtete, dass vielen Opfern der Kampagnen nach unserer Untersuchung ernste Konsequenzen drohten.

Wir blieben während des Essens wachsam, bemerkten jedoch keine verdächtigen Aktivitäten und hatten beim Verlassen des Restaurants auch nicht das Gefühl, beschattet zu werden. Etwas erleichtert kehrten wir in Jiang Tianyongs Wohnung zurück und machten uns an die Planung eines Treffens mit Philip Pan von der *Washington Post*, mit dem wir am Nachmittag des folgenden Tages verabredet waren. Wir wollten uns unweit der Wohnung von Jiang in einem kleinen Park beim Hotel Lido treffen.

Am nächsten Tag, dem 6. September 2005, verließen Tu Bisheng und ich Jiangs Wohnung und fuhren mit dem Aufzug ins Erdgeschoss hinunter. Als wir vor dem Haus auf die Straße traten, bemerkte Tu Bisheng die Männer. «Zhu Hongguo!», schrie er.

Im nächsten Moment war ich von Zhu und mehreren anderen Männern umringt. Diesmal hatte ich keine Chance, ihnen zu entkommen. Xia Fatian, Zhao Feng und zwei oder drei der Männer, die uns am Vortag in der U-Bahn verfolgt hatten, packten mich und stießen mich auf den Rücksitz ihres Santana. Ich versuchte, mich zu befreien und aus dem Auto herauszukommen, aber sie begannen, mich mit Faustschlägen ins Gesicht zu traktieren. Einer der Entführer riss mich an den Haaren, ein anderer am Arm, und ein Dritter nahm mich in den Schwitzkasten. Jemand schlug mich in den Bauch. Ich wollte um Hilfe rufen, aber ich konnte kaum atmen.

Ich fühlte ein Gerät in der Hosentasche eines der Männer, die mich festhielten, vielleicht ein Telefon oder ein kleines Tonbandgerät. Als ich vollkommen bewegungsunfähig war, steckte der Mann eine Hand in die Tasche, schaltete das Gerät ein und spielte eine aufgezeichnete Botschaft ab: «Nur durch den fortgesetzten bewaffneten Kampf werden das Proletariat und die Partei den Sieg erringen und der Revolution zum Erfolg verhelfen!» Die Stimme des Sprechers klang bösartig und stechend, ganz ähnlich wie die öffentlichen Bekanntmachungen, die während der Kulturrevolution im ganzen Land aus den Lautsprechern gedröhnt hatten. «Das soll er sich gut anhören», sagte einer meiner Entführer, der vorne saß, in spöttischem Tonfall.

Die Aufnahme machte mich wütend, und ich versuchte mich mit aller Kraft zu befreien. Die Einstellung, die aus dieser Botschaft herausklang, wurde fast nie offen ausgesprochen, obwohl in der chinesischen Gesellschaft eine von der Kommunistischen Partei geschürte Atmosphäre der Gewalt herrschte. Diese Aufnahme war offenkundig die Losung, mit der sämtliche beteiligten Parteifunktionäre und Beamten mobilisiert wurden. Als mich meine Entführer auf der Rückbank fixierten und jeglichen Widerstandsgeist aus mir herausprügelten, wurde mir klar, warum sie offenbar so sicher waren, keine Strafe fürchten zu müssen: Sie konnten sich auf die Anweisungen dieser Stimme berufen. Sie hatten die Erlaubnis der Partei, ohne jeden Skrupel Gewalt anzuwenden, um die Macht um jeden Preis zu verteidigen.

Später erfuhr ich von einer Person in der Partei, dass die Verantwortlichen der Kreisbehörden nach meiner Flucht aus dem Hausarrest und der Veröffentlichung des Artikels in der *Washington Post* eine Versammlung einberufen hatten. Man hatte sich darauf geeinigt, dass ich gefangen genommen und eingesperrt werden musste. Rund zweihundert Personen waren zu einer Hetzjagd auf mich aufgebrochen, darunter die beiden in der Umgebung der amerikanischen Botschaft und der Tsinghua-Universität postierten Teams. Sie alle hatten die Anweisung erhalten, mich zu entführen und wenn nötig Gewalt anzuwenden. Obwohl sie aus dem Kreis Shandong kamen, handelten diese Teams natürlich mit stillschweigender Duldung oder sogar aktiver Unterstützung der Polizei und anderer Behörden in Peking. Eine derart massive Mobilisierung zur Unterdrückung einzelner friedlicher Aktivisten war damals noch selten, ist mittlerweile jedoch die Regel geworden. Ein Stein prallt auf ein Ei, wie die Chinesen sagen.

Während meine Entführer damit beschäftigt waren, mich auf der Rückbank des Autos zu fixieren, lief Tu Bisheng zu dem Sicherheitsmann an der Zufahrt des Wohnkomplexes und überredete ihn, das Tor zu schließen, damit das Auto nicht mehr hinauskonnte. Dann rief er die Polizei an. Wenige Minuten später fuhr ein Streifenwagen vor. Die Kader aus Shandong erklärten den Polizisten, ich hätte durch «übermäßige Geburten» gegen das Familienplanungsgesetz verstoßen. Die willfährigen Polizisten ließen sich die Papiere der Beamten aus Shandong zeigen, gaben sie aber sofort wieder zurück, ohne sie richtig angeschaut zu haben. Dann wiesen die Beamten den Wachmann an, das Tor zu öffnen, und der Wagen fuhr los.

Philip Pan war mittlerweile zu unserer Verabredung eingetroffen und wurde Zeuge der Geschehnisse. In diesem Augenblick fuhr Teng Biao in seinem Auto vor und versuchte, den Wagen der Entführer aufzuhalten. Aber der Santana wich ihm aus, und es begann eine Verfolgungsjagd durch die Straßen der Hauptstadt. Die Entführer rasten im Zickzack durch die Stadt, dicht gefolgt von Teng Biao. Ich war zwischen zwei Männern eingeklemmt, die mir die Arme auf den Rücken gedreht hatten.

Jetzt war ich allein mit meinen Feinden und einem ungewissen Schicksal ausgeliefert. Einmal fuhr der Wagen kurz an den Straßenrand und hielt an, damit sie das falsche Nummernschild abnehmen konnten, das sie in Peking verwendet hatten. Später erfuhr ich das wirkliche Kennzeichen: 鲁Q83555. Diese Nummer hatte ich während unserer Untersuchung gut kennengelernt; meine Begleiter hatten sie oft an einem der Autos unserer Verfolger gesehen. Nach kurzer Zeit riefen meine Entführer über den Polizeifunk in Linyi an, um meine Gefangennahme zu melden. «Wo habt ihr ihn erwischt?», fragte die Stimme am anderen Ende. «Beim Hotel Lido», antwortete einer von ihnen.

Wir ließen das Zentrum von Peking hinter uns und fuhren auf die Autobahn. Ich ahnte nicht, wohin meine Entführer mich bringen würden, aber eines stand fest: Jetzt war ich ihnen vollkommen ausgeliefert.

Acht **Verschleppt**

Während wir uns mit großer Geschwindigkeit von Peking entfernten, schloss ich aus der Unterhaltung meiner Entführer, dass wir auf dem Weg nach Tianjin waren, das etwa hundertdreißig Kilometer südöstlich der Hauptstadt liegt. Meine Peiniger schlugen weiter auf mich ein, wobei sie mir die Arme auf den Rücken gedreht hielten und mich schmerzhaft am Hals fixierten. Sie lockerten ihren Griff erst, als der Wagen in Tianjin hielt. Als der übrige Tross aus Shandong aufgeschlossen hatte, stiegen Zhu Hongguo und ein weiterer Mann zu uns ins Auto und ersetzten die beiden, die mich während der Fahrt festgehalten hatten. Zhu Hongguo wies seine Gefolgsleute an, meine Arme loszulassen, und klopfte mir auf den Rücken, als wollte er mich trösten – schien er zu bedauern, dass sie mich derart brutal gefügig gemacht hatten? Er beteiligte sich an diesem Verbrechen, aber im Grunde war er ein anständiger Mensch und versuchte auf subtile Art, mir zur Seite zu stehen, während er die Anweisungen der Parteioberen befolgte.

Nach kurzer Zeit fuhren wir erneut auf die Autobahn. Nach meiner Schätzung war es kurz nach Mitternacht, als wir unser Ziel erreichten. Meine Entführer zogen mich aus dem Auto und schleppten mich durch die Eingangshalle eines Gebäudes, bei dem es sich, wie ich später erfuhr, um das Victoria Resort in Yinan handelte, ein gediegenes Kurhotel, in dem korrupte örtliche Beamte ihr unredlich verdientes Geld ausgaben. Ich wurde in ein Gästezimmer im ersten Stock gebracht, in dem zwei Betten, ein Tisch, einige Stühle und ein Fernsehgerät standen, das jedoch niemand einschaltete. Ich legte mich auf eines der Betten und weigerte mich, in irgendeiner Form mit meinen Entführern zu kooperieren.

Ich hätte auch kaum sprechen können, nachdem ich so lange im festen Würgegriff eingeklemmt gewesen war. Mein ganzer Körper tat weh, und als sich meine Bewacher weigerten, einen Arzt zu rufen, entschloss ich mich, einen Hungerstreik zu beginnen, und rührte das Frühstück, das sie mir brachten, nicht an.

An diesem Morgen kamen und gingen zahlreiche Kader. Einer von ihnen war Liu Jie, der stellvertretende Bürgermeister von Linyi und Leiter des Büros für öffentliche Sicherheit. Er befahl allen bis auf zwei Funktionäre, den Raum zu verlassen.

«Ich bin gekommen, um einige Dinge mit Ihnen zu besprechen», sagte er.

Ich antwortete nicht.

«Wir sind Gleichgestellte», fügte er hinzu, sichtlich bemüht, mich zu beschwichtigen.

Ich sagte nichts, aber ich dachte: *Ihr entführt mich, und jetzt nennt ihr uns Gleichgestellte?*

Er saß in der Nähe des Fensters. «Sie ignorieren mich», fuhr er fort, «aber ich habe Ihnen etwas zu sagen. Ich glaube, dass Sie mir zuhören. Ich habe Sie aus Peking hierherbringen lassen, um Sie zu retten. In Peking waren Sie von vielen Reportern umgeben, und Sie waren bereit, mit diesen Leuten zu sprechen. Sie waren einverstanden, der *Washington Post* ein Interview zu geben. Damit verstießen Sie gegen Paragraph 111 des chinesischen Strafgesetzbuchs, denn Sie wollten vertrauliche Informationen illegal an Ausländer weitergeben.» Ein Interview, erklärte er, hätte genügt, um mich für fünf Jahre ins Gefängnis zu bringen, zwei Interviews hätten mir eine Freiheitsstrafe von zehn Jahren eingetragen.

Das war Unsinn. Folgte man dieser Argumentation, müssten fast alle Vertreter des chinesischen Regimes zu lebenslanger Haft verurteilt werden, weil sie mit ausländischen Journalisten sprachen. Die Partei hatte keine rechtliche Grundlage dafür, mich festzuhalten, aber sie brauchte einen Vorwand, um ihrem Vorgehen einen legalen Anstrich zu geben.

Liu Jie fuhr fort, die imperialistischen westlichen Länder seien besessen von dem Wunsch, alles über China herauszufinden, und meine Interviews hätten den Imperialisten in die Hände gespielt.

«Dass es in unserer Gesellschaft Probleme gibt, bedeutet nicht, dass der Sozialismus schlecht ist», sagte er, «und dass es Korruption gibt, bedeutet nicht, dass die Partei schlecht ist.»

Seine Behauptungen machten mich wütend, aber ich rührte mich nicht, sondern verweigerte ihm jedes Zeichen des Respekts. Schließlich verließ er peinlich berührt den Raum, weil es ihm nicht gelungen war, mir vor den anderen Funktionären irgendeine Reaktion zu entlocken.

In der Zwischenzeit waren Vierter Bruder, Älterer Bruder und mein Schwiegervater genötigt worden, Druck auf mich auszuüben, damit ich die Sammelklage aufgab und meinen Hungerstreik beendete. Die Behörden hatten Vierter Bruder befohlen, den Computer und das Faxgerät aus meinem Haus zu holen und ihnen zu übergeben; angeblich wollten sie die Geräte «sicher verwahren». Ich erhielt die Erlaubnis, mit Weijing zu telefonieren, und bat sie, umgehend Professor Cohen anzurufen und ihm zu erzählen, was geschehen war. Ich hatte die Hoffnung, seine Intervention werde etwas bewirken.

Am frühen Abend, etwa achtzehn Stunden nach der Ankunft im Victoria Hotel, saß ich mit zwei Bewachern in meinem Zimmer, als Zhu Hongguo hereinkam und mir erklärte, dass man mich so rasch wie möglich nach Hause schicken werde. Ich vermutete, dass Philip Pan einen Artikel über die Geschehnisse veröffentlicht hatte und dass das Regime auf ausländische Medienberichte über meine Entführung reagierte. Ebenso hielt ich es für möglich, dass mir die Fürsprache von Freunden wie Professor Cohen und Teng Biao half.

Ich fasste neuen Mut und sagte: «Ich werde nicht gehen. Was ist die rechtliche Grundlage für meine Entführung? Und was ist die Begründung für meine plötzliche Entlassung? Solange man mir keine Erklärung dafür gibt, werde ich nirgendwo hingehen.»

Womit ich nicht gerechnet hatte, war der Druck seitens meiner erweiterten Familie. Weijings Vater war erbost über mein in seinen Augen respektloses Verhalten am Nachmittag, weil ich, wie ich ihm berichtete, während des Telefongesprächs mit ihm auf dem Bett liegen geblieben war. Nachdem er den Hörer aufgelegt hatte, rief er seine Tochter an, um sich bitter über mich zu beklagen. Doch umgeben von all den Bewachern hatte ich ihm nicht erklären können, was ich dachte, und er war sehr verärgert über meine Weigerung, heimzukehren. Zum Teil lag das sicherlich auch daran, dass er diese Sache hinter sich bringen wollte. Schließlich blieb mir nichts anderes übrig, als mich zur Rückkehr nach Dongshigu bereit zu erklären.

Wieder daheim, erfuhr ich, dass die Verantwortlichen planten, mich unter dem falschen Vorwand, ich würde den Armen helfen, langfristig unter Hausarrest zu stellen. Dutzende Wachen bezogen vor unserem Hoftor Stellung, andere wurden um unseren Hof und überall im Dorf postiert. Sie sollten mich in mehreren Schichten rund um die Uhr bewachen. Bei schlechtem Wetter brachten sie sich unter Planen in Sicherheit, und sie legten einen Vorrat von Kohlenbriketts an, mit denen sie sich an kalten Tagen warm halten konnten. Sie hatten sogar ein Fernsehgerät und einige Betten ins Büro der Dorfverwaltung gebracht, aber die meisten von ihnen legten sich zum Schlafen einfach auf den Boden.

Nachdem sie mich nach Hause gebracht hatten, stellten die Kader innerhalb weniger Tage Arbeitsgruppen mit verschiedenen Aufgaben zusammen. Da war die «Ausgangsverhinderungsgruppe», die mich am Verlassen des Dorfes hindern sollte. Die «Freundes- und Verwandtengruppe» beinhaltete Mitglieder meiner erweiterten Familie und Kollegen von Vierter Bruder. Er und andere hielten mir brav Vorträge darüber, dass ich meine Bürgerrechtsaktivitäten aufgeben sollte, und kündigten mir Belohnungen an, sollte ich mich der Partei fügen. Ich ignorierte sie.

Dann war da die «Gruppe der Einheitsfront», die aus fünfzig Behörden- und Parteikadern bestand. Ihre Aufgabe war es, gegen mich gerichtete Propaganda zu verbreiten. Gemessen daran, wie winzig das Dorf war, nahm die Kampagne ein absurdes Ausmaß an. Die Kader besuchten paarweise die meisten Familien im Dorf und erklärten meinen Verwandten, Freunden und Nachbarn, wie der Fall des Dorfbewohners Chen Guangcheng zu interpretieren sei. Jedermann im Dorf wusste, dass ich nach Amerika gereist war, um mehr über die Rechte von Behinderten zu lernen, und im Lauf der Jahre mit vielen Ausländern gesprochen hatte. Nun erklärten die Kader den Leuten, es sei unvorstellbar, dass ein mittelloser blinder Junge vom Land all das allein zuwege gebracht habe. Die einzige mögliche Erklärung für meine Aktivitäten sei, dass ich ein von den USA geschickter Agent sei, der Chinas Mängel bloßstellen solle. Chen Guangcheng musste ein Verräter sein, der amerikanisches Geld angenommen hatte und verdächtige Kontakte ins Ausland unterhielt.

Jeder Dorfbewohner musste sich geduldig die Lügen der Einheitsfrontgruppe anhören. Auch 2005 bediente sich die Kommunistische Partei noch derselben Methoden, die sie mit so zerstörerischem Erfolg in der Kulturrevolution angewandt hatte. Ihr Ziel war es, Feindschaft zwischen Freunden zu schüren und Familien zu spalten. Aber heute sind die Chinesen nicht mehr so leichtgläubig wie damals, und die meisten Dorfbewohner glaubten kein Wort von dem, was ihnen die Parteikader erzählten. Einige Nachbarn ließen sich einschüchtern und scheuten sich vor offenen Kontakten zu mir, aber viele fanden eine Ausrede, um uns oder unsere Verwandten besuchen zu können und zu berichten, was über uns verbreitet wurde.

Eine Weile konnte ich noch Anrufe von Journalisten erhalten, doch am 9. September wurde die Telefonleitung einige Meter außerhalb unseres Hoftors gekappt. Anfangs hatte ich gehofft, mein Handy würde weiter funktionieren, aber nur einen Tag später wurde klar, dass die Kader beim Haus eines Nachbarn Geräte aufgestellt hatten, mit denen sie das Funksignal störten. Unsere Bewacher hinderten uns auch immer öfter daran, das Haus zu verlassen, um Lebensmittel einkaufen zu gehen. Bald durfte nur noch meine Mutter hinaus. Einige Male schrumpften unsere Lebensmittelvorräte bedenklich zusammen.

Die chinesischen Medien schwiegen meinen Fall auf Anweisung des Regimes tot, aber die Journalisten übten auch Selbstzensur, weil sie sich verständlicherweise fürchteten, über mich zu berichten. Nur einer jungen Journalistin, Yang Ziyun, gelang es, in einer kleinen Zeitschrift namens *Rechtsleben*, die vom Justizministerium abhing, einen Artikel zu veröffentlichen. Wie wir später erfuhren, geriet sie daraufhin unter gewaltigen Druck, und die Parteiführung von Linyi befahl, den Artikel von der Website der Zeitschrift zu löschen und alle gedruckten Exemplare zu vernichten. Aber bevor der Artikel verschwand, gelang es Dritter Bruder, sich ein Exemplar zu beschaffen und einige hundert Fotokopien für uns zu machen. Gemeinsam mit anderen Dorfbewohnern verteilte er den Artikel auf dem Markt und unter jenen Wachen, die wissen wollten, wen sie da belagerten. Wann immer wir Gelegenheit hatten, versuchten wir ihnen zu erklären, dass der Staat gegen das Gesetz verstieß. Im Lauf der Zeit gaben einige von ihnen ihre Tätigkeit auf.

Eines Tages, es war Ende September, saß ich in unserem Küchenhaus, als ich plötzlich hörte, dass eine Menschenmenge in unseren Hof strömte. Im nächsten Augenblick hatten mehrere Wachen Weijing im Haupthaus eingesperrt und packten mich, um mich in ein Auto zu verfrachten. Sie brachten mich zum Verhör auf die Polizeiwache und verlangten von mir das Geständnis, ich hätte «Staatsgeheimnisse weitergegeben». Außerdem wollten sie hören, wie ich dabei vorgegangen war. «Wenn Sie den Rechtsanwalt Teng Biao beschuldigen, wird Ihnen nichts passieren», sagte einer der Beamten, die mich verhörten. Offenbar glaubten sie, die geringste Drohung werde genügen, um mich zum Verrat an meinem Freund zu bewegen.

Während ich auf der Wache verhört wurde, plünderte ein Trupp von Parteikadern, Beamten und Polizisten unser Haus. Sie brauchten nicht einmal den Vorwand eines Durchsuchungsbefehls, um das Haus nach «Beweisen» für meine Verbrechen zu durchstöbern und sämtliche Texte in englischer Sprache wegzuschaffen; der Großteil waren einfach Broschüren und Informationsmaterial der Behindertenorganisationen, die wir in den Vereinigten Staaten besucht hatten. Als sich die Eindringlinge alles genommen hatten, was sie brauchten, wurde ich nach Hause gebracht.

Die Kader erstatteten ihren Vorgesetzten Bericht, aber diese stellten fest, dass die gesammelten «Beweise» nichts bewiesen und dass ich anscheinend nichts besaß, was gegen das Gesetz verstieß. Kurz darauf tauchten Mitglieder der «Verwandtengruppe» auf, die mir viel Geld boten, wenn ich darüber schwieg, wie ich behandelt worden war. Allein die Gemeinde war bereit, mir 300 000 Yuan zu zahlen, und erhöhte das Angebot rasch auf 500 000 Yuan, sofern ich mich auf Dauer zum Schweigen verpflichtete. Außerdem sollte ich eine Million Yuan von der Kreisverwaltung erhalten, wenn ich einwilligte, ein Dokument zu unterzeichnen, in dem ich mich verpflichtete, meinen Einsatz für die Bürgerrechte zu beenden.

Ich sagte ihnen immer wieder, dass ich nur an zwei Dingen interessiert war: Erstens wollte ich, dass die Parteikader und Beamten, die mich entführt, festgehalten und gefoltert hatten, gerichtlich zur Rechenschaft gezogen wurden. Zweitens bestand ich darauf, dass die brutalen Übergriffe auf die Opfer der Geburtenkontrollkampagnen untersucht und strafrechtlich verfolgt wurden. Ich werde nie erfahren, ob irgendjemand auch nur einen Augenblick ernsthaft über meine Forderungen nachdachte.

Unsere Bewacher waren jetzt ständig bei uns. Auf der anderen Seite der Hofmauer standen gedungene Schläger, die jederzeit bereit waren, Gewalt gegen uns anzuwenden. Einen zweiten Belagerungsring bildeten die von der Gemeinde geschickten Parteikader und Beamten, die auf Bänken saßen und sämtliche Zugänge zu unserem Haus versperrten. Sodann gab es einen Ring von Polizisten und Staatssicherheitsbeamten, die die Zugänge zum Dorf bewachten. Und an der Hauptstraße hatten Sicherheitsbeamte und Verkehrspolizisten Stellung bezogen, deren Aufgabe es war, Besucher, Journalisten, Rechtsanwälte oder Beobachter fernzuhalten. Man versuche, sich die Absurdität dieses Großeinsatzes vorzustellen: Das Regime hatte eine ganze Anti-Guangcheng-Maschinerie ins Leben gerufen, um einen blinden Mann in Schach zu halten, der gewaltlosen Widerstand leistete.

Trotz der Blockade und der Medienzensur waren zahlreiche

Freunde und Unterstützer über unsere Situation im Bild, und einige von ihnen wagten sogar, nach Dongshigu zu kommen, wo sie gewaltsamen Attacken ausgesetzt waren. Anfang Oktober kamen drei befreundete Rechtsanwälte aus Peking zu Besuch: Xu Zhiyong, Li Fangping und Li Subin schafften es bis zum Ortseingang. Mit Hilfe mehrerer Verwandter und Dorfbewohner gelang es mir, den Belagerungsring um unser Haus zu durchbrechen und einige Worte mit Xu Zhiyong zu wechseln, bevor wir weggezerrt wurden. In dem verzweifelten Bemühen, meine Freunde loszuwerden, sagten die Wachen ihnen, sie sollten sich an die Gemeindeverwaltung von Shuanghou wenden, die sie über meine Situation informieren könne. Als die drei Anwälte dort eintrafen, erfuhren sie, dass sie keinen Zugang zu Informationen hätten, da es in diesem Fall mittlerweile um «Staatsgeheimnisse» gehe. Also kehrten sie nach Dongshigu zurück, um mich zu treffen. Doch nun bliesen Polizisten in Zivil zur Jagd auf sie. Die Beamten beschimpften und schlugen sie, um sie zu provozieren, ein Streifenwagen folgte ihnen. Meine Freunde wussten, dass sie sich nicht wehren durften, wenn sie nicht verhaftet werden wollten. Es blieb ihnen nichts anderes übrig, als nach Peking zurückzukehren.

Zehn Tage später wiederholte sich dieses Spiel. Zwei Aktivisten, die in Peking an der Universität tätig waren, kamen nach Dongshigu und erklärten, Kesi anlässlich ihres hundertsten Lebenstages besuchen zu wollen. Ich hörte einen Tumult auf der Straße vor unserem Hof. Die Wachen schlugen jemanden zusammen. Als ich hinauseilte, um den Angegriffenen zu helfen, gingen die Schläger sofort auf mich los. Jemand schlug mich auf ein Auge, Glassplitter meiner Brille verletzten mich im Gesicht. Die Schläger warfen mich zu Boden und traten mich zusammen. Der zweijährige Kerui wurde Zeuge des Angriffs und brach in Tränen aus.

Als sich Ende November der Todestag meines Vaters jährte, erlaubten mir meine Bewacher, sein Grab gemeinsam mit meiner Familie zu besuchen. Als wir uns auf den Weg zur Grabstätte machten, schilderten mir meine geschockten Verwandten die Szene – überall waren Wachen und Parteikader. Manche standen entlang der Straße, andere folgten uns zum Grab. Dort standen sie um uns herum, verspotteten uns und starrten uns an. Später erfuhren wir, dass mehr als fünfhundert Personen, darunter das gesamte Personal des Kreisgerichts und des Prokuratorats von Yinan sowie Staatssicherheitsbeamte, Parteifunktionäre und Regierungsbeamte, an dieser Sicherheitsoperation teilgenommen hatten. Die Partei hatte das Ganze sorgfältig vorbereitet. Aus Furcht, ich könnte außerhalb des Hauses Kontakt zu Freunden aufnehmen, ließen die Kader niemanden in unsere Nähe. Es war empörend, dass sie nicht einmal unser Recht zu trauern oder unsere private Gedenkfeier respektierten.

Der Herbst ging in den Winter über, und Weijing und ich waren weiterhin Gefangene in unserem eigenen Haus. Das ganze Dorf befand sich im Belagerungszustand. Die Nerven der Bewohner lagen blank. Dongshigu schien auf eine Explosion zuzusteuern, und immer öfter kam es zu Zusammenstößen zwischen Dorfbewohnern und Wachen. Am chinesischen Neujahrsfest, das traditionell der Anlass zu Besuchen bei angesehenen Dorfältesten ist, kamen Hunderte Dorfbewohner in unser Haus, um meiner siebzigjährigen Mutter die Ehre zu erweisen. Wir schätzten, dass ihr fast achtzig Prozent aller Einwohner die Aufwartung machten. Die Leute wussten, wie gefährlich das war, aber der Andrang war so groß, dass den Wachen die Hände gebunden waren.

Während des Neujahrsfests geriet mein Neffe Chen Hua, der im Nachbarhaus wohnte und bei der Planung unserer Untersuchung geholfen hatte, in Streit mit den Wachen, weil sie einen Teil ihrer Ausrüstung, darunter mehrere Stövchen und große Schirme, vor seiner Tür gestapelt hatten. Als er die Ausrüstung wegräumte, um den Verwandten den Zugang zum Haus zu erleichtern, wurden die Wachen wütend. Er war in den vergangenen Monaten bereits einige Male mit ihnen aneinandergeraten, und am 3. Februar wurde er verhaftet. Niemand wusste, wohin sie ihn gebracht hatten. Die Botschaft war klar: Wer versucht, uns zu helfen, wird bestraft.

Chen Huas Frau war verzweifelt. Sie wollte wissen, was mit ihm geschehen war, und wandte sich an die vor unserem Haus stationierten Wachen. Aber statt ihr zu antworten, drohten die Männer ihr Gewalt an. Ich hörte sie schluchzen und lief hinaus. Einige Nachbarn waren ebenfalls auf die Straße geeilt. Wir kamen gerade rechtzeitig, um zu verhindern, dass die Wachen Chens Frau verprügelten. Anschließend machte ich mich gemeinsam mit den Nachbarn auf den Weg zur Dorfverwaltung, um eine Erklärung für die Verhaftung meines Neffen zu verlangen. Die Wachen versuchten uns aufzuhalten. Sie rempelten uns an und hielten uns an der Kleidung fest, aber es strömten immer mehr Dorfbewohner zusammen, und schließlich mussten sie den Weg freigeben.

Obwohl es heftig schneite und die Dunkelheit hereinbrach, war jetzt fast das ganze Dorf auf der Straße. Chen Huas Großmutter, von der Sorge um ihren Enkel geschwächt, brach nach kurzer Zeit zusammen. Die Nachbarn baten die Wachen, ihnen eines ihrer Autos zu überlassen, um die alte Frau ins Krankenhaus bringen zu können, stießen jedoch auf taube Ohren.

Stattdessen nutzten die Kader den Schutz der Dunkelheit, um Steine in die Menge zu werfen. Eine Person wurde am Kopf getroffen. Nun gerieten die Dorfbewohner außer sich. «Ihr seid seit langem hier, aber wir haben die Hand nicht gegen euch erhoben!», schrien die Leute. «Doch statt uns zu beschützen, wie ihr behauptet, greift ihr uns an!» Eine Schar aufgebrachter Dorfbewohner attackierte die am Dorfeingang postierten Staatssicherheitsbeamten und schob ihre Autos in eine Schlucht.

Inmitten dieses Tumults geleitete ich Chen Huas Großmutter mit Unterstützung einiger Nachbarn zum nahe gelegenen Haus meines Vetters Chen Guangyu, wo wir Zuflucht fanden. Guangyu stand an der Tür und hielt mit einer Axt in der Hand Wache. Die Bewacher wagten nicht, in sein Haus einzudringen. Am Ende blieb ich fast einen Monat dort, obwohl Guangyus Familie wütend gegen meine Anwesenheit protestierte und meinen Gastgeber «ermutigte», mich zur Rückkehr in mein eigenes Haus zu drängen. Mehrfach hörte ich auf, Nahrung zu mir zu nehmen, um meine Solidarität mit einem von dem Aktivisten Gao Zhisheng angeführten Hungerstreik gegen den Gewalteinsatz des Regimes zu zeigen. Dieser Hungerstreik hatte mittlerweile achtzehn Provinzen und Großstädte erreicht.

Die Wochen vergingen, und die «Arbeitsgruppen» verunglimpften mich weiter mit lächerlichen Behauptungen wie der, ich besäße luxuriöse Büros und Wohnungen in Peking und Shanghai, auf einem meiner Bankkonten seien neun Millionen Yuan gefunden worden und ich hätte weitere sechs Millionen unterschlagen. Noch abwegiger war der Vorwurf, ich hätte zehn Millionen US-Dollar als Lohn für Spionageaktivitäten erhalten.

Am 11. März gegen sieben Uhr abends verließ Guangyu das Haus, um Zigaretten kaufen zu gehen. Als er vor die Tür trat, wurde er von vier maskierten Männern überfallen, die mit Holzknüppeln auf ihn einschlugen und ihm blutende Wunden im Gesicht, am Hals und an den Armen zufügten. Die in der Nähe postierten Polizisten griffen nicht ein. Die Schläger zogen sich rasch wieder zurück und tauchten in der Menge der rund um das Haus postierten Wachen unter. Mit dem Angriff wollten sie mich zwingen, den Schutz von Guangyus Haus zu verlassen.

Ihre Taktik funktionierte. Als ich erfuhr, was geschehen war, konnte ich mich nicht zurückhalten und machte mich in Begleitung von Guangyu und Dritter Bruder auf den Weg zum Verwaltungsbüro im Dorf Yinghou, um diesen Gesetzesverstoß bei den Gemeinde- und Kreiskadern zu melden. Weijing kam mit der kleinen Kesi im Arm herüber und schloss sich uns an. Das Verwaltungsbüro in Dongshigu befand sich sehr nahe bei Guangyus Haus, und unsere Belagerer hatten beschlossen, ein wenig auf Distanz zu uns zu gehen und ihren Stützpunkt in Yinghou einzurichten, damit wir nicht von ihren Plänen Wind bekamen.

Als wir in das Büro in Yinghou kamen, stellten wir fest, dass es mit Betten für unsere Belagerer vollgeräumt worden war. Es waren nur zwei Männer dort. Wir erzählten ihnen, was geschehen war, und forderten sie auf herauszufinden, wer Guangyu zusammengeschlagen hatte. Sie blieben vollkommen gleichgültig. Wir beschlossen, zur Nationalstraße 205 zu gehen und einen Bus anzuhalten, der nach Jinan oder Peking fuhr. Wir wollten den jüngsten Übergriff und meine illegale Gefangenschaft bei höherrangigen Behörden melden und um Gerechtigkeit bitten, wie ich es schon in der Vergangenheit getan hatte.

Nicht lange, nachdem sich unsere kleine Gruppe am Straßenrand versammelt hatte, fuhren mehrere Autos vor und blockierten die Straße. Im Nu waren wir von etwa siebzig bis achtzig Personen umringt. Viele von ihnen waren uns aus dem Dorf bis zur Nationalstraße gefolgt. Auch meine Mutter näherte sich; sie trug Kesi, die nach Weijing schrie. Wenige Augenblicke später packten mehrere Polizisten Guangyu, Dritter Bruder und mich, trennten uns und schoben uns in verschiedene Autos. Meine Mutter und meine Frau, die immer noch das Baby im Arm hielt, stießen sie in einen Wassergraben am Straßenrand.

Und im nächsten Moment waren wir fort.

Noch am selben Tag fand ich mich im berüchtigten Victoria Resort wieder. Dort hielten mich die Behörden mehrere Wochen lang fest. Ich wurde fast ununterbrochen verhört und gefoltert. Sie fesselten mich an einen Stuhl und legten mir zusätzlich Ketten an. «Gestehen Sie alles, was Sie getan haben, und lassen Sie nichts aus», befahlen sie. In der Hoffnung, ich würde etwas sagen, das sie gegen mich verwenden konnten, hielten sie mich tagelang wach.

Bisher hatten sie lediglich den absurden Vorwurf der «Verkehrsbehinderung» gegen mich erhoben. Sie warfen mir vor, dass sie die Straße blockiert hatten, um mich zu verhaften!

«Warum haben Sie den Verkehr auf einer Nationalstraße behindert?»

«Ich habe den Verkehr nicht behindert», antwortete ich. «Das haben Sie getan.»

Ich trat erneut in den Hungerstreik, um gegen ihr rechtswidriges Vorgehen zu protestieren. Nach drei Tagen wurden mehrere Ärzte aus einem nahe gelegenen Krankenhaus geholt, die mich zwangsernähren sollten, aber nachdem sich meine Entführer bereit erklärt hatten, mir die Ketten abzunehmen, begann ich selbst wieder zu essen. Einige Tage später begannen die Wachen, mir jegliche Nahrung vorzuenthalten. Sie gaben mir nur noch Wasser. Es dauerte nicht lange, da konnte ich mich kaum noch rühren. Einer der Männer, die mich verhörten, sagte zu mir: «Noch leistest du Widerstand. Aber du bist nur ein kleiner Kieselstein, und wir werden dich zu Staub mahlen.» Einer seiner Kollegen bohrte mir immer wieder einen Stock tief ins Ohr. Die Schmerzen waren kaum zu ertragen.

Ich wurde immer noch gesetzwidrig ohne förmliche Anklage festgehalten. Ich hatte keine Möglichkeit, Kontakt zu irgendeiner Person aufzunehmen, und außer meinen Entführern wusste niemand, wo ich festgehalten wurde. Gegenüber meiner Familie und den befreundeten Anwälten, die mich, wie ich später erfuhr, verzweifelt suchten, behaupteten die Behörden, nichts über meinen Aufenthaltsort zu wissen. Gegen Ende März schrieb Weijing einen Brief an Präsident Hu Jintao und Ministerpräsident Wen Jiabao: «Ein chinesischer Bürger wird verfolgt, nur weil er die Wahrheit sagt. Wissen Sie, wie viele Menschen Tag für Tag im Zustand der Angst leben? Wie viele Menschen Unrecht erleiden und in Verzweiflung leben? Wie viele Ehefrauen und Mütter ... weinend und verängstigt auf die Heimkehr ihrer Ehemänner und Kinder warten?» Sie unterschrieb mit: «Eine chinesische Bürgerin, Chen Guangchengs Frau Yuan Weijing.» Sie erhielt keine Antwort.

Nach dreiwöchiger Gefangenschaft im Victoria Resort wurde ich Anfang April wieder in ein Auto gesetzt. Meine Wärter sagten, sie würden mich an einen anderen Ort bringen, aber sie verrieten mir nicht, wohin. Ich sollte in einem «Polizeischulungszentrum» verschwinden, einem sogenannten «schwarzen Gefängnis». Diese von den Sicherheitskräften betriebenen außergesetzlichen Internierungszentren sind nichts Ungewöhnliches im heutigen China. Immer wieder verschwinden gewöhnliche Bürger, als würden sie sich einfach in Luft auflösen. Sie gehen in einem rechtsfreien Raum verloren.

Ich wurde im zweiten Stock eines Gebäudes in einem kleinen Raum festgehalten. Es gab dort ein Bett und ein Bad. Zu jener Zeit war ich anscheinend der einzige Insasse. Ich wurde von mehr als zwanzig Personen bewacht, die in vier Gruppen arbeiteten. Sie kamen alle aus dem Verwaltungsbüro von Shuanghou und aus dem Büro für öffentliche Sicherheit des Kreises Yinan. Die Wachen saßen den ganzen Tag mit mir im Raum. Sie weigerten sich, mir zu sagen, wo ich mich befand.

Es fällt mir schwer, für Menschen, die sehen können, zu beschreiben, wie bedrückend und beängstigend diese Isolation für mich war. In einen kleinen Raum eingesperrt und ständig von Wärtern umgeben, die ich nicht sehen und mit denen ich nicht kommunizieren konnte, war ich nicht imstande, mir eine Vorstellung davon zu machen, was sich jenseits der vier Wände meiner Zelle befand. Ich konnte mich nicht bewegen. Wenn ich aufstand, um auf die Toilette zu gehen, war ich augenblicklich von Wärtern umgeben, die aufsprangen, um die Tür des Raums zu versperren. Die Fenster blieben geschlossen, und die abgestandene Luft wurde von Tag zu Tag stickiger und muffiger. Ich wusste nicht, wie es meiner Familie ging oder wie lang ich schon an diesem Ort festgehalten wurde – ich hoffte, jeden Moment könnte etwas geschehen und mir die Freiheit bringen, aber jeder Tag, jede Stunde zog sich wie eine Ewigkeit hin, ohne dass irgendetwas geschah. Jetzt wurde ich nicht körperlich misshandelt, aber die seelische Qual war kaum zu ertragen.

Ich strengte mich an und lauschte auf jeden Laut, der mir etwas über meine Umgebung verraten konnte. Einmal bemerkte ich, dass jemand ein Fenster einen Spaltbreit geöffnet hatte, was genügte, um einiges über den Ort zu erfahren, an dem ich mich befand. Ein wenig frische Luft trug den süßen Duft von Kirschen- und Aprikosenblüten in den Raum, die kurz davor waren, zu verblühen. Jenseits der Fensterscheibe konnte ich gedämpfte Klänge des Lebens ausmachen, die mir ein gutes Bild von der Umwelt vermittelten. Da waren das Quaken von Fröschen und der Gesang von Vögeln, und für einen Augenblick hörte ich den Flügelschlag eines Vogels, den ich erkannte. Es war ein Shaguliu, ein Vogel, der an fließenden Gewässern lebte und im weichen Sand von Uferbänken nistete. Der Ort befand sich also an einem Fluss. In der Ferne hörte ich eine Ankündigung aus einem Lautsprecher, die mir verriet, dass wir uns am Rand eines kleinen Dorfes namens Xiaohe befanden. Nach kurzer Zeit wurde das Fenster wieder geschlossen, aber wenigstens hatte ich jetzt einen Namen für diesen Ort.

Gelegentlich versuchte ich, ein Gespräch mit den Wärtern zu beginnen, schließlich waren wir Tag für Tag zusammen. Ich wollte wissen, was sie vorhatten, und hoffte, dass wenigstens einer von ihnen insgeheim Sympathie für mich hegte. Sie waren alle relativ jung, einer war noch ein Teenager, die anderen zwischen zwanzig und dreißig Jahre alt. Ich bemühte mich, ihnen ein paar Worte zu entlocken; ich fragte sie nach ihrem Leben und wie sie zu diesem Job gekommen waren. «Brauchte einfach Arbeit», lautete die übliche Antwort.

Einige der Wärter und Beamten schienen zu bezweifeln, dass es vernünftig war, mich so lange festzuhalten. Mitte Mai hatte ich ein Gespräch aufgeschnappt, das ein Mann namens Zhang, der die Gruppe der für meine Entführung verantwortlichen Polizisten und Beamten der Kreisverwaltung leitete, auf dem Flur am Handy geführt hatte. «Es sind jetzt schon zwei Monate», hatte er gesagt. «Sie sollten ihn zurückschicken. Warum halten wir ihn weiter hier fest?»

Ich wollte unbedingt mehr über meine Lage herausfinden. Einmal verließen zwei Wärter den Raum, um eine Zigarette rauchen zu gehen, und ließen zwei ihrer Kollegen mit mir im Raum zurück. Aus einer Laune heraus bat ich den Jüngeren der beiden, hinunterzugehen und mir eine Tomate zu holen – sie sollten jetzt reif sein, sagte ich. Ich hatte das Gefühl, dass der andere Wärter, der ein wenig älter als die anderen war, auf meiner Seite war. Sobald ich mit ihm allein war, stand ich auf, aber er befahl mir sofort, mich wieder zu setzen, und wies mich darauf hin, dass wir von Überwachungskameras aufgenommen würden. Dann verriet er mir, dass die Situation meiner Familie unverändert war – sie stand immer noch unter Hausarrest –

und seine Vorgesetzten darüber diskutierten, was sie mit mir tun sollten. Mehr konnte er mir nicht sagen, da der andere Wärter mit der Tomate in der Hand zurückkehrte.

Die einzige Erleichterung in dieser furchtbaren Zeit war das Fernsehen. Im Raum stand ein Gerät, das die Wärter fast ständig laufen ließen. Der Sender, den sie normalerweise einschalteten, zeigte Episoden aus Verfilmungen von vier klassischen Werken der chinesischen Literatur: *Die Reise nach Westen, Die Geschichte der drei Reiche, Der Traum der roten Kammer* und *Die Räuber vom Liang-Schan-Moor*. Diese Meisterwerke hatte mir mein Vater vorgelesen, als ich ein Kind war. Was für eine sonderbare Situation: Nun erhielt ich in der Einsamkeit meiner Gefangenschaft eine unerwartete Gelegenheit, diese Geschichten erneut zu durchleben und mich an das Zusammensein mit meinem Vater zu erinnern.

Mein Gesundheitszustand verschlechterte sich zusehends. Das Chili, das die Wärter in mein Essen taten, brachte mein Verdauungssystem durcheinander, die trockene Haut der Schoten verbrannte mir die Speiseröhre. Ich begann, unter einem auszehrenden Durchfall zu leiden. Ich bat meine Wärter vergeblich, einen Arzt zu holen. Ich wurde wütend und erregt. Oft konnte ich nachts nicht schlafen, und wenn ich Schlaf fand, träumte ich schlecht. Manchmal beklagte ich mich bei meinen Aufpassern über die unmenschliche Behandlung. Im Geist führte ich unentwegt Diskussionen mit ihnen und schrie die Männer an, die mir meine Freiheit genommen hatten und mit mir taten, was sie wollten, ohne eine Strafe befürchten zu müssen. Mein ganzer Körper lehnte sich gegen die Gesetzlosigkeit auf, der ich ausgeliefert war.

Oft fragte ich mich, was meine Familie und meine Freunde wohl gerade taten. Später erfuhr ich, dass Dritter Bruder und Chen Guangyu, die im März gemeinsam mit mir festgenommen worden waren, ebenfalls in einem Internierungslager eingesperrt worden waren. Mehrere Aktivisten, die gegen die Geburtenkontrollkampagnen protestiert hatten, waren zu Gefängnisstrafen von bis zu sieben Monaten verurteilt worden. Weijing stand weiter unter Hausarrest, obwohl ich fort war. In der Hoffnung, das Haus verlassen zu dürfen, um etwas über meinen Verbleib in Erfahrung zu bringen, ging sie jeden Tag zum Tor, aber die Wachen ließen sie nicht hinaus. Im Mai wandten sich Li Jinsong und die anderen Anwälte meiner Familie an die Behörde für öffentliche Sicherheit und verlangten, zu mir gelassen zu werden. Die Verantwortlichen wiesen sie mit der unverfrorenen Lüge ab, ich würde nicht festgehalten werden. Meine Weggefährten versuchten, die Öffentlichkeit auf meine Notlage aufmerksam zu machen, indem sie Artikel und Briefe schrieben, Petitionen unterzeichneten, Fahrten nach Dongshigu organisierten und mein Konterfei auf T-Shirts druckten. Eine Reihe internationaler Organisationen, Regierungen und ausländischer Medien äußerten ihre Besorgnis über mein Verschwinden.

Nachdem ich sieben Monate unter illegalem Hausarrest gelebt hatte und drei Monate in einem «schwarzen Gefängnis» festgehalten worden war, erhoben die Behörden schließlich am 10. Juni 2006 formale Anschuldigungen gegen mich. Der Leiter der örtlichen Kriminalpolizei, He Yong, kam mit zwei anderen Beamten in meine Zelle, um mir die Entscheidung mitzuteilen, mich «zu verhaften». Für das Regime hatten die Monate unter Hausarrest und meine Verschleppung also nie stattgefunden. Ich fragte ihn, mit welcher Begründung man mich «verhafte».

«Störung der öffentlichen Ordnung und Zerstörung öffentlichen Eigentums.»

«Und was ist mit den letzten zehn Monaten der willkürlichen Gefangenschaft?», fragte ich.

Er zögerte, als müsste er über eine Antwort nachdenken. «Daran kann ich nichts ändern», sagte er. «Ich tue lediglich, was mir gesagt wird.»

«Warum versuchen Sie nicht, weniger Böses zu tun?», fragte ich ihn. «Das wäre gut für Sie.» Sie verlangten, dass ich den Haftbefehl mit meiner Unterschrift bestätigte, aber ich weigerte mich.

Am Tag darauf erfuhr Weijing endlich von Beamten der Kreisverwaltung von Yinan, dass mich die Behörden in Gewahrsam hielten und mir den Prozess machen würden. Sieben oder acht Kader kamen zu unserem Haus, trommelten gegen die Tür und verlangten von Weijing, eine Benachrichtigung über meine Verhaftung zu unterschreiben. Die Beamten gaben ihr keine Antwort auf die Frage, wo mich die Behörden seit drei Monaten gefangen hielten. Sie sagten meiner Frau, darüber solle sie sich keine Gedanken machen. Sie solle einfach unterschreiben und die Sache hinter sich bringen. Weijing verweigerte die Unterschrift, solange ihre Frage nicht beantwortet wurde. Die Beamten begriffen, dass sie nichts erreichen würden, und gingen wieder.

Kurz nachdem ich erfahren hatte, was man mir vorwarf, wurde ich aus meinem inoffiziellen Gefängnis in Xiaohe in das offizielle und vollkommen überfüllte Untersuchungsgefängnis des Kreises Yinan verlegt. Zu jener Zeit waren in der für achtzig Häftlinge ausgelegten Anlage etwa zweihundertsiebzig Menschen zusammengepfercht. Die Wärter brachten mich direkt in einen Verhörraum und fesselten mich mit Fußketten und Handschellen an einen Stuhl, um mich in den folgenden acht oder neun Stunden mit Fragen zu bombardieren. Anschließend brachten mich drei Polizisten in meine Zelle – es war der Raum Nr. 1, direkt gegenüber dem Büro der Wärter. Als sie die Eisentür aufstießen und mich hineinschubsten, rief einer von ihnen meinen Zellengenossen zu, sie sollten mich in Ruhe lassen und sich wieder schlafen legen. Das war ein sicherer Hinweis darauf, dass ich kein normaler Häftling war.

In jeder der vier mal zweieinhalb Meter großen Zellen drängten sich normalerweise mehr als zwei Dutzend Häftlinge, die in Schichten schlafen mussten und bestraft wurden, wenn sie ausruhten, ohne an der Reihe zu sein. Aber als ich den Raum Nr. 1 betrat, saßen dort nur sechs Gefangene, die offensichtlich eigens von der Gefängnisleitung ausgewählt worden waren. Es waren Kleinkriminelle, Diebe und korrupte Beamte, die in Ungnade gefallen waren. Keiner von ihnen sprach in den folgenden Tagen auch nur ein Wort mit mir. Einmal mehr war ich von Menschen umgeben in eine furchtbare, erdrückende Stille gehüllt und hatte keine Chance, etwas über meine Situation in Erfahrung zu bringen. In den folgenden Wochen ließ mir gelegentlich einer meiner Mitgefangenen heimlich Informationen zukommen, was jedoch jedes Mal rasch zur Folge hatte, dass er ausgetauscht wurde. Wir wurden rund um die Uhr mit Überwachungskameras beobachtet.

An der Längsseite der Zelle erhob sich eine erhöhte Schlafplattform, die den Großteil der Grundfläche des Raums einnahm. Auf der Betonplattform war eine Spanplatte befestigt. An dem Platz, der für mich vorgesehen war, lagen zwei Decken. Ich zwängte mich zwischen zwei andere Insassen, streckte mich aus und versuchte zu schlafen. Genau neben meinem Kopf standen zwei Männer. Ich spürte, dass sie mich beobachteten. Später erfuhr ich, dass genau über meinem Schlafplatz eine Überwachungskamera an der Decke angebracht worden war. Wie gewohnt, markierte ich im Geist die vier Himmelsrichtungen. Mein Kopf zeigte nach Westen, während meine Füße, die an der Wand lagen, nach Osten zeigten. Es herrschte Stille im Raum. Ich lauschte der Unterhaltung der Wärter auf der anderen Seite des Flurs, während ich von ganz unterschiedlichen Emotionen durchströmt wurde.

Nach einigen Stunden eines wenig erholsamen Schlafs stand ich auf, um den Raum zu erkunden. Ich stolperte über die Schuhe am Fuß der Plattform und tastete mich an der gegenüberliegenden Wand entlang. Ich entdeckte ein kleines Fenster mit verstärktem Stahlgitter und eine kleine Tür, die zu einer stinkenden Toilette führte. In der Toilette gab es eine weitere Tür, die verschlossen war; später erfuhr ich, dass dahinter eine winzige Freifläche war, die als «der Windraum» bezeichnet wurde. Tatsächlich war dieser Platz ein Käfig: Von der Mauer über unseren Köpfen reichten gebogene Gitterstäbe bis zum Boden. Jenseits des Gitters erstreckte sich ein Hof, in den wir jedoch nie hinausdurften. Es vergingen zwei oder drei Monate, bevor mich die Wärter in den «Windraum» hinausließen; ich durfte dort nur selten mehr als ein paar Minuten bleiben.

In den ersten beiden Wochen im Untersuchungsgefängnis wurde

ich unablässig von Staatssicherheitsbeamten verhört. Das chinesische Gesetz schreibt vor, dass Beamte der Behörde für öffentliche Sicherheit das «zweite Tor» eines Gefängnisses nicht passieren dürfen. Dieses Tor führt ins Innere des Gefängnisses. Der Grund für diese Vorschrift ist die begründete Furcht, Kontakte zwischen Häftlingen und Beamten würden Gelegenheit für Bestechung, Erpressung und andere Übel schaffen. Im Untersuchungsgefängnis von Yinan wurde dieses Gesetz ständig missachtet. Fast täglich tauchten Sicherheitsbeamte im Gefängnis auf, um Geständnisse aus den Insassen herauszuholen.

Ich selbst war Tag für Tag zwölf oder dreizehn Stunden lang mit Handschellen an einen eisernen Stuhl gefesselt. Ich empfand die Verhöre als widerwärtig und entschloss mich, mit Schweigen zu protestieren. Die Sitzungen waren eine Farce. An den ersten drei Tagen inszenierten die Beamten ein überzeugendes Spektakel und zeichneten auf Video auf, wie sie mich hochmütig und voller Elan anbrüllten. «Wissen Sie denn nicht, dass Sie jetzt ein Angriffsziel für die Diktatur der Kommunistischen Partei sind», schrie mich einer von ihnen an, «und dass Ihre einzige Hoffnung ist, Gnade zu finden?» Ein anderer sagte: «Wenn wir mit Ihnen fertig sind, werden wir uns Ihre Frau vorknöpfen – Sie wissen hoffentlich, dass sie Freiwild ist, sobald die kleine Kesi abgestillt ist.» Ein dritter Beamter drohte mir: «Sie sollten wissen, dass in diesem Untersuchungsgefängnis ständig Menschen sterben.»

Aber nach einigen Tagen begann ihre Begeisterung nachzulassen, und statt dieses sinnlose Spiel fortzusetzen, gingen sie dazu über, sich über Dinge wie ihre Versicherungspolicen oder die Frage zu unterhalten, ob der Nationalstolz es gebiete, japanische Importe zu boykottieren. Einmal kam eine Gruppe von Inspektoren zu Besuch, worauf sich die Verhörbeamten wieder ins Zeug legten. Sie schlugen mit den Fäusten auf den Tisch, schrien sich heiser und spielten ihre Rollen sehr überzeugend. Doch ihr aggressives Auftreten beeindruckte mich nicht im Geringsten.

Die Bezeichnung «Untersuchungsgefängnis» klingt eher harmlos, und die meisten meiner Mithäftlinge waren eigentlich nur «Verdächtige», die noch nicht verurteilt waren. Aber in den meisten chinesischen Untersuchungsgefängnissen werden die Insassen wie verurteilte Verbrecher behandelt, und die Beamten in Yinan brachen täglich alle möglichen Gesetze. Unter anderem setzten sie Insassen ein, um Mithäftlinge zu kontrollieren und zu bestrafen. Sie zogen die Gefangenen auch zur Zwangsarbeit heran. Zumeist handelte es sich um einfache manuelle Tätigkeiten, die man in einer Zelle verrichten konnte. Ein Teil der Häftlinge band Blumenkränze, andere flochten Zwirn, wieder andere verpackten die billigen Kunststoffhandschuhe, die in Ostasien zum Essen von fettigen Speisen wie Rippchen verwendet werden. Wer sein Arbeitspensum nicht schaffte, bekam nichts zu essen oder wurde an das Gitter des Zellenfensters gekettet. Ich weigerte mich zu arbeiten, und da ich behindert war, versuchten die Wärter gar nicht erst, mich zu zwingen. Ich verbrachte meine Tage liegend oder sitzend in der Zelle.

Einer der eklatantesten Verstöße gegen das Gesetz war, dass ich überhaupt festgehalten wurde. Eines Tages war ich mit einem weiteren Häftling in der Zelle allein, und er las mir die Gefängnisvorschriften vor, die auf einem Plakat standen, das neben dem Eingang des Büros der Wärter an der Wand hing. Er spähte durch das kleine Fenster in der Zellentür und las: «Nach Maßgabe der Regelungen für Untersuchungsgefängnisse dürfen folgende Personen nicht festgehalten werden: 1. Blinde Personen. 2. Schwangere ...» So funktioniert die Heuchelei im kommunistischen System: Es kann seine eigenen Regeln sogar dann missachten, wenn sie für jedermann sichtbar ausgehängt sind.

In einem Punkt hatte ich Glück: Mein Wärter war ein mitfühlender Mann namens Wang Guijin, der mich anständig behandelte. Eines Tages führte er mich zu einem «Nummerngespräch» in sein Büro, wie eine persönliche Unterhaltung mit einem Insassen genannt wird. Die Häftlinge sind Nummern. Er schloss die Tür, damit wir ungestört waren, und eröffnete mir, dass er persönlich nichts gegen mich habe und meine Tätigkeit sogar bewundere. Er wisse, dass ich nichts Böses getan habe, und aus dem sanften Klang in seiner Stimme schloss ich, dass er aufrichtig war. Im Verlauf unseres Gesprächs erwähnte ich, dass wir nicht genug abgekochtes Trinkwasser hatten, was vermutlich eine Ursache vieler gesundheitlicher Probleme der Häftlinge war. Kurz darauf beschaffte er mehrere Kohleöfen und bestellte zusätzliche Briketts. Während wir draußen im Hof waren, kochten die «Arbeitsnummern» Trinkwasser für uns ab.

Drei meiner Anwälte trotzten allen Drohungen und der Gefahr für Leib und Leben und statteten mir mehrere Besuche im Gefängnis ab. Leider konnten wir nie über etwas Wichtiges sprechen, da die Wärter den Anwälten drohten, sie würden den Besuch sofort beenden, sollte ich irgendeine wichtige Information preisgeben und meinen Freunden beispielsweise verraten, wo ich vor der Verlegung in das Untersuchungsgefängnis festgehalten worden war. Die beiden befreundeten Anwälte Teng Biao und Xu Zhiyong wurden gewarnt, sich aus dem Fall herauszuhalten, blieben jedoch unbeugsam. Ein weiterer Anwalt, Li Jinsong, gab mir einen wichtigen Hinweis: Nach chinesischem Recht würde mein Prozess nur legitim sein, wenn mich ein Anwalt meiner Wahl vertrat. Er riet mir, ich sollte darauf beharren, mir meinen Rechtsbeistand selbst auszusuchen. Dieser kluge Rat sollte sich noch als sehr nützlich erweisen.

Neun **Prozess und Haft**

Am 18. August 2006 stand ich zum ersten Mal als Angeklagter vor Gericht. Der Prozess war schnell wieder beendet. Die Anklage erhob zwei absurde Anschuldigungen gegen mich: Am 11. März hatte ich angeblich den Verkehr behindert, als Polizisten und ein Schlägertrupp auf der Nationalstraße 205 Jagd auf mich gemacht hatten. Und am 5. Februar hatten aufgebrachte Dorfbewohner in einem Tumult zwei Autos des Staatssicherheitsdienstes umgeworfen und einen Abhang hinuntergestoßen, was nach Ansicht der Staatsgewalt meine Schuld war.

Um zu verhindern, dass meine Freunde und Anhänger am Prozess teilnahmen, änderten die Behörden wiederholt den Gerichtstermin, und als schließlich am 18. August das Verfahren am Volksgerichtshof von Yinan eröffnet wurde, durften weder meine Frau noch meine Anwälte in den Gerichtssaal. Ich hatte keine Ahnung, was man mit mir vorhatte. Weder hatte man mir gesagt, wie die Anklage lautete, noch hatte man mir erlaubt, den Prozess mit meinen Anwälten vorzubereiten. Später erfuhr ich, dass mein Anwalt Xu Zhiyong von mehreren zwielichtigen Individuen attackiert worden war. Sie hatten ihm eine fremde Brieftasche in die Tasche geschummelt und ihn des Diebstahls beschuldigt. Daraufhin hatte die Polizei ihn für die Dauer des Verfahrens in Gewahrsam genommen. Meine anderen Rechtsbeistände Li Jinsong, Li Fangping und Teng Biao durften nicht einmal als Zuhörer in den Gerichtssaal. Einen Tag vor Prozessbeginn hatten sich Gao Zhisheng und Dutzende weitere Weggefährten T-Shirts mit meinem Konterfei angezogen und waren zum Gerichtsgebäude gezogen, aber man hatte ihnen die T-Shirts vom Leib gerissen. Viele andere Freunde, Unterstützer und Demonstranten, die nach Yinan gekommen waren, wurden in Polizeigewahrsam genommen, in Hotelzimmer eingesperrt oder nach Hause geschickt.

Ich wusste nichts von alledem, als ich an jenem Nachmittag in Häftlingskleidung und mit hinter dem Rücken gefesselten Händen ins Gerichtsgebäude geführt wurde. Man sperrte mich in einen kleinen Raum neben dem Gerichtssaal, wo mir meine vom Gericht bestellten Verteidiger Zhu und Li vorgestellt wurden, zwei Clowns in diesem juristischen Zirkus. «Es tut mir leid», sagte ich, «aber ich habe bereits Anwälte und brauche Sie nicht.» Sie lachten unbeholfen und logen mir vor, meine Anwälte weigerten sich, mich zu vertreten.

Der Prozess war eine Farce. Als ich verlangte, meine Rechtsanwälte zum Verfahren zuzulassen, antwortete der Richter Wang Jun, meine Anwälte wollten mich nicht sehen. Von da an schwieg ich die meiste Zeit. Ich weigerte mich, an einem gesetzwidrigen Verfahren teilzunehmen, in dem mir das Recht vorenthalten wurde, mich von meinen Anwälten vertreten zu lassen.

Anwalt Zhu und Anwalt Li brachten nichts vor, um mich zu verteidigen. Zu den vom Gericht erhobenen Anschuldigungen sagten sie lediglich, sie hätten «keine Einwände». Richter Wang fragte mich, ob ich etwas hinzuzufügen hätte. Ich blieb bei meinem schweigenden Protest. Aber als er behauptete, ich hätte den gegen mich erhobenen Vorwürfen schweigend zugestimmt, konnte ich mich nicht mehr zurückhalten. «Ihr seid eine Bande von Gaunern, eine Bande von Banditen!», schrie ich. Der Richter befahl, mich aus dem Saal zu entfernen, und zwei Gerichtsdiener führten mich ab. Das war das Ende meines «Prozesses».

Einige Tage später, das Urteil war noch nicht offiziell verkündet worden, ließ mich der stellvertretende Gefängnisdirektor Wang Zhijun in sein Büro rufen. Er teilte mir mit, der Prozess sei eine Missgeburt des Justizwesens gewesen. Dann eröffnete er mir, dass ich zu einer sehr viel längeren Haftstrafe verurteilt worden sei als bei den mir vorgeworfenen Vergehen üblich. Tatsächlich war die Strafe siebenmal so hoch wie vom Gesetz vorgeschrieben. Wang verriet mir zu diesem Zeitpunkt nicht, wie lange ich im Gefängnis sitzen würde, aber ich verlangte, sofort meine Anwälte – meine wirklichen

Anwälte – sehen zu dürfen, damit wir die Berufung vorbereiten konnten.

Zwei Tage später erfuhr ich das Urteil: Ich war zu einer Haftstrafe von vier Jahren und drei Monaten verurteilt worden. Die beiden Clowns besuchten mich im Untersuchungsgefängnis und fragten mich, ob ich Berufung einlegen wolle. «Natürlich», antwortete ich. Zwei weitere Tage vergingen. Dann erschien der vorsitzende Richter Wang Jun persönlich im Gefängnis. Er sagte, alle Welt wisse, dass der Prozess ein Schwindel gewesen sei, aber ihm seien die Hände gebunden. Ich hörte, wie er mit der Hand über den Tisch strich. «Früher oder später», sagte er, «wird die Wahrheit ans Licht kommen. Ich persönlich habe nichts gegen Sie, aber ich konnte nichts tun.» Ich fragte ihn, warum er eine so maßlos überhöhte Haftstrafe über mich verhängt habe. Er antwortete, das Gericht habe zu tun, was die Partei befehle. Zum Abschied gab er mir einen Rat: So schlecht meine Chancen auch stünden, solle ich im Berufungsverfahren nicht schweigen, sondern für mein Recht eintreten.

Ich blieb zwei weitere Monate in Untersuchungshaft und wartete auf Neuigkeiten. Dann erfuhr ich am 30. Oktober, dass der zweitinstanzliche Volksgerichtshof von Linyi im von meinen Anwälten angestrengten Berufungsverfahren zu dem Ergebnis gelangt war, dass das erste Verfahren rechtswidrig gewesen sei. Das Urteil wurde kassiert, und am Volksgerichtshof von Yinan wurde ein neuer Richter ernannt, der einen neuen Prozesstermin ansetzte. Vermutlich waren die Parteioberen beunruhigt, da die ausländischen Medien die völlige Missachtung des Gesetzes in diesem Fall bloßgestellt hatten. Nun wollten sie zumindest den Anschein von Rechtsstaatlichkeit erwecken. Diesmal würden sie die Verfahrensregeln beachten. Aber ich hatte nicht die geringste Hoffnung, was das Ergebnis anbelangte. Ich war auf eine weitere Show vorbereitet.

Die Neuauflage des Prozesses begann am 27. November. Als wir im Gerichtsgebäude eintrafen, brachten mich die Wachen in einen kleinen Nebenraum und fesselten mich mit Handschellen an einen

Stuhl. Ich ahnte, dass die Verantwortlichen sehr nervös waren. Draußen auf dem Gang liefen Leute auf und ab, und gelegentlich blieb jemand stehen, um einem anderen etwas zuzuflüstern. Am ersten Prozesstag durften Älterer Bruder und Vierter Bruder in den Gerichtssaal, während meine Mutter, Dritter Bruder und meine Frau als Zeugen geladen wurden. Die übrigen vierzig bis fünfzig Personen im Saal waren allesamt von der Partei entsandte Kader und Funktionäre.

Diesmal gab sich das Gericht alle Mühe, dem Verfahren den Anschein der Legalität zu geben. Der Richter verwendete sogar einen Hammer, was in den lokalen Gerichtssälen unüblich war. Normalerweise schlug der Vorsitzende einfach mit der Faust auf den Tisch. Die Anklage hatte sich nicht geändert: Man warf mir Verkehrsbehinderung und Zerstörung öffentlichen Eigentums vor. Ich hörte im Nebenraum, wie der Richter mit dem Hammer auf den Tisch schlug, und dann rief jemand: «Bringen Sie den Verdächtigen Chen Guangcheng herein.» Ich ging erhobenen Hauptes hinaus, denn ich hatte nichts Verbotenes getan.

Meine Verteidiger Li Jinsong und Li Fangping gaben ihr Bestes und entlarvten das ganze Verfahren als rechtswidrig: die groteske Untersuchung, die Scheinbeweise und meine gesetzwidrige Verschleppung und Gefangenschaft. Ich beschrieb den Hausarrest, die Verhöre im Victoria Resort und die vielen Monate, in denen ich ohne Anklage in dem sogenannten Polizeischulungszentrum festgehalten worden war. Und ich verlangte eine Untersuchung dieser offenkundig gesetzwidrigen Vorgänge.

Erwartungsgemäß hielt das Gericht eine Untersuchung für überflüssig. Dann legten drei Staatsanwälte ihre Scheinbeweise vor. Sie zeigten Videoaufnahmen, auf denen angeblich zu sehen war, wie ich außerhalb von Dongshigu den Verkehr auf der Nationalstraße 205 behinderte. Auf dem nachts aufgenommenen Video war weder ich noch irgendetwas anderes zu sehen; auch meine Stimme war nicht zu hören. Dann legten sie Falschaussagen von Mitgliedern einer Ambulanzbesatzung vor, die behaupteten, wir hätten sie daran gehindert, eine schwangere Frau ins Krankenhaus zu bringen; die Mutter der Frau hatte sich angeblich sogar vor mir auf die Knie geworfen und mich angefleht, die Ambulanz durchzulassen. Sie zeigten ein gefälschtes Video, auf dem Dritter Bruder zu sehen war, der «gestand», von mir gezwungen worden zu sein, mir in der Nacht des 5. Februar geholfen zu haben, den Verkehr zu unterbrechen – ich wusste, dass sie ihn gefoltert und misshandelt hatten, um ihm dieses falsche Geständnis abzupressen. In Wahrheit war Dritter Bruder am fraglichen Tag überhaupt nicht im Dorf, sondern in Linyi gewesen.

Ich kochte vor Wut, als ich die mit Gewalt erzwungene Aussage meines Bruders hörte. Ich schrie: «Gewaltverbrecher! Ihr seid eine Bande von Gewaltverbrechern!» Der Richter und die Ankläger erklärten gereizt, sich an das Gesetz zu halten. Niemand im Gerichtssaal sei ein Gewaltverbrecher. Sie ahnten nicht, wie lächerlich sie klangen.

Mein Anwalt Li Jinsong verließ unter Protest den Saal und ließ Li Fangping allein mit mir zurück. Die Verhandlung wurde unterbrochen, und ein Teil der Zuschauer ging in der Pause hinaus. Es blieben fast nur Parteifunktionäre zurück, die den Saal füllen und das Geschehen beobachten sollten. Mit lauter Stimme zitierte ich ein chinesisches Sprichwort: «Wenn der Himmel Unrecht tut, muss es so sein, wenn Menschen Unrecht tun, werden sie nicht überleben.» Man kann nicht erwarten, ungestraft Unrecht tun zu können. Kaum hatte ich diese Worte ausgesprochen, da sprang hinter mir ein Parteifunktionär auf und schrie: «Schafft ihn weg!» Ich antwortete ihm, die Verhandlung sei unterbrochen und niemand könne mich zu etwas zwingen. Der Mann schrie: «Ich kann mit dir machen, was ich will! Schafft ihn nach unten.» Zwei Gerichtsdiener gehorchten widerstrebend.

Im Untergeschoss angekommen, sagte einer der Gerichtsdiener: «Der Gerichtssaal wird beheizt, während es hier unten kalt ist. Aber Sie wissen, dass wir keine Wahl hatten.»

Ich fragte ihn nach seinem Namen, aber er wagte nicht, ihn mir zu verraten. Ich sagte: «Sie haben alles gesehen, das Gute und das Schlechte, Sie können selbst urteilen. Wer hat Recht und wer Unrecht?»

«Wir wissen mehr oder weniger, was passiert», antwortete er, «aber wir können nicht mehr sagen. Wir brauchen einfach die Arbeit.»

Ich fragte ihn nach seinem Gehalt. Er sagte, er verdiene nicht viel. «Früher waren wir in der Armee», erklärte er. «Als wir heimkehrten, konnten wir keine Arbeit finden. Also haben wir diese hier angenommen, um unseren Lebensunterhalt zu verdienen.»

Am Ende des ersten Prozesstages verlangten wir erneut, dass das Gericht sofort eine Untersuchung meiner illegalen Festnahme und sämtlicher in diesem Verfahren vorgelegten Beweise anordnete. Der Richter lehnte den Antrag einmal mehr ab.

Am zweiten Verhandlungstag durfte ich einige Worte mit meiner Frau und meiner Mutter wechseln. Unser Wiedersehen war kurz und bitter. Weijing ergriff meine Hand, wurde jedoch von den Wachen weggestoßen. Sie berichtete mir, dass meine Brüder bedroht worden waren und dass die Behörden sie zwingen wollten, sich von mir loszusagen. Meine Mutter hatte sich vor einiger Zeit eine Rippe gebrochen und war monatelang bettlägerig gewesen, weshalb Weijing allein für sich und Kesi sorgen musste. Unser Töchterchen war mittlerweile fast anderthalb Jahre alt. Meine Mutter erzählte mir, dass sie lange Zeit nicht hatte aufstehen können. Mit Kesi auf einem Arm hatte Weijing ihre bettlägerige Schwiegermutter mit der anderen Hand gefüttert. Kesi begann zu schreien, sobald ihre Mutter sie absetzte, und bei allem, was die Familie durchzustehen hatte, konnte Weijing es nicht ertragen, dass die Kleine weinte. «Weijing hat für mich gesorgt, als wäre sie meine Tochter», sagte meine Mutter.

Das Gespräch dauerte nur wenige Minuten. Dann zerrten mich zwei Gerichtsdiener weg, und wieder hatte ich meine Frau und meine Mutter verloren.

Am Tag nach der Gerichtsverhandlung gingen meine Verteidiger die Notizen der Stenographin durch, um sicherzugehen, dass die Argumente beider Seiten richtig wiedergegeben worden waren. Am Nachmittag war die Neuauflage meines Prozesses offiziell beendet. Als wir das Gericht verließen, wartete Dritter Bruder mit Kesi auf dem Arm am Fuß der Treppe. Er hielt sie mir hin, damit ich sie kurz nehmen konnte, aber die Polizisten zerrten mich weg. Als sie mich in Handschellen sah, schreckte meine Tochter vor mir zurück, vergrub das Gesicht in der Schulter meines Bruders und begann zu weinen. Als ich abgeführt wurde, kam Teng Biao auf mich zu, den ich seit mehr als einem Jahr nicht gesehen hatte. Man hatte ihn daran gehindert, mir im Wiederaufnahmeverfahren zur Seite zu stehen, aber er war trotzdem aus Peking nach Linyi gekommen. Er drückte mir mit einem Faden zusammengebundene Blätter in die Hand. «Das hier hat deine Tochter für dich gemacht», sagte er.

Als ich das Geschenk in der Hand hielt, durchströmte mich ein Glücksgefühl. Ich dachte: *Eines Tages werde ich diese Blätter aus dem Gefängnis mit nach Hause nehmen.* Meine Finger zählten neun große Blätter, die ich an ihrer Form erkannte. Sie stammten von einem Fatong-Baum, einer Art von Platane. Ich hielt das kostbare Geschenk gut fest, als mich zwei Gerichtsdiener zu einem wartenden Minibus zogen.

Die Gerichtsdiener versuchten Teng Biao daran zu hindern, noch etwas zu mir zu sagen, aber er konnte mir im letzten Moment noch zurufen: «Guangcheng, vergiss nicht, dass die Wahrheit auf deiner Seite ist!»

Zwischen den beiden Gerichtsdienern, die mich an den Armen festhielten, drehte ich den Kopf nach ihm um und antwortete: «Mach dir keine Sorgen, Bruder! Ich werde nicht fallen. Sie werden mich nicht zu Boden werfen. Ich werde nur stärker werden!»

Am 1. Dezember verkündete der Richter das Urteil. Ich wurde schuldig gesprochen, «absichtlich Eigentum zerstört und einen Menschenauflauf verursacht zu haben, um die Verkehrsordnung zu stören», und erneut zu vier Jahren und drei Monaten Haft verurteilt.

Am Nachmittag traf ich mich mit meinen Anwälten. Niedergeschlagen und entmutigt baten sie mich wieder und wieder um Verzeihung. Ich lächelte und sagte ihnen, sie sollten sich keine Vorwürfe machen. Sie sollten in mir keinen Menschen sehen, der im Gefängnis eingesperrt war. Ich würde weiter für die Menschenrechte kämpfen. «Und was sind schon vier weitere Jahre, nachdem ich so lange unter Hausarrest gestanden habe?», scherzte ich.

Meine Anwälte wollten das Urteil anfechten, aber ich glaubte nicht an einen Erfolg einer Berufung. Als wir uns verabschiedeten, sagte ich zu ihnen: «Gebt nie auf. Gebt nie die Suche nach dem Guten in den Menschen und den Glauben an die Herrschaft des Gesetzes auf. Hört nie auf, nach Wahrheit und Gerechtigkeit zu suchen.» Ich bat sie, allen Menschen in China und im Ausland, die mich unterstützten, in meinem Namen zu danken. Und sie sollten meiner Frau, die in allen Widrigkeiten unerschütterlich an meiner Seite gestanden hatte, und meiner alten Mutter zu danken.

Am 22. Dezember lehnte das zweitinstanzliche Volksgericht von Linyi unsere Berufung ab. Kurz nach der Urteilsverkündung überbrachte mir jemand unter der Hand die Botschaft, dass mich meine Anwälte bald besuchen würden. Am 27. Dezember stiegen Li Jinsong und Li Fangping erneut in Peking in den Bus nach Linyi. Als sich der Bus mitten in der Nacht Linyi näherte, wurde er von den Insassen zweier nicht gekennzeichneter Autos an den Straßenrand gewinkt. Mehrere Männer stiegen in den Bus und begannen, mit Metallstangen auf die beiden Anwälte einzuschlagen. Beide wurden schwer verletzt. Li Fangping erlitt einen Schädelbruch. Meine Anwälte riefen wiederholt die Polizei an. Nach einer Weile trafen Polizisten ein, die jedoch untätig blieben und bald wieder wegfuhren. Li Jinsong rief die Polizeidienststellen der Gemeinde und der Provinz sowie die Staatspolizei an, die allesamt nicht reagierten. Die Botschaft war unmissverständlich: Meine Anwälte konnten mich nicht länger treffen, ohne ihr Leben aufs Spiel zu setzen. Die Polizei hatte sie aus der Provinz Shandong vertrieben.

Am 15. Februar 2007 wurde ich in die Strafanstalt von Linyi verlegt, wo ich dreiundvierzig Monate bleiben sollte. Das Gefängnis, in dem fünftausend Häftlinge untergebracht waren, war von einer mehr als fünf Meter hohen Mauer umgeben. An den Ecken der Anlage standen Wachtürme. Der Komplex umfasste mehrere große Gebäude, die eigentlich Fabriken waren. Dort gingen die Häftlinge verschiedenen Tätigkeiten nach. Langjährige Insassen bauten Löschfahrzeuge für die Feuerwehr, während die Gefangenen, die nur kurze Strafen absaßen, jene kleinen Papiertüten erzeugten, in denen in China oft Milchbehälter verkauft werden. Oder sie fertigten Weihnachtskerzen für den Export an. Es gab sogar ein Eisenwerk in diesem Gefängnis.

Am ersten Tag wurde ich in den für Neuankömmlinge reservierten Teil gebracht und von Insassen, die früher als Ärzte gearbeitet hatten, oberflächlich medizinisch untersucht. Wie ich bald erfuhr, wurde das Gefängnis tatsächlich von Häftlingen betrieben, die als «Arbeitsnummern» bezeichnet wurden. Sie unterstanden abwesenden Lehnsherren – den Wärtern, die im Gefängnis einfach als Kader bezeichnet wurden und in einer separaten Welt lebten, die sich jenseits einer gelben Linie auf dem Boden erstreckte. Diese Linie durfte kein Häftling ohne Erlaubnis überschreiten.

Die «Arbeitsnummern» tasteten mich ab, befahlen mir, mich auszuziehen, und nahmen mir meine Kleidung weg. Dann gaben sie mir meine Häftlingsuniform, ein blauweiß gestreiftes Nylonhemd und eine Hose mit einem reflektierenden weißen Streifen am äußeren Saum der Beine, die im Dunkeln leicht zu erkennen waren. Anders als im Untersuchungsgefängnis waren in dieser Haftanstalt Hosen mit Gürtelschlaufen und Knopfleiste erlaubt. Sie gaben mir auch eine dünne Jacke, eine Kappe und ein Paar einfache Leinenschuhe. Die gesamte Kleidung wurde von Häftlingen in einem anderen Gefängnis in Shandong hergestellt.

Als sie mich abtasteten, bemerkten die «Arbeitsnummern» Kesis Geschenk. Nach der Rückkehr ins Untersuchungsgefängnis hatte ich einen Faden aus meiner Decke gezogen und die Blätter zu einer Rolle zusammengebunden. Da ich fürchtete, die Blätter würden austrocknen und brechen, hängte ich das Bouquet an die Eisenstange, die über der Fensterbank verlief. Alle zwei Wochen durchstöberten die Wärter die Zellen nach verbotenen Gegenständen und stellten alles auf den Kopf. Jedes Mal, wenn das passierte, band ich das Bündel los und hielt es in der Hand. Jetzt hielt ich Kesis Geschenk, das ich in den letzten zweieinhalb Monaten im Untersuchungsgefängnis wie einen Schatz gehütet hatte, fest umklammert.

«Was hast du da?», fragte eine der «Arbeitsnummern» barsch.

«Es ist ein Geschenk meiner Tochter», antwortete ich.

Es herrschte Stille. Schließlich sagte jemand: «Also gut, wenn du sie unbedingt behalten willst.»

Meine Zelle befand sich im ersten Stock des Gefängnisses. Auf rund fünfunddreißig Quadratmetern lebten siebenunddreißig Insassen zusammen. In den Raum waren elf Stockbetten gezwängt worden, wodurch zweiundzwanzig Häftlinge gleichzeitig schlafen konnten. Als Neuankömmling musste ich mir ein Lager auf dem Boden machen. Ich schlief auf einem leeren Zementsack und einigen Lumpen, die mir die anderen «Arbeitsnummern» gegeben hatten. Außer den Stockbetten gab es ein Regal, in dem wir unsere Plastikwaschschüsseln aufbewahrten, und zwei große vergitterte Glasfenster. Draußen verlief ein Laufgang; wenn niemand in der Nähe war, konnte ich manchmal mit vorbeigehenden Personen sprechen. Durch eine Tür aus Sperrholz gelangte man in den Flur. Neben der Tür war ein kleines Fenster in der Wand.

Auf unserem Stockwerk gab es etwa ein Dutzend Zellen. Einige dienten als Arbeitsräume, die übrigen beherbergten zwischen hundert und dreihundert Häftlinge. Am Ende des Flurs gab es einen Waschraum, in dem Wasserhähne in einer Reihe aus der Mauer ragten. Dort füllten wir jeden Morgen unsere Waschschüsseln. Das Wasser war schmutzig und ungenießbar. Manche Neuankömmlinge, die nicht an den Mangel an Wasser und den ständigen Durst gewöhnt waren, tranken es trotzdem. Hinter der Mauer mit den Wasserhähnen verlief ein offener Graben, der als Toilette diente.

Etwa zwei Wochen nach meiner Ankunft wurden alle meine Zellengenossen, nachdem sie die Regeln gelernt hatten, in andere Blöcke verlegt, um Platz für die nächste Gruppe von Neuankömmlingen zu machen. (Aus irgendeinem Grund blieb ich für die gesamte Dauer meiner Haft in dem für Neuankömmlinge bestimmten Zellenblock.) Da meine Mitinsassen fort waren, nahm ich sofort eines der unteren Stockbetten in Beschlag. Die wackeligen Betten verströmten einen Gestank, der in der Nase und in den Augen brannte, aber jedes Bett war besser als der Boden. Einige Tage lang war ich allein mit dem Aufseher der Zelle, der auf Dauer hier lebte und die Aufgabe hatte, den Neuankömmlingen die Gefängnisregeln zu erklären. Zweifellos hatte er die Anweisung erhalten, sich von mir fernzuhalten. Lange Zeit richtete er kaum ein Wort an mich.

Viele Vorschriften waren widersinnig und dienten einem einzigen Zweck – die Häftlinge einzuschüchtern und unterwürfig zu machen. Begegnete zum Beispiel ein Insasse auf dem Weg zum Arbeitsraum mit einem Werkzeug in der Hand einem Wärter, so musste der Häftling augenblicklich das Werkzeug fallen lassen und Habachthaltung einnehmen, wobei er mindestens fünf Meter vom Wärter entfernt bleiben musste. Er durfte das Werkzeug erst wieder aufheben, wenn sich der Wärter entfernt hatte. Sprach ein Häftling mit der Gefängnispolizei, so musste er sich zum Zeichen der Unterwerfung flach auf den Boden legen. Ich weigerte mich, diese Regeln zu befolgen; es war mir egal, welche Konsequenzen das für mich haben konnte. Warum sollte ich ihnen erlauben, mich weiter zu entwürdigen, indem ich diese absurden Regeln befolgte?

Der Tagesablauf sah so aus: Wir standen um sechs Uhr morgens auf, wuschen uns das Gesicht und machten uns sofort an die Arbeit. Das chinesische Gefängnissystem wird als *laogai* bezeichnet, was «Umerziehung durch Arbeit» bedeutet. Tatsächlich dient die Zwangsarbeit der Strafgefangenen nur dazu, die Taschen jener zu füllen, die die Gefängnisse betreiben. In meiner Haftzeit bestand die Arbeit darin, Einweg-Essstäbchen zu verpacken: Ich steckte die billigen, leicht splitternden Holzstäbe in kleine Hüllen aus Papier oder

Plastik. Geübte Häftlinge schafften bis zu fünftausend Stäbchenpaare am Tag. Wie zuvor im Untersuchungsgefängnis wussten sie auch hier nicht, was sie mit mir anfangen sollten. Also musste ich den ganzen Tag neben den Arbeitern auf einer harten Holzbank sitzen. Bald kannte ich jede Delle und jeden Riss im Holz. Aber selbst wenn sie von mir verlangt hätten zu arbeiten, hätte ich mich geweigert.

Um acht Uhr morgens gab es im Trakt der Neuankömmlinge Frühstück. Jeder Sträfling erhielt zwei kleine Dampfbrötchen und an guten Tagen zusätzlich ein wenig Maisbrei. Bei allen Mahlzeiten mussten wir uns im Gefängnishof in zwei Reihen einander gegenüber auf den Zementboden setzen. Dann stellten andere «Arbeitsnummern» das Essen vor uns auf den Boden. Wir hatten wenige Minuten Zeit, um das Essen herunterzuschlingen und unsere Schalen zu säubern, bevor wir wieder an die Arbeit gehen mussten. Ein Mittagessen gab es nur an Wochentagen, wenn wir auch arbeiteten. Es bestand aus teilweise verrottetem Kohl, der gesalzen und in mehrfach verwendetem ranzigem Öl gekocht wurde. Das Abendessen um halb sieben Uhr war kaum nahrhafter als die beiden anderen Mahlzeiten. Anschließend wurde weitergearbeitet. Gegen acht Uhr durften wir für zwanzig oder dreißig Minuten in den kleinen Gefängnishof hinaus, um uns zu bewegen oder zu rauchen. Die Bewegung war sehr wichtig, weil das lange Sitzen und die mechanischen, betäubenden Tätigkeiten furchtbare Auswirkungen auf die Gesundheit hatten. Anschließend hatten die Bewohner des Stockwerks – normalerweise hundert bis zweihundert Häftlinge – dreißig Minuten Zeit, um sich an den Wasserhähnen Gesicht und Hände zu waschen und die Zähne zu putzen.

Vor meiner Verlegung aus dem Untersuchungsgefängnis in diese Haftanstalt hatten meine Rechtsanwälte Beschwerden an Beamte auf sämtlichen Ebenen des Justizsystems geschickt und einmal mehr darauf hingewiesen, dass meine Verurteilung einen eklatanten Rechtsbruch darstellte. Bei der Ankunft im Gefängnis wollte ich meinen Fall den Wärtern oder der Gefängnisleitung darlegen, denn ich hegte die naive Hoffnung, sie könnten mir helfen. Aber die

Gefängnishierarchie war von beängstigender Komplexität, und die Chance eines gewöhnlichen Häftlings auf ein Gespräch mit dem Gefängnisdirektor war so groß wie die eines chinesischen Bauern in der Ming-Zeit, zum Kaiser vorgelassen zu werden.

Ich wartete, aber tagelang begegnete ich nicht einem einzigen Wärter, geschweige denn einem, der irgendwelche Befugnisse gehabt hätte. Ich spitzte die Ohren oder versuchte, die Augen anderer Häftlinge zu nutzen; immer wieder fragte ich sie, ob ein Wärter in der Nähe sei. Bald wurde mir klar, dass ich die strikte Hierarchie des Gefängnisses durchbrechen musste. Da waren zunächst die «sekundären Wärter», das heißt Häftlinge, die gewissermaßen im Auftrag der Beamten den Betrieb leiteten. Für mich war der erste Ansprechpartner unser Gruppenleiter. Er war eine «alte Nummer» und hatte fünfunddreißig bis vierzig Insassen zu beaufsichtigen. Der Gruppenleiter hatte mir einen weiteren Häftling zugeteilt, einen etwa fünfzig Jahre alten «Wirtschaftskriminellen», der mir beim Essen half und mich zum Waschraum begleitete.

Hatte ich die Erlaubnis des Gruppenleiters, so würde ich mir sodann die Genehmigung des Leiters meiner Arbeitseinheit, des Leiters aller Arbeitseinheiten, des leitenden Häftlings für den gesamten Gefängnistrakt und des wachhabenden Häftlingswärters holen müssen, der kontrollierte, wer kam und ging. Hatte ich einmal die Erlaubnis der richtigen Leute auf all diesen Hierarchieebenen, die allesamt Häftlinge waren, so konnte ich die gelbe Linie überqueren und tatsächlich mit einem Mitarbeiter des Gefängnisses sprechen. Aber was konnte ein gewöhnlicher Kader – der nicht anderes als ein einfacher Wärter war – überhaupt für mich tun? Dieser Mann würde den für unseren Gefängnistrakt zuständigen Parteifunktionär ansprechen müssen, der die Sache an einen Assistenten der Gefängnisleitung oder an den Direktor weiterleiten musste, der hoffentlich bereit sein würde, ein Dokument oder eine Nachricht durch die Hierarchie zu mir zu leiten. Für eine «neue Nummer» wie mich war es eine beängstigende Aufgabe, all diese Hierarchieebenen zu überwinden.

Aber in den ersten Wochen im Gefängnis war ich fest entschlossen, zu jemandem durchzudringen, der etwas bewirken konnte. Wie sonst sollte es mir je gelingen, einen Berufungsantrag an die höheren Stellen zu richten? Und meine Beharrlichkeit, meine unbeugsame Weigerung, zuzulassen, dass mein Fall einfach in Vergessenheit geriet, machte sich schließlich bezahlt. Nach endlosen Verzögerungen und Schwierigkeiten wurde ich eines Tages über die gelbe Linie geführt. Ich trat vor den Kader Chen Qingru und stellte zwei einfache Forderungen: Ich wollte Kontakt zu meinen Rechtsanwälten aufnehmen, und ich wollte mit den Vertretern des Prokuratorats im Gefängnis sprechen. Der Beamte verstand, dass mein Fall ungewöhnlich war, und erklärte sich bereit, meine Forderungen an seine Vorgesetzten weiterzuleiten. Er sagte mir, ich müsse einen Brief an meine Rechtsanwälte diktieren, was mich vor eine neue Herausforderung stellte. Ich musste mir selbst das benötigte Papier beschaffen und anschließend jemanden finden, der den Brief für mich schreiben würde.

Anfang März durften mich meine Mutter und Weijing besuchen. Sie brachten Kerui und Kesi mit. Die Wärter nahmen offenbar an, dass ich Verbindungen zu einflussreichen Personen außerhalb des Gefängnisses hatte, und brachten uns in einen eigenen Versammlungsraum, in dem wir nicht durch eine Glaswand voneinander getrennt waren. Es gab dort sogar ein Sofa und einen Teetisch. Allerdings waren wir auch jetzt von denselben Schlägern umringt, die daheim Weijings Hausarrest überwachten. Eigentlich hätten nur meine Angehörigen in dem Raum sein dürfen, aber Weijing sagte mir, dass die Wärter sämtliche Schläger hineingelassen hatten. Es schien, als steckten sie alle unter einer Decke.

Weijing drückte mir ein Radio in die Hand. An sich durften die Häftlinge Radios haben, aber die Wärter nahmen es mir anschließend weg. Während wir uns unterhielten, saß der dreijährige Kerui still neben mir auf dem Sofa und hielt eine Orange in der Hand. Ich wünschte mir nichts sehnlicher, als ihn an der Hand zu nehmen und ein paar Schritte mit ihm zu gehen. Ich war meinem Sohn seit über einem Jahr nicht mehr begegnet, und beim ersten Familienbesuch hatte meine Mutter mir gesagt, dass er mich sehr vermisste. Plötzlich fing Kerui an, die Orange in einem Ausdruck zielloser Wut wieder und wieder mit aller Kraft auf die Lehne des Sofas zu schlagen. Als wir uns zehn Minuten später schon wieder trennen mussten, wollte ich meine kleine Tochter in den Arm nehmen, aber auch das verboten mir die Wärter.

Später erfuhr ich, dass die Gefängnisleitung vor dem Besuch meiner Familie einen Anruf vom Parteikomitee von Linyi erhalten hatte, das sich anscheinend nach meiner Situation erkundigt hatte. Irgendwie missdeutete die Gefängnisleitung diesen Anruf als Hinweis darauf, dass ich mächtige Fürsprecher hatte und anständig behandelt werden sollte. Die Folge war, dass ich von der Verpflichtung befreit wurde, den ganzen Tag neben meinen Mithäftlingen zu sitzen, während sie Essstäbchen verpackten; und obwohl es in diesem Teil des Gefängnisses nicht viele Orte gab, an die ich mich begeben konnte, konnte ich von nun an zumindest meine Zelle nach Belieben verlassen.

Es ist leicht vorzustellen, dass viele Häftlinge unter solchen Bedingungen jede Hoffnung aufgeben. Aber für mich blieb die Hoffnung etwas Greifbares. Sie hielt mich am Leben. Im schlimmsten Fall würde ich die gesamte Haftzeit absitzen müssen, doch ich hielt es für sehr unwahrscheinlich, dass sie verlängert würde. Für den Augenblick konnte ich nur versuchen, möglichst viel über meine Mithäftlinge in Erfahrung zu bringen – sofern sie bereit waren, mit mir zu sprechen. Welche Erfahrungen hatten sie gemacht? Waren sie gefoltert worden? Ich wollte das ganze System der gesetzlosen Unterdrückung besser verstehen.

Und ich wollte meinen Kontakt zur Außenwelt wiederherstellen. In den ersten Monaten im Gefängnis kämpfte ich um eine Telefonkarte und um das Recht, das Telefon des Gefängnisses benutzen zu dürfen, um wie die anderen Häftlinge daheim anrufen zu können. Im Juni gelang es mir endlich, mit einer meiner Nichten in Dongshigu zu sprechen. Meine Frau konnte ich nicht erreichen, da unsere Leitung weiterhin gekappt war. Aber meine Nichte, die gleich nebenan wohnte, holte Weijing zu sich, und wir unterhielten uns kurz in der Hoffnung, dass diese Leitung nicht überwacht wurde. Nach einigen Minuten unternahm ich einen riskanten Versuch, mögliche Zuhörer auszutricksen, und sagte in meinem gebrochenen Englisch: «Remember tell Jerry.» Ich hoffte immer noch, dass Professor Cohen mir irgendwie helfen könnte. Aber sie hatten mitgehört: Als ich diese englischen Worte gesagt hatte, wurde die Verbindung augenblicklich unterbrochen. Es dauerte vierzehn Monate, bis ich den nächsten Anruf machen durfte.

Die Monate vergingen, und ich wartete immer noch auf eine Antwort auf den Brief, den ich diktiert hatte. Mittlerweile hatte ich herausgefunden, wie ich direkt an die Kader herankommen konnte, aber an einem Tag Mitte Juni befahlen die Beamten den «Arbeitsnummern», mir den Weg zu versperren. Die Begründung: Mein Haar sei zu lang. Die Wärter sagten mir, ich müsse mir wie die anderen Häftlinge den Kopf scheren lassen. Ich hielt ihnen entgegen, dass es kein Gesetz gab, das Gefängnisinsassen verpflichtete, sich den Kopf zu scheren. Außerdem bedeutete ein kahlgeschorener Kopf, dass der Häftling schuldig war, und ich hatte nichts Verbotenes getan. Schließlich waren sie damit einverstanden, dass ich mir das Haar kürzer schnitt, ohne mir den Kopf scheren zu müssen, doch die für das Haareschneiden zuständige «Arbeitsnummer» rasierte mir einfach eine Seite des Kopfes kahl. Ich protestierte und drohte ihnen, zu den Kadern zu gehen.

Die Lakaien der Wachen suchten unentwegt nach einem Vorwand, um mich zu verprügeln. Ich hielt sie mir vom Leib, aber als ich die Übergriffe bei den Kadern meldete, wurde mir klar, dass sie nichts dagegen tun würden. Im Gegenteil: Sie waren mit der Aggression gegen mich mehr als einverstanden. Prompt packten mich mehr als ein Dutzend «Arbeitsnummern», schleppten mich in den hinteren Teil der Zelle und ließen ihre niedrigsten Instinkte in einem Gewaltrausch an mir aus. Der Rädelsführer war ein Mörder namens Li, ein übler Krimineller, der von einer tierischen Wut angetrieben wurde. Er und sechs oder sieben weitere Angreifer traten und schlugen erbarmungslos auf mich ein, während etwa sechzig Häftlinge tatenlos zusahen. Später erfuhr ich, dass ein hochrangiger Kader namens Xu Weihua ebenfalls zugeschaut hatte. Schließlich befahl Li seinen Spießgesellen, mich in einen anderen Raum zu schleifen, wo sie mir den Kopf kahl scherten. Als sie damit fertig waren, traten sie mir auf Rücken, Arme und Beine, bis ich die Besinnung verlor.

Ich werde diese brutale Misshandlung nie vergessen. Mein Körper war ein einziger Schmerz. Ich brauchte mehrere Wochen, um mich zu erholen. Den Schorf einiger Wunden bewahrte ich während meiner gesamten Gefangenschaft auf, um ihn eines Tages als Beweis für ein weiteres Verbrechen vorzulegen, das an mir verübt worden war.

Natürlich blieb der Angriff auf mich folgenlos. Kurze Zeit später kam mich Weijing erneut besuchen. Als sie die Wunden und Blutergüsse sah, brach sie in Tränen aus. Bald darauf gelang es ihr, die Außenwelt darüber zu informieren, dass ich im Gefängnis misshandelt wurde. Daraufhin wurde ich endlich zum Gefängnisarzt geschickt. Als ich in die Krankenstation kam, wartete dort schon der Mörder Li auf mich. Das war ein sicherer Hinweis darauf, dass mich dort nichts Gutes erwartete. Ich hatte mir offensichtlich mehrere Rippen gebrochen, aber weder diese noch irgendwelche anderen Verletzungen tauchten im Bericht des Arztes auf.

Im September wurde ich überraschend ins Büro des Prokuratorats im Gefängnis gerufen, dessen Tür mir monatelang versperrt gewesen war. Mehrere Funktionäre des Büros sagten mir, ich solle sie nicht als Feinde betrachten, und versicherten mir, dass sie nichts mit dem zu tun hätten, was mir widerfahren war. Sie versprachen, den Verantwortlichen der Partei über meinen Fall Bericht zu erstatten. Diese überraschende Wende war mir ein Rätsel. Später stellte sich heraus, dass Staatspräsident Hu Jintao einige Tage früher ein von vierunddreißig Mitgliedern des amerikanischen Kongresses unterzeichnetes Schreiben erhalten hatte, in dem die Parlamentarier dagegen protestierten, wie ich im Gefängnis behandelt wurde. Der Brief zeigte dem chinesischen Regime, dass sich die internationale Gemeinschaft um die Menschenrechte in China sorgte. Es war nur ein Stück Papier, aber dieses kleine Druckmittel wirkte sofort. Plötzlich zeigten die Kader mir gegenüber eine gewisse Rücksicht. Mein Dasein hatte in ihren Augen einen Wert erhalten. Dem Ausland ist nicht bewusst, wie viel es bewirken kann, indem es seinen Einfluss geltend macht und sich die Zeit nimmt und den Mut aufbringt, die Probleme offen anzusprechen.

Die Kontroverse über die Olympischen Spiele in Peking im August 2008 hatte eine ähnliche Wirkung. In jenem Frühjahr drohten Menschen in aller Welt, die Veranstaltung zu boykottieren, weil sie von einem Unterdrückungsregime inszeniert wurde, das seine Macht festigen und verherrlichen wollte. Die chinesische Regierung war in dieser Zeit sehr empfänglich für Kritik und fürchtete, der amerikanische Präsident George W. Bush könnte seinen Besuch bei den Spielen absagen oder ein peinlicher Vorfall könnte die makellose Inszenierung verderben.

Die Chinesen wissen, wie die Machthaber in Peking normalerweise auf internationale Kritik reagieren. Bald machte das Gerücht die Runde, die Partei werde meine Freilassung anordnen, um ihren guten Willen zu demonstrieren. Dazu kam es nicht, aber die Regierung reagierte durchaus auf die Proteste. Unter anderem wurden bemerkenswerte Änderungen an den Routineabläufen in der städtischen Strafanstalt Linyi vorgenommen. Im April wurde eine zweigeschossige Kantine gebaut, damit die Gefangenen gemeinsam essen konnten, anstatt im Hof darauf warten zu müssen, dass «Arbeitsnummern» den Brei aus der Küche brachten. Auch die Ernährung wurde ein wenig besser. Normalerweise enthielt die «Suppe» für die rund fünftausend Häftlinge nur vierzig Eier. Jetzt wurde die Ration auf sechzig Eier erhöht. Außerdem durften wir uns mit Dampfbrötchen sattessen.

Leider gab die Gefängnisverwaltung ihre Bemühungen, unsere Lebensbedingungen zu verbessern, rasch wieder auf, als die Boykottbewegung gegen die Spiele zusammenbrach. Präsident Bush gehörte zu denen, die den Boykott untergruben. Anfang Juli sprach er sich für die Austragung der Olympischen Spiele aus und gab seine Entscheidung bekannt, Peking zu besuchen. Als ich diese Nachricht hörte, musste ich an einen Tag im Untersuchungsgefängnis denken, als ich und andere Häftlinge die seltene Gelegenheit gehabt hatten, Fernsehen zu sehen. Damals hatten wir erfahren, dass die Vereinigten Staaten und China ein Handelsabkommen im Umfang von mehreren Milliarden Dollar geschlossen hatten. «Da habt ihr es», sagte einer meiner Mithäftlinge. «Die Propaganda über die Kapitalisten ist wahr. Denen geht es nur ums Geld, und ihre angebliche Sorge um die Menschenrechte ist nur eine andere Form von Kapital.» Der chinesischen Regierung ihrerseits ging es nur um die Selbsterhaltung. Die Gefängnisfunktionäre in Linyi erlaubten uns sogar, die triumphale Eröffnungsfeier der Spiele in Peking im Fernsehen zu verfolgen. Der eigentliche Sieger dieser großen Propagandashow war wie immer die Partei.

In der Hölle des Gefängnisses waren die Kontakte zur Außenwelt mein Lebenselixier. Telefonanrufe, Briefe und Besuche waren selten und nur mit Einschränkungen möglich, und es konnten Monate ohne solche Kontakte vergehen. Aber im November 2007 beschaffte mir ein Mithäftling ein Kurzwellenradio. Er schmuggelte es in seiner Hosentasche herein und riet mir, seinen Besitz unbedingt geheim zu halten, da die anderen Häftlinge nicht zögern würden, mich zu verraten, um sich bei den Kadern einzuschmeicheln. Der Besitz eines Radios war extrem gefährlich. Wer mit einem solchen Gerät erwischt wurde, musste mit einer zusätzlichen Haftstrafe rechnen.

Um Radio hören zu können, musste ich mich vollkommen in meine Decke einwickeln. Ich tat so, als würde ich schlafen, und verwendete Kopfhörer, die ich so leise wie möglich einstellte. Da ich nicht arbeitete, verbrachte ich den Großteil des Tages im Bett und konnte versuchen, mir Informationen über die Außenwelt zu beschaffen. Im Gefängnis fanden regelmäßig Kampagnen gegen den «Schmuggel» statt, aber es gelang mir, mich den Kontrollen zu entziehen und das Radio entweder in meinem Bett oder in einer leeren Milchpackung zu verstecken. Als die Anschlussbuchse für den Kopfhörer kaputt ging, reparierte ich sie in mühevoller Kleinarbeit mit einem winzigen Stück Draht.

Wie nicht anders zu erwarten, war das Radiosignal oft sehr schwach. Normalerweise hörte ich morgens nach dem Aufwachen Radio Free Asia, Radio France International, Voice of America, Deutsche Welle und mehrere andere Sender. Im Frühjahr 2008 gelang es mir, Sound of Hope zu empfangen, den in China beliebten Sender von Falun Gong. Ich hörte niederschmetternde Berichte über Freunde und Menschenrechtsaktivisten, die inhaftiert, gefoltert oder unter Hausarrest gestellt worden waren. Aber ich hörte auch ermutigende Geschichten über einfache Bürger, die begannen, sich gegen die Korruption und die Machthaber zu wehren.

Auf diesem Weg erfuhr ich auch bittere Neuigkeiten aus der Heimat. Ich hörte sogar einige Berichte darüber, dass Weijing wiederholt bedroht und verprügelt wurde, vor allem wenn sie einen Besuch im Gefängnis vorbereitete. Als ihr Schwager bei einem Verkehrsunfall starb, wollte sie ihre Schwester besuchen, wurde jedoch beim Versuch, das Haus zu verlassen, überfallen und zusammengeschlagen. In einer Reportage über den Übergriff hörte ich ihre tränenerstickte Stimme. Was ich im Radio hörte, war oft niederschmetternd, aber ich durfte mich nicht dazu äußern, um den Wärtern nicht zu verraten, was ich tat. Nur nach den seltenen Besuchen meiner Angehörigen konnte ich mich bei den Kadern über das beklagen, was in Dongshigu geschah.

Wie viele andere Häftlinge wurde ich nach einer Weile chronisch krank. Die Verpflegung war miserabel, und wir bekamen oft verdorbene Lebensmittel zu essen. Viele Insassen erkrankten an Lebensmittelvergiftungen und Durchfall. Ich litt ebenfalls unter Verdauungsbeschwerden, die sich zusehends verschlimmerten.

Vermutlich litt ich unter Gastroenteritis, aber trotz gefährlicher Mengen Blut im Stuhl verweigerte mir die Gefängnisleitung jegliche ärztliche Hilfe. In der Hoffnung, meine Anwälte würden eine Besuchserlaubnis erhalten, informierte ich meine Familie. Aber ich durfte meine Anwälte nicht sehen. Sie beantragten meine Überstellung in ein Krankenhaus, was ebenfalls abgelehnt wurde.

Ich beklagte mich regelmäßig bei den Kadern über die Mangelernährung und die schlechten hygienischen Bedingungen. Gelegentlich konnte ich meine medizinische Ausbildung nutzen und andere Häftlinge mit Akupressur behandeln. Der Sommer war eine besonders gefährliche Zeit. Im Gefängnis waren Mückennetze verboten, angeblich um Selbstmorden vorzubeugen, aber alle wussten, dass Mücken Infektionskrankheiten zwischen den Häftlingen übertragen konnten. In meinen ersten Monaten im Gefängnis wurde der Boden fast nie mit Insektenvertilgungsmitteln besprüht, doch nach hartnäckigen Protesten wurden die Schädlinge häufiger und wirksamer bekämpft. Im Lauf der Zeit sahen meine Mithäftlinge, dass meine beharrlichen Forderungen nach einer besseren Behandlung etwas bewirkten, und wenn wieder einmal das Gerücht umging, ich würde bald entlassen, traten Mithäftlinge in der Hoffnung an mich heran, ich würde mich draußen für sie einsetzen.

Ich kämpfte weiter, um meinen guten Namen wiederherzustellen und meine Entführer und Folterer vor Gericht zu bringen. Die Gefängnisleitung erlaubte meiner Familie schließlich, mir Gesetzbücher zu bringen, die ich mir von Mithäftlingen vorlesen ließ. Meine Familie besorgte mir auch Bücher in Brailleschrift, die ich aber nie erhielt. Schließlich erlaubte die Gefängnisleitung anderen Häftlingen, mir bei der Formulierung meiner Eingaben für die Berufung zu helfen. Einmal schickte die Gefängnisverwaltung der Provinz Shandong ein Inspektionsteam. Ich verwickelte die Beamten in ein Gespräch, um sie auf meinen Fall und verschiedene rechtswidrige Handlungen des Gefängnisses aufmerksam zu machen. Meine Anwälte schickten Beschwerden an sämtliche lokalen Behörden, an den Nationalen Volkskongress, an den Staatspräsidenten und den

Ministerpräsidenten. Ich schickte eine Beschwerde per Einschreiben an den Obersten Gerichtshof und das Oberste Volksprokuratorat. Die Antwort war Schweigen.

In der Zeit in der Untersuchungshaft und im Gefängnis versuchte ich immer wieder, meinen Fall den Beamten des Prokuratoratsbüros im Gefängnis vorzulegen. Ich hielt sogar fest, wie oft ich versuchte, Kontakt zum Prokuratorat aufzunehmen, und wie oft es mir tatsächlich gelang, mit jemandem zu sprechen. Insgesamt bat ich die Gefängnisleitung mehr als zweitausendmal, für mich Kontakt zum Prokuratorat aufzunehmen. Tatsächlich fanden vierundzwanzig Gespräche mit Vertretern der Behörde statt.

Ich tat alles, um gegen meine Strafe zu protestieren. Im Jahr 2009 begann ich, meine Häftlingsuniform zum Zeichen des Protests verkehrt herum zu tragen. Immer wieder wurde ich von Häftlingen und Wärtern angesprochen, die glaubten, ich hätte mich beim Anziehen geirrt, weil ich blind war. Natürlich war mir vollkommen klar, was ich tat. Ich war entschlossen, mich nicht an die Regeln zu halten, da die Behörden die Gesetze missachteten. Ich sagte oft zu den Beamten: «Jetzt zeigt die Seite meiner Uniform, die auf den Verbrecher zeigen soll, auf euch, denn ihr seid diejenigen, die Verbrechen begehen.»

Mit den Jahren wurde ich ebenfalls zu einer «alten Nummer», erfahren im Leben in Gefangenschaft. Wie alle Häftlinge erhielt ich für die im Gefängnis verbrachte Zeit «Punkte», die mich angeblich einer vorzeitigen Entlassung näher brachten. Am Ende hatte ich mehr als fünfzig Punkte, die mir einen Anspruch auf eine Verkürzung der Haftzeit um bis zu ein Jahr sicherten. Dazu kamen bis zu sechs Monate für meine Behinderung. Die Gefängnisleitung wandte das übliche Verfahren an und beantragte meine vorzeitige Entlassung, aber die Provinzgefängnisverwaltung, die zweifellos Anweisungen von höherer Stelle befolgte, lehnte den Antrag rundweg ab. Später erfuhr ich, dass der Gefängnisdirektor fast seinen Arbeitsplatz verlor, weil er meinen Antrag eingereicht hatte.

Ende 2009 machte erneut das Gerücht die Runde, dass meine Entlassung unmittelbar bevorstehe. Man teilte mir mit, ich würde mich bald mit dem Gefängnisdirektor treffen. Dann wurde mir klar, dass die Behörden immer noch ein förmliches Schuldeingeständnis von mir erwarteten. Außerdem wollten sie Beweise dafür sehen, dass ich «umerzogen» war und in Zukunft mein Verhalten ändern würde. Ich weigerte mich, ein falsches Geständnis zu unterzeichnen, und schrieb stattdessen einen offenen Brief, in dem ich die Fakten darlegte. Ich entschloss mich, alles zu tun, um den Druck auf die Behörden weiter zu erhöhen. Von Januar bis August 2010 fragte ich die Kader jeden Tag zweimal nach dem ausstehenden Gespräch mit dem Gefängnisdirektor und nach meinen Aussichten auf eine vorzeitige Entlassung. Meine Beharrlichkeit führte nicht zum Ziel, aber zumindest gab ich meinen Mithäftlingen ein Beispiel: Man darf nie aufgeben.

Die Monate verstrichen, und als der September begann, war das Ende meiner Haftzeit nicht mehr weit. In den letzten Tagen vor meiner Entlassung kauften die Gefängnisbeamten einige Kleidungsstücke für mich, denn meine ursprünglichen Sachen waren vor langer Zeit weggeworfen worden. Und es kehrten Geister von 2006 zurück: Sie gaben mir mein Handy und meine Uhr wieder. Ich wurde gewogen und ungewöhnlich gründlich ärztlich untersucht. Im Verlauf der Untersuchung wurde mir gegen meinen Willen Blut abgenommen. Ich bin nicht sicher, ob sie nicht noch etwas anderes taten, denn am Abend jenes Tages wurde ich plötzlich so heiser, dass ich kaum noch sprechen konnte. In der Nacht vor meiner Entlassung lag ich still in der Zelle, wie immer von zwanzig bis dreißig «neuen Nummern» umgeben. Als ich unter der Decke das Radio einschaltete, hatte ich ein surreales Erlebnis: Ich hörte Berichte über meine bevorstehende Freilassung.

Am Morgen schenkte ich mein Radio einem anderen Häftling. Kurz nach fünf Uhr sagte einer der diensthabenden Häftlinge zu mir: «Guangcheng, die Blockaufseher wollen mit dir sprechen.» Normalerweise fanden Entlassungen um neun Uhr morgens statt, aber sie wollten mich loswerden, bevor Journalisten auftauchten. Ich nahm mir Zeit, was nicht zuletzt daran lag, dass ich mich nicht wohl fühlte. Ich hatte am Vortag einige Tabletten genommen, aber mein Hals war immer noch geschwollen und ich hatte die Stimme fast völlig verloren.

Ich hielt mich am Arm des Blockaufsehers fest, der mich hinausführte. Meine Mithäftlinge riefen mir Abschiedsgrüße hinterher. Die Wärter schlugen gegen die große Eisentür am zweiten Tor und schrien: «Entlassung!» Der Wärter auf der anderen Seite war verwirrt – er verstand nicht, warum jemand so früh am Morgen entlassen wurde. Wir gingen zu einem kleinen Schalter, an dem die letzten Formalitäten erledigt wurden, und dann zwängte ich mich zwischen zwei Blockaufseher auf die Rückbank eines Autos. Es war der 9. September 2010.

Endlich lag das Gefängnis von Linyi hinter mir. Mein Körper war geschwächt, aber mein Geist ungebrochen. Mein neununddreißigster Geburtstag stand bevor. Ich hatte eine Frau und zwei kleine Kinder, die ich in den vergangenen viereinhalb Jahren kaum gesehen hatte; Weijing hatte mich in der gesamten Haftzeit nur sechsmal besuchen dürfen. Die meisten Häftlinge mit Ausnahme von Gewalttätern dürfen heimkehren, wenn sie die Hälfte ihrer Haftstrafe verbüßt haben. Ich hatte meine Strafe ab der offiziellen Anklageerhebung im Juni 2006 bis zum letzten Tag absitzen müssen.

Doch obwohl ich aus dem Gefängnis entlassen worden war, war ich nicht frei. Meine Familie durfte mich an diesem Tag nicht abholen, sondern ich wurde von Beamten nach Hause gebracht, die darauf achteten, Journalisten zu umgehen und im Dorf jegliches Aufsehen zu vermeiden. Dem Auto, in dem ich saß, fuhr ein Streifenwagen der Lokalpolizei von Shuanghou voraus. Hinter uns fuhr ein Wagen der Gefängnisverwaltung, in dem jemand saß, der die gesamte Fahrt filmte.

Um kurz nach sechs Uhr erreichte dieser sonderbare kleine Konvoi den Ortsrand von Dongshigu. Dort warteten Weijing, Kesi und Älterer Bruder in Begleitung mehrerer Wachen auf uns. Als der Wagen anhielt, kam Weijing gelaufen, um mir herauszuhelfen. «Ich habe die Blätter zurückgebracht», flüsterte ich mit tonloser Stimme. Ich drückte ihr die vertrockneten und zerknitterten Platanenblätter in die Hand, die Kesi mir geschenkt hatte. «Sie waren die ganze Zeit bei mir.»

Meine eigenartige, heisere Stimme dämpfte die Freude meiner Familie über das Wiedersehen. Sie warf Fragen danach auf, was mit mir geschehen war, Fragen, die nicht beantwortet werden konnten. All das machte uns bewusst, was wir ertragen hatten und was uns erwartete. Für Kesi war ich inzwischen ein Fremder. Sie wusste nicht, wie sie auf meine Gegenwart reagieren sollte, und lief weg, um mit ihren Freunden zu spielen.

Die Gefängnisbeamten übergaben mir die Entlassungspapiere, meine persönlichen Gegenstände und die Braille-Bücher, die ich nie hatte lesen dürfen. Die Blockaufseher schüttelten mir die Hand und sagten: «Guangcheng, wir haben Sie nach Hause gebracht.» Damals verstand ich nicht, was sie damit meinten, aber später wurde mir klar, dass sie es für die Kamera sagten, die jeden Schritt dieser falschen Freilassung aufzeichnete.

Wenige Augenblicke später hörte ich, wie viele Füße rund um mich in Bewegung waren. Ich wusste genau, was geschah: Beim Aussteigen hatte Weijing mir gesagt, dass in der Vorwoche Dutzende Wachen und Schläger im Dorf ausgeschwärmt waren, um meine Ankunft vorzubereiten. Vor meiner Freilassung aus dem Gefängnis hatte ich mich gefragt, ob ich nur ein Gefängnis gegen ein anderes tauschen würde. Ich war mir sicher, dass man mir auch nach meiner Entlassung keinen Augenblick der Freiheit zugestehen würde.

Von Wachen umringt gingen wir ins Dorf. Die Heuchelei hätte nicht größer sein können: Von nun an würde wieder mein Haus mein Gefängnis sein. Es schien, als würde ich dem Gefängnis China nie entkommen.

Zehn Mein Haus ist mein Gefängnis

Als wir uns dem Haus näherten, beschrieb mir Weijing, was sie sah: Meine Mutter hatte das Haus verlassen und kam uns entgegen. Als sich ihre Schritte näherten, hörte ich sie schluchzen. «Ich bin aus dem Gefängnis zurück, und du weinst?», sagte ich. Ich versuchte, sie aufzumuntern, obwohl mir bewusst war, dass meine krächzende Stimme sie beunruhigen musste. Meine Mutter hatte allen Grund zur Besorgnis: Ich hatte mehr graue Strähnen im Haar, und wie sich herausstellte, beendete meine Heimkehr das Leiden der Familie keineswegs. Wir waren umzingelt.

Ich nahm sie an der Hand und fühlte, dass sie einen Eimer trug. «Was hast du vor?», fragte ich.

«Ich gehe zum Fluss hinunter, um Sand zu holen», antwortete sie. «Der Hof ist ganz schlammig nach dem Regen. Ich werde etwas Sand ausstreuen, um ihn zu trocknen.» Meine fünfundsiebzig Jahre alte Mutter, die nicht mehr als einen Eimer Sand auf einmal tragen konnte, ging ein ums andere Mal zum Fluss, um ihrer Familie das Leben zu erleichtern.

Weijing wollte mich sofort zum Arzt bringen. Sie war besorgt über meine Stimme und befürchtete, dass ich im Gefängnis körperlichen Schaden genommen hatte. Aber als wir einmal im Haus waren, ließen mich die Belagerer nicht mehr hinaus. Weijing konnte das Haus verlassen, um ein Medikament für mich zu beschaffen, doch die Wachen folgten ihr auf Schritt und Tritt. Nach zwei Tagen ließen sie meine Frau ebenfalls nicht mehr hinaus. Von da an durfte nur noch meine Mutter das Haus verlassen, stets beschattet von zwei oder drei Wachen.

Meine Familie hatte eine schwere Zeit hinter sich. Weijing, Kesi und meine Mutter standen jetzt seit fünf Jahren unter Hausarrest, und meine Frau hatte weitgehend allein für die Familie sorgen müssen. Es fiel Weijing schwer, sich inmitten des alltäglichen Existenzkampfes um Kesis Erziehung zu kümmern; die Kleine setzte meistens ihren Willen durch. Meine Mutter, die stets am Sinn meines Kampfes für die Menschenrechte gezweifelt hatte, litt sehr unter der Sorge um ihre Familie und musste hart arbeiten, anstatt den verdienten Ruhestand zu genießen. Sie musste immer noch täglich auf das Feld hinaus und die Nahrung ernten, die ihre Familie am Leben hielt.

Kerui, der mittlerweile sieben Jahre alt war, lebte bei Weijings Eltern. Dort war er geschützt, hatte eine normale Kindheit und konnte zur Schule gehen. Aber der sensible Junge hatte schon zu viel Schlimmes gesehen und litt unter der Trennung von seinen Eltern. Schon als ganz kleines Kind hatte er von Bildern der Gewalt geträumt. Kein Wunder, musste er doch die gegen seine Eltern gerichtete Brutalität mit ansehen. Er sprach oft darüber, die Belagerer ganz allein mit seinen kleinen Fäusten zu besiegen und «Männer mit gewaltigen Kräften» zu Hilfe zu rufen, die uns retten würden. Aber diese Helden kamen nie. Er war erst neunundzwanzig Monate alt, als er eines Tages Zeuge wurde, wie mich die Wachen zusammenschlugen. Am Abend sagte er beim Essen zu meinen Brüdern und mir: «Essen wir fertig und gehen wir hinaus, um diese Männer von unserem Tor wegzujagen.» Als keiner von uns antwortete, sagte er, dann werde er es eben alleine tun.

Zu Beginn des Hausarrests stieß Kerui mich oft an und sagte: «Baba, schnell, verstecken wir uns.» Dann führte er mich hinaus zur Steintreppe im Hof, über die ich Jahre später tatsächlich entweichen sollte. Er zog mich hinunter, und wir hockten uns hin, als könnten wir uns auf diese Weise verstecken. Wir verharrten in dieser Haltung, bis meine Beine taub wurden. Ich wusste, was er mir damit sagen wollte: Warum läufst du nicht davon, wenn dich diese Leute schlagen? Wenn ich ihm nach einer Weile sagte, dass wir ins Haus zurückkehren müssten, wurde der Junge nervös und versuchte, mich zurückzuhalten. Im Gefängnis vermisste ich ihn sehr.

Nicht lange nach meiner Entlassung feierten wir das Mittherbstfest, und meine Schwiegereltern kamen mit Kerui zu Besuch. Abgesehen von einem einzigen kurzen Besuch im Gefängnis hatte ich meinen Sohn seit Jahren nicht gesehen. «Baba!», rief er, als er mich sah. «Kerui! Hast du Baba vermisst?», antwortete ich. Ich schloss ihn in die Arme, und er vergrub seinen kleinen Kopf an meiner Brust. «Es ist alles gut», sagte ich, «dein Baba ist zurück. Du musst nicht mehr weinen.» Er war so groß geworden, und es war so wunderbar, mit ihm zusammen zu sein, dass ich das Dutzend Schläger, die dieses Familientreffen überwachten, beinahe vergessen hätte.

Erst jetzt erfuhr ich, was für ein Leben Kerui führte. Er war oft verzweifelt und suchte Trost bei seiner Großmutter. Er fürchtete sich in der Schule und weinte so oft, dass ihn die Lehrer allein im Hof sitzen ließen, damit er die Klasse nicht störte. Es war nicht klar, ob die Lehrer wussten, was Keruis Familie durchmachte, aber es war anzunehmen, dass meine Schwiegereltern nicht viel über unsere Situation sprachen, da es ihnen peinlich war, mich im Gefängnis zu wissen. Es quälte mich zu hören, wie Kerui litt. Den Schmerz, der mir persönlich zugefügt wurde, konnte ich ertragen, aber es bedrückte mich enorm, dass meine Familie so schweren seelischen Schaden nahm.

An jenem Abend sagte Kerui, dass er bei mir schlafen wolle. Ich nahm ihn hoch und trug ihn in unser Schlafzimmer. Die Kinder waren beide nackt, da die Herbstabende noch warm waren. Ich fühlte ihre zarten Körper, ihre Beine, ihr Gesäß und ihre Arme, und als sich die beiden an Weijing klammerten und sanft einschlummerten, flüsterte ich: «Es tut Baba sehr leid, was geschehen ist.» Ich lag lange wach, lauschte den Tönen der Tiere draußen und den Stimmen der Wachen in einem der Nachbarhöfe. Ich empfand Schuld und Bedauern, als ich darüber nachdachte, wie groß unsere beiden Kinder geworden waren. Ich war nicht da gewesen, um mit ihnen zu spielen. Und ich hatte meiner Frau und meiner Mutter in diesen bitteren Jahren nicht zur Seite gestanden.

Als meine Schwiegereltern am nächsten Tag aufbrechen wollten, begann Kerui zu weinen und weigerte sich, mit ihnen zu gehen. Er versteckte sich in einem Spalt zwischen unseren Betten. Als ich ihn fand, sagte er, er wolle bei uns bleiben. Ich wusste, wie sehr er uns vermisst hatte. Also ließ ich ihn noch einige Tage bei uns, bevor ich ihn zu Weijings Eltern zurückschickte.

Kesi fiel es schwer, sich an mich zu gewöhnen. Sie verstand nicht, warum wir ständig von Wachen umzingelt waren; tatsächlich hatte sie nie ein anderes Leben kennengelernt. Ihr Verhältnis zu ihrer Mutter war innig, und es musste verwirrend für sie sein, dass jetzt dieser Fremde im Haus war. Es verging eine Weile, bis sie sich an meine Gegenwart gewöhnt hatte.

Einen Monat nach Keruis Rückkehr zu meinen Schwiegereltern erhielten wir eine beängstigende Nachricht. Weijings Vater hatte ihm Knetmasse gekauft, mit der er gerne spielte. Kerui ließ seine Wut manchmal an den Dingen in seiner Umgebung aus, und als es ihm nicht gelang, die Knetgummipackung aufzureißen, holte er sich ein Hackmesser aus der Küche, um sie zu öffnen. Dabei schnitt er sich so tief in einen Finger, dass seine Großeltern ihn ins Krankenhaus bringen mussten. Da unsere Telefonleitung schon 2005 gekappt worden war, kamen die beiden persönlich nach Dongshigu, um uns von dem Unfall zu berichten, aber die Wachen bedrohten sie und zwangen sie, sich im Büro der Dorfverwaltung einer Leibesvisitation zu unterziehen, bevor sie unser Haus betreten durften. Und auch dann wurden sie von einer Gruppe von Schlägern und Funktionären begleitet.

Während uns meine Schwiegereltern von Keruis Unfall erzählten, standen die Männer ganz nah bei uns, berührten uns fast und beäugten uns. Einige setzten sich auf unser Bett. Wir waren sehr beunruhigt und wollten unseren Sohn unbedingt besuchen, um ihn zu trösten. Aber unsere Bewacher lehnten das ab. Weijing geriet in Wut und versuchte, den Belagerungsring um unseren Hof zu durchbrechen, aber sie hatte keine Chance. Sie setzte sich weinend auf den Boden, verzweifelt über die Hartherzigkeit der Wachen, die sie nicht einmal ihr eigenes Kind trösten ließen.

Meine Freunde und Verwandten waren sich nicht einig darüber, wie wir mit der Entlassung aus dem Gefängnis umgehen sollten. Ich dachte ähnlich wie Teng Biao und andere befreundete Anwälte in Peking, die meinten, wir sollten möglichst viel Lärm machen und nicht zulassen, dass die Partei meine Haft verlängerte, indem sie verkündete, ich sei in Freiheit, mich jedoch nur aus einem staatlichen in ein privates Gefängnis verlegt hatte. Andere, darunter Weijing und meine Mutter, waren anderer Meinung. Sie sagten, dass wir uns unauffällig verhalten sollten. Vielleicht würde man mich besser behandeln, nachdem ich meine Strafe verbüßt hatte. Einige Leute in meiner Umgebung rieten mir, den Einsatz für die Menschenrechte zu beenden, aber diesen Vorschlag lehnte ich rundweg ab. Ich hatte mich entschlossen, die Wahrheit auszusprechen, wann immer ich konnte. Ich war der festen Überzeugung – und bin es immer noch –, dass die Kommunistische Partei jeden, der vor ihr in die Knie geht, dazu zwingen wird, auf allen vieren zu kriechen. Dann wird sie ihn mit Füßen treten, bis sie ihn zerstört hat. Es bedrückte mich sehr, dass meine Familie so viel leiden musste, nur weil sie zu mir gehörte. Trotzdem war ich überzeugt, dass ich standhaft bleiben musste.

Aber die Partei blieb ebenfalls unnachgiebig. Kurz nach meiner Entlassung erhielt Älterer Bruder Besuch von Zhang Jian, dem stellvertretenden Parteisekretär der Gemeinde Shuanghou, und Ma Chenglong, dem Leiter des Büros für öffentliche Sicherheit in Yinan. Sie bedrohten ihn, zweifellos in der Erwartung, dass er die Botschaft an mich weiterleiten würde. Einer von ihnen sagte zu Älterer Bruder, dass sich die Lage seit 2005 geändert habe: Die Partei betrachte mich jetzt als Feind, als Konterrevolutionär, der jederzeit ins Gefängnis zurückgeschickt werden könne. Wer von der kommunistischen Diktatur einmal zum Kriminellen erklärt wurde, wird dieses Stigma auch nach Jahren im Gefängnis nicht mehr los. Älterer Bruder erhielt die Erlaubnis, mich am nächsten Tag aufzusuchen und mir die Drohungen zu überbringen.

Es wurde uns rasch klar, dass sie die Belagerung nicht aufheben würden. Wie damals im Jahr 2005 wurde eine groß angelegte Operation organisiert, um mich zum Häftling in meinem eigenen Haus zu machen. Aber diesmal war die Abschottung noch drakonischer. Sie war offensichtlich von höchster Ebene angeordnet worden, und die Personen, die die Operation ausführten, gingen sehr professionell vor. Von nun an wurden wir rund um die Uhr überwacht. Das ganze Dorf stand unter Besatzung. Die Wachen standen auf den Mauern unseres Hofs, und wenn sie mich nicht sehen konnten, schickten sie jemanden zu uns ins Haus, um sicherzugehen, dass ich da war. Jede Wache hatte direkten Blickkontakt zu den benachbarten Posten, sodass eine Flucht eigentlich unmöglich war.

Niemand durfte uns besuchen, weder Nachbarn noch Außenstehende; sogar die meisten Familienmitglieder wurden von uns ferngehalten. Wer dennoch versuchte, zu uns vorzudringen, wurde aufgehalten, manchmal mit Gewalt. Wie bei meinem früheren Hausarrest klopften die Kader an jede Tür im Dorf, um mich zu verleumden und den Dorfbewohnern klarzumachen, dass jeder, der mir und meiner Familie half, als unser «Komplize» betrachtet würde. Abgesehen von Störsendern, die den Mobilfunk unterbanden, installierten die Wachen an mehreren Punkten im Dorf Überwachungskameras und stellten rund um unseren Hof Scheinwerfer auf. Diese Maßnahmen sollten einen nächtlichen Fluchtversuch verhindern, dienten aber auch dazu, uns einzuschüchtern.

Diese kleine Überwachungsindustrie beschäftigte zahlreiche Arbeitskräfte. In ruhigen Zeiten lungerten nur einige Dutzend Männer im Dorf herum, aber wenn die Lage angespannt war, fiel eine Armee von mehreren hundert Belagerern in Dongshigu ein. In diesem Albtraum schien es um uns zu gehen, aber er hatte auch mit dem Tageslohn von hundert Yuan zu tun, den die Wachen erhielten. Viele von ihnen waren Einheimische, die anderweitig nicht mehr als fünfzig Yuan pro Tag verdienen konnten, allerdings mit Schwerarbeit. Die meisten dieser Männer waren keine so hartherzigen Schläger wie die Arbeitslosen, für die diese relativ einfache Arbeit schlichtweg zu verlockend war, um sie abzulehnen.

Zum Wachstum dieser kleinen Industrie trug auch bei, dass die Bewacher dem Staat kostspielige Ausrüstung in Rechnung stellen und Schmiergelder kassieren konnten. Diese groß angelegte Korruption stand für vieles von dem, was wir bekämpften. Aus dem, was uns einer der Männer anvertraute, schlossen wir, dass insgesamt mindestens sechzig Millionen Yuan für die Belagerung unseres Hauses ausgegeben wurden. Nicht berücksichtigt waren in dieser Summe die Schmiergelder, die an Beamte in Peking gezahlt werden mussten, wann immer unsere Bewacher eine Genehmigung des Zentrums brauchten. Und während der Staat derart großzügig Geld verschwendete, hatten wir keine Chance, unseren Lebensunterhalt zu bestreiten. Die Preise waren hoch, die Inflation galoppierte, und wir hatten keinerlei Einkommensquelle. Zum Glück hatte Weijing während meiner Gefängnishaft von Unterstützern Geld bekommen, und ich hatte für meine Menschenrechtsarbeit verschiedene Preise erhalten, die mit Geld dotiert waren. Von diesen Ersparnissen lebten wir jetzt. Ich weiß nicht, wie wir ohne diese Hilfe überlebt hätten.

Unsere Nachbarn schreckten davor zurück, uns zu helfen, da sie um ihre eigene Sicherheit fürchteten. Aber wir wussten, dass viele Dorfbewohner insgeheim auf unserer Seite standen. Während ich im Gefängnis war, war etwas Bemerkenswertes geschehen. Bei der Bürgermeisterwahl hatten einige mutige Dorfbewohner meinen Namen auf den Wahlzettel geschrieben. In Dongshigu büßte die Kommunistische Partei durch die aberwitzige Unterdrückungskampagne gegen mich auch noch den letzten Rest des Ansehens ein, der ihr nach Umweltverschmutzung, Korruption und brutalen Geburtenkontrollkampagnen geblieben war.

Im Oktober 2010 wurde Liu Xiaobo für seinen langjährigen Kampf für die Menschenrechte in China mit dem Friedensnobelpreis ausgezeichnet. Wir feierten mit einem Bier, das Weijing vor meiner Heimkehr besorgt hatte. Ich hatte seit Jahren keinen Alkohol getrunken und nahm nur einen Schluck, weil ich in Sorge um meine Gesundheit war. Im Gefängnis hatte ich begonnen, unter wiederkehrendem schwerem Durchfall zu leiden. Ich hatte oft Blut im Stuhl und war mittlerweile derart geschwächt, dass ich manchmal mehrere Tage nicht aus dem Bett kam. Wir baten immer wieder darum, einen Arzt rufen zu dürfen, aber die Bitte wurde jedes Mal abgelehnt. Meine Belagerer brachten sogar das Gerücht in Umlauf, ich werde früher oder später an meinem Leiden sterben. Die Welt mochte die Umstände meines Todes verdächtig finden, aber wie konnte sie je herausfinden, was wirklich geschehen war?

Die Nachricht vom Nobelpreis für Liu Xiaobo war ein schwaches, aber beglückendes Signal dafür, dass es draußen in der Welt Menschen gab, denen die bedrängten Menschenrechtsaktivisten in China am Herzen lagen. Weijing und ich sprachen seit Wochen darüber, wie wir Kontakt zu chinesischen Bürgern und Ausländern aufnehmen konnten, die mit uns sympathisierten. Jetzt wurde uns klar, dass wir dringend die Aufmerksamkeit der Weltöffentlichkeit auf unseren Fall lenken mussten. Und wir begannen, über einen Ausbruch zu sprechen. Ich hielt eine Flucht für möglich, aber Weijing war anfangs dagegen. Meine Mutter, das war uns beiden klar, würde diese Idee rundweg ablehnen.

Gegen Ende des Jahres 2010 nahmen wir ein gewagtes Vorhaben in Angriff. Drei Jahre früher hatte sich Weijing mit Hilfe des befreundeten Aktivisten Hu Jia eine kleine Videokamera besorgt. Bisher hatten wir keine Verwendung dafür gehabt, aber kurz nach meiner Entlassung aus dem Gefängnis hatte ich mich mit den Funktionen und Merkmalen der Kamera vertraut gemacht. Jetzt beschlossen wir, ein kurzes Video aufzunehmen und es irgendwie durch den Belagerungsring zu schmuggeln. Das Vorhaben war gefährlich, da die Wachen rund um die Uhr in nächster Nähe standen, aber wir schafften es, den Film in der Küche versteckt aufzunehmen. Wir sprachen direkt in die Kamera und beschrieben im Detail unser Leben in Gefangenschaft, die schwierigen Lebensumstände, den Nahrungsmangel und unsere Versuche, Kesi zu unterrichten. Wir stellten den Zusammenhang zwischen unserer Situation und dem Kampf für die Menschenrechte in China her und appellierten an die Welt, uns Aufmerksamkeit zu schenken. Schließlich gelang es mir, die Aufnahmen samt der förmlichen Beschwerde, die ich seinerzeit im Gefängnis geschrieben hatte, hinauszuschmuggeln.

Am 9. Februar 2011 tauchte das Video im Internet auf. Die Reaktionen ließen nicht auf sich warten. In den Augen vieler Leute war dies die erste authentische Beschreibung der Methoden, mit denen das chinesische Regime die Menschenrechte unterdrückte. Die Aufnahmen gaben einen schockierenden Einblick in unser Leben unter Hausarrest. Als ich mein Kurzwellenradio einschaltete, hatte ich das Gefühl, dass sämtliche Radiosender der Welt über das Video berichteten. Nach monatelanger Funkstille war unser Fall plötzlich wieder ins Bewusstsein der Weltöffentlichkeit gerückt und beschäftigte erneut die Politik.

Die Kommunistische Partei hatte Mühe, die öffentliche Empörung einzudämmen, und anfangs wussten die Machthaber offensichtlich nicht, wie sie reagieren sollten. In Peking gründeten Mitstreiter die Chen Guangcheng Citizens Assistance Group, und neue Online-Dienste wie Weibo, das chinesische Pendant zu Twitter, verbreiteten das Video sehr viel schneller, als die Regierung und ihre Internetpolizei es löschen konnten. Die Weltöffentlichkeit war weiterhin wichtig, aber jetzt sah ich, dass das chinesische Internet und die Aktivitäten der aufblühenden Bewegung der Netizens, wie sich die Internetaktivisten bezeichneten, entscheidend dazu beitrugen, die Brutalität des Regimes zu entlarven und die Partei für ihre Handlungen zur Rechenschaft zu ziehen.

Neun Tage nach der Veröffentlichung des Videos mussten wir den unvermeidlichen Preis dafür bezahlen.

Die beiden vorangegangenen Wochen der chinesischen Neujahrsfeiern hatten uns eine seltene und wunderbare Atempause verschafft. Kerui hatte die Ferien bei uns verbracht, und meine Brüder und ihre Familien durften uns für einige Stunden besuchen. Wir taten, was unter den gegebenen Umständen möglich war, um den Bräuchen zu folgen. Wir aßen die typischen Neujahrsspeisen und begrüßten das Jahr des Hasen. Die Familie lebte in Gefangenschaft und wurde von allen Seiten beobachtet, aber zumindest waren wir zusammen. Damals wusste ich es nicht, aber dies war das letzte Zusammensein unserer Familie.

In diesen Ferien kamen Zhang Yongpan und Liu Guohui nach Dongshigu, um uns ihre Unterstützung zu zeigen. Sie hatten Kontakt zu meiner Familie aufgenommen und meinen Neffen Chen Hua in seinem Haus in den Hügeln besucht. Zwar konnten sie mich nicht treffen, aber sie gaben meinem älteren Bruder eine anwaltliche Vollmacht für mich, damit ich einen Rechtsanwalt in Peking engagieren konnte; außerdem gaben sie ihm eine winzige Videokamera mit, die ich unbemerkt in der Hand halten konnte, um unser Leben unter Hausarrest zu filmen.

In jenen Tagen hatte ich auch Gelegenheit, mir einen Stapel wunderbarer Briefe anzusehen, die meine Familie während meiner Haft erhalten hatte. Die Briefe stammten aus aller Welt und waren an Amnesty International geschickt worden. Amnesty hatte sie Hu Jia übergeben, der sie schließlich an uns weiterreichen konnte. Als mir Weijing die Briefe vorlas, fühlte ich mich gestärkt durch den Trost, den mir so viele Menschen spendeten, denen die Gerechtigkeit am Herzen lag. Die Menschen, die mir damals schrieben, und all jene, die anderen Bedrängten solche Briefe schicken, sollen wissen, wie wertvoll solche Botschaften für einen politischen Gefangenen sind. Mögen die Briefschreiber nie müde werden.

Am 18. Februar gegen Mittag packten wir Keruis Sachen, um ihn wieder zu seinen Großeltern zu schicken. Die Wachen meldeten, dass Weijings Schwester und Mutter eingetroffen waren, um unseren Sohn abzuholen, aber die Leute von der Staatssicherheit ließen sie nicht ins Dorf. Wir hatten keine Geschenke für unseren Sohn, kein Schulmaterial und keine Süßigkeiten, sondern nur siebzig oder achtzig Eier, die wir sorgfältig in leere Milchkästen gestapelt hatten. Mehrere Tage lang hatten wir die Eier unserer Legehennen gesammelt, um Kerui etwas mitgeben zu können.

Weijing und meine Mutter packten gerade die Eier ein, als der

Chef der Wacheinheit, die gerade Dienst hatte, gegen das Hoftor schlug. Er brüllte, er wolle mit eigenen Augen sehen, was wir für Kerui einpackten. Weijing stemmte sich gegen das Tor und ließ ihn nicht herein. «Bruder, hilf Mama, die Tür zuzuhalten!», rief Kesi. Schreiend und weinend drückten die beiden Kinder an der Seite ihrer Mutter mit all ihrer Kraft gegen das Tor. Ich war im Küchenhaus und nahm das Geschehen heimlich mit meinem Diktiergerät auf.

Nach ein oder zwei Minuten gelang es drei Schlägern, das Tor aufzudrücken. Sie zerrten Weijing hinaus auf die Straße, stießen sie zu Boden und begannen, auf sie einzuschlagen. Einen Augenblick standen Kesi und Kerui dabei und sahen entsetzt zu, wie ihre Mutter misshandelt wurde. Kesi begann zu weinen. Kerui lief zurück ins Haus und kehrte mit einem langen Stock zurück. Als er ausholte, um die Wachen zu schlagen, fuhr einer von ihnen den Jungen an: «Wenn du mich schlägst, bringe ich dich um!»

Meine Mutter lief hinaus und schrie die Schläger an: «Was tut ihr da? Wir haben doch nur ein paar Dinge für das Kind zusammengepackt!» Die Wachen ließen kurz von Weijing ab, und meine Mutter packte die beiden Kinder an den Armen und lief mit ihnen zum Dorfeingang.

Einem Impuls gehorchend, wollte ich ein Küchenmesser nehmen und diese Verbrecher niederstechen. Aber ich begriff, dass das gleichbedeutend mit Selbstmord gewesen wäre. Sie warteten nur auf eine solche Verzweiflungstat, um mich zum Tod verurteilen oder für immer wegsperren zu können. Weijing kam zurück in den Hof gehumpelt und warf das Tor hinter sich zu. Sie hatte draußen einen Beamten der Kreisverwaltung gesehen und vermutete, dass die Behörden etwas mit uns vorhatten, nachdem die Kinder fort waren. Weijing hatte starke Schmerzen, und ich versorgte ihre Wunden. Jetzt war uns beiden klar, dass wir unbedingt einen Weg finden mussten, um die Blockade zu durchbrechen und uns in Sicherheit zu bringen. Weijing war nun auch davon überzeugt, dass sich unsere Situation nur weiter verschlechtern würde. Unsere Feinde würden vor nichts haltmachen.

Wenige Minuten später hämmerte erneut jemand an das Tor. Weijing steckte rasch die Videokamera in eine schwarze Plastiktüte und vergrub sie in einem mit Kohlebrocken gefüllten Metallkübel. Ich war auf der Außentoilette, wo ich Zhang Jian, den stellvertretenden Parteisekretär der Gemeinde Shuanghou, hören konnte, der Weijing aufforderte, das Tor zu öffnen. Meine Frau weigerte sich und stemmte sich verzweifelt gegen das Tor. Aber auf der anderen Seite drückten und traten mehr als zwanzig Wachen gegen das Eisentor. Plötzlich flog es auf, wobei der Riegel Weijing am Auge traf. Vor Schmerzen zitternd, wankte sie rückwärts. Das Auge schwoll augenblicklich an. Etwa achtzig Kader und Polizisten in Zivil strömten in den Hof. Auf Befehl des Parteisekretärs überwältigte ein Dutzend von ihnen Weijing. Meine Frau schrie vor Schmerz und Angst, als die Angreifer sie zu Boden warfen. Zhang befahl seinen Leuten, eine Decke aus dem Haus zu holen und sie über Weijing zu werfen. Acht oder neun Männer stellten sich auf die Ränder der Decke, unter der meine Frau gefangen war, und begannen, auf sie einzutreten und sie zu schlagen. Weijing konnte die Gesichter der Schläger nicht sehen, und außer mir hörte niemand ihre Schreie, die gedämpft durch die Decke zu uns drangen.

Die übrigen Eindringlinge begannen, unsere wenigen Besitzstücke zu durchwühlen. Dann kamen sie heraus, um nach mir zu suchen. Ich versteckte mein Diktiergerät neben der Außentoilette unter einem Plastikkrug in einem Haufen Heu und Maisstielen. Die Wachen begannen, die Türen aller Gebäude in unserem Hof aufzubrechen. Ich zögerte kurz und fragte mich, ob ich mich zurückhalten sollte, aber dann lief ich hinaus und trat den Männern entgegen. «Ihr wollt euch also über etwas unterhalten?», rief ich. Sie zogen sich einige Schritte zurück, aber dann packte mich ein massiger Sicherheitsbeamter an beiden Armen und sagte: «In Ordnung, unterhalten wir uns ein wenig. Beweg dich nicht.»

Ich hörte, wie sie mich umzingelten. Zwei von ihnen packten mich an den Handgelenken und verdrehten mir die Arme, ein Dritter trat mir von hinten in die Kniekehlen, sodass ich zu Boden fiel.

Ich versuchte, wieder auf die Beine zu kommen, aber jemand drückte mir den Kopf hinunter. Ein Mann packte mich am Hals und würgte mich, während mir ein anderer einen schmutzigen Lappen in den Mund steckte. Ihre geübten Bewegungen verrieten mir, dass sie gut ausgebildete Polizisten waren. Ich wehrte mich, so gut ich konnte, aber ich hatte keine Chance.

Unterdessen verwüstete eine Horde von Eindringlingen unser ganzes Haus. Sie zerschlugen Möbel und steckten alles ein, was irgendeinen Wert zu haben schien. Sie suchten unter Töpfen, in Wänden, in Holzstapeln und unter den Steinen im Hof. Es ging ihnen vor allem um unsere Videokamera. Einige der Männer hatten Metalldetektoren dabei, mit denen sie den Hof und das gesamte Haus durchkämmten. Zhang Jian trat immer wieder auf Weijing ein und schrie sie an, sie solle ihm das Versteck der Videokamera verraten. Aber Weijing konnte nicht mehr antworten und ich auch nicht. Außer dem Parteisekretär und dem Mann, der mich gepackt hatte, sprach niemand laut. Da die Männer wussten, dass ich mich an ihre Stimmen erinnern würde, flüsterten sie, um nicht identifiziert zu werden.

Nach etwa sechs Stunden waren sie fertig. Weijing lag immer noch unter der Decke im Hof. Sie zitterte unkontrollierbar und wimmerte schwach. Als ihr Gesicht nach einigen Tagen etwas abgeschwollen war, stellten wir fest, dass der Knochen über ihrem Auge gebrochen war. Die Schläger hatten ihr auch mehrere Rippen gebrochen, und wir fürchteten, dass Leber, Milz und Nieren verletzt waren. Beim Anblick meiner Frau, die zerschlagen und dreckverschmiert auf der Erde lag, begannen sich sogar die Belagerer Sorgen zu machen. Sie ließen den barfüßigen Arzt holen, der Weijing unter den wachsamen Blicken der Männer untersuchte und ihr einige Arzneien gab.

Bevor sich Zhang Jian mit seinen Leuten zurückzog, ging er zu Weijing hinüber und trat ihr gegen das Bein. «Das war nicht unsere Idee», sagte der Parteisekretär, «der Befehl kam von ganz oben. Aber das wisst ihr vermutlich schon.» Tatsächlich war uns klar, dass dieser Überfall eine Vergeltungsmaßnahme für die Veröffentlichung unseres Videos war. Um den Angriff vorzubereiten, hatten die Verantwortlichen offenkundig personelle Veränderungen vorgenommen. Die Wachen aus der Gegend hatten Anweisung erhalten, außerhalb des Dorfes zu warten. Polizisten der Kreisverwaltung hatten die Dreckarbeit erledigt. Später erfuhren wir, dass die Nummernschilder der Autos, mit denen diese Einheit angerückt war, abgeschraubt oder mit schwarzem Stoff verhüllt worden waren.

Parteisekretär Zhang und seine Leute nahmen fast alles mit, was wir besaßen: unsere Radios, mehrere Handys und Kameras, einen Kassettenrekorder samt Kassetten, Briefe, Aufzeichnungen, Werkzeug – und natürlich die Videokamera, die sie schließlich auch gefunden hatten. Als sie aufbrachen, schienen einige der Männer Mitleid mit uns zu bekommen: Sie führten mich in unser Zimmer und hoben mich auf das Bett. Dann trugen sie Weijing ins Haus und legten sie bei der Tür auf den Zementboden. Wir konnten uns beide nicht mehr bewegen, wir konnten beide nicht sprechen.

Während wir von dem Schlägertrupp terrorisiert worden waren, hatte meine Mutter unsere Kinder auf die Hauptstraße gebracht, um sie meiner Schwiegermutter und Schwägerin zu übergeben. Auf dem Weg wurden sie von den Wachen aufgehalten, die meinen kleinen Sohn zwangen, sich in ihrem Auto nackt auszuziehen, während meine Mutter von draußen hilflos zusehen musste. Der Junge war wütend und fühlte sich erniedrigt. Er fragte sie, wonach sie suchten. Da sie weder Botschaften noch etwas anderes Verdächtiges in seiner Kleidung oder an seinem Körper fanden, erlaubten sie ihm, mit seiner Großmutter und seiner Tante zu gehen. Meine Mutter und Kesi wurden zum Sitz der Dorfverwaltung gebracht und durften erst heimkehren, als gemeldet wurde, dass die Beamten die Durchsuchung unseres Hauses abgeschlossen hatten.

Bei ihrer Rückkehr fanden meine Mutter und meine Tochter Weijing auf dem Boden liegend vor. Als sie ihr blau verfärbtes, malträtiertes Gesicht sahen, schrien sie entsetzt auf. Kesi begann hemmungslos zu weinen. Weder Weijing noch ich konnten sprechen. Meine Mutter brüllte zu den Wachen hinaus: «Ihr habt uns nicht ins

Haus zurückgelassen, aber ihr habt meine Kinder getötet!» Weijing sagte schwach: «Mama, sie haben uns hart geschlagen. Sieh nach, wie es Guangcheng geht.» Meine Frau hatte gesehen, wie mich die Eindringlinge geschlagen hatten, aber sie wusste nicht, ob ich noch lebte.

Kesi näherte sich mir. Ich war nur halb bei Bewusstsein, aber ich fühlte ihre kleine Hand an meiner Nase. «Oma, Oma!», rief sie aufgeregt. «Baba ist nicht tot, er atmet!» Meine Mutter lief los, um einen Arzt zu holen, musste jedoch feststellen, dass das Hoftor von außen verriegelt worden war. Die Wachen ließen sie nicht hinaus. Sie kehrte weinend ins Haus zurück. Sie konnte nicht viel mehr tun, als uns zu trösten.

Irgendwann kam ich wieder zu vollem Bewusstsein. Ich überwand meine Schmerzen und half meiner Mutter, Weijing ins Küchenhaus hinüberzubringen. Dort brachen meine Frau und ich zusammen. In der Nacht lagen wir beide wach, vor Schmerzen konnten wir uns kaum rühren. Ich kam auf die verrückte Idee, dass dies der ideale Zeitpunkt für einen Fluchtversuch wäre, da unsere Belagerer nicht damit rechnen würden, aber Weijing wollte nichts davon wissen. «Wir können uns doch nicht einmal bewegen», sagte sie. Am nächsten Morgen ließen die Wachen meine Mutter zum barfüßigen Arzt gehen. Er kam und hängte Weijing an einen Tropf. Dies war die einzige medizinische Hilfe, die wir erhielten. Einer der einheimischen Wachmänner begleitete den Arzt in unser Schlafzimmer. Er war schockiert, als er uns sah. «Was sind das für Menschen», rief er. «Das ist abscheulich!» Einige Tage später bemerkten wir, dass dieser Mann nicht mehr für das Sicherheitsteam arbeitete.

In den folgenden Monaten wurde unsere Bewegungsfreiheit weiter eingeschränkt. Bis dahin hatte Kesi im Dorf spielen dürfen, aber Ende Februar ließen die Wachen sie überhaupt nicht mehr hinaus. Meine Mutter wurde seit geraumer Zeit auf Schritt und Tritt verfolgt, und im März begannen die Wachen, ihre Einkaufstaschen, Schuhe, Jackentaschen und sogar die Lebensmittel zu inspizieren, die sie heimbrachte. Doch diese Maßnahmen bestärkten Weijing nur in ihrem Entschluss, eine Lücke im Belagerungsring zu finden. «Ich werde dir helfen», sagte sie wenige Tage, nachdem wir so übel zugerichtet worden war. Ich bereitete mich darauf vor, bei der ersten Gelegenheit zu fliehen.

Die Wachen taten alles, um unser Haus in ein Gefängnis zu verwandeln. Am 3. März verschlossen sie die Fenster zur Straße mit Wellblechplatten. Drei Tage später drehten sie uns den Strom ab, und in der folgenden Nacht brachen sie ins Haus ein, um die Fernsehantenne zu zerstören. Am 8. März wurde der Strom wieder eingeschaltet, aber am Morgen kehrte Parteisekretär Zhang Jian an der Spitze Dutzender Männer in unser Haus zurück, um alle verbliebenen elektrischen Geräte zu beschlagnahmen oder zu zerschlagen, darunter Fernbedienungen, einen DVD-Player und sogar alte Stecker. Weijing stellte sich den Eindringlingen erneut entgegen und verlangte von Zhang Jian, ihr zu erklären, woher er das Recht habe, nach Belieben in unser Haus zu kommen und sich zu nehmen, was er wolle. Anstatt zu antworten, schlug der Parteisekretär meiner Frau mit der Faust ins Gesicht. Zwei Wächterinnen begannen sie zu beschimpfen und hielten ihr vor, sie wäre nicht geschlagen worden, wenn sie den Mund gehalten hätte.

Zehn Tage später waren Zhang Jian und seine Schläger wieder da. Sie waren extrem gereizt, denn anscheinend sprach sich herum, dass sie uns misshandelt hatten. Sie brachten mehrere große Plastiksäcke mit, in die sie alle unsere Bücher einschließlich der Braille-Bücher, einen Kalender, einen Blindenstock, Kinderspielzeug, Akupunkturnadeln und sämtliche an der Wand hängenden Gegenstände steckten. Sie suchten nach Dingen, die wir für eine Videobotschaft oder eine andere Mitteilung benutzen konnten, und nahmen sich nebenbei alles, was ihnen ins Auge fiel. Sie rissen einige unserer Hochzeitsfotos aus den Rahmen und stahlen mehrere Dokumente, darunter unseren Trauschein und die Geburtsurkunden unserer Kinder, meine Entlassungspapiere und andere Unterlagen aus dem Gefängnis. Zum Glück fanden sie weder das Diktiergerät, das ich versteckt hatte, noch das Handy, das Weijing in mehrere Schichten Plastikfolie eingewickelt und in der Grube unserer Außentoilette versenkt hatte. Die Batterie des Handys war fast leer, und die Ladegeräte waren fort, aber wir wollten unbedingt das Telefon retten, das unsere einzige Verbindung zur Außenwelt war.

Wenige Tage später kehrten sie zurück, um zusätzliche Überwachungskameras an der Südwest- und der Südostecke des Hofs zu installieren. Von dort aus konnten sie den gesamten Hof einsehen. Ab da wollte Weijing unsere Wäsche nicht mehr im Hof zum Trocknen aufhängen: Unsere Belagerer sollten nicht jedes unserer Kleidungsstücke sehen.

Mittlerweile war uns vollkommen klar, dass wir fliehen mussten, wenn wir überleben wollten. Wir begannen, die Bewacher unseres Gefängnisses genau zu beobachten. Die Wachmannschaft bestand aus Bauernsöhnen, die nie zuvor eine solche Arbeit gemacht hatten, Kadern der Gemeinde- und der Kreisverwaltung, Staatssicherheitsbeamten und hochrangigen Beamtinnen der Familienplanungsbehörde. Die meisten von ihnen trugen Zivilkleidung. Jeweils zweiundzwanzig Personen – später wurden die Mannschaften auf achtundzwanzig Mitglieder vergrößert – gehörten einer von drei Haupteinheiten an. Eine Hälfte der Einheit übernahm die Tagschicht, die andere die Nachtschicht; alle Mitglieder eines Trupps mussten sich jederzeit in Bereitschaft halten. Die Dauer der Schichten variierte. Es gab Einsatzzeiten von sechs oder acht Stunden, aber auch Schichten von zwölf oder sogar vierundzwanzig Stunden.

Täglich wurden auf Staatskosten Berge von Verpflegung aus der Gemeindeküche angekarrt. Wir hörten die Wachen oft über die Kosten ihres Einsatzes diskutieren. Für sie war dies die ideale Arbeit: Sie wurden pünktlich bezahlt, bekamen regelmäßig zu essen und waren gut ausgerüstet. Anfangs griff die Wachmannschaft auf die Stromleitung zu, die das Dorf versorgte, aber im Lauf der Zeit wuchs die Sorge unserer Bewacher über die häufigen Stromausfälle. Also verlegte die Stromgesellschaft eine eigene Leitung für sie, an die Kameras, Flutlichter und Heizgeräte angeschlossen wurden. Die Blockade schien vollkommen undurchdringlich, aber ich war überzeugt, dass es Lücken in der Mauer gab – wir mussten sie nur finden. Und ich war sicher, dass wir uns auf die Nachlässigkeit der Belagerer verlassen konnten.

Wir waren sicher, dass niemand kommen würde, um uns zu retten, aber die Veröffentlichung unseres Videos bewegte eine wachsende Zahl von Netizens und wohlgesinnten Personen, einen Versuch zu unternehmen, uns in Dongshigu zu besuchen oder zumindest herauszufinden, wie dicht der Belagerungsring war. Auch die Nachricht von dem brutalen Überfall auf uns machte langsam die Runde. Das bestärkte mich in dem Entschluss, einen Weg zu finden, um eine weitere Botschaft an unsere Unterstützer zu senden. Unsere einzige Hoffnung war, ein Video mit dem verbliebenen Handy aufzunehmen, aber wie sollten wir ohne Ladegerät die leere Batterie des Telefons aufladen?

Dann stieß ich beim Durchsuchen eines Haufens von verrottetem Feuerholz auf ein altes Ladegerät für AA-Batterien. Wie viele Leute auf dem Land warfen wir nie etwas weg – man wusste nie, ob man es nicht eines Tages noch gebrauchen konnte. Da ich mir vor langer Zeit einmal Grundkenntnisse über die Elektrizität angeeignet hatte, wusste ich, dass ich nur ein gut leitendes Material brauchte, um die Batterie des Handys an den positiven und den negativen Pol meines Ladegeräts anschließen zu können. Ich fand zwei Stücke Draht, und dann stieß meine Mutter auf mehrere lange Aluminiumbleche von der Stärke einer Cola-Dose, die irgendwann von Bauarbeitern zurückgelassen worden waren. Aus diesen Aluminiumblechen schnitt ich zwei kleine Ovale aus, in die ich Löcher für den Draht bohrte. Die Drähte wollte ich direkt mit den Polen der Handybatterie – zwei kleinen Einkerbungen an der Oberseite – verbinden, aber am Ende verwendete ich zwei Schlüsselanhängerringe, die von der Hochzeitsfeier eines Nachbarn vor zwanzig Jahren übrig geblieben waren. Dann umwickelte ich eine alte AA-Batterie mit Klebeband und klemmte sie an die Aluminiumplättchen, um die Drähte an den Platten zu befestigen, verband die Drähte mit der Handybatterie und steckte das Ladegerät ein. Die Konstruktion funktionierte, obwohl sich die Batterie nur sehr langsam auflud.

Mit dem Smartphone nahmen wir ein kurzes Video auf, in dem wir beschrieben, wie wir misshandelt worden waren. Aber wie sollten wir den Film hinausschmuggeln?

Auf dem Land verursachten Gewitter manchmal Stromausfälle. Ein solcher Ausfall würde die Störsender lahmlegen, die auf dem Dach unseres Nachbarn aufgestellt waren. Wenn der Strom zurückkehrte, würden die Wachen auf das Dach steigen müssen, um den Generator anzuwerfen, was uns genug Zeit geben würde, um einen kurzen Anruf abzusetzen. In einer stürmischen Mainacht lagen wir auf dem Bett und steckten die Köpfe unter die Decke, damit uns die Wachen nicht hören konnten. Wir versuchten verzweifelt, die Videobotschaft zu verschicken, aber wir schafften es nicht. Es gelang uns lediglich, eine vorbereitete Textnachricht über unsere Situation an einen Netizen zu schicken, der uns schon in der Vergangenheit geholfen hatte und dessen Telefon vermutlich nicht abgehört wurde.

Die nächste Gelegenheit, Verbindung zur Außenwelt aufzunehmen, bot sich erst am 25. Juli, als ein weiteres heftiges Gewitter einen Stromausfall verursachte. Ich rief denselben Netizen an und fragte ihn, ob die im Mai übermittelte Botschaft angekommen sei. Er antwortete, sie sei kurz zuvor veröffentlicht worden. Nach monatelanger Stille war erneut etwas über unsere Situation nach draußen gedrungen. Und einmal mehr mussten wir dafür bezahlen.

Am 28. Juli stürmten etwa siebzig Sicherheitsbeamte das Haus und zerrten Weijing und mich in den Hof. Sie wollten wissen, wo wir das Handy versteckten. Ich antwortete, sie selbst hätten unsere Telefone bereits mitgenommen, als sie uns all unseren Besitz gestohlen hatten. Daraufhin schlugen sie mir mit einem Bambusstock auf den Mund. Sie begannen Weijing zu schlagen und zu treten. Sie fragten sogar Kesi, wo das Telefon sei, aber die Kleine antwortete tapfer, sie wisse es nicht. Sie begann furchtbar zu schreien, als sie mit ansehen musste, wie uns die Schläger erneut misshandelten.

Die Leute vom Staatssicherheitsdient schlitzten das Sofa, die Matratzen und die Kissen auf und zerstörten alle Schachteln und sonstigen Behälter, welche die früheren Razzien überstanden hatten. Sie drehten jeden Stein im Hof um und legten jedes Ratten- und Mäuseloch frei. Schließlich fanden sie das Telefon, nicht jedoch die Batterie und die Telefonkarte. Am Nachmittag begannen sie, sämtliche Äste der Bäume in unserem Garten abzuschneiden und die Stängel unseres Bambushains umzuknicken, da diese den Aufnahmebereich der Überwachungskameras einschränkten. Im März hatten sie unsere Fernsehantenne zerstört, aber es war mir gelungen, eine behelfsmäßige Antenne zu basteln, sodass wir hin und wieder internationale Nachrichten sehen konnten. Diesmal zerstörten sie nicht nur die Antenne, sondern machten auch den Antennenanschluss am Fernsehgerät mit einer Zange unbrauchbar.

Am nächsten Morgen erschien Parteisekretär Zhang Jian und verlangte, ich solle die Batterie und die Telefonkarte herausgeben. Ich fragte ihn nach der rechtlichen Handhabe für sein Verhalten. «Das Gesetz interessiert uns nicht», erwiderte er. «Wir können tun, was immer wir wollen. Was wollen Sie dagegen tun?»

Weijing lag immer noch im Bett und erholte sich von den Schlägen, die sie am Vortag eingesteckt hatte. Einer der Sicherheitsbeamten, ein Mann namens Yang Xigang, ging in unser Schlafzimmer und forderte Weijing auf, die Batterie herauszurücken. Er sagte, er habe Anweisung von oben, den gesamten Inhalt unseres Hauses zu entfernen, wenn er die Batterien nicht finde. Aus Angst vor weiteren Schlägen und in der Gewissheit, dass die Eindringlinge früher oder später ohnehin fündig werden würden, gab Weijing die Batterie heraus.

Die Telefonkarte hatte ich versteckt. Ich weigerte mich, ihnen das Versteck zu verraten. Weijing versuchte mich zu schützen und erklärte, sie habe meiner Mutter erlaubt, die Karte zu verbrennen. Da sie wusste, dass die Wachen vermutlich die Asche durchsuchen würden, hatte sie Kesi vorher ein Stück von einer Medikamentenpackung gegeben, damit meine Mutter es im Herdfeuer verbrannte.

Auf diese Art konnten Kesi und meine Mutter – die nicht lesen kann – Weijings Geschichte glaubwürdig bestätigen und die Wachen auf eine falsche Fährte führen. Aber die Beamten brauchten einen Beweis, den sie ihren Vorgesetzten vorlegen konnten. Also verbrannten sie selbst eine Telefonkarte.

Als ich einen der Eindringlinge streifte, bemerkte ich, dass er Zivilkleidung trug. «Sie tragen keine Uniformen und haben keine rechtliche Handhabe», sagte ich. «Sie scheinen eher Banditen als Polizisten zu sein.»

Yang Xigang antwortete: «In diesem Moment handeln wir nicht als Polizisten. Wir sind hier auf Anweisung der Partei.»

«Sie sind also wie die SS», sagte ich.

Am Tag darauf fiel in unserem Haus erneut der Strom aus. Diesmal dauerte es fünf Monate, bis er wieder eingeschaltet wurde. Die Belagerer installierten noch mehr Überwachungskameras und Flutlichter, und unsere Nachbarn wurden vor jeglichem Kontakt mit uns gewarnt. Meine Mutter durfte nicht mehr weiter als bis zu unserem Garten am Dorfrand gehen. Der Hungertod wurde zur realen Bedrohung. Wir dachten darüber nach, einen kleinen Garten in unserem Hof anzulegen, für den Fall, dass schließlich auch meine Mutter überhaupt nicht mehr hinausdurfte.

Die Razzia Ende Juli war auch in anderer Hinsicht ein Wendepunkt. Wir suchten unentwegt nach einem Fluchtweg, konnten jedoch keinen finden. Daher hatten wir uns zwei Monate früher zu einem drastischen Schritt entschlossen: Wir würden einen Tunnel graben. Wir planten, wo wir uns unter der Straße durchgraben würden, wo der Tunnel enden sollte und wie wir uns des ausgehobenen Erdreichs entledigen konnten. Bald nahm Weijing diese gewaltige, übermenschliche Aufgabe in Angriff und begann im Nordostwinkel des Hofs zu graben. Dies war die einzige Stelle, die die Überwachungskameras nicht erfassen konnten und die auch für den Wärter auf der anderen Seite der Mauer nicht zu sehen war. Sie arbeitete leise, lockerte den steinigen Boden mit einer kurzen Eisenstange und hob die Erde mit einem Löffel aus. Sie grub am Tag, während die

Klänge des Dorflebens jedes Geräusch übertönten. Abends bedeckte sie das Loch mit einer Zementplatte.

Innerhalb einer Woche gelang es Weijing, ein gut einen Meter tiefes Loch zu graben. Doch dann entdeckte meine Mutter, was Weijing da trieb, und protestierte lautstark gegen unser Vorhaben. Weijing unterbrach die Arbeit, und wir dachten über unsere Situation nach. Unsere Chancen standen schlecht, aber wir waren überzeugt, dass wir keine andere Wahl hatten. Also machte sich Weijing erneut an die Arbeit. Nach einer Weile hatte sie blasige und zerschundene Hände, und ihr ganzer Körper war von Mückenstichen übersät. Sie kam immer langsamer voran. Aber sie gab nicht auf und schaffte es, ein gutes Stück tiefer zu graben.

Dann kam die Razzia im Juli. Die Kader entdeckten den Tunnel und gerieten in Wut. Nachdem sie den Tunnel wieder aufgefüllt hatten, bezogen sie in unserem Hof und sogar im Haus Stellung und bewachten rund um die Uhr jede unserer Bewegungen. Wann immer wir in den Hof hinausgingen, um die Außentoilette zu benutzen, überhäuften uns die Wachen mit Flüchen und Drohungen. Sie bezeichneten uns als «Verräter» und «Wendehälse» und beleidigten uns mit unaussprechlichen Schimpfworten. Wir durften keine Tür im Haus mehr schließen, nicht einmal wenn wir schlafen oder essen wollten. «Wenn wir euch nicht sehen können, wissen wir nicht, was ihr tut», sagten sie.

Es hatte den Anschein, als wollten uns die Behörden in den Wahnsinn treiben. Stellen Sie sich folgende Szene vor: Wir sitzen im einfachen Wohnzimmer unseres kleinen Hauses, in dem ein Tisch, ein Sofa und einige bunt zusammengewürfelte Stühle stehen. An einer Seite öffnet sich eine Tür zu einem kleinen Schlafzimmer. Die Wände sind kahl, denn die Belagerer haben alles mit Ausnahme einer Uhr heruntergerissen, die sie bei einem ihrer früheren Besuche jedoch zerstört haben. Die Fenster sind mit Eisenplatten verschlossen. Es ist Hochsommer, und Tag und Nacht drückt eine schwüle Hitze auf das Haus, aber wir können keinen Ventilator einschalten, da wir keinen Strom haben. Ein Dutzend verschwitzte

Wachen sitzen mit ihren angeschlagenen Teekrügen auf niedrigen Schemeln, fläzen sich auf Stühlen oder liegen schnarchend auf dem Sofa. Einige haben sich die Hemden ausgezogen, denn es ist unerträglich heiß. Unser Sofa ist mit Schweiß durchtränkt. Den Raum zu durchqueren ist eine Herausforderung, überall stößt man gegen Arme und Beine. Wir können kaum atmen. Wir haben keine Bücher, kein Telefon und nichts zu tun – sie haben uns alles weggenommen. Weijing geht ins Schlafzimmer. Sie will sich ausruhen oder zumindest Schlaf vortäuschen, um sich der unerträglichen Gegenwart der Wachen zu entziehen. Aber neben dem Bett sitzen drei Männer, die jede Bewegung meiner Frau mit anzüglichen Blicken verfolgen.

Die dampfende Brühe aus Körperausdünstungen wird mit unentwegten Beschimpfungen aus den Mündern der Männer eingedickt. So geht es von acht Uhr morgens bis zum Mittag. Nach der Mittagspause beginnt es von vorn und endet erst drei Stunden später mit dem Abendessen. Sie fluchen, schreien uns an, überhäufen uns mit Schimpfworten: Wir sind räudige Hunde, amerikanische Spione, Verräter. «Ihr seid keine Menschen», sagen sie, «und wo hast du diese Frau aufgegabelt, warum besorgst du dir nicht eine bessere, sie ist eine Schlange.» Ein halbes Dutzend von ihnen durchstöbert zweimal täglich unsere Habseligkeiten und durchforstet den Raum auf der Suche nach etwas, das wir verwenden könnten oder das sie sich nehmen können. Einer von ihnen eröffnet uns: «Die Frage ist nicht, ob wir Gesetze brechen, euch einschüchtern oder eure Rechte verletzen. Ich sage es euch: Es geht darum, euch an die Wand zu drücken. Wir wollen, dass ihr und eure ganze Familie euch elend fühlt, dass ihr jede Hoffnung verliert, nicht mehr leben könnt, es nicht mehr aushaltet. Das ist es, was wir tun.»

Wir taten unser Bestes, um sie zu ignorieren, aber es war eigentlich unmöglich, die Wut zu unterdrücken.

Nach einer Weile begannen auch die Wachen unter Trübsal und Langeweile zu leiden. Nachdem sie uns eine Woche lang nach besten Kräften beschimpft und schikaniert hatten, erlahmte ihr Eifer. Eine Gruppe löste die andere ab, aber ihr Einfallsreichtum hatte Grenzen, und sie waren der Aufgabe, sich immer neue Beschimpfungen auszudenken, nicht mehr gewachsen. Sie nahmen ihre «Einsätze» für ihre Vorgesetzten auf Band auf und lieferten sich einen Wettbewerb um die wüstesten Beschimpfungen, aber irgendwann gaben sie auf. Langsam verstummten sie, und in dem Wissen, dass ihre Argumente vollkommen unsinnig waren und dass sich ihre Vorgesetzten die Aufnahmen anhören würden, begann ich nach einigen Tagen, mit ihnen zu debattieren. Ende August gaben sie diese in der Kulturrevolution entwickelte Art der Schikane weitgehend auf.

Kesi war wie wir eine Gefangene. Sie konnte nur allein oder mit uns im sandigen Hof spielen. Manchmal ergatterte sie Seiten aus Zeitungen, die die Wachen gelesen hatten, und faltete sie zusammen, als wollte sie damit spielen. So konnte sie die Nachrichten unauffällig an den Wachen vorbeischmuggeln und ihrer Mutter bringen, die mir die Neuigkeiten leise vorlas. Natürlich fanden wir auf diesen Seiten nichts über uns.

Unsere Tochter war jetzt sechs Jahre alt. Weijing bot unseren Belagerern die Stirn und hielt ihnen vor, dass sie die Erziehung des Kindes nicht länger behindern durften und erlauben mussten, dass Kesi im Herbst zur Schule ging. Ihre Antwort: «Die sozialistische Nation wird eurem konterrevolutionären Kind nicht erlauben, zur Schule zu gehen.» Wir taten unser Bestes, um Kesi daheim zu unterrichten, obwohl wir fast kein Material hatten. Ich brachte ihr Chinesisch und Mathematik bei, wobei ich alles mündlich behandelte. Weijing brachte ihr die Schriftzeichen bei, indem sie mit einem Stock oder Stein die Worte in den Sand malte.

Aber die Öffentlichkeit erfuhr, dass Kesi nicht zur Schule gehen durfte. Viele Netizens meldeten sich empört zu Wort. Anscheinend wirkte der Druck. Eines Tages, als Weijing und ich im Hof waren, um Erdnüsse zu pflücken, und meine Mutter gerade vom Feld zurückgekommen war, tauchte Vierter Bruder in Begleitung des Parteisekretärs Zhang Jian auf. «Sie wollen, dass Kesi zur Schule geht», sagte Zhang. «Wir haben beschlossen, sie hingehen zu lassen, allerdings unter einer Bedingung: Sie muss in die Kreisschule gehen und bei

Ihrem Bruder wohnen. Sie werden Sie nicht mehr sehen.» Wir protestierten gegen dieses inakzeptable Angebot. «Dann unterrichtet sie eben selbst», sagte Zhang übellaunig.

Angesichts des Drucks zahlloser Netizens ließ die Partei Kesi schließlich doch ab September in einem Nachbardorf in die Schule gehen. Allerdings stand sie unter ständiger Kontrolle. Die Wachen fuhren sie zur Schule und holten sie ab, und sogar im Klassenraum blieben immer zwei oder drei Männer an ihrer Seite. Die Behörden ließen sogar ein kleines Wachhaus beim Schultor bauen. Anscheinend war unsere sechsjährige Tochter eine konterrevolutionäre Bedrohung. Vor und nach jedem Schultag wurde ihr Schulranzen sorgfältig durchsucht, und die Wachen sahen sich auf der Suche nach Mitteilungen, die wir an Freunde schicken wollten, jede Seite ihrer Aufgabenhefte und Schulbücher an. Trotzdem versuchte die Partei die Tatsache, dass unsere Tochter zur Schule gehen durfte, propagandistisch zu nutzen, und Kesi berichtete uns, dass einige Male jemand während des Unterrichts in die Klasse gekommen war, um sie zu fotografieren. Die Partei machte sich sogar die Mühe, aus Dongshigu ein potemkinsches Dorf zu machen. Natürlich sollten die Renovierungen nicht das Leben der Dorfbewohner verbessern, sondern der Welt ein falsches Bild vom ländlichen China vermitteln.

Wir versuchten weiter, die Öffentlichkeit über die Bedingungen in unserem häuslichen Gefängnis aufzuklären. Wir kamen auf die Idee, für die auf das Haus gerichteten Überwachungskameras Botschaften zu schreiben: Wenigstens sollten die, die uns observierten, genau wissen, in welcher Notlage wir uns befanden. Aber wir hatten auch eine gewisse Hoffnung, dass diese Aufnahmen eines Tages vor Gericht als Beweis für das Unrecht dienen würden, das uns angetan wurde. Weijing ritzte im Hof mit einem Stein Schriftzeichen in die schlammige Erde und schrieb Botschaften wie diese: «Illegale Gefangenschaft. Brutale Misshandlung der Alten, der Schwachen, der Kranken und der Behinderten. Der Himmel wird dieses Unrecht nicht dulden!» Sie schrieb mit Gipsbrocken Mitteilungen auf die Innenwände der Hofmauern, da die Kameras darauf gerichtet waren.

Natürlich konnten wir nicht wissen, wer unsere Botschaften sah und ob jemand darauf reagierte.

Als hätten sie uns noch nicht genug angetan, beschlagnahmten die Behörden Anfang des Jahres 2011 das Haus von Zweiter Bruder. Er lebte zu diesem Zeitpunkt in der Kreishauptstadt. Zuerst rissen sie das Haupthaus ab, in dem Weijing und ich geheiratet und kurze Zeit gelebt hatten. Dann begannen sie, anstelle des Hauses ein Gefängnis für uns zu errichten. Es war ein einziger Raum mit vergitterten Fenstern. Außen war das gesamte Gebäude von einem Eisengitter umgeben, das vom Boden bis zum Dach reichte. Es war ein Käfig wie im Untersuchungsgefängnis. Meine Mutter ging regelmäßig nachsehen, was mit dem Haus meines Bruders geschah, aber im Mai erlaubten sie ihr nicht mehr, auch nur in die Richtung des Hauses zu gehen. Ende September sagten uns die Wachen, wir sollten uns auf einen Umzug vorbereiten. Der Gedanke, in diesem Käfig eingesperrt zu sein, war beängstigend. Sollten all die Stunden, die wir in die Beobachtung unserer Beobachter investiert hatten, und all unsere Informationen über die Umgebung umsonst sein?

Am 1. Oktober kam Zhang Jingbai vorbei und eröffnete uns, dass er zum neuen Parteisekretär von Shuanghou ernannt worden war. Er bat mich, mit ihm zu kooperieren: «Eure Lebensbedingungen sind sehr hart, aber in eurem neuen Haus» – gemeint war das eigens für uns errichtete Gefängnis – «werdet ihr alles vorfinden, was ihr braucht.» Er fügte hinzu, unser Umzug werde seine Position in der Partei festigen. Es war unglaublich, aber er forderte uns tatsächlich auf, seine Parteikarriere zu unterstützen. Zwei Wochen später tauchten Zhang Jian und Wang Yunqing, die beiden stellvertretenden Parteisekretäre von Shuanghou, in unserem Haus auf, um uns zu bedrohen und darauf zu bestehen, dass wir in das neue Gefängnis umzogen. Sie meinten, dort könne ich schneller «umerzogen» werden. Als ich ablehnte, sagten sie: «Es ist egal, ob ihr wollt oder nicht – das ist nicht eure Entscheidung. Ihr werdet umziehen.»

Voller Angst blickten wir unserer Verlegung entgegen. Aber dann erhielten wir eine bemerkenswerte Nachricht. Am 6. November hatten die Behörden mitten in der Nacht mehrere Bulldozer auffahren lassen, die das kleine Gefängnis dem Erdboden gleichmachten. Die Eisenstangen und Zementplatten waren abtransportiert und einige Kilometer entfernt auf einer Deponie entsorgt worden. Wir fanden nie heraus, warum die Verantwortlichen plötzlich ihre Meinung geändert hatten, aber wir erfuhren, dass ein Nachrichtensender in Hongkong von der Existenz des Gefängnisses erfahren hatte. Einmal mehr hatte uns die Unterstützung der Außenwelt offenbar vor einem sehr viel schlimmeren Schicksal bewahrt.

In dieser Zeit, in den dunkelsten Monaten des Jahres 2011, entstand in China eine neue Bewegung. Wir selbst wussten kaum etwas davon, aber unser Haus hatte sich in ein Symbol des Widerstands verwandelt. Dongshigu war zum Pilgerort oder zum Ziel des Abenteuertourismus geworden – es hing davon ab, wen man fragte. Zuerst kamen vereinzelte wagemutige Besucher, die unter großer Gefahr für ihr eigenes Wohlergehen versuchten, zu uns vorzudringen. Es dauerte nicht lange, da schwoll die Besucherschar zu einem Heer an, einfache Bürger, in den Internet-Communities aktive Netizens, Journalisten, Rechtsanwälte, Menschenrechtsaktivisten und sogar Prominente strömten in unser Dorf oder fanden andere Möglichkeiten, ihre Unterstützung für unsere Sache zu zeigen. Sie kamen im September anlässlich des ersten Jahrestages meiner Entlassung aus dem Gefängnis, sie kamen an meinem vierzigsten Geburtstag im November. Manche kamen aus ganz persönlichen Gründen allein, andere kamen in Gruppen von dreißig oder mehr Personen. Manche ließen große Ballons aufsteigen, von denen Stoffbanner hingen, auf denen sie mir zum Geburtstag gratulierten oder mir Gesundheit wünschten. Andere wateten im tiefsten Winter durch den Fluss, um ins Dorf zu gelangen und ein Feuerwerk abzubrennen – ich wunderte mich über die Explosionen, da ich nicht wusste, dass die Feuerwerksexplosionen mir galten.

Als immer mehr Unerschrockene nach Dongshigu kamen, lobten die Kader eine Belohnung von fünfhundert Yuan für jeden aus, der einen Besucher stoppte. Die Belagerer versuchten alles, um unsere Unterstützer fernzuhalten. Sie legten Dornengitter auf die Straße, um die Reifen von Autos zu zerstören, und stellten am Ortseingang ein Schild mit der Aufschrift «Wegen Bauarbeiten gesperrt» auf, um Besucher in die Irre zu führen. Es war unmöglich für Besucher, bis zu uns vordringen; die meisten wurden schon in Linyi abgefangen. Viele wurden zusammengeschlagen oder mit Geldbußen belegt, manchen wurde ihr Eigentum abgenommen.

Aber obwohl wir diese Besucher nie zu Gesicht bekamen, sahen wir am Verhalten unserer Belagerer, dass sich etwas veränderte. An manchen Tagen sahen wir die Wachen nicht wie gewohnt gemeinsam essen; sie waren alle anderswo im Dorf unterwegs. Manchmal konnten wir hören, dass sie über ein bevorstehendes Ereignis sprachen, und hin und wieder stieg die Zahl unserer Bewacher plötzlich deutlich. Aus diesen Hinweisen schlossen wir, dass die Außenwelt von unserer Lage erfuhr. Wir schöpften neue Hoffnung.

Eine der ersten Besucherinnen war He Peirong, auch bekannt unter dem englischen Namen «Pearl», den sie im Internet verwendet. Diese Lehrerin aus Nanking interessierte sich für meine Geschichte und war empört darüber, wie das Regime mich verfolgte. Sie kam mehrfach nach Shandong und ließ sich auch nicht dadurch abschrecken, dass ihr Auto schwer beschädigt wurde. Im Juni 2011 wurde sie verhaftet, weil sie versucht hatte, zu uns zu gelangen.

Ein weiterer Unterstützer namens Gao Xingbo, der ebenfalls viele Male nach Dongshigu gereist war, erfuhr von Pearls Verhaftung und nahm sofort ein Flugzeug von Shenzen nach Linyi, um nach ihr zu suchen. In der Nacht bekam er in seinem Hotel Besuch von der Polizei von Linyi, und kurz darauf klopfte ein Unbekannter unter dem Vorwand an seine Tür, er bringe Wasser. Als Gao öffnete, drangen etwa ein Dutzend Männer in sein Zimmer ein. Die Angreifer schlugen ihn brutal zusammen, zerrten ihn aus dem Hotel und brachten ihn nach Laiwu, das etwa hundertfünfzig Kilometer östlich von Linyi in den Bergen liegt. Sie zogen ihn bis auf einen Socken am linken Fuß aus und warfen ihn nackt in den Straßengraben. Er versuchte, ein Auto anzuhalten, aber niemand wagte es anzuhalten. Er klopfte bei mehreren Häusern an, aber die Bewohner fürchteten sich vor ihm. Schließlich hatte doch jemand Mitleid mit ihm und überließ ihm eine alte Hose, ein Hemd und Schuhe. Er durfte das Telefon benutzen und rief einen Freund an, der ihn abholte. Die brutale Behandlung Gaos war kein Einzelfall.

Viele Unterstützer, darunter Pearl und Gao, veröffentlichten Berichte über ihre Versuche, zu uns zu gelangen. Ihre Schilderungen lenkten die Aufmerksamkeit der Öffentlichkeit auf unsere Lage. Hillary Clinton nahm ebenso zu meinem Fall Stellung wie amerikanische Kongressmitglieder, europäische Minister und britische Abgeordnete. In- und ausländische Journalisten, Vertreter großer Fernsehsender und ausländische Diplomaten versuchten, Kontakt zu uns aufzunehmen. Sie wurden bedroht oder sogar körperlich attackiert, wenn sie in unsere Nähe kamen. Als CNN-Reporter im Februar 2011 erstmals versuchten, zu uns durchzudringen, bewarfen die Wachen sie mit Steinen. Als CNN zehn Monate später zurückkehrte, wurden die Journalisten von dem Schauspieler Christian Bale begleitet, der gerade in China einen Film drehte. Bale sagte den Wachen, er wolle mir lediglich die Hand schütteln. Die Antwort waren Stöße und Faustschläge. Das Video von dieser Begegnung war rund um den Erdball zu sehen und half, die Weltöffentlichkeit auf unsere Lage aufmerksam zu machen. Ich erfuhr von alldem erst viel später, als jemand Kesi erzählte, dass Batman – Christian Bale – nach Dongshigu gekommen war, um mich zu besuchen, aber gewaltsam daran gehindert worden war.

Die durch meinen Hausarrest ausgelöste Welle des politischen Engagements war für China etwas Neues. Die Aktivisten nutzen eine Vielzahl von Wegen, um außerhalb der offiziellen Kanäle miteinander in Kontakt zu treten. Jemand druckte Autoaufkleber mit der Aufschrift «Freiheit für CGC». Ein Netizen mit dem Online-Namen «Krabbenfarm» entwickelte eine Technik, mit der die Leute dunkle Sonnenbrillen – die mittlerweile zum Symbol meines Widerstands geworden waren – online zu ihrem Foto hinzufügen konnten. Tausende Benutzer von Weibo, unter ihnen der Künstler Ai Weiwei, stellten zum Zeichen der Solidarität solche Selbstporträts ins Netz. Die Wirkung solch einfacher Gesten, die die Partei nicht unterdrücken konnte, kann gar nicht überschätzt werden.

Seit meiner Heimkehr aus dem Gefängnis war nicht ein Tag vergangen, ohne dass ich über eine Flucht nachgedacht hätte. Aber nachdem die Wachen den Tunnel entdeckt und unseren Hof besetzt hatten, schien es undenkbar, dass mir ein Ausbruch gelingen konnte. Wir konnten nicht viel mehr tun, als zu versuchen, uns ausreichend zu ernähren und bei Kräften zu bleiben, was unter den gegebenen Umständen alles andere als einfach war.

Trotzdem gab ich die Hoffnung nicht auf, einen Ausweg zu finden. Weijing und ich dachten darüber nach, in die Berge zu entweichen und Zuflucht in einer Höhle zu finden, um später auch Kesi und meine Mutter nachzuholen. Wir sprachen über die Möglichkeit, dass Weijing allein floh und Hilfe holte, um mich zu befreien. Aber am Ende gelangten wir zu dem Schluss, dass es trotz meiner Blindheit das Beste wäre, wenn ich allein zu fliehen versuchte.

Im Herbst 2011 beobachteten wir ständig die Wachen und prägten uns ihre Routineabläufe ein. Ich belauschte ihre Unterhaltungen und versuchte, mehr über ihre Persönlichkeiten und ihre individuellen Gewohnheiten herauszufinden. Wenn Weijing Arbeiten im Hof oder auf dem Dach verrichtete, beobachtete sie heimlich alles, was in der Umgebung geschah. Wann begannen und endeten die Schichten? Wann waren unsere Nachbarn daheim, wann waren sie außer Haus? Wo genau hatten die Wachen kleine Hindernisse platziert, um einen Fluchtversuch zu vereiteln? In manchen Nächten schliefen wir kaum, sondern lauschten angestrengt auf sämtliche Klänge und Geräuschmuster in der Umgebung. Weijing berichtete mir alles, was sie beobachtet hatte, und ich prägte es mir ein.

Es stellte sich heraus, dass es ein Fehler sein würde, den Fluchtversuch nachts zu unternehmen. Die Zahl der Wachen würde dieselbe sein, aber in der Stille der Nacht konnte mich schon das geringste Geräusch verraten. Wir wussten auch, dass ich unbedingt den auf dem Land allgegenwärtigen Hunden ausweichen musste. Vor allem aber war mir klar, dass meine Ohren meine Augen sein würden, sollte ich irgendwann die Gelegenheit zur Flucht bekommen.

Unsere Unterstützer versuchten weiterhin, zu uns zu gelangen, und hielten den Druck auf den Belagerungsring aufrecht. Ende Oktober besuchte mich der stellvertretende Vorsitzende der Kreisorganisation von Canlian, ein Mann namens Meng. Begleitet wurde er vom stellvertretenden Parteisekretär Zhang Jian und zwei Polizisten. Meng täuschte Besorgnis vor und erkundigte sich nach meiner Situation. Ich antwortete, dass ich noch nicht verhungert sei, aber die Ironie schien ihm zu entgehen. Ich erklärte ihm, wie der Staat gegen meine Rechte verstoßen hatte. «Aber Sie können doch sowieso nichts sehen», antwortete Meng. «Es muss Ihnen doch genügen, dass man Ihnen genug zu essen gibt. Warum wollen Sie hinausgehen und Dinge tun?»

Er setzte sich neben mich und tat sein Bestes, um mich zum Lächeln zu bringen, denn sie hatten einen Fotografen mitgebracht – ich hörte, wie sich ein ums andere Mal das Objektiv öffnete. Nach einer Weile fragte er den Fotografen, ob er habe, was er brauche. Der Fotograf bejahte, und sie erhoben sich, um zu gehen. Aus Höflichkeit lächelten Weijing und meine Mutter, als sie die Männer zur Tür brachten, denn sie waren erleichtert, Besucher zu haben, die nicht gewalttätig oder aggressiv waren – was auch immer ihr Ziel war. Wenige Tage später brachte die Regierung Fotos der beiden lächelnden Frauen in Umlauf, um zu beweisen, dass meine Familie gut behandelt wurde. Von da an klebte ich bei allen Besuchen Botschaften wie die folgende auf meine Sonnenbrille: «Illegaler Hausarrest für Alte und Junge, für Kranke und Behinderte. Einbruch, Misshandlung und Raub, brutal und herzlos.» Nun konnten die Behörden keine falschen Fotos mehr machen, um die Öffentlichkeit zu täuschen.

An einem Morgen Mitte Dezember kamen drei Dorfbewohner mit einer Wahlurne in unser Haus. Die Frau, die die Gruppe führte, sagte mir, es sei an der Zeit, die Vertreter der Gemeinde und des

Kreises im Volkskongress zu wählen. Nur bei dieser Wahl hatten die Chinesen die Möglichkeit, Volksvertreter zu wählen. «Zu wählen bedeutet eine große Verantwortung», sagte ich, «aber wer sind die Kandidaten für diese Ämter? Kennen Sie diese Personen?»

Die Frau kannte die Kandidaten nicht.

Auf der Liste stand Zhang Jian, der Mann, der für meine Gefangenschaft verantwortlich war. «Zhang ist bereits Gemeindevorsteher», sagte ich. «Wie kann er also für den Volkskongress kandidieren? Und welche Programme haben die Kandidaten? Wie können wir wählen, wenn wir nichts über sie wissen?»

Die Frau antwortete, sie wisse es nicht, aber es spiele keine Rolle, da sich diese Leute ohnehin nur zu sinnlosen Versammlungen treffen würden. Ich sagte ihr und ihren beiden Begleitern, dass diese Kandidaten in Wahrheit allesamt vom Parteikomitee nominiert worden seien. Dann wies ich sie an, alle Namen auf dem Wahlzettel durchzustreichen und stattdessen die Namen verschiedener Dorfbewohner einzufügen, die ich für geeignete Kandidaten hielt. Als die Delegation das Haus verließ, sah ich, dass die Wachen unsere Wahlzettel filmten. Das Theater war gut inszeniert. So versuchten sie der Welt weiszumachen, dass wir an einer freien Wahl teilnehmen konnten.

In den letzten Wochen des Jahres 2011 besserte sich unsere Lage ein wenig, was zweifellos daran lag, dass meine Belagerer von der Öffentlichkeit unter Druck gesetzt wurden. Sie schalteten uns den Strom wieder ein. Überwachungskameras, Scheinwerfer und andere Geräte wurden aus unserem Hof entfernt, und die Wachen zogen sich aus dem Haus zurück. Aber wir blieben eingesperrt, und mein Gesundheitszustand verschlechterte sich weiter. Ich hatte weiterhin Blut im Stuhl und litt unter extremer Erschöpfung.

Während wir uns materiell und seelisch auf eine jahrelange Belagerung einstellten, hielten wir unentwegt Ausschau nach einer Gelegenheit zur Flucht.

An einem Dezembertag arbeitete Weijing im Hof, während ich schlief, als plötzlich vierzehn Personen vor unserer Tür auftauchten. Weijing kam ins Haus gelaufen, um mich zu wecken. Ich setzte die Sonnenbrille mit den aufgeklebten Botschaften auf, denn mehrere der Besucher hatten Kameras bei sich. Als sie sich vorstellten, hörte ich, dass sie mit Pekinger Akzent sprachen. Zwei der Namen kannte ich: Yi Qing und Sima Pingbang waren bekannte Apologeten des Regimes, die als «große Fünfzig-Cent-Stücke» bekannt waren. Diese Leute, die sich von den «kleinen Fünfzig-Cent-Stücken» abhoben, wurden dafür bezahlt, im Internet Schimpftiraden über Kritiker der Kommunistischen Partei zu veröffentlichen – im Volksmund hieß es, dass sie dafür fünfzig Cent pro Zeile bekämen. Ich erzählte ihnen von der Verletzung meiner Grundrechte, von der illegalen Gefangenschaft und dass ich brutal zusammengeschlagen und ausgeraubt worden war. Zu meiner Überraschung ermutigten sie mich, einen Weg zu suchen, um die Parteiführung zu Gesprächen zu bewegen. Ich sagte, das würde ich nur zu gerne tun. Ich sei stets bereit, mich mit jedem zu treffen, der an der Wahrheit interessiert sei, ein vernünftiges Gespräch führen wolle und beabsichtige, sich an das Gesetz zu halten.

«Unser Land hat sich verändert», sagten sie.

«Inwiefern?», fragte ich. «Die Wahrheit bleibt die Wahrheit, und Lügen bleiben Lügen.»

Sie antworteten, die Dinge seien nicht immer so klar.

Ich entgegnete: «Was ist nicht klar?»

Irgendwann stand Yi Qing auf und ging zu Weijing hinüber. «Ich habe die Kulturrevolution erlebt», sagte er zu ihr, «und ich weiß, dass die Kommunistische Partei alles wagt. Dies ist China. Eins plus eins ist hier nicht immer zwei.»

Meine Frau fragte ihn, wie viel eins plus eins denn sei. Er antwortete nicht.

Weijing führte die Besucher auf das Dach des Küchenhauses und zeigte ihnen die Störsender auf den Dächern der Nachbarhäuser und die rund um das Haus postierten Überwachungskameras und Scheinwerfer. Sie machten Fotos und filmten mich, und ich war sicher, dass sie diese Bilder erneut verwendet hätten, um die Welt zu täuschen, wenn ich meine Sonnenbrille nicht präpariert hätte.

Wenige Tage später tauchten die Wachen wieder auf, so als würden sie aus der Erde sprießen. Die Überwachungsanlagen in unserem Hof, die Flutlichter und zusätzlichen Störsender wurden wieder aufgebaut. Nur auf die Kameras verzichteten sie jetzt. Der Strom wurde uns wieder abgedreht, und die Wachen kehrten in unseren Hof zurück. Am 31. Dezember wurde das Haus erneut durchsucht, angeblich um die Botschaften zu suchen, die ich auf meine Sonnenbrille geklebt hatte. Aber ich wusste, worum es ihnen wirklich ging: Sie befürchteten, dass uns jemand in der Woche, in der die Wachen nicht im Hof gewesen waren, ein Handy oder ein anderes Gerät zugespielt hatte, mit dem wir mit der Außenwelt kommunizieren konnten.

Am 5. Januar 2012 wachte ich frühmorgens aus einem Albtraum auf. Es war einer jener Träume, die ich seit dem Gefängnis hatte und in denen ich meine Wut auslebte. Kurze Zeit später, es musste etwa sieben Uhr sein, klopfte eine der Wachen an die Tür. Der Mann teilte Weijing mit, Dritter Bruder stehe am Tor und wolle mit unserer Mutter sprechen. Das war sehr seltsam, denn wir durften seit langem keinerlei Kontakt zu unserer Familie haben.

Dritter Bruder überbrachte eine beunruhigende Nachricht. Zweiter Bruder lag im Krankenhaus. Er litt an Magenkrebs und konnte jeden Augenblick sterben. Meine Mutter begann zu weinen. Diese furchtbare Nachricht kam aus heiterem Himmel. Dritter Bruder versuchte sie zu trösten. Gemeinsam überlegten wir, was zu tun war. Sollten wir Zweiter Bruder zur Beerdigung ins Dorf zurückholen oder an Ort und Stelle verbrennen lassen? Dritter Bruder fragte die Wachen, ob unsere Mutter und ich unseren sterbenden Bruder ein letztes Mal sehen durften.

Weijing und ich stützten Mama auf dem Weg zum Tor. Wir weinten alle. Einige Wachen waren gerührt und versuchten, uns nur halbherzig daran zu hindern, sie hinauszubegleiten. Gefolgt von den Wachen gingen wir mit meiner Mutter bis zum Dorfeingang, wo uns Zhang Jian und mehrere andere Funktionäre entgegenkamen und uns befahlen, sofort ins Haus zurückzukehren. Wir weigerten uns, und innerhalb kürzester Zeit waren wir von einer Schar von Dorfbewohnern umringt, die uns Rückendeckung gaben. Schließlich erhielt meine Mutter die Erlaubnis, ins Krankenhaus zu fahren, aber Weijing und ich wurden zurück ins Haus geschleppt.

Eine Stunde später hörte ich die Schreie meiner Mutter. Zweiter Bruder war tot. Nach einigen Minuten wurde meine Mutter von den Wachen gewaltsam in den Hof geschleppt. Sie befahlen ihr, ihre Trauer auf das Haus zu beschränken. Unter Tränen erzählte sie uns, dass sie zu spät gekommen war. Als sie im Krankenhaus eintraf, war das Gesicht ihres Sohns bereits mit einem Papiertuch bedeckt. Sie hatte es angehoben, um sein Gesicht ein letztes Mal zu sehen.

Ich bat die Wachen darum, meinen Bruder noch ein letztes Mal berühren zu dürfen, aber auch das blieb mir verwehrt. Die Partei gab eine strikte Anweisung aus: Die Leiche von Zweiter Bruder war im Beerdigungsinstitut zu verbrennen, und anschließend sollte seine Asche zum Begräbnis ins Dorf gebracht werden. Die Partei würde nicht zulassen, dass «die Suppe zum Grab gebracht wurde», wie der Brauch bei uns genannt wurde. Nach heftigen Protesten der Familie ließen die Verantwortlichen schließlich doch zu, dass Kesi das Ritual einmal ausführen durfte, natürlich unter Bewachung von zwei Kadern. Während Kesi mit unseren anderen Verwandten an den Begräbnisritualen teilnahm, saß meine Mutter umringt von Wachen schluchzend im Hof. Weijing versuchte sie zu trösten. Ich war verstört, und da ich nicht wollte, dass die Wachen meine Verzweiflung sahen, ging ich ins Haus. Plötzlich hörte ich die Schritte der kleinen Kesi, die sich der Tür näherte. Sie trat ein und sagte: «Baba, ich muss dir etwas sagen. Es ist sehr wichtig.» Sie führte mich ins Schlafzimmer und schloss die Tür. «Baba», flüsterte sie ernst, «Onkel hat mir gesagt, ich soll dir sagen, dass Batman versucht hat, dich zu besuchen, aber die Wachen haben ihn geschlagen und nicht durchgelassen. Er sagt, dass auch viele andere Leute versuchen, dich zu besuchen, aber die bösen Männer brechen ihnen die Arme und lassen sie nicht in deine Nähe.» Älterer Bruder hatte Kesi diese Nachricht für mich zugeflüstert, als sie sich bei der Zeremonie gemeinsam hingekniet hatten. Ich war dankbar für diese Nachricht, die mir in einer furchtbaren Zeit Hoffnung gab.

Die Partei hatte einmal mehr ein barbarisches Verhalten gezeigt und uns das Recht vorenthalten, Zweiter Bruder richtig zu bestatten und ihm unseren Respekt zu erweisen. Wir durften nicht einmal sein Grab besuchen, weder ich noch meine Mutter oder Weijing. Was ist das für ein Regime, was ist das für ein System, das einen Mann daran hindert, sich von seinem toten Bruder zu verabschieden, und einer Mutter verbietet, um ihren Sohn zu trauern? Meine Mutter weinte mehrere Wochen lang, und ich habe bis heute noch nicht die Stelle berührt, an der die Asche meines Bruders begraben liegt.

Am 2. März gaben uns einige der Wachen eine Botschaft von Dritter Bruder weiter. Es war der siebenundsiebzigste Geburtstag unserer Mutter, und mein Bruder wollte wissen, welche Speisen er zur Feier ihres Ehrentages kaufen sollte. Meine Mutter wollte hinausgehen, um mit ihm zu sprechen, aber die Verantwortlichen erlaubten es nicht. Die Wachen verstellten ihr den Weg und stießen sie zurück. Meine Mutter verlor das Gleichgewicht und schlug mit dem Kopf gegen den steinernen Türrahmen.

Sie wies die Männer bitter zurecht. «Woher nehmt ihr jungen Leute das Recht, eine alte Frau zu schlagen? Habt ihr denn daheim keine Mutter und keinen Vater?» Einer der Männer hatte die Frechheit, ihr zu antworten: «Mit uns Jungen ist alles in Ordnung. Ihr Alten könnt euch nicht mit uns messen.»

Die hartherzige Behandlung meiner Mutter erfüllte mich einmal mehr mit einer verzehrenden Wut. Aber in den folgenden Tagen gerann mein Zorn zu verzweifelter Entschlossenheit: Ich würde fliehen oder zu fliehen versuchen, und ich würde es bald tun. Ich konnte einfach nicht länger unter diesen unerträglichen Bedingungen leben. Außerdem ging es mir gesundheitlich von Tag zu Tag schlechter. Ich musste unbedingt fliehen. Ich musste nicht nur meine Freiheit, sondern mein Leben retten.

In der anderthalbjährigen Gefangenschaft in meinem Haus war ich Dutzende Male drauf und dran gewesen, einen Fluchtversuch zu wagen. Wir beobachteten unentwegt die Wachen und warteten auf einen Augenblick der Unaufmerksamkeit. Aber jedes Mal, wenn sich eine Gelegenheit bot und ich mich zum Ausbruch anschickte, warnte mich Weijing, dass einer der Belagerer gerade in meine Richtung sah. Dann tat ich so, als wäre ich mit etwas anderem beschäftigt. Ich wurde ein routinierter Schauspieler in diesem absurden Theater, fähig, meine Gangart augenblicklich zu ändern und einen Sprint zur Treppe in einen eiligen Gang zum Wasserhahn zu verwandeln, um mein Gesicht zu waschen. Die Wachen ertappten mich nie bei einem dieser abgebrochenen Fluchtversuche.

Die Ankunft des Frühlings verschaffte uns neue Vorteile. Das Wetter wurde freundlicher, und das Laubwerk von Bäumen und Büschen verstellte die Sicht und deckte so manches Geräusch zu, wenn die Blätter in der Frühlingsbrise raschelten. Meine Mutter ging nun wieder täglich aufs Feld hinaus, was uns die Möglichkeit gab, unseren Plan auszuführen, ohne dass sie es bemerkte. Dann verschwand am 13. April der Hund unserer Nachbarin, der ein sehr wachsames Tier gewesen war. Wir waren entschlossen, diese glückliche Fügung zu nutzen.

Ich begann, noch mehr Zeit als bisher im Bett zu verbringen. Teilweise zwang mich mein schlechter Gesundheitszustand dazu, aber ich wollte die Wachen auch daran gewöhnen, mich seltener zu Gesicht zu bekommen. Weijing spähte weiter die verschiedenen Fluchtwege aus und berichtete mir jede ihrer Beobachtungen. Wir gingen regelmäßig die Details der verschiedenen Fluchtpläne durch, bis ich mir jeden einzelnen Schritt eingeprägt hatte.

Wir waren jetzt seit mehr als anderthalb Jahren im Haus gefangen. Die Zeit schien reif für einen Fluchtversuch. Wir mussten nur einen Augenblick unbeobachtet sein und dann die erste Bewegung richtig machen.

«Jetzt oder nie», sagte ich zu Weijing.

Aber in Wahrheit gab es kein Oder für mich. *Jetzt.*

Elf Der Ausbruch

Kurz nach elf Uhr vormittags war ich die Treppe zum Dach hinaufgekrochen und über die Hofmauer geklettert. Acht Stunden später lag ich nur etwa dreißig Meter entfernt vom Schmerz betäubt im verlassenen Hof unseres alten Hauses. Beim Fall von der Mauer war ich auf einem Steinhaufen aufgekommen und hatte mir mit einiger Sicherheit den Fuß gebrochen. Ich wollte dort liegen bleiben und mich vollkommen darauf konzentrieren, den Schmerz zu beherrschen, aber ich durfte nicht innehalten. Mit jeder Minute, die verging, wurde es wahrscheinlicher, dass ich ihnen wieder in die Hände fallen würde. Ich rollte mich auf den Bauch, drückte mich hoch und kroch auf allen vieren zur Rückseite des Hauses, in dem ein Spielkamerad aus meiner Kindheit mit seiner Frau lebte. Ich wollte sie auf mich aufmerksam machen und zu ihnen durch das Rückfenster rufen, aber ich hatte vergessen, wie hoch das Fenster angebracht war. Im Haus hörte ich das Fernsehen plärren. Vermutlich würden sie mich ohnehin nicht hören.

In dem verzweifelten Bemühen, sie auf mich aufmerksam zu machen, kroch ich am Haus meines Freundes entlang, bis ich an die niedrige Steinmauer stieß, hinter der unser alter Hof lag. Die Mauer war nur etwas mehr als einen halben Meter hoch, aber auch das war aufgrund der pochenden Schmerzen in meinem Fuß eine beängstigende Höhe. Schließlich gelang es mir, mich über die Mauer zu wälzen und um die Hausecke zu kriechen. Dort erreichte ich eine zweite, sehr viel höhere Mauer, die seinen Hof einfriedete. In meinem Zustand konnte ich diese Mauer nie überwinden, aber ich wusste, wie die Scheunen im Hof meines Freundes angeordnet waren. Wenn ich ihn mit gedämpfter Stimme rief, würde der Widerhall durch die Haustür laufen, die vermutlich offenstand.

Ich richtete mich an der Mauer auf und rief seinen Namen – sofort begann sein Hund wütend zu bellen. Anscheinend war Mao Ling, die Frau meines Freundes, allein zu Hause. Ich hörte, wie sie die Fliegentür aufstieß und in den Hof hinaustrat. Ihre Sandalen machten ein schnalzendes Geräusch auf dem matschigen Boden, als sie auf der Suche nach dem Grund für das Bellen eine Runde durch den Hof ging. Ich rief erneut, aber das Bellen des Hundes übertönte meine Stimme. Mao Ling kehrte ins Haus zurück.

Es war quälend, ihr so nah zu sein und sie trotzdem nicht auf mich aufmerksam machen zu können. Unsicher, was ich als Nächstes tun sollte, verharrte ich reglos auf der Stelle. Gegen neun Uhr abends spürte ich Regentropfen im Gesicht. Ich wusste, dass die Wachen nun auf das Dach des Küchenhauses unserer Nachbarin steigen würden, um die Störsender abzudecken. Von dort aus würden sie mich sofort sehen, wenn ich mich nicht wegbewegte. Mittlerweile war es dunkel, aber die starken Scheinwerfer leuchteten jeden Winkel der Nachbarschaft aus. So schnell ich konnte, kroch ich wieder hinter die Ecke des Hauses.

Wenige Minuten später hörte ich die Wachen auf dem Dach. Sie unterhielten sich, während sie Planen über die Geräte zogen. Der Hund im Hof unseres geistig behinderten Nachbarn begann zu bellen und beruhigte sich erst, als die Wachen zehn Minuten später wieder vom Dach herunterstiegen. Ich lag am Boden und wartete, bis der Lärm nachließ. Ich dachte über meine Möglichkeiten nach. Ich wollte Kontakt zu Mao Ling oder den Bewohnern des Nachbarhauses aufnehmen, aber selbst wenn mir das gelang, war nicht klar, wie sie mir helfen konnten. Keine der beiden Familien besaß ein Auto, und ich konnte sie nicht bitten, mir ein Taxi zu rufen. Ein Taxi würde sofort für Aufsehen sorgen, da diese Leute noch nie mit dem Taxi gefahren waren. Ich begriff, dass mir niemand helfen konnte. Ich würde es allein schaffen müssen.

Als sich die abendliche Stille über das Dorf legte, konnte ich alle Geräusche vollkommen klar hören. Die Wachen nahmen paarweise ihre Positionen für die Nachtschicht ein. Sie plauderten beiläufig oder vertrieben sich die Zeit mit Spielen auf ihren Handys.

Ich hörte das leise Trippeln des Nieselregens und das leichte Rascheln einer Frühlingsbrise in den Baumkronen. Ich folgte den Schritten einer Person, die durch das Dorf ging, und den vertrauten Hundestimmen, die sie begleiteten. Ich konnte sogar vereinzelte Autos hören, die auf der fernen Nationalstraße am Dorf vorbeifuhren. All diese Geräusche waren gut voneinander zu unterscheiden, und ich wusste, dass die Wachen jedes meiner Geräusche hören würden.

Ich musste mich bewegen. Ich wandte mich vom Haus meines Freundes ab und kroch und humpelte durch ein Dickicht neu gepflanzter Setzlinge in östlicher Richtung. Ich versuchte, mich auf eines der Bäumchen zu stützen, aber es brach fast unter meinem Gewicht. Am anderen Ende der Fläche stieß ich an eine Steinmauer von etwa anderthalb Metern Höhe. Sie war neu. Früher war an dieser Stelle eine Holztür gewesen. Die Steine waren anscheinend nur locker aufeinander gestapelt worden, weshalb es nicht ratsam war, auf die Mauer zu steigen. Stattdessen entschloss ich mich, Stein für Stein herauszunehmen, um eine Öffnung zu schaffen, durch die ich krabbeln konnte.

Der Fuß war mittlerweile derart angeschwollen, dass ich das Gefühl hatte, der Schuh würde platzen. Als ich aufstand, um die obersten Steine aus der Mauer zu nehmen, konnte ich einen Schmerzensschrei nur mit Mühe unterdrücken. Aber in der folgenden Stunde gelang es mir, Stein für Stein behutsam aus der Mauer zu nehmen und vorsichtig auf den Boden zu legen. Ich wusste, dass die Wachen jeden noch so geringen Schlag hören würden. Endlich hatte ich eine ausreichend große Bresche in der Mauer geöffnet. Ich kroch hindurch.

Es regnete noch immer. Ich tastete mich zum Tor eines Familienhofs links an der Mauer. Daneben schlängelte sich die betonierte Straße durch das Dorf. Ich versuchte, die Umgebung zu verstehen und spitzte die Ohren, um jedes Geräusch aufzunehmen. Ich wusste, dass die Straße mit Scheinwerfern beleuchtet wurde, die hoch über den Dächern an Pfosten hingen. Wenn ich diese Straße überquerte, würde ich für jedermann sichtbar sein. Ich durfte keinen Fehler begehen.

In diesem Augenblick wurde ich von plötzlicher Nervosität erfasst und zog mich instinktiv durch die Bresche in der Mauer zurück. Kaum hatte ich mich auf der anderen Seite hingekauert, da hörte ich Schritte auf der Straße. Sie kamen näher. Vermutlich war es eine Patrouille, die kontrollierte, ob die auf das Dorf verteilten Wachen auf ihren Posten waren und nicht schliefen. Mein Herz raste: Hätte ich wenige Augenblicke gezögert, so wäre ich entdeckt worden.

Mittlerweile war es fast Mitternacht. Unvermittelt hörte es auf zu regnen, und der Wind legte sich. Über dem Dorf lag nun eine schwere Stille. Ich hörte, wie ein Wachmann auf der anderen Seite der Mauer seine Sitzbank über die Straße zog. In mir stieg Angst auf: Hatte ich eine einmalige Gelegenheit versäumt? Jetzt würde der Mann meine Bewegungen klar hören können. Mir blieb nichts anderes übrig, als zu warten. Um nicht im Schlamm sitzen zu müssen, ließ ich mich auf einem Stein nieder.

Die Stille schien nicht mehr enden zu wollen. Dann krähte ein Hahn. Ich erkannte alle Hähne im Dorf an ihren Rufen. Dies war einer von meinen Vögeln, der normalerweise um halb zwei in der Nacht zum ersten Mal krähte. Ich dachte an meine Familie: Schliefen sie oder lagen sie wach und fragten sich, was aus mir geworden war? Sie ahnten nicht, dass ich nur wenige Häuser entfernt in der Dunkelheit hockte und unseren Hahn genauso hören konnte wie sie.

Wenige Minuten später benetzten ein paar Wassertropfen mein Gesicht. Bald wurde der Regen wieder stärker, und die jungen Blätter der Bäume begannen in einer leichten Brise zu rascheln. Und wieder schleifte der Mann um die Ecke seine Bank über die Erde. Ich wusste, was er tat: Er gab seinen Posten im Regen auf, um unter dem Vordach eines Hauses Schutz zu suchen. Das war meine Chance. Ich musste so rasch wie möglich auf die andere Straßenseite gelangen, bevor der Morgen anbrach.

Ich lauschte erneut auf irgendwelche Hinweise auf Bewegung. Da nichts zu hören war, kroch ich wieder durch die Öffnung in der Mauer, aber diesmal bewegte ich mich nicht nordwärts auf das Tor zu, sondern direkt zum Straßenrand. Ich dachte einen Augenblick daran aufzustehen, entschloss mich jedoch zu kriechen, weil das leiser war. Ich nutzte auch eine Fähigkeit, die ich schon im Alter von drei oder vier Jahren entwickelt hatte, eine Art Echolot, wie sie Fledermäuse einsetzen. Indem ich ein «Schhhh» hauchte, nicht lauter als eine Brise in einer Pinie, konnte ich aus dem zurückkehrenden Schall schließen, was vor mir lag: ein großes Objekt, eine Mauer, Bäume, ein Feld. Ich zischte kaum hörbar und lauschte auf die Geräusche der auf dem Boden aufkommenden Regentropfen, die mir Hinweise auf die Beschaffenheit der Oberflächen in meiner Umgebung gaben. Ich strich mehrfach mit den Handflächen über den Straßenbelag: Nicht einmal ich selbst konnte ein Geräusch hören.

Als ich sicher war, dass kein großes Hindernis auf meinem Weg lag, kroch ich los. Ein Mensch, der sehen konnte, hätte mich unmöglich übersehen können: Im grellen Licht der Scheinwerfer krabbelte ich wie ein Insekt auf allen vieren und mit gesenktem Kopf über die Straße. Mein Herz raste. Einen Augenblick lang hatte ich die Gewissheit, dass sie mich jetzt entdecken würden. Aber als ich die andere Seite erreichte, herrschte immer noch Stille.

Ich hörte erneut unseren Hahn krähen. Es war jetzt gegen zwei Uhr morgens. Ich hatte sieben Mauern überwunden, aber weniger als hundert Meter zurückgelegt. Meine Brille und meine Uhr waren zerbrochen, und der pochende Schmerz in meinem Fuß war kaum zu ertragen. Mir blieben nur noch wenige Stunden bis zum Morgengrauen. Hatte ich bis dahin nicht das Nachbardorf Xishigu erreicht, so würde mein Fluchtversuch scheitern. Abgesehen von dem Schutz, den mir Häuser und Mauern boten, würde ich mich nirgendwo verstecken können. Auf den Feldern außerhalb des Dorfes standen keine Scheinwerfer, aber die Wachen hatten starke Taschenlampen, die sie beim geringsten Geräusch einschalten würden.

Nachdem ich die Straße einmal überquert hatte, lag das gefährlichste Stück meines Fluchtwegs hinter mir. Ich hatte den innersten

Belagerungsring durchbrochen. Die Patrouillen, die Tag und Nacht mein Haus und die Häuser meiner Nachbarn bewachten, hatten mich nicht bemerkt. Zwar hatte ich seit mehr als fünfzehn Stunden nichts gegessen oder getrunken und war immer noch weit von der Freiheit entfernt. Aber wenn es mir gelang, mich weiter zu bewegen, konnte ich es bis nach Xishigu schaffen. Und dann brauchte ich etwas zu trinken, einen Unterschlupf – und ein Auto, das mich weit, weit wegbringen würde.

Als ich auf der anderen Seite der Straße einige Meter zurückgelegt hatte, fand ich mich in einer Umgebung wieder, die ich kaum wiedererkannte. Auf dieser Straßenseite lag der Gemüsegarten der Kommune, an den ich mich gut erinnerte. Aber mittlerweile war er teilweise mit einem Zementweg von etwa einem Meter Breite zugepflastert worden. Ich tastete mich an den Wurzeln und Ästen von Bäumen entlang und folgte dem Weg halb kriechend, halb humpelnd, bis er abrupt bei einem alten Gewächshaus endete. Ich versuchte, es zu durchqueren, aber der Ausgang auf der anderen Seite war versperrt, weshalb ich umkehren musste. Wieder draußen im Garten, stieß ich auf eine Reihe erhöhter Beete. In einigen wuchs Knoblauch. Ich wich einigen Pflanzen und kleinen Bäumen aus, die mir den Weg versperrten, und folgte meinem Gehör bis zu der Mauer, die den Garten umschloss. Ich entsann mich, dass die Mauer an eine Dammböschung grenzte, an deren Fuß eine Sandstraße verlief. Ich wälzte mich über die Mauer, brachte mich vorsichtig in Position und rutschte die Böschung hinunter.

Ich krabbelte über die Straße, kroch in einen flachen Wassergraben, durch den das Regenwasser in den Meng geleitet wurde, und kletterte auf der anderen Seite zu einem Gehölz hinauf. Von Hunger und Anstrengung geschwächt, tastete ich mit den Händen nach einem Ast, den ich als Krücke verwenden konnte. Doch ich fand keinen. Also kroch ich auf einem unebenen, vom Regen aufgeweichten Pfad weiter. Hin und wieder versuchte ich, auf die Beine zu kommen und die Ferse des verletzten Fußes zu belasten, aber der überwältigende Schmerz zwang mich jedes Mal wieder zu Boden. Ich biss die Zähne zusammen und bewegte mich auf allen vieren weiter. Bald tränkte das Blut aus meinen aufgeriebenen Ellbogen und Knien meine Kleidung. Nach einer Weile hielt ich inne, überwältigt von dem Verlangen, mich hinzulegen und einfach in der feuchten, schwarzen Erde zu versinken. Aber ich wusste, dass ich weitermusste. Wenn ich jetzt liegen blieb, war alles vorbei.

Langsam und unbeholfen quälte ich mich vorwärts, bis ich einen weiteren Pfad erreichte, den ich aus meiner Kindheit kannte, der im Lauf der Jahre jedoch von Bäumen und Dornbüschen überwuchert worden war. Ich erinnerte mich, dass östlich dieses Pfads scharfkantige Felsen lagen. Im Westen fiel das Gelände zu einer Sandgrube ab, in der das Wasser manchmal neun Meter hoch stand. Ich schleppte mich weiter. Immer wieder musste ich anhalten, um Schlammklumpen von meinen Stoffschuhen zu entfernen. Ich bewegte mich nach wie vor so leise wie möglich. Auch in dieser Gegend waren Wachen unterwegs; meine Mutter hatte berichtet, wo sie auf den Feldern Position bezogen hatten. Ich versuchte, mich von diesen Punkten möglichst fernzuhalten.

Ich kam nur langsam voran, aber nach fast zwei Stunden erreichte ich einen zerklüfteten, felsigen Abhang, der zum Fluss hin abfiel. Das Quaken der Frösche erlaubte mir, den Lauf des Flusses und meine Entfernung vom Wasser zu bestimmen. Hier war das Gelände besonders steinig, steil und gefährlich. Ich wollte dem Flusslauf folgen und nah – aber nicht zu nah – bei diesen Klippen bleiben. Ich warf immer wieder Steine hinunter, um die Entfernung zum Wasser einzuschätzen.

Ich gelangte zum nächsten Orientierungspunkt, einem alten Pumpenhaus. Dort war ich oft als Kind mit meinem Vater gewesen. Das Pumpenhaus stand mit der einen Seite am felsigen Ufer; die andere grenzte an ein großes steinernes Aquädukt, über das früher das Wasser auf die Felder geleitet worden war. Ich erinnerte mich an eine kleine Öffnung am Fuß der Wasserleitung und des Pumpenhauses. Ich zwängte mich durch das Loch und setzte meinen Weg fort.

Ich kroch und humpelte in westlicher Richtung an dem bewaldeten Ufer entlang. Zu den Rufen der Frösche gesellten sich erste Geräusche, die das Morgengrauen ankündigten. Über meinen Köpfen zwitscherten Spatzen, und in der Ferne begannen im Dorf die Motoren von Auto-Rikschas zu knattern. Der Tag brach an. Meine Zuversicht wuchs ein wenig. Ich hatte den Fluss noch nicht überquert, aber ich war schon auf dem Gebiet von Xishigu.

Kurze Zeit später erreichte ich einen Graben. Hier mündete ein kleiner Bach, der sich aus den Bergen im Süden herabschlängelte, in den Meng. Mittlerweile war ich vollkommen durchnässt. Ich suchte eine Weile nach einer Reihe von Trittsteinen, die ich vor vielen Jahren benutzt hatte, konnte sie jedoch nicht finden. Also durchquerte ich den Bach auf Händen und Knien und krabbelte langsam auf einem schmalen Pfad weiter. Ich war auf der Suche nach einem alten, offenen Brunnen, bei dem ich vor zwanzig Jahren das letzte Mal gewesen war. Er lag genau am Weg. Nachdem ich ihn gefunden und umrundet hatte, erreichte ich ein Erdnussfeld. Die jungen Pflanzen waren mit Plastikfolie abgedeckt, in denen sich über Nacht Regenwasser gesammelt hatte. Ich beugte mich hinunter, um zu trinken, aber es waren nur wenige Tropfen.

Ich hielt einen Augenblick inne und lauschte auf die Klänge, die aus der Richtung kamen, in die ich mich bewegte. Nicht weit entfernt hörte ich das Murmeln des Flusses, der unter der Brücke von Xishigu hindurchströmte. Ich schleppte mich weiter und erreichte den kommunalen Gemüsegarten von Xishigu. Meine Hände strichen über Lauch, Zwiebeln, Knoblauch, Salat und Raps. Ein heißer Schmerz pulsierte in meinen Knien und meinem Fuß, aber ich hatte die Brücke erreicht. Ich befand mich am Rand des Nachbardorfes.

Einige Monate früher hätte meine Flucht vermutlich hier geendet. Damals, als die Behörden die Sicherheitsmaßnahmen auf die Spitze getrieben hatten, waren auf dieser Brücke acht Wachen postiert gewesen. Aber in letzter Zeit hatten sich meine Belagerer etwas entspannt.

Bei dem Gedanken daran, wie verdreckt ich sein musste, begann ich mir Sorgen zu machen, ob irgendjemand bereit sein würde, mir in diesem Zustand zu helfen. Sollte ich mir einige Minuten Zeit nehmen, um mich im Fluss zu waschen? Da es jeden Augenblick heller wurde, entschloss ich mich, möglichst rasch nach Xishigu zu gelangen, wo ich auf ebenem Weg leichter vorankommen würde.

Ich überquerte die Brücke und humpelte ins Dorf. Es war noch sehr still dort. Ich hoffte, dass die Leute mich erkennen würden, dass sie mit meiner Sache sympathisierten und mir helfen würden, aber ich konnte nicht ausschließen, dass mich jemand an die Behörden ausliefern würde. Aus einem der Häuser drang ein Schnarchen, und der Geruch verriet mir, dass im Hof Hühner gehalten wurden. Ich schlüpfte in den Hof und klopfte an die Haustür. Hinter der Tür murmelte jemand etwas. Ich bat um Wasser, erhielt jedoch keine Antwort. Also humpelte ich am Nordufer des Flusses in westlicher Richtung weiter. Aus jedem Hof, dem ich mich näherte, drang mir wütendes Gebell entgegen. Die Bewohner einiger Häuser kamen heraus, um nachzusehen, warum die Hunde so unruhig waren. Eine Tür schloss sich wieder; der Bewohner des Hauses war anscheinend beim Anblick meiner mit Schlamm überzogenen Figur erschreckt. Mein Herz raste vor Angst: Würde mir jemand helfen? Wie lange konnte ich noch durchhalten?

Ich wusste wenig über die Anordnung der Häuser in Xishigu und konnte nur meinem Gehör folgen. Aus der Dachrinne eines an die Straße angrenzenden Gebäudes hörte ich Regenwasser auf die Straße fallen. Ich fing etwas davon auf, um mir die Hände zu waschen und ein wenig von der Schlammschicht abzuschwemmen, die meinen Körper bedeckte. Ich schleppte mich weiter, fand ein Tor, hörte Geräusche und klopfte an: «Können Sie mir ein wenig Wasser geben?» Jemand wies mich an zu warten. Wenige Augenblicke später kam eine Frau aus dem Haus, die nach ihrer Stimme zu urteilen etwa fünfzig Jahre alt war. Sie reichte mir einen Schöpflöffel voll Wasser. Ich tat einen Schritt in das Tor, trank gierig und dankte ihr.

«Woher kommen Sie?», fragte die Frau.

«Aus dem Osten.» Seit Stunden hatte ich mit keinem Menschen mehr gesprochen.

«Woher im Osten?» Offensichtlich erkannte sie mich nicht.

«Ich bin Chen Guangcheng aus Dongshigu.»

Ihr Schweigen verriet ihre Verblüffung. Dann sagte sie: «Wie sind Sie entkommen?»

«Das ist eine lange Geschichte», antwortete ich. «Können Sie mir helfen?»

«Wie?»

«Helfen Sie mir, ein Taxi zu rufen.»

«Hier im Dorf gibt es keine Autos», sagte sie. «Sie müssten ziemlich weit gehen, um eines zu finden.» Diese Antwort überraschte mich nicht, in China besitzt auf dem Land kaum jemand ein Auto.

Ich fragte die Frau, ob sie einen Dorfbewohner namens Liu Yuancheng kenne und wisse, wie weit es bis zu Lius Haus sei. Sie antwortete, sie werde Yuancheng holen gehen und in etwa einer Viertelstunde zurück sein. Ich wollte mit ihr gehen, aber dann wurde mir klar, dass ich mich nicht mehr bewegen konnte: Hunger und Schmerzen hatten mich überwältigt. Vollkommen erschöpft lehnte ich mich an die Mauer und wartete auf die Rückkehr der Frau.

Liu Yuangcheng kannte ich seit 2005. Er war im Verlauf der Geburtenkontrollkampagne brutal zusammengeschlagen und bewusstlos am Straßenrand zurückgelassen worden. Ich hatte ihm bei der Vorbereitung einer Klage gegen die Verantwortlichen geholfen, und wir hatten uns angefreundet. Ich hoffte, dass er mir helfen würde.

Nach kurzer Zeit kehrte die Frau mit Liu Yuanchengs Frau zurück. «Wer sind Sie?», fragte sie. Zweifellos verwirrte meine schmuddelige Erscheinung sie.

«Ich bin Guangcheng!» Ich schrie sie fast an, um sie davon zu überzeugen, dass ich es war.

Sie war geschockt. Sie wollte mehr über meine Flucht und meine Wunden wissen, aber ich musste weiter. Die beiden brachten mich zu Yuanchengs Haus, wo mich seine Frau in einen kleinen Schuppen im Hof führte. «Hier wird Sie niemand finden», sagte sie. «In diesem Schuppen bewahren wir normalerweise das Heu für die Kühe auf. Hier geht nie jemand hinein.»

Zum ersten Mal seit meinem Ausbruch fühlte ich mich nicht vollkommen ausgeliefert. Nach einer Weile erschien auch Yuancheng selbst. Er versprach, alles für mich zu tun, was in seiner Macht stehe. Seine Frau brachte mir drei Schalen Wasser, die ich nacheinander leertrank. Ich zog meine durchnässten und mit Schlamm verschmierten Sachen aus und schlüpfte in saubere Kleidung, die Yuanchengs Sohn gehörte. Jeder Zollbreit meines Körpers schien zu schmerzen.

Ich sprach Yuanchengs Frau mit der auf dem Land üblichen Anrede an: «Schwägerin», sagte ich, «bitte besorgen Sie mir ein Taxi, damit ich aus Shandong fliehen kann. Ich kann den Fahrer bezahlen, und dann werden mir Freunde weiterhelfen.» Ich hatte ein wenig Geld bei mir, das Weijing und ich für meine Flucht gespart hatten. Yuanchengs Frau ging los, um ein Taxi zu suchen. Yuancheng drängte mich auszuruhen, und als ich mich erst einmal im Stroh niedergelassen hatte, dachte ich, dass ich nie wieder aufstehen würde. Mein Körper war vollkommen zerschlagen, aber mein Verstand kam nicht zur Ruhe. Ich wurde den Gedanken nicht los, dass Yuanchengs Frau kein Taxi finden würde.

Nach etwa einer Stunde kehrte sie zurück. Ich fragte sie, ob sie einen Wagen gefunden habe.

Sie verneinte. Sie war bis zum Dorfrand gegangen und von dort mit dem Fahrrad bis nach Dongshigu gefahren. «Ich habe an jeder Kreuzung Wachen gesehen», sagte sie. «Anscheinend haben sie Ihre Flucht noch nicht entdeckt, aber es wäre viel zu gefährlich für Sie, Ihren Weg alleine fortzusetzen.» Yuanchengs Frau war auch zum Haus von Älterer Bruder gegangen. Er war in Linyi, aber sie hatte meine Schwägerin angetroffen, die ihr versichert hatte, sie werde einen Weg finden, um ihn zu erreichen.

Ich war dieser tapferen Frau dankbar, aber ich musste ihr sagen, dass sie ein großes Risiko eingegangen war. In Dongshigu hingen überall Überwachungskameras, und ihr Besuch war zweifellos aufgenommen worden. «Keine Sorge», antwortete sie. «Sie haben es ja heraus geschafft.»

Sie kochte eine Schale Nudeln für mich, und ich bemühte mich, sie herunterzuwürgen. Obwohl ich ausgehungert war, fiel es mir sehr schwer, etwas zu mir zu nehmen. «Wir waren alle in Sorge um Sie», sagte Yuanchengs Frau, «aber wir konnten nichts tun – wer versuchte, sich Ihrem Haus zu nähern, wurde bestraft oder zusammengeschlagen. Ihre Schwägerin wird gegen Mittag kommen. Bis dahin sollten Sie sich ausruhen.»

Ich schlief bis zum späten Nachmittag. Als ich aufwachte, war die Lage unverändert. Niemand hatte irgendwelche Neuigkeiten für mich, niemand wusste, was wir tun sollten. Ich konnte mich vor Schmerzen kaum rühren. Liu Yuancheng und seine Frau waren nervös. Sie waren mehrere Male zum Ortseingang von Xishigu gegangen, um nachzusehen, ob alles ruhig war.

«Helft mir, ein Auto zu beschaffen», sagte ich zu Yuancheng. «Um alles andere werde ich mich kümmern.» Er war strikt dagegen. «Das würde nicht funktionieren», sagte er. «Wenn sie dich sehen, werden sie dich töten. An den Busstationen und Bahnhöfen sind Parteileute postiert. Sie sind überall. Deine Schwägerin wird sich etwas einfallen lassen.»

Um neun Uhr am Abend war sie immer noch nicht aufgetaucht. Ich war entschlossen, allein aufzubrechen, aber Yuancheng hielt mich mit sanftem Druck zurück. Er sagte, dieses Risiko könne ich unmöglich eingehen. Mir fiel ein, dass mir mein Neffe Chen Hua möglicherweise helfen konnte. Yuanchengs Frau erklärte sich bereit, ihn am nächsten Morgen aufzusuchen. In großer Unruhe wartete ich auf das Morgengrauen.

Als es hell wurde, machte sich Liu Yuanchengs Frau auf den Weg in die Hügel, wo Chen Hua lebte. Sie nahm einen Korb mit, als ginge sie Kräuter sammeln. Sie traf meinen Vetter in seinem Haus an und erzählte ihm, was geschehen war. Chen Hua versprach, später selbst nach Xishigu zu kommen, um keinen Verdacht zu erregen.

Gegen acht Uhr morgens tauchte endlich meine Schwägerin auf. Sie hatte am Vortag nicht kommen können, weil sie in ein Nachbardorf hatte laufen müssen, um meinen älteren Bruder Guangfu anzurufen, der in Linyi arbeitete. Als sie ihn schließlich erreichte, versprach er, alles zu tun, um mich in Sicherheit zu bringen.

Ich war nicht sicher, wohin ich mich wenden sollte. Yuangcheng riet mir, in die Berge zu fliehen und mich einige Jahre dort zu verstecken, da ich mich gegenwärtig in einer ausweglosen Lage befände. Meine Schwägerin stimmte ihm zu. Mein Bruder hatte ihr von einem Mann erzählt, der sich vor kurzer Zeit in ein amerikanisches Konsulat geflüchtet hatte. Die Polizei hatte das Gebäude umstellt, und schließlich war ihm nichts anderes übrig geblieben, als das Konsulat wieder zu verlassen.

«Wer war der Mann?», fragte ich. Ich vermutete, dass er vielleicht ein Menschenrechtsaktivist war. «Er war ein Funktionär und wurde von der Partei weggebracht», antwortete sie. Da ich mehr als ein Jahr vollkommen von der Außenwelt abgeschnitten gewesen war, konnte ich die Bedeutung dieses Vorfalls nicht einschätzen.

Ich bat meine Schwägerin, noch etwas für mich zu tun. Sie sollte nach Dongshigu zurückzukehren und einen Weg finden, um Weijing sechs Äpfel zukommen zu lassen – und wenn sich keine Äpfel finden ließen, dann eben sechs Stück von irgendetwas anderem. Sie sagte, sie werde es versuchen.

Endlich traf Chen Hua ein, der nach kurzer Zeit wieder aufbrach, um ein Auto zu finden. Eine Stunde später war er zurück und eröffnete mir, dass vor der Tür ein Taxi wartete. Hua hatte sich zunächst an einen Freund gewandt, der jedoch nicht in die Sache verwickelt werden wollte und sich auch mit Geld nicht überzeugen ließ. Als Nächstes war er zur Busstation gegangen und hatte einen Taxifahrer gesucht, dem er erzählte, dass sein älterer Bruder krank sei und ins Krankenhaus gebracht werden müsse.

Die Gasse vor Yuanchengs Haus war extrem schmal, weshalb es

eine Weile dauerte, bis der Taxifahrer einen Weg fand, um direkt vor Yuanchengs Hoftor zu parken. Als die Dorfbewohner das Motorengeräusch hörten, kamen sie aus ihren Häusern, um nachzusehen, weshalb ein Auto ins Dorf gekommen war. Sie wollten wissen, wo wir hinfuhren, und Yuancheng erklärte ihnen, wir seien auf dem Weg nach Jiehu. Dieser Ort lag in der entgegengesetzten Richtung unseres Ziels. Yuancheng holte mehrere Bündel Maisstiele aus dem Hof und stapelte sie auf der Straße zwischen dem Auto und der Hofmauer, um den neugierigen Nachbarn den Blick zu verstellen. Chen Hua wollte sogar verhindern, dass mich der Fahrer zu Gesicht bekam, denn wir konnten nicht wissen, auf welcher Seite er stand. Also lud Yuancheng den Fahrer zum Tee ins Haus ein, während Chen Hua einige Dinge zusammentrug, die wir brauchen würden. Er bedeckte meinen Kopf mit meinem Mantel. Ich sagte ihm, wenn jemand Fragen stelle, solle er erklären, ich sei krank und wolle mich vor der kühlen Brise schützen.

Chen Hua führte mich rasch aus dem Haus und half mir ins Taxi. Ich legte mich auf der Rückbank flach auf den Bauch, Chen Hua setzte sich auf den Beifahrersitz. Dann kam Yuancheng mit dem Fahrer, und endlich setzte sich der Wagen in Bewegung. Jetzt kam ich zum ersten Mal ein wenig zur Ruhe.

Nach einer etwa einstündigen Fahrt erreichten wir gegen Mittag Xintai, eine Ortschaft an der Straße nach Peking, wo Chen Huas Tante lebte. Hier machten wir Halt. Mein Neffe half mir aus dem Wagen und bezahlte den Fahrer.

Mittlerweile hatte der dritte Tag meiner Flucht begonnen. Wir ruhten uns in einem öffentlichen Park aus. Ich bat Chen Hua, Wasser, Dampfbrötchen sowie ein billiges Kurzwellenradio und ein gebrauchtes Handy kaufen zu gehen. Er kehrte mit einem Telefon zurück, dessen Batterie noch nicht vollkommen entleert war. Ich rief sofort zwei Personen an: Liu Guohui, der uns zu Neujahr 2011 besucht hatte, sowie einen weiteren Sympathisanten. Ich erreichte beide, musste jedoch auf ihren Rückruf warten.

Umgeben von so vielen Menschen stieg erneut Angst in mir auf, und ich bat Chen Hua, mich an einen ruhigeren, etwas abgeschiedenen Ort zu bringen. Auf meinen Neffen gestützt, humpelte ich los. Wir irrten fast drei Stunden durch die Stadt, bis wir endlich einen Ort fanden, der uns sicher schien. Wir ließen uns auf einer steinernen Treppe am Ufer eines Flusses nieder. Hier aßen wir etwas und unterhielten uns über die Geschehnisse. Anschließend schickte ich Hua zu seiner Tante, wo er das Handy aufladen und versuchen konnte, weitere Hilfe zu finden.

Ich wartete bis lange nach Einbruch der Dunkelheit am Flussufer. Im Radio hörte ich Berichte über den dramatischen Sturz des Politikers Bo Xilai. Bos früherer Stellvertreter Wang Lijun hatte sich in ein amerikanisches Konsulat geflüchtet, war von den Amerikanern jedoch umgehend ausgeliefert worden. Dies war der Zwischenfall, den meine Schwägerin gemeint hatte. Diese Nachricht gab mir zu denken, betraf sie doch meine eigenen Fluchtmöglichkeiten.

Gerade als ich begann, mir Sorgen über Chen Huas Verbleib zu machen, hörte ich seine Stimme: «Fünfter Onkel! Fünfter Onkel!» Aufgeregt rief er: «Ich habe Leute mitgebracht, die dir helfen werden!»

«Wen?», fragte ich.

Dann hörte ich die Stimme von Älterer Bruder. «Guo Yushan und Pearl sind gekommen, um dich zu holen», sagte er. «Schnell, wechsle deine Sachen, damit wir aufbrechen können.»

«Wohin gehen wir?», fragte ich.

«Nach Peking.»

Einen Augenblick später hörte ich Guo Yushan. «Yushan, Bruder!», rief ich.

«Bruder!», jubelte Yushan und schloss mich in die Arme. Ich war meinem alten Freund nicht mehr begegnet, seit wir 2005 gemeinsam unter schwierigsten Bedingungen Nachforschungen über die Geburtenkontrollkampagnen angestellt hatten. Jetzt waren wir unter dramatischen Umständen wiedervereint.

Yushan reichte mir frische Kleidung und einen Hut. Er wollte sofort aufbrechen.

«Wohin gehen wir?», fragte ich erneut.

«Nach Peking», antwortete er.

«Sind wir in Peking sicher?»

«Wir haben uns um alles gekümmert», sagte er. «Sie werden dich nicht finden.»

Yushan führte mich zu ihrem Auto, einem VW Passat. Der Fahrer, ein mit Yushan befreundeter Universitätsprofessor, konnte es kaum glauben, mich zu sehen. «Sie sind wirklich Chen Guangcheng!», rief er.

Ich verabschiedete mich von Chen Hua und bat ihn, so schnell wie möglich zu seiner Tante zurückzukehren. Ich setzte mich auf die Rückbank des Autos, flankiert von meinem Bruder und Chen Huas Vater, der Yushan hierher begleitet hatte. Yushan nahm auf dem Beifahrersitz Platz. In einem zweiten Wagen folgten uns Pearl und ein Freund von Yushan namens Ding Ding. Sie würden uns abschirmen oder etwaige Verfolger ablenken. Außerdem wollten wir im Fall des Falles vermeiden, alle auf einmal in Gefangenschaft zu geraten.

Wir waren erst wenige Minuten unterwegs, als der Passat zu rumpeln begann, langsamer wurde und stehenblieb. In meinen Schläfen pochte das Blut. Ausgerechnet in diesem Moment hatten wir einen Platten. Yushans Freund war nervös geworden, hatte nicht auf die Straße geachtet und war viel zu schnell über eine Bremsschwelle gefahren. Wir warteten nervös, während der Fahrer den Reifen wechselte. Dort am Straßenrand drohte uns die Entdeckung. Es war zehn Uhr abends. Um diese Zeit waren nur wenige Autos auf der Landstraße unterwegs, womit die Wahrscheinlichkeit stieg, dass eine Polizeistreife stehen bleiben und unsere Ausweise verlangen würde. Dann wäre alles vorbei. Aber nach einer Weile konnten wir die Fahrt fortsetzen, mein Atem beruhigte sich wieder.

Ich saß geduckt auf der Rückbank und sprach mit Yushan darüber, wie wir vorgehen sollten. Wir beschlossen, Pearl und Ding Ding zu bitten, Älterer Bruder und Chen Huas Vater nach Dongshigu zurückzubringen. Also fuhren wir an den Straßenrand. Yushan stieg aus und ging zum zweiten Wagen zurück, um Pearl zu holen, damit ich sie begrüßen konnte. Wir umarmten uns – wir begegneten uns zum ersten Mal, aber meine Freunde hatten mir von ihren Versuchen berichtet, mich in Dongshigu zu besuchen. Sie wirkte beinahe beschämt, aber ich war sehr gerührt und dankte ihr für alles, was sie für mich getan hatte. Yushan erklärte ihr, was sie und Ding Ding tun sollten, und wir vereinbarten, uns in Peking wiederzusehen.

Ding Ding und Pearl fuhren mit meinem Bruder und Chen Huas Vater weg, und wir brachen zu einer langen Nachtfahrt auf. Als wir knapp vierhundert Kilometer südlich von Peking bei Tai'an auf die Autobahn gefahren waren, begann ich mich zu entspannen. Jetzt sank die Wahrscheinlichkeit, dass uns die Polizei anhalten würde. Wenige Minuten später kamen wir am heiligen Berg Tai vorbei, der seit mehr als dreitausend Jahren ein Pilgerziel ist, weil er Geburt und Erneuerung symbolisiert. Ich hoffte auf eine Wiedergeburt in den folgenden Tagen, obwohl ich nicht wusste, ob sie möglich war. Im Augenblick konnte ich nur um mein Leben rennen.

Die Tage nach Guangchengs Flucht waren schwer zu ertragen. Wir konnten kaum essen oder schlafen. Obwohl die Wachen anscheinend nichts bemerkt hatten, fürchtete ich mich sehr, dass sie ihn bereits gefunden hatten, dass mein Ehemann gefangen oder sogar getötet worden war. Aber obwohl mein Herz raste und mein Verstand nicht zur Ruhe kam, musste ich Gelassenheit vortäuschen und mich an den gewohnten Tagesablauf halten.

Zwei Tage nach Guangchengs Flucht, am Nachmittag des 22. April, verließ meine Schwiegermutter das Haus, um etwas über den Verbleib ihres Sohnes in Erfahrung zu bringen. Am Tor wurde sie von den Wachen aufgehalten. Einer der Männer übergab ihr ein kleines Paket und sagte: «Das hier hat ihre älteste Schwiegertochter für Sie abgegeben.» Sie brachte das Paket ins Haus, und ich riss es auf: Es waren sechs Packungen getrocknete Nudeln. Ein Glücksgefühl durchströmte mich. Am liebsten hätte ich vor Freude gesungen: Guangcheng war in Sicherheit! Ich lief zu Mama, beugte mich zu ihrem Ohr hinab und flüsterte ihr ins Ohr, dass Guangcheng wohlauf sei. Natürlich verstand sie nicht, wie ich das wissen konnte, denn wir hatten ihr nichts von der Bedeutung der Zahl Sechs erzählt.

Guangchengs Nachricht hatte uns neuen Mut eingeflößt, und wir gingen unseren täglichen Verrichtungen nach, als hätte sich nichts geändert. Kesi rief weiterhin nach ihrem Baba, wenn sie von der Schule heimkehrte. Ich kochte, putzte, trug die Nachttöpfe hinaus und täuschte jeden Abend vor, Guangchengs Füße zu waschen: Ich füllte die Schüssel mit warmem Wasser und leerte sie später im Hof aus.

Zwei Tage später, am 24. April, wurde meine Zuversicht erschüttert. Als wir uns am Abend schlafen legten, prasselte ein heftiger Frühlingsregen gegen die Fenster. Ich lag im Dunkeln und folgte mit den Augen dem Lichtstrahl der Taschenlampe eines Wärters, der die kahlen Wände des Raums abtastete. Der Mann drehte gerade seine Runde. Gegen neun Uhr erhob sich ein kräftiger Wind. Plötzlich begannen zahlreiche Lichtstrahlen im Hof zu tanzen, ich hörte Schritte und aufgeregte Rufe. Ich kroch zu einer Spalte in der Tür und spähte mit einem Auge hindurch. Ab und zu hob ich den Kopf, um einen kurzen Blick aus dem Fenster zu werfen. Einer der Männer, der sich mit einem Schirm vor dem Regen schützte, stapfte mit seiner Taschenlampe durch den Schlamm und setzte sich genau vor unsere Haustür.

Ich hatte furchtbare Angst, dass sie Guangchengs Verschwinden doch bemerkt hatten. Die Wachen suchten etwas. Sie durchkämmten den Hof und durchstöberten einen Haufen Feuerholz und Platten bei der Treppe, über die Guangcheng den Hof verlassen hatte. Dann hörte ich einen der Männer sagen: «Es ist nichts, nur ein Ast, der vom Wind abgerissen wurde.» Ich atmete auf – die Wachen hatten lediglich auf ein unerwartetes Geräusch reagiert. Sie hatten keine Ahnung, dass Guangcheng nicht mehr im Haus war. Einer nach dem anderen kehrten sie auf ihre Posten zurück.

Wir taten, was wir konnten, um Guangchengs Verschwinden so lange wie möglich geheim zu halten, damit er möglichst weit kom-

men konnte. Einige Tage nach seinem Ausbruch bemerkte Kesi, dass der Bambus in unserem Hof deutlich gewachsen war. Auf meine Anregung hin lief die Kleine unter den Blicken der Wachen ins Haus und rief: «Baba, Baba! Der Bambus ist ganz hoch gewachsen! Er ist schon höher als ich!» Ihr Mut verblüffte mich immer von neuem.

Es war sieben Jahre her, dass ich zum letzten Mal auf dieser Autobahn gefahren war. Im August 2005 war ich nach meiner Entführung vor Jiang Tianyongs Haus in Peking in der entgegengesetzten Richtung gefahren. Von da an hatte ich nur noch in Gefangenschaft gelebt. Jetzt war ich dank des mutigen Einsatzes meiner Freunde und Weggefährten wieder ein freier Mann.

Während wir uns im Schutz der Nacht der Hauptstadt näherten, unterhielt ich mich mit Yushan. Fasziniert und zugleich bedrückt erinnerten wir uns an all das, was in diesen sieben Jahren geschehen war, in unserem Leben und dem unserer Mitstreiter, in China und in der Welt. Yushan berichtete mir von den Entwicklungen außerhalb von Dongshigu; er erzählte von den Netizens, die versucht hatten, zu mir vorzudringen, und von seinen eigenen Schwierigkeiten in den letzten Jahren. Wir sprachen über den Kampf von Waffenbrüdern wie dem Künstler Ai Weiwei, der für seine Kritik am Regime schließlich unter Hausarrest gestellt worden war, und von Liu Xiaobo, der trotz des Friedensnobelpreises, der ihn in aller Welt bekannt gemacht hatte, immer noch im Gefängnis war und nicht mit der Außenwelt kommunizieren konnte.

Yushan berichtete mir auch über einige verstörende Geschehnisse, von denen ich im Gefängnis und während der Gefangenschaft in meinem Haus nichts mitbekommen hatte. Während des Arabischen Frühlings war bei der Führung in Peking die Sorge vor einer ähnlichen Volkserhebung in China gewachsen. Um einen «Chinesischen Frühling» zu vermeiden, hatte das Regime eine brutale Unterdrückungskampagne gestartet. Rund zweihundert Regimekritiker, darunter einige prominente Menschenrechtsaktivisten und Rechtsanwälte, waren ins Gefängnis gewandert oder spurlos verschwunden. Viele von ihnen waren mit unbeschreiblicher Grausamkeit behandelt worden. Einige der Inhaftierten, darunter Teng Biao, Jiang Tianyong, Tang Jitian, Zhang Yongpan und Xu Zhiyong, waren nach Wochen oder Monaten vollkommen traumatisiert und unfähig zu sprechen aus der Haft zurückgekehrt. Jiang Tianyong zum Beispiel war nackt ausgezogen und geschlagen worden. Als ich mir anhören musste, was das Regime meinen Freunden und Weggefährten angetan hatte, musste ich mit Schaudern an meine eigenen Erfahrungen im Gefängnis und während des Hausarrests zurückdenken.

Ich war müde und sehr hungrig, aber ich schaffte es nicht, zu schlafen oder etwas zu essen. Das stundenlange Gespräch hob meine Stimmung, und ich spürte, wie meine Angst mit jedem Kilometer, den wir uns von Dongshigu entfernten, ein wenig schwand. Auch der glühende Schmerz in meinem Fuß schien ein wenig nachzulassen. Yushan und ich überlegten, was wir tun sollten, wenn wir Peking erreichten. Ich sah keine Alternative, als die Aufmerksamkeit der höchsten politischen Ebenen auf meinen Fall zu lenken. Wenn es mir nicht gelang, für mich selbst und meine Familie Freiheit und Gerechtigkeit zu erlangen, würde ich auch für andere nichts erreichen. Außerdem musste ich mich rasch um meinen Gesundheitszustand kümmern. In der Hauptstadt, unter den Augen von Medien und Diplomaten, konnte die Partei unsere Rechte nicht so leicht mit Füßen treten, ohne Nachteile befürchten zu müssen. Und in Peking gab es den vielleicht einzigen vollkommen sicheren Ort in China: die amerikanische Botschaft.

Es begann hell zu werden, als wir kurz nach fünf Uhr morgens die äußerste Umfahrungsautobahn von Peking erreichten. Unser Fahrer, der seit fast acht Stunden am Steuer saß, weigerte sich, Yushan ans Steuer zu lassen. Er fuhr uns zu einer kleinen Wohnung in der Nähe einer Universität, die mir als Unterschlupf dienen würde. Dort würde mich He Zhengjun betreuen, ein zuverlässiger Aktivist aus Yushans NRO. Der Fahrer setzte uns vor dem Haus ab und fuhr sofort weiter zur Universität, wo er eine Vorlesung zu halten hatte.

Yushan führte mich in die Wohnung und fragte mich, was ich

brauchte. «Ein Kurzwellenradio», sagte ich, «eine sprechende Uhr für Blinde und eine Sonnenbrille.» Wir vereinbarten, dass ich unter keinen Umständen jemanden in die Wohnung lassen würde. Zhengjun und Yushan würden die Schlüssel mitnehmen, und da außer ihnen niemand meinen Aufenthaltsort kannte, war nicht damit zu rechnen, dass jemand an die Tür kam. Ich sollte ausruhen, und später würden wir die nächsten Schritte planen. Yushan und Zhengjun versprachen, am Abend zurückzukehren, und ließen mich allein.

Meine Flucht dauerte mittlerweile vier Tage, und nach allem, was ich durchgemacht hatte, schien mir diese ganz gewöhnliche Wohnung wie ein kleines Wunder des Alltagslebens. Seit meiner Flucht hatte ich kaum mehr als zehn Stunden Schlaf gefunden. Nun war ich an einem Ort, an dem ich eine ungewohnte Privatheit und Sicherheit genoss, ich lag in einem sauberen Bett und schlief fast augenblicklich ein.

Aber ich schlief nicht lange. Gegen elf Uhr vormittags weckten mich quälende Fragen. Wie ging es meiner Familie und meinen Freunden daheim? Wer in Peking konnte mir helfen, meine schwer erkämpfte Freiheit zu bewahren? Und wie konnte ich ärztliche Hilfe finden? Ich war immer noch in sehr schlechter Verfassung. Mein stark geschwollener Fuß schmerzte sehr, und einmal mehr litt ich unter schwerem Durchfall.

Ich setzte Teewasser auf und lauschte aufmerksam auf die Geräusche vor meinem Fenster. Zu meiner Sicherheit musste ich mich mit den normalen Klangmustern vertraut machen, um ungewöhnliche Vorgänge sofort erkennen zu können. Außerdem wollte ich die gewöhnlichen Klänge des Lebens aufnehmen, die ich seit Jahren nicht gehört hatte: die Schritte der Kinder, die im Schulhof herumtollten, die Geräusche eines Basketballspiels in der Ferne und all die anderen Töne, die zur Klangkulisse der Stadt verschmolzen.

Es war etwa drei Uhr am Nachmittag, als jemand an der Tür klingelte. Es wurde zweimal geläutet, aber ich öffnete nicht. Zehn Minuten später klingelte wieder jemand. Auch diesmal ging ich nicht zur

Tür. Gespannt lauschte ich auf jeden Laut. Ich fürchtete, die Polizei hätte mich am Ende doch entdeckt. Wenige Minuten später wurde ein Schlüssel in die Tür gesteckt. Sie öffnete sich, und He Zhengjun kam herein. Ich fragte ihn, ob er wisse, wer an der Tür geklingelt hatte. Er erklärte mir, zwei Männer hätten versucht, ein Bett zu liefern. In der kleinen Wohnung gab es nur ein Bett, und Zhengjun brauchte auch einen Platz zum Schlafen.

Am Abend kam Yushan mit seiner Frau Ah Pan zu Besuch. Wir beschlossen, eine Erklärung auf Video aufzunehmen und ins Netz zu stellen: Da ich jeden Augenblick verhaftet werden konnte, hatten wir keine Zeit zu verlieren. Zhengjun, der Filmerfahrung hatte, würde die Aufnahmen machen und gegebenenfalls bearbeiten, um sie anschließend zu veröffentlichen. Nun musste ich meine Botschaft formulieren. In meinem Zustand fiel es mir nicht leicht, einen flüssigen und überzeugenden Vortrag zu halten. Noch schwieriger war es jedoch, unsere Sicherheit zu gewährleisten. Daher machten wir die Aufnahmen im unauffälligsten Winkel dieser unscheinbaren Wohnung. Als Zhengjun die Einstellungen der Kamera testete, bemerkte er, dass auf meiner Sonnenbrille ein Spiegelbild von ihm hinter der Kamera zu sehen war. Also schmolzen wir ein wenig Schokolade ein und schmierten sie auf die Brillengläser.

In den folgenden zwei Tagen machten wir drei längere Aufnahmen, von denen wir schließlich fünfzehn Minuten veröffentlichten. «Sehr geehrter Ministerpräsident Wen», begann ich, «ich bin geflohen.» Ich stellte drei Forderungen auf: Ich verlangte eine umfassende Untersuchung meines Falles, Garantien für meine persönliche Sicherheit und die meiner Familie und eine Bestrafung der für meine rechtswidrige Behandlung verantwortlichen Personen. Im nicht veröffentlichten Teil der Erklärung schilderte ich meine Flucht. Ich nahm auch eine kurze Botschaft für Christian Bale auf. «Hallo, Mr. Bale, ich bin Chen Guangcheng. Sie sind nicht nur in Ihren Filmen mutig, sondern auch im richtigen Leben.»

Zwei Tage nach meiner Ankunft in dem Versteck ließen wir uns auf das Wagnis ein, ein kleines Treffen all der Menschen zu organisieren, die nach Shandong gereist waren, um zu versuchen, mich zu retten. Es wurde ein sehr emotionaler Abend. Pearl, die «Ritterin», die mehr als ein Jahr leidenschaftlich für mich gekämpft hatte, kam auf mich zu und fiel mir weinend in die Arme. Aber keiner meiner mutigen Freunde hatte das Gefühl, einen Triumph zu feiern. Wir waren vielmehr von einer unerklärlichen Traurigkeit beherrscht, von einem so bitteren wie süßen Gefühl des Beharrens und der Ungewissheit. Meine Freunde fragten, ob ich in China bleiben würde. Ich musste zugeben, dass ich darüber noch nicht richtig nachgedacht hatte; aber natürlich wollte ich weiter in meinem Heimatland für Gerechtigkeit kämpfen. Wir machten einige Gruppenfotos, und noch heute betrachte ich oft das Erinnerungsfoto, das ich an jenem Abend mit meiner eigenen geistigen Kamera machte.

Abgesehen von diesem Abend erhielt ich nur einmal Besuch. Am 25. April suchten mich der Aktivist Hu Jia und seine Frau Zeng Jinyan auf. Diese tapferen Kämpfer hatten Weijing und mir geholfen, als ich im Gefängnis war, aber ich war ihnen noch nie persönlich begegnet.

«Hu Jia, mein Bruder», sagte ich, «endlich lernen wir einander kennen.»

«Ja, Guangcheng, mein Bruder», antwortete er. «Jetzt sind wir zusammen.»

Kaum jemand verstand so gut wie Hu Jia und Zeng Jinyan, welchen Weg ich eingeschlagen und welchen Preis ich dafür bezahlt hatte. Gefängnishaft für ein erfundenes Verbrechen, die Belastung der Ehe, Angriffe auf die Familie – all das hatten diese beiden Aktivisten ebenfalls durchgemacht. An ihrer Seite weinte ich und lebte Gefühle aus, die ich während meines siebenjährigen Überlebenskampfes hatte unterdrücken müssen.

Beim Aufbruch der beiden sagte Zeng Jinyan zu Yushan, ich solle darüber nachdenken, Kontakt zur amerikanischen Botschaft aufzunehmen. Yushan fragte mich, was ich von der Idee hielt. Ich hatte darüber nachgedacht, war jedoch im Zweifel, da Wang Lijun, der in den Fall von Bo Xilai verwickelte Beamte, nur zwei Monate früher von den Amerikanern zum Verlassen ihres Konsulats gezwungen worden war. Yushan meinte, ich solle es trotzdem versuchen. Ich stimmte ihm zu. Ich hoffte, dass die Veröffentlichung meines Videos die Verantwortlichen unter Druck setzen würde, meinen Fall zu untersuchen; zugleich war mir klar, dass der Gang zur amerikanischen Botschaft die einzige verbliebene Option war.

An diesem Abend stellten Yushan, Zhengjun und ich das Video fertig. Anschließend schickte Yushan ein E-Mail an seine Kontaktpersonen in der amerikanischen Botschaft. Nach etwa einer Stunde kam die Antwort: Vertreter der Botschaft wollten sich zu einem persönlichen Gespräch mit mir treffen. Vielleicht bezweifelten sie, dass es einem Blinden tatsächlich gelungen war, allein zu fliehen. Vielleicht war es die bei den Ausländern oft zu beobachtende Neigung, auf eine «sichere Bestätigung» zu warten, bevor sie handeln konnten. Yushan arrangierte für den folgenden Tag um sechs Uhr morgens ein Treffen in Wudaokou, einem Studentenviertel in der Nähe der Tsinghua-Universität.

Die ganze Welt schien zu schlafen, als Ding Ding uns am Morgen des 26. April abholte. Wir packten eilig die wenigen Dinge, die ich brauchen würde, und stiegen in ein Auto mit abgedunkelten Scheiben. Selbst wenn sich die Botschaft weigerte, mir Schutz zu gewähren, war klar, dass ich in meinem gegenwärtigen Versteck nicht bleiben konnte. Es war noch dunkel, als wir wenige Minuten vor dem vereinbarten Zeitpunkt am Treffpunkt eintrafen. Wir hatten kurze Zeit am Straßenrand gewartet, als neben uns ein Wagen der Botschaft hielt. Zwei Mitarbeiter stiegen aus, öffneten die Türen unseres Wagens und setzen sich neben mich. Sie wirkten gleichermaßen verblüfft und besorgt. Ich erlaubte ihnen, ein Foto zu machen, das beweisen würde, dass sie mich wirklich getroffen hatten. Ich sagte ihnen, dass ich in der amerikanischen Botschaft Schutz suchen wolle. Sie versprachen, so rasch wie möglich zu antworten – mit ein wenig Glück hätten sie die Antwort innerhalb von fünf Stunden. Aber es könnte auch länger dauern, da sie auf eine Bestätigung aus Washington warten müssten. Damit stiegen sie wieder aus und fuhren weg.

Jetzt konnte ich nur warten. Die folgenden Stunden verbrachten Ding Ding und ich damit, kreuz und quer durch Peking zu fahren. Gelegentlich hielten wir irgendwo für ein paar Minuten an, aber auszusteigen wäre viel zu gefährlich gewesen. Schließlich kamen wir auf die Idee, zum «Vogelnest» zu fahren, dem unter Mitwirkung von Ai Weiwei für die Olympischen Spiele gebauten Nationalstadion, das jetzt kaum noch genutzt wurde. Ding Ding erklärte mir, dass das Stadion einen weitläufigen, meist leeren Parkplatz habe, wo wir das Auto für eine Weile abstellen konnten.

Während wir warteten, dachte ich darüber nach, was wir tun konnten, wenn die amerikanische Botschaft mich nicht aufnahm. Die Zeit schien stillzustehen. Ding Ding erzählte mir seine Lebensgeschichte. Er sprach über seinen Vater, seine Kindheit und seine politischen Ansichten. Wir hatten eine Kiste Mineralwasser im Kofferraum, und um elf Uhr vormittags hatte ich bereits drei Flaschen ausgetrunken. Da es nicht in Frage kam, eine öffentliche Toilette aufzusuchen, füllte ich mit Ding Dings Erlaubnis diskret die Flaschen, die ich zuvor geleert hatte.

Am 26. April um acht Uhr morgens tauchten drei Wachen in unserem Wohnzimmer auf. «Wo ist Guangcheng?», fragte einer der Männer barsch.

«Er schläft», antwortete ich.

Sie wussten, dass er die meiste Zeit bettlägerig war, und schienen sich mit der Antwort zufrieden zu geben. Aber obwohl sie wieder gingen, war ich beunruhigt. Ich rollte rasch eine Decke zusammen, schob sie unter das Bettlaken und drückte sie zusammen, um ihnen die Form eines menschlichen Körpers zu geben. Ich stellte Guangchengs Schuhe genau so unter das Bett, wie er es zu tun pflegte.

Wenige Minuten später waren die drei Männer wieder da. «Unser Chef will wissen, ob wir Guangcheng wirklich gesehen haben. Zeigen Sie ihn uns.»

«In Ordnung», sagte ich, «aber Sie wissen, dass er sich nach dem Frühstück immer hinlegt.» Ich öffnete die Schlafzimmertür, und sie schauten hinein. Als sie die Form im Bett und Guangchengs Schuhe sahen, waren sie zufrieden.

Aber ihre Vorgesetzten wussten offenbar, dass etwas nicht stimmte. Sie schickten die drei Dummköpfe wieder zurück, und diesmal gingen sie ins Schlafzimmer, zogen die Decke weg und sahen, dass ich sie hinters Licht geführt hatte. Sie liefen aus dem Haus, und wenige Augenblicke später stürmten Dutzende Kader herein. Sie durchsuchten jeden Winkel des Hofs und verhörten mich. Schließlich führten mich mehrere korpulente Sicherheitspolizisten hinaus und zwangen mich, in ihr Auto zu steigen. Bevor die Wachen die Tür zuschlugen, schrie ich: «Mama, sie bringen mich weg!»

Sie fuhren mich zu einem nahe gelegenen Hotel, wo ich verhört wurde. «Wann ist Guangcheng geflohen?», fragte ein Beamter. «Wie ist er geflohen?»

Ich sagte, ich wisse es nicht, und drehte ihre Fragen um. «Warum darf er sein Haus nicht verlassen? Geben Sie jedes Mal öffentlich bekannt, wenn Sie Ihr Haus verlassen?»

Dass ich so mit ihnen sprach, machte sie wütend. Sie schrien mich an, ich solle ihnen Guangchengs Versteck verraten.

«Wir sind von mehreren Belagerungsringen umgeben», sagte ich lachend, «und ihr wisst nicht, wo er ist. Ich habe nur zwei Augen. Glaubt ihr nicht, dass ihr mit all den Augen, die für euch arbeiten, besser wissen solltet, wo er ist?»

Die Beamten waren wütend und peinlich berührt. Einmal kam einer ihrer Vorgesetzten herein und erklärte, Guangcheng sei in Peking, aber ich war nicht sicher, ob sie mich nur aus der Reserve locken wollten. Später brachten sie mich zum Büro für öffentliche Sicherheit in Yinan, wo zwei Beamtinnen eine genaue Leibesvisitation vornahmen, bevor sie mich an einen Stuhl fesselten. Sie schickten immer neue Leute herein, um mich zu verhören, aber ich sagte ihnen nichts.

Am Abend waren meine Füße geschwollen, und mein ganzer Kör-

per war taub, da ich seit vielen Stunden gefesselt war. Ich bat mehrfach darum, auf die Toilette gehen zu dürfen. Schließlich gaben sie mir eine kleine Pfanne und erlaubten mir, meine Notdurft in einem Winkel des Verhörzimmers zu verrichten. Jede Bewegung schmerzte, und ich war außer mir vor Angst um meine Familie.

Gegen Mittag rief uns Yushan an. Er hatte Neuigkeiten für uns. Die Amerikaner waren bereit, mir Asyl zu gewähren. Wir sollten uns um ein Uhr mit Mitarbeitern der Botschaft treffen. Ding Ding fuhr los, um rechtzeitig am Treffpunkt zu sein, aber wenige Minuten später rief Yushan an, um uns mitzuteilen, dass das Treffen um eine halbe Stunde verschoben worden war. Ich fragte mich, ob ich im Wagen der Botschaft in Sicherheit sein würde. Galt das Auto bereits als amerikanisches Hoheitsgebiet? Kurze Zeit später meldete sich Yushan erneut. Mittlerweile wurde er von vier verdächtigen Fahrzeugen verfolgt.

Genau um 13.30 Uhr trafen alle sieben Autos – unser eigenes, das der Botschaft, Yushans und die vier unserer Verfolger – am Treffpunkt in der Nähe einer McDonald's-Filiale ein. Ding Ding hielt und ließ Yushan und Zhengjun einsteigen. Kaum saßen sie im Auto, gab er Gas. Sofort ordneten sich zwei Wagen der Verfolger hinter uns ein, während die beiden anderen dem Auto der Botschaft folgten.

Yushun drückte mir ein Handy und ein wenig Bargeld in die Hand. Nun begann eine Verfolgungsjagd. Mehr als zwanzig Minuten lang raste ein Konvoi von sechs Autos durch die Straßen Pekings. Ding Ding behielt die Nerven und manövrierte den Wagen entschlossen durch den dichten Verkehr, aber unsere Verfolger ließen nicht locker. Anfangs beobachteten Yushan und Zhengjun, dass der Fahrer des Botschaftswagens gut mithielt, aber nach einigen Minuten gelang es zwei Autos der Verfolger, uns von den Amerikanern zu trennen.

Ding Ding konnte die Verfolger nicht abschütteln. Er fuhr zum Westtor der Universität für Forstwirtschaft, in der Hoffnung, unsere Jäger auf dem umzäunten Campusgelände abhängen zu können. Er raste in östlicher Richtung durch die Anlage und bog scharf rechts ab, um durch das Südtor zu entweichen – aber es war geschlossen. Ding Ding bremste abrupt, wendete und schüttelte den Wagen ab, der uns am dichtesten auf den Fersen war. Der Fahrer des Botschaftswagens nutzte die Gelegenheit, überholte das Auto direkt vor ihm und kam etwa einen Meter von uns entfernt zum Stehen. Im nächsten Augenblick standen alle sechs Autos. Unsere Verfolger hatten uns beinahe umzingelt, aber Yushan war überzeugt, dass der Wagen der Botschaft nahe genug war, um hinüberwechseln zu können.

«Raus, schnell!», rief er. Dies war unsere Chance: Yushan und Zhengjun sprangen aus dem Auto und begrüßten die Amerikaner. Dann packten sie mich am Arm und stießen mich zur offenen Tür des Botschaftswagens – gemeinsam überwanden wir diese kleine, entscheidende Entfernung.

«Herein, schnell herein!», rief jemand. Es war die Stimme Yang Junyis, eines Botschaftsangestellten, den ich vor Jahren kennengelernt hatte. Jemand zog an meinen Armen, dann wurde die Tür zugeworfen. Draußen ergriff Zhengjun zu Fuß die Flucht, während Ding Ding und Yushan im Auto wegrasten. Zwei Autos verfolgten sie. Die beiden anderen Autos begleiteten uns wie eine knurrende kleine Eskorte unsichtbarer Feinde.

«Danke, danke» war alles, was ich zu meinen unbekannten Rettern aus einem fernen Land sagen konnte. Yang Junyi stellte mich dem stellvertretenden Missionschef Robert Wang vor. Wang ergriff meine Hand und sagte, meine Schwierigkeiten seien vorüber.

Dann wandte er sich an den Fahrer. «Geben Sie Gas. Zurück zur Botschaft.»

Ich war auf dem Weg zum einzigen sicheren Ort in China.

Zwölf **Im Auge des Sturms**

Um unsere Verfolger abzuschütteln, tauchte unser Fahrer in den Verkehr ein. Er beschleunigte, trat auf die Bremse und gab sofort wieder Gas, sodass wir auf unseren Sitzen hin und her geworfen wurden. Schließlich wies der stellvertretende Missionschef den Fahrer an, es ruhiger angehen zu lassen; er fürchtete, ein Unfall oder ein anderes Missgeschick könnte die unerwünschte Aufmerksamkeit der Polizei erregen. Robert Wang hielt meine Hand und sagte: «Machen Sie sich keine Sorgen, Sie sind in Sicherheit. Atmen Sie durch.» Nach allem, was ich durchgemacht hatte, durchströmte mich jetzt ein Gefühl der Geborgenheit.

Mein Herzschlag beruhigte sich langsam, aber wirklich entspannen würde ich mich erst in der Botschaft können. Ich wusste, dass ich selbst dort ein Gestrandeter auf einer Insel der Freiheit in einem von der Kommunistischen Partei beherrschten Meer sein würde. Aber im Augenblick war ich von spontaner Dankbarkeit erfüllt, ein Ertrinkender, der aus einem Fluss gezogen worden war und endlich wieder atmen konnte. Mir ging der Gedanke durch den Kopf, dass sich Amerika angesichts einer realen Gefahr auf seine grundlegenden Werte besann. Während der Fahrt klingelten immer wieder die Telefone Wangs, Yang Junyis und des Mannes auf dem Beifahrersitz. Mindestens einer der Anrufe kam aus Washington. Sie sprachen nur Englisch, aber eine Aussage meinte ich zu verstehen: «... in the car ...» Wang erklärte mir, Außenministerin Hillary Clinton sichere mir ihre Unterstützung zu.

Als wir das Tor zum Botschaftsgelände erreichten, wies Yang mich an, mich zu ducken. Die Wachen vor dem Tor waren Chinesen, und sie sollten mich nicht sehen. Die beiden Autos, die uns verfolgt hatten, blieben vor dem Tor stehen. Ich war in Sicherheit. Ich dankte dem Fahrer, der bemerkenswertes Geschick bewiesen hatte, obwohl er zweifellos nicht jeden Tag eine solche Verfolgungsjagd erlebte.

Robert Wang stieg aus dem Auto und führte mich an der Hand ins Gebäude. Er fragte immer wieder, ob mein Fuß sehr weh tue. Ich war derart überwältigt von den Geschehnissen, dass ich die Schmerzen kaum wahrnahm. Mehrere Mitarbeiter der Botschaft begleiteten uns in den dritten Stock eines Gebäudeflügels, wo die Marines stationiert waren, die die Gesandtschaft im Notfall verteidigen sollten. Nur eine Handvoll Diplomaten in der Abteilung für politische Angelegenheiten wusste von meiner Anwesenheit.

Wang führte mich in mein Zimmer, in dem ein Bett, ein Tisch und ein großer Kleiderschrank standen. Während ich mich in einem Sessel ausruhte, überzog jemand das Bett. Alles fühlte sich neu und gediegen an: die Teppiche, die Handtücher, die Kissen. Das Bett war hoch, weshalb ich Schwierigkeiten hatte, mit dem verletzten Fuß hineinzukommen.

Am Ende der wilden Verfolgungsjagd hatte ich die wenigen Dinge, die ich bei mir gehabt hatte, in Ding Dings Auto zurückgelassen, aber Wang und seine Mitarbeiter sorgten dafür, dass ich rasch alles bekam, was ich brauchte. Vieles von dem, was sie mir brachten, stammte aus ihrem persönlichen Besitz, darunter neue Anzughemden, die einer der Diplomaten direkt aus seiner Garderobe holte. Sie brachten mir rasch ein Kurzwellenradio, ein kleines Diktiergerät, eine Tasse, eine Zahnbürste und Zahnpasta. Ich bat um einen Computer, und sie sagten mir, die Botschaft werde so rasch wie möglich ein Gerät für mich beschaffen. Sie brachten mir etwas zu essen und eine Krücke aus der Krankenstation. Ich brauchte die Krücke, um mich im Raum zu bewegen. «Sagen Sie mir einfach, was Sie benötigen», sagte Wang. «Washington hat Anweisung gegeben, dass wir alles für Sie tun sollen, was wir können.» Seine Worte erfüllten mein Herz mit Dankbarkeit.

Im Lauf des Tages schaute Wang immer wieder vorbei, um sich nach meinem Befinden zu erkundigen. Die Aufrichtigkeit und Natürlichkeit des stellvertretenden Missionschefs und der übrigen

Diplomaten berührten mich, und in mir wuchs die Hoffnung, dass die Vereinigten Staaten ihrer Führungsrolle im Kampf für die Menschenrechte gerecht werden würden. Ich war zuversichtlich, dass sich die Gerechtigkeit endlich durchsetzen würde. Außenministerin Clinton schien mir ein Mensch mit Überzeugungen zu sein. Die Bedeutung der Gesten der amerikanischen Regierung mir gegenüber ging weit über meine Person hinaus. Sie führten der gesamten Menschheit die Bedeutung der universellen Menschenrechte und der Würde des menschlichen Lebens vor Augen, die so oft von den wirtschaftlichen Interessen in den Hintergrund gedrängt werden.

Am Abend erzählte ich Wang von den Videos, die ich mit Zhengjun und Yushan aufgenommen hatte. Ich wusste nicht, was aus den Freunden geworden war, die mir bei der Flucht geholfen hatten, und fürchtete um ihre Sicherheit. Wang sagte mir, dass Pearl bereits Kontakt zu den Medien aufgenommen hatte. Tatsächlich tauchten an diesem Abend, fast eine Woche nach meinem Ausbruch, die ersten chinesischsprachigen Berichte über meine Flucht auf, und das in meinem Versteck in Peking aufgenommene Video wurde veröffentlicht. Als sich die Nachricht im chinesischen Internet verbreitete, wurde mein Name als Suchbegriff gesperrt, und dasselbe galt für die Worte «Blinder» und «Botschaft». Aber die Netizens blieben der Zensur um eine Nasenlänge voraus und bedienten sich verschlüsselter Hinweise auf den Film *The Shwashank Redemption**, in dem ein Gefängnisausbruch geschildert wird, sowie der Redewendung «ins Licht gehen», die eine Anspielung auf die Bedeutung meines Namens war.

Am folgenden Tag, dem 27. April, kehrte Botschafter Gary Locke nach Peking zurück; er hatte wegen meiner Flucht in die Botschaft seinen Urlaub unterbrochen. Am Morgen kam er mich gemeinsam mit Robert Wang besuchen. Er war sehr besorgt wegen meiner Verletzungen. Ich dankte den beiden und sagte ihnen, dass ich große Angst um meine Familie und Freunde hätte. Sie eröffneten mir, dass

* Deutscher Verleihtitel: *Die Verurteilten*

in Kürze eine von Außenministerin Clinton und Finanzminister Timothy Geithner geleitete Delegation hochrangiger amerikanischer Diplomaten nach Peking kommen werde. Für den 3. und 4. Mai war ein «Strategischer und wirtschaftlicher Dialog» mit der chinesischen Führung geplant. Ich fragte mich, wie sich mein Aufenthalt in der Botschaft auf diese Gespräche auswirken würde.

Später kam Yang vorbei und überließ mir sein Telefon, damit ich Yushan anrufen konnte. Yushan sagte mir, er und Pearl seien in Sicherheit, aber er hatte auch erfahren, dass mein Neffe Kegui in einer Auseinandersetzung mit Parteisekretär Zhang Jian, einem der Drahtzieher unseres Hausarrests, verletzt worden war. Über die Einzelheiten des Zwischenfalls war noch nichts bekannt.

Die beiden ersten Tage in der Botschaft waren gleichermaßen produktiv und erholsam. Botschafter Locke und Missionschef Wang schienen fest entschlossen, mir dabei zu helfen, mein Recht durchzusetzen und meine Arbeit fortzuführen. Die Mahlzeiten wurden mir von Diplomaten der Abteilung für politische Angelegenheiten direkt aufs Zimmer gebracht. Viele von ihnen sagten mir, dass die amerikanische Regierung in ihren Augen etwas Bedeutsames tue, indem sie mir helfe. Ich empfand großen Dank und Zuneigung gegenüber diesen Menschen. Sie fragten mich immer wieder, ob ich in die Vereinigten Staaten gehen wolle. Ich antwortete, dass ich hoffte, in China bleiben zu können, um weiter für Rechtsstaatlichkeit und die Menschenrechte kämpfen zu können.

Kurz nach meiner Ankunft am 26. April hatte mich eine Krankenschwester untersucht. Sie hatte mir ein Medikament gegen Colitis Ulcerosa gegeben, das mir sehr half. Am folgenden Tag kam auch ein Arzt, der den verletzten Fuß vorsichtig abtastete und feststellte, dass mindestens zwei, vielleicht aber auch drei Knochen gebrochen waren. Ich war gerührt von der sachkundigen und fürsorglichen Behandlung, die so anders war als alles, was ich in den vergangenen sieben Jahren erlebt hatte. Alle waren sich darin einig, dass rasch eine Röntgenaufnahme gemacht werden musste. Die Frage war, wie wir das bewerkstelligen konnten, da es offenkundig sehr riskant sein würde, das Botschaftsgelände zu verlassen, um in ein Krankenhaus zu fahren. Nur halb im Scherz fragte Yang, ob man den Röntgenscanner am Eingang der Botschaft benutzen konnte, aber der Arzt hielt das natürlich für keine gute Idee. Also schlug Yang vor, einen Röntgenapparat für die Botschaft zu kaufen. Angesichts der Unterstützung des amerikanischen Kongresses für mein Asyl schien ihm eine Bewilligung der erforderlichen Mittel durchaus möglich. Ich war verblüfft vom Engagement meiner Gastgeber, die wirklich bereit schienen, alles zu tun, um mir zu helfen.

Am Nachmittag brachte mir Yang ein iPad und las mir die Nachrichten vor. Ich hatte noch nie ein solches Gerät in der Hand gehalten, von dem ich im Gefängnis nur heimlich im Radio gehört hatte. Yang las mir einige der Botschaften vor, die chinesische Netizens auf der Website der Botschaft hinterlassen hatten, um den Amerikanern dafür zu danken, dass sie auf «unser Licht» aufpassten. Er half mir auch bei der Suche nach Informationen über meinen Neffen. Wir fanden eine Aufzeichnung eines Gesprächs zwischen Kegui und einem amerikanischen Netizen, in dem mein Neffe die Geschehnisse beschrieb. Ich konnte die Tränen nicht zurückhalten, als ich das hörte. Yang versuchte mich zu trösten.

Aus verschiedenen Quellen erfuhr ich schließlich, was genau am 26. April geschehen war, als eine Horde von Schlägern unter der Führung von Zhang Jian, dem stellvertretenden Parteisekretär von Shuanghou, das Haus von Älterer Bruder überfallen hatte. Die Angreifer kletterten über die Hofmauer und stürmten das Haus, fesselten Älterer Bruder und brachten ihn zur Polizeiwache, wo er drei Tage lang gefoltert und verhört wurde. Weitere Kader griffen meine Schwägerin an, und eine dritte Gruppe schlug Kegui mit Knüppeln blutig. In Todesangst griff mein Neffe nach einem Messer, um sich zu verteidigen, und fügte Zhang Jian und zwei weiteren Angreifern geringfügige Verletzungen zu. Später wurde Kegui unter dem abwegigen Vorwurf des «vorsätzlichen Mordes» verhaftet und zu einer dreijährigen Gefängnisstrafe verurteilt. So rächte sich die Partei an mir.

Nachdem wir Keguis Bericht gehört hatten, half mir Yang, die Online-Nachrichten von Radio France zu finden. Anschließend brach er zu einer Sitzung auf. Zum ersten Mal in all den Jahren hörte ich die Sendung vollkommen klar, ohne Störsignale.

Allein in meinem Zimmer hörte ich mir die Nachrichtensendungen an, bis sich das iPad gegen sechs Uhr abends plötzlich ausschaltete. Es gelang mir nicht, das Gerät wieder in Betrieb zu nehmen. Also legte ich es auf den Tisch und wartete. Wang hatte gesagt, dass er gegen halb sieben zurückkehren würde, aber er erschien erst gegen neun Uhr abends. Abgesehen von dem Mitarbeiter, der mir das Abendessen brachte, kam mich niemand besuchen. Es überraschte mich, so lange allein zu sein, nachdem ich bisher rund um die Uhr zahlreiche Besuche erhalten hatte. Als Yang schließlich zurückkehrte, spürte ich, dass er niedergeschlagen und beunruhigt war. Ich bat ihn, mir zu helfen, das iPad wieder einzuschalten, aber er antwortete, es sei spät und seine Frau warte daheim auf ihn. Da ich nur ungern andere Menschen belästige, drängte ich nicht weiter.

Ich saß auf einem Stuhl am Fenster, den Fuß auf einem Hocker hochgelegt, mit der Krücke auf der einen und dem Tisch auf der anderen Seite. Aus dem kurzen Gespräch mit Yang und dem geänderten Verhalten der übrigen Botschaftsmitarbeiter schloss ich, dass sich etwas dramatisch geändert hatte. Offenbar war in einer Sitzung des Nationalen Sicherheitsrats im Weißen Haus am 27. April «die Politik geändert» worden. Die Mitarbeiter der Botschaft hatten Anweisung erhalten, mir von nun an nicht mehr zu helfen, ins Internet zu gehen; aufgrund meiner Behinderung konnte ich also nicht mehr herausfinden, was außerhalb der Botschaft vor sich ging. Die amerikanische Regierung wollte auch vermeiden, dass mein Fall die Beziehungen zwischen den Vereinigten Staaten und China beeinträchtigte. Daher sollte meine Situation rasch geklärt werden. Ich verstand das so, dass die amerikanische Regierung mich nicht mehr unterstützte und mich bald zum Verlassen der Botschaft zwingen würde. Besonders beunruhigend für mich war, dass einige Mitglieder des Nationalen Sicherheitsrats offenbar der Meinung waren, die Demokratie und die Menschenrechte in China seien nicht das wichtigste Interesse der Vereinigten Staaten. Anscheinend hatte sich kein einziger Teilnehmer offen dafür ausgesprochen, dass die Vereinigten Staaten die Menschenrechte verteidigen und für die Ideale ihrer Gründerväter eintreten sollten.

Diese Nachricht war ein Schock für mich. Das waren also die Vereinigten Staaten, die wir verehrten, das Land, das wir als konkrete Manifestation dessen ansahen, was gut und gerecht ist? Unter allen Nationen der Welt und allen Botschaften, die mir eine Zuflucht hätten bieten können, hatte ich bei der diplomatischen Vertretung der Vereinigten Staaten Beistand gesucht, da ich felsenfest davon überzeugt war, dass dieses Land mehr als jedes andere die Überzeugung und Stärke besaß, die Rechte des Individuums gegen die Interessen einer Diktatur zu verteidigen. Die moralische Autorität lag zweifellos in den Händen der Amerikaner. Warum wandte sich das Land, das wir alle für seine Ideale verehrten, von den Menschenrechten ab?

Am Morgen des folgenden Tages, es war der 28. April, kam Robert Wang in mein Zimmer. Er sagte mir, die Vorschriften der Botschaft verlangten, dass sich jeder, der das Gelände betrat, einem Sicherheitscheck unterziehen musste. Natürlich sei meine Situation außergewöhnlich, weshalb ich bei meiner Ankunft nicht überprüft worden sei. Aber jetzt sei aus Washington die Anweisung gekommen, dass ich alle elektronischen Geräte für eine Routineüberprüfung abgeben müsse. Ich spürte, dass er unter Druck stand. Ich konnte ihn verstehen und gab ihm meine sprechende Uhr, mein Handy und die Ladegeräte.

Am Nachmittag wurde mir die Uhr zurückgegeben, aber das Telefon behielten meine Gastgeber. Wang sagte, man werde es mir zurückgeben, wenn ich die Botschaft verlasse. Er sagte mir auch, Washington habe die Botschaft aufgefordert, das Radio zu überprüfen, worauf er jedoch verzichtet hatte. Das iPad blieb in meinem Zimmer, aber ich konnte es allein nicht bedienen. Ab diesem Zeitpunkt war ich von der Außenwelt abgeschnitten.

Mir wurde rasch klar, dass einige meiner Gastgeber hofften, mein Aufenthalt werde nicht lange dauern. Die Mitarbeiter der Botschaft behandelten mich weiterhin freundlich und versorgten mich bereitwillig mit Nahrung und medizinischer Hilfe. Diese kleinen, freundlichen Akte schienen jetzt ihre einzige Möglichkeit zu sein, mir ihre Unterstützung zu zeigen. Aber die meisten von ihnen schienen besorgt zu sein über etwas, worüber sie nicht sprechen konnten. Ich hatte das Gefühl, dass zwischen ihnen und mir eine unsichtbare Wand errichtet worden war, an die ich jedes Mal erinnert wurde, wenn ich aus dem Bett aufstand und mit der Hand das unbenutzte iPad auf dem Tisch streifte.

Natürlich war mir bewusst, dass die Diplomaten, so großzügig und hilfsbereit sie persönlich auch sein mochten, letzten Endes Washington gehorchen mussten. Außenministerin Clinton mochte Unterstützung bekundet haben, aber die Anweisung, mich an der Kommunikation mit der Außenwelt zu hindern, schien direkt aus dem Weißen Haus zu kommen. «Seien Sie nicht enttäuscht», sagte Wang, «so funktioniert nun einmal die Politik.» Nach meinem Dafürhalten hatte, wie so oft in den menschlichen Beziehungen, vermutlich auch in diesem Fall die Gier Vorrang vor dem Gerechtigkeitssinn. Die wirtschaftlichen Interessen waren den Politikern wichtiger als die Grundrechte der Menschen. Das Gespenst der Gewinnsucht ist in den Beziehungen zwischen China und der Welt allgegenwärtig, und die Vereinigten Staaten waren keineswegs gefeit dagegen. Gab es denn kein Land, das die humanistischen Grundwerte wirklich verkörperte? Ich vertraute weiter auf das amerikanische Volk und hoffte, ein demokratisches Land werde mir das Asyl nicht verwehren. Sie konnten mich nicht den Wölfen vorwerfen. Im Augenblick schwieg ich, aber ich war auf der Hut. Die politischen Manöver auf höchster Ebene hatten gerade erst begonnen.

Am folgenden Tag, dem 29. April, traf ich mich mittags mit Botschafter Locke und dem stellvertretenden Missionschef Wang zu einem Gespräch im Garten. Wir warteten auf die Ankunft weiterer Diplomaten, die ein Verhandlungsteam gebildet hatten, das meine Situation mit der chinesischen Regierung klären sollte. Ich sagte Botschafter Locke, dass ich in großer Sorge um meine Familie sei, vor allem nachdem ich die Nachrichten über meinen Neffen gehört hatte. Bevor wir Verhandlungen mit den chinesischen Behörden aufnehmen konnten, müsse die Verfolgung meiner Familie aufhören. Der Botschafter versicherte mir, dass die Sicherheit meiner Familie auch die vorrangige Sorge der amerikanischen Diplomaten sei.

Nach kurzer Zeit gesellten sich Harold Koh, der Rechtsberater des State Department, und Kurt Campbell, Staatssekretär für Ostasien und den Pazifikraum im Außenministerium, zu uns, und wir nahmen an einem runden Tisch Platz. Ich fühlte, wie die Sonne mein Gesicht wärmte.

Mit Harold Koh hatte ich mich schon am Vortag kurz unterhalten. Er hatte mir erzählt, dass sein Vater als südkoreanischer Diplomat in die Vereinigten Staaten gekommen war und sich Ende der sechziger Jahre in einen Dissidenten verwandelt hatte. Botschafter Locke stellte mir Campbell vor und erklärte mir, die Hauptaufgabe des Staatssekretärs sei es, dafür zu sorgen, dass die bevorstehenden Wirtschaftsgespräche die Frage der Menschenrechte nicht in den Hintergrund drängten. Die beiden Männer beeindruckten mich durch ihre Kompetenz, Standfestigkeit und Zielstrebigkeit.

Campbell berichtete, dass er und seine Leute sich bereits mit den Chinesen zusammengesetzt hatten, um über meine Situation zu sprechen. «Wir haben unsere Prinzipien und werden Ihre Interessen schützen», sagte er. Sein Team dachte über verschiedene Vorschläge nach, um eine für alle Beteiligten akzeptable Lösung zu finden. Aber er versicherte mir, für die amerikanische Seite habe absoluten Vorrang, dass ich, meine Kinder, meine Frau und meine Mutter menschenwürdig behandelt würden. Als ich ihm erklärte, dass ich mir auch Sorgen um die Familie meines älteren Bruders machte, sagte

Campbell, die chinesische Zentralregierung müsse die Vorkommnisse gründlich aufklären und es müsse ein Prozess gestaltet werden, den die Regierung «akzeptieren und anerkennen» würde.

Seine Worte machten mir Mut. Dann überraschte er mich mit einer unerwarteten Neuigkeit. Die New York University, die eine der besten juristischen Fakultäten der Welt hatte, würde einen Ableger in Shanghai eröffnen. «Die Universität will Ihnen ein dreijähriges Stipendium anbieten, damit Sie Ihr Studium abschließen können», sagte er. «Das ist eine einzigartige Chance für Sie, ein neues Leben zu beginnen.» Ich würde Dongshigu verlassen und bei Rechtsprofessoren wie Jerry Cohen studieren können. Sein Team hatte bereits einen entsprechenden Vorschlag formuliert und der chinesischen Regierung vorgelegt.

«Wir haben nur sehr wenig Zeit», sagte Campbell. «Wir arbeiten an den Parametern des Vorschlags. Als Allererstes muss sich die chinesische Regierung verpflichten, keine rechtlichen Schritte gegen Sie zu unternehmen, weil Sie sich in unsere Botschaft geflüchtet haben. Zweitens muss Ihnen erlaubt werden, unbehelligt zu studieren und zu leben, und Ihre Bürgerrechte müssen garantiert werden.» Ich dankte den Amerikanern dafür, dass sie sich für mich einsetzten, und wies darauf hin, dass auch mein Recht zur Aus- und Einreise nicht garantiert sei.

Campbell sagte, die andere Seite habe ihm mitgeteilt, dass die chinesische Regierung bereit sei, sich meine Geschichte anzuhören. Tatsächlich beschäftige sich die chinesische Führung seit geraumer Zeit mit meinem Fall. «Die Regierung räumt ein, dass Ihre Bürgerrechte verletzt wurden», sagte er, «und auf chinesischer Seite gibt es durchaus einige Gesprächspartner, die Sie respektieren und unterstützen. Aber wir können unsere Ziele nur erreichen, wenn wir rasch handeln.»

Ich fand es sonderbar, dass er immer wieder auf den Zeitdruck verwies. Schließlich wurde ich seit mehr als sieben Jahren vom Regime verfolgt. Ich sagte Campbell, dass ich die Gewissheit haben wolle, dass die Vorschläge wasserdicht seien.

«Ich möchte Sie jetzt um etwas bitten, das Ihnen möglicherweise verfrüht erscheint», sagte Campbell. «Ich möchte, dass Sie Botschafter Locke, Mr. Koh, mir und dem Missionschef Wang vertrauen. Wir sind auf Ihr Vertrauen angewiesen. Wir werden alles tun, um Ihre Interessen zu schützen und Sie und Ihre Familie zu unterstützen.»

Ich antwortete, ich würde ihnen unausgesprochen vertrauen und dankbar sein für alles, was sie für mich täten.

Campbell hoffte, innerhalb von vierundzwanzig bis sechsunddreißig Stunden zu einer Einigung mit den Chinesen zu gelangen. «Es gibt zwei Möglichkeiten», sagte er. «Erstens: Sie einigen sich mit der chinesischen Regierung, können zurück zu Ihrer Familie und erhalten die Garantie, dass Ihre Bürgerrechte respektiert werden. Die beiden Regierungen würden eine förmliche, schriftliche Vereinbarung darüber schließen. Die andere Option ist, dass Sie zeitlich unbegrenzt in der Botschaft bleiben, aber in diesem Fall können wir nicht sagen, ob die chinesische Regierung Ihnen erlauben wird, die Botschaft oder auch China zu verlassen. In diesem Fall müssten wir uns auch Sorgen über die Sicherheit Ihrer Familie, Ihrer Freunde und Ihrer Weggefährten machen.» Er bat mich erneut, ihm zu vertrauen, und wies einmal mehr darauf hin, dass die Zeit sehr knapp bemessen sei.

Tatsächlich glaubte ich Campbell und seinen Kollegen durchaus, und mir war nicht ganz klar, warum er immer wieder betonte, dass ich ihnen vertrauen sollte. Mir machte eher der Zeitrahmen Sorgen. Vielleicht konnten sie innerhalb von ein oder zwei Tagen eine Einigung mit der chinesischen Regierung erzielen, aber eine angemessene Untersuchung meines Falles würde sehr viel länger dauern. Ohne eine gründliche, transparente Untersuchung, die zur strafrechtlichen Verfolgung der Personen führte, die für das mir und meiner Familie angetane Unrecht verantwortlich waren, konnte es meiner Meinung nach keine Lösung geben.

Am Ende unseres Gesprächs sagte Campbell: «Ich verspreche Ihnen, dass wir eine gute Schule für Ihre Kinder und einen Ort finden werden, an dem Sie studieren können. Wir werden eine Lösung finden, damit Sie in Ihrem eigenen Land in Frieden leben können.» Er schlug mir vor, am Abend mit Unterstützung der Botschaft meine Frau anzurufen und sie aufzufordern, ihre Sachen zu packen. Mitarbeiter der Botschaft würden Weijing und unsere beiden Kinder am folgenden Tag in Shandong abholen. In unserem Haus gab es keinen Telefonanschluss, aber die amerikanischen Diplomaten erklärten, sie würden einen Weg finden, um meine Frau zu erreichen. Wenn alles wie geplant funktioniere, würde ich am nächsten Tag wieder mit meiner Familie zusammen sein.

Bevor Campbell und seine Kollegen aufbrachen, um die Gespräche mit ihren chinesischen Verhandlungspartnern wieder aufzunehmen, bat Harold Koh Missionschef Wang, mir den Brief vorzulesen, in dem mir der Präsident der New York University ein dreijähriges Stipendium anbot. In dem Schreiben hieß es, ich könne auf dem neuen Campus der NYU in Shanghai und in Zukunft auch am Hauptstandort der Universität in New York City studieren. Nachdem mir Wang den Brief vorgelesen hatte, reichte er ihn mir. Ich sagte ihm, ich würde die Einladung sehr gerne annehmen und am Abend mit Weijing darüber sprechen. Ich dankte meinen Gastgebern einmal mehr für ihre Bemühungen und ihre Sorge um mich, erwähnte erneut meine Sorge um die Sicherheit meiner Familie und meiner Freunde und bat die Amerikaner inständig, diese Frage im nächsten Gespräch mit den Chinesen zu erwähnen.

Nachdem Campbell, Koh und Locke gegangen waren, um die Verhandlungen fortzusetzen, führte Wang mich auf mein Zimmer zurück. Er fragte mich nach meiner Meinung. Ich antwortete, ich sei zuversichtlich und vom Einsatz des amerikanischen Teams beeindruckt. «Mir geht es nicht darum, die Kommunistische Partei an sich zu bekämpfen», sagte ich. Ich sei gegen jede diktatorische Partei und würde jede Partei unterstützen, die sich für die Demokratie und den Rechtsstaat einsetze. Kurze Zeit später verließ mich Wang, um an der nächsten Verhandlungsrunde teilzunehmen.

Ich blieb allein in meinem Zimmer, spielte die Geschehnisse noch einmal durch und dachte darüber nach, wie die chinesische Regierung wohl auf den amerikanischen Vorschlag reagieren würde.

Am Abend kehrten Campbell und Wang mit einem Bericht zurück, der mich beunruhigte. Campbell schickte voraus, mein Fall beschäftige nunmehr die höchste Ebene der chinesischen Führung, die bereits eine Entscheidung gefällt habe. Es gab gute und schlechte Nachrichten. «Zunächst einmal», sagte er, «wird die Regierung die Wiedervereinigung mit Ihrer Familie erlauben. Zweitens wird sie dafür sorgen, dass die Übergriffe auf Sie aufhören. Drittens hofft die Regierung, dass Sie eine Weile in Peking bleiben, damit aufgearbeitet werden kann, wie mit Ihnen umgegangen wurde.» Er erklärte, die Amerikaner würden meine Hilfe brauchen, um diese Ziele zu erreichen.

Dann kamen die schlechten Nachrichten. Die chinesischen Behörden würden erlauben, dass ich mich in eine andere Stadt in der Provinz Shandong begebe, aber sie würden unter keinen Umständen erlauben, dass ich an der NYU in Shanghai studierte. «Sie sind nicht glücklich über die Lösung, dass Sie ein Studium an einer westlichen Universität aufnehmen», sagte Campbell. «Das betrachtet die chinesische Regierung als Gesichtsverlust.» Damit wollten sie wohl sagen, es gäbe kein Problem, solange ich nicht in die Hände der kleinen Tyrannen im Kreis Yinan fiel. Aber es war abwegig zu glauben, dass meine Verfolgung enden würde, wenn ich an einem anderen Ort in Shandong lebte. Man hatte mir immer wieder gesagt, dass die Anweisungen zu meiner Behandlung nicht von den örtlichen Verantwortlichen gegeben wurden, sondern vermutlich von der Staats- und Parteiführung in Peking.

«Ich glaube nicht, dass ich das akzeptieren kann», sagte ich. «Wenn sie das Gesicht nicht verlieren wollen, sollten sie solche Dinge nicht tun, vor allem nicht im Zeitalter des Internets. Sie glauben immer noch, dass sie nach Lust und Laune Unrecht tun und einfach vertuschen können.»

«Wenn Shandong nicht in Frage kommt, wo würden Sie sonst leben wollen?», fragte Campbell. «In Peking?»

«Würde meine Sicherheit garantiert, dann wäre Peking eine Möglichkeit», antwortete ich. «Der genaue Ort ist nicht meine größte Sorge. Das Problem ist eher, dass die Forderungen der Regierung unglaublich konservativ sind. Sie will mich kontrollieren. Ein Bürger hat das Recht, sich zu bewegen und seinen Wohnort frei zu wählen. Die Regierung hat kein Recht, meine Wahlmöglichkeiten einzuschränken und zu sagen, dass sie mir eine Wahl gibt. Sie dürfte gar nicht fragen, ob ich hier oder dort leben werde – ich sollte diese Entscheidung selbst fällen dürfen. Wenn sie sich in diese Entscheidung einmischt, wie soll ich dann wissen, ob meine Bürgerrechte in Zukunft respektiert werden?»

Campbell erklärte sich bereit, meine Zweifel am folgenden Tag in den Verhandlungen mit den Chinesen zur Sprache zu bringen. Dann verließ er mich, um einen Anruf aus Washington entgegenzunehmen. Zurück blieb Wang, der Campbells Einschätzung teilte, dass die Chinesen verhindern wollten, die amerikanische Regierung nehme Einfluss auf eine Situation, die einen chinesischen Bürger betraf. Ich fand es sonderbar, dass der Terror, dem mich das Regime, mit dem die Amerikaner jetzt verhandelten, sieben Jahre lang ausgesetzt hatte, ignoriert wurde, als es um eine praktische Lösung ging.

«Die Lage sieht so aus», sagte ich. «Warum hätte ich in Ihre Botschaft flüchten sollen, wenn meine Sicherheit nicht auf dem Spiel stünde? Warum hätte ich in der amerikanischen Botschaft Zuflucht suchen sollen, wenn es in China einen Ort gäbe, an dem ich mich sicher fühlen könnte? Im Jahr 2005 beschritt ich den vorgeschriebenen Weg und wandte mich mit meinem Fall an die Polizei – die Folge war, dass ich verhaftet wurde. Und niemand kümmerte sich darum. Warum sollte ich erneut so vorgehen? Die Zentralregierung will das Problem nie bei sich selbst sehen – solange sie an der Macht ist –, aber sie wird alles tun, um das Gesicht nicht zu verlieren.» Für mich war klar, dass das chinesische Regime mit dem Problem des «Gesichtsverlusts» lediglich vom eigentlichen Problem ablenken wollte – und sie wusste, dass sie westliche Regierungen mit diesem Vorwand leicht manipulieren konnte.

Die Botschaft schaffte es nicht, am Abend eine telefonische Verbindung zu meiner Familie herzustellen. Den Grund dafür erfuhr ich nie. Ich gelangte zu dem Schluss, dass die chinesische Seite mit dem Argument, «ihr Gesicht wahren zu müssen», sehr viel erreicht hatte. Ich entschloss mich, eine schriftliche Antwort zu geben, um einige Dinge zu klären. Am nächsten Morgen, es war der 30. April, diktierte ich Wang eine Mitteilung an Campbell, der das Verhandlungsteam leitete. Die Mitteilung enthielt fünf zentrale Punkte:

1. Bewegungsfreiheit. Nicht die chinesische Regierung, sondern ich als chinesischer Bürger habe das Recht, zu entscheiden, wohin ich mich bewegen und wo ich leben will. Um ihre Versprechen zu halten, sollte mir die chinesische Regierung die Wahrnehmung meiner Rechte ermöglichen, anstatt meine Rechte zu beschränken.
2. Wäre ich in die amerikanische Botschaft geflüchtet, wenn ich auf chinesischem Boden sicher wäre? Ich kam in die Botschaft, weil ich in realer Gefahr war. Die chinesischen Gesetze sollten mich schützen. Also dürften mir für mein Verhalten keinerlei rechtliche Konsequenzen drohen.
3. Bei oberflächlicher Betrachtung könnte meine Flucht in die Botschaft wie eine Frage der zwischenstaatlichen Beziehungen wirken, aber in Wahrheit handelt es sich um eine menschliche Frage. Es geht um die Grundlagen der Menschlichkeit, darum, ein Menschenleben zu retten. Jedes Land – nicht nur die Vereinigten Staaten, eine Nation, deren Existenz auf den Prinzipien von Demokratie, Freiheit und Menschenrechten beruht – hat die Pflicht, einen Menschen vor dem drohenden Tod zu bewahren, und muss zur Rechenschaft gezogen werden, wenn es untätig bleibt.
4. Im chinesischen Recht gibt es einen klaren Grundsatz: Jeder Bür-

ger darf tun und lassen, was er will, sofern er nicht gegen das Gesetz verstößt. Das bedeutet, dass es im chinesischen Recht keine Beschränkungen dafür gibt, mit wem ich mich zusammenschließen darf. Ich darf also Kontakte zu beliebigen Personen unterhalten. Wenn der chinesische Staat zum Beispiel etwas dagegen hat, dass ich Kontakte zu Amerikanern unterhalte, so liegt das daran, dass er weiterhin Gefühle hegt, die aus der Kulturrevolution stammen, und Deng Xiaopings Anweisung, «die Wahrheit in den Tatsachen zu suchen» und frei zu denken, nicht vollkommen umsetzt. Beide Grundsätze sind Bestandteil der Mission der Partei und der chinesischen Verfassung.

5. Ich verlange eine transparente und öffentliche Untersuchung, die zur strafrechtlichen Verfolgung jener Personen führt, die an der Verletzung meiner Rechte in Shandong beteiligt gewesen sind. Sollte sich bei dieser Untersuchung herausstellen, dass weitere Personen in diese Vorgänge verwickelt sind, so müssen auch sie strafrechtlich verfolgt werden, gleichgültig wie viele Betroffene es gibt oder welchen Rang in der Hierarchie sie einnehmen. Es muss ein Zeitplan festgelegt werden. Es ist nicht akzeptabel, dass die chinesische Seite die Verzögerungstaktik nach Abschluss des «Strategischen und wirtschaftlichen Dialogs» fortsetzt.

Wang versprach mir, die Mitteilung an Campbell weiterzuleiten, und ich verbrachte den restlichen Tag in meinem Zimmer damit, die möglichen Szenarien und Ergebnisse durchzuspielen. Ich fragte mich, mit welchem Vorschlag die Amerikaner am Abend zurückkehren würden. Es ist oft zu beobachten, dass die chinesische Regierung in Konflikten eine aggressive Haltung einnimmt, jedoch leicht nachgibt, wenn die Gegenseite an ihrem Standpunkt festhält. Ich war überzeugt, dass die Chinesen kapitulieren würden, wenn die Amerikaner Entschlossenheit zeigten.

Am späten Abend kamen Harold Koh und Kin Moy, der stellvertretende Staatssekretär für Ostasien und den Pazifikraum, in Begleitung mehrerer Mitarbeiter in mein Zimmer, um mich über die jüngsten Entwicklungen zu informieren. Koh erklärte, nach ausführlichen Gesprächen mit chinesischen Regierungsvertretern hätten sie zahlreiche wichtige Informationen für mich. Ich sollte aufmerksam zuhören und mich darauf vorbereiten, eine Entscheidung zu fällen. «Es ist nicht leicht gewesen», sagte Koh. «Die Chinesen sind wütend auf Sie, und sie sind wütend auf die Vereinigten Staaten.»

Ich war verblüfft über die Unverfrorenheit des chinesischen Regimes. «Sind die Chinesen auch wütend auf sich selbst?», fragte ich.

Koh ignorierte das Kichern seiner Mitarbeiter und sagte: «Die chinesische Regierung ist wütend auf die Verantwortlichen in Shandong und versteht nicht, wie die Leute in Shandong Sie so behandeln konnten. Wir haben mit der chinesischen Seite über einen Vorschlag gesprochen. Jetzt müssen Sie selbst entscheiden, ob Sie ihn annehmen wollen oder nicht. Die chinesische Seite wird keine weiteren Vorschläge machen, und wenn Sie diesen hier ablehnen, gibt es nur noch zwei Möglichkeiten, die jedoch beide nicht optimal sind. Erstens könnten Sie auf unbestimmte Zeit ohne Ihre Familie hier in der Botschaft bleiben. Zweitens könnten Sie irgendwann alleine, ohne Ihre Familie, nach Amerika gehen. Niemand kann sagen, wie lange Sie dort bleiben würden, und wir sind nicht einmal sicher, ob die Chinesen das überhaupt erlauben würden.»

Er fuhr fort: «Der Vorschlag lautet, dass Sie die Botschaft morgen verlassen und sich ins Chao-Yang-Krankenhaus begeben. Wenn Sie diesen Vorschlag akzeptieren, werden Sie einige Tage von chinesischen Ärzten behandelt werden, vielleicht werden Sie eine oder zwei Wochen zur Untersuchung dort bleiben. Ärzte und Mitarbeiter der Botschaft werden Sie im Krankenhaus besuchen, das nicht weit von hier entfernt ist.»

Ich war verwirrt. Das Chao-Yang-Krankenhaus hatte einen guten Ruf, aber es unterstand den chinesischen Behörden. Bis dahin war die Botschaft der Meinung gewesen, ich solle in ein internationales Krankenhaus gebracht werden, das unter der Aufsicht der Vereinigten Staaten und anderer demokratischer Länder stand. Das hielten sie für nötig, um meine Gesundheit und meine persönliche Sicherheit zu gewährleisten. Für mich klang der neue Vorschlag so, als hätten die Amerikaner ihre Verhandlungsposition aufgegeben.

Koh fuhr fort: «In dieser Zeit dürfen Sie keinen Kontakt zu den Medien haben, um die strategischen Wirtschaftsgespräche nicht zu stören. Aber es gibt zwei gute Nachrichten: Sie werden Ihre Familie wiedersehen, und ein Offizieller wird ins Krankenhaus kommen, um die Misshandlung zu dokumentieren, der Sie und Ihre Familie ausgesetzt gewesen sind, damit eine Untersuchung eingeleitet werden kann. Zu einem späteren Zeitpunkt werden Außenministerin Clinton und Präsident Obama Ihren Fall gegenüber Hu Jintao, Wen Jiabao, Xi Jinping und anderen zur Sprache bringen und der chinesischen Regierung klarmachen, dass die Vereinigten Staaten über Ihre Situation und die Ihrer Familie besorgt sind und dass man erwartet, Sie menschenwürdig zu behandeln. Die amerikanische Regierung wird auch die Situation der Personen ansprechen, die Ihnen bei der Flucht aus Shandong geholfen haben. Hochrangige amerikanische Regierungsvertreter werden Ihren Fall weiterhin beobachten und darauf achten, dass die chinesische Seite ihre Versprechen hält. Das wird dazu beitragen, Ihre Sicherheit und die Ihrer Familie zu garantieren. In zwei Wochen wird Ihnen die chinesische Regierung die Erlaubnis erteilen, ein Universitätsstudium zu beginnen, und für Ihre Unterkunft und Ihren Lebensunterhalt aufkommen. Die chinesische Seite hat bereits sieben Schulen gefunden, an denen Sie studieren könnten. Aber sie wird nicht zulassen, dass Sie direkt an der NYU Shanghai studieren.»

Ich fragte ihn, warum ich nicht die Niederlassung der New York University in Shanghai besuchen dürfe, obwohl ich bereits eine Einladung der Universität hatte.

«Wir wissen es nicht. Vermutlich liegt es daran, dass dies eine amerikanische Einrichtung ist.»

«Studiert nicht auch Bo Guagua (Bo Xilais Sohn) an einer amerikanischen Universität? Warum darf er das? Und studiert nicht Xi Jinpings Tochter in Harvard? Ist das keine amerikanische Einrichtung?»

«Ich nehme an, die Chinesen befürchten, Sie könnten Kontakt zu westlichen Medien aufnehmen», antwortete Koh.

«Hier geht es um die Meinungsfreiheit», hielt ich ihm entgegen. Es trieb mich zur Verzweiflung, gegenüber amerikanischen Regierungsvertretern grundlegende Freiheitsrechte verteidigen zu müssen. «Dies ist ein vom chinesischen Gesetz geschütztes Bürgerrecht, und die Regierung muss diese Bürgerrechte respektieren. Wenn sie weiterhin meine Meinungsfreiheit einschränkt, ist es nur eine Farce, wenn sie – wie schon in der Vergangenheit – behauptet, meine Freiheit als Bürger zu respektieren. Die Bürgerrechte betreffen nicht nur die Lebensbedingungen und das Recht auf Nahrung, wie die chinesische Regierung es gerne hätte.»

Die Amerikaner erwarteten anscheinend, dass ich die von der chinesischen Seite angebotenen Bedingungen akzeptieren würde, und drängten mich zu einer Entscheidung. Sonderbarerweise hatte sich die Forderung nach einem Schuldeingeständnis der chinesischen Regierung in Wohlgefallen aufgelöst; die Amerikaner schienen es nicht für nötig zu halten, weiter über diese Frage zu sprechen. Es war klar, dass ich für einige Tage ins Krankenhaus gehen musste, denn in der Botschaft konnte ich nicht richtig behandelt werden. Aber die amerikanischen Unterhändler wussten zweifellos, wie gefährlich es für mich war, mich in ein vom chinesischen Regime kontrolliertes Krankenhaus zu begeben. Es stimmte, dass ich ein anerkanntes Rechtsstudium anstrebte, aber die vorgeschlagene «Vereinbarung» war vollkommen unzureichend, denn sie ließ alle meine Forderungen außer Acht – ja sie verstieß erneut gegen meine Grundrechte.

Ich würde nicht akzeptieren, dass man mich zwei Wochen lang nicht mit den Medien sprechen ließ. Was mich sehr verblüffte, war, dass die Amerikaner offenbar wirklich glaubten, die Chinesen würden es bei einem zweiwöchigen Verbot bewenden lassen. Und warum sollte ich zu einem Zeitpunkt, da die Medienberichterstattung entscheidend sein konnte, auf mein Recht auf Meinungsfreiheit verzichten? Warum sollte ich mit dem Studium an der NYU, die mich eingeladen hatte, zwei Jahre warten – und wozu diese Liste von sieben Universitäten, die dem Regime genehm waren? Als mir Koh die Namen der Hochschulen vorlas, stellte ich fest, dass meine Alma Mater darunter war, die Universität für Chinesische Medizin in Nanking. Und was kümmerte es mich, dass mir der chinesische Staat die Studiengebühren und einen kümmerlichen Mindestlohn bezahlen wollte, nachdem er Millionen ausgegeben hatte, um mich als Gefangenen zu halten, und sich weigerte, die Mindestbedingung einer Untersuchung meines Falles zu erfüllen?

«Wenn Sie dem Vorschlag zustimmen», sagte Koh, «können Sie sich heute oder spätestens morgen eine dieser Schulen aussuchen. Ich bitte Sie nachdrücklich, diesen Vorschlag anzunehmen.»

Ich war fassungslos. «Ich traue der chinesischen Regierung nicht», sagte ich. «Sie will mich unbedingt aus der Botschaft herausholen, und sobald ich draußen bin, will sie offenkundig weiterhin meine Freiheitsrechte einschränken. Das kann ich nicht akzeptieren. Mein Vorschlag war, dass sie meine Bürgerrechte respektieren und sofort aufhören, mich und meine Familie zu verfolgen. Am ersten Tag erwähnten sie sogar, dass sie teilweise im Unrecht waren, und gaben zu, dass meine Rechte tatsächlich verletzt wurden. Die Regierung sollte sofort den Missbrauch beenden und meine Freiheit garantieren – niemand stellt ihr irgendwelche extremen Forderungen, sondern sie soll einfach die grundlegendsten Menschenrechte respektieren. Ich glaube nicht, dass die Regierung mir weitere Beschränkungen auferlegen sollte.»

Ich hatte das Gefühl, dass ich meinen Standpunkt erklären musste. «2005 wurde ich verschleppt und illegal festgehalten. Dann erhoben sie abwegige Beschuldigungen gegen mich und sperrten mich für mehr als vier Jahre ein. Und als ich aus dem Gefängnis entlassen wurde, stellten sie mich unter illegalen Hausarrest. Insgesamt habe ich sieben Jahre in Gefangenschaft verbracht. Genügt ihnen das noch nicht? Jetzt wollen sie, dass ich weitere zwei Jahre meines Lebens verliere? Sie wollen kein Problem lösen. Sie wollen nur erreichen, dass ich die Botschaft verlasse, um mich weiterhin an der Kandare zu halten. Und während die chinesische Regierung mit Ihnen verhandelt, verfolgt sie die Menschen, die mir bei der Flucht aus Shandong geholfen haben. Am 26. April hat sie begonnen, meine Angehörigen und Freunde zu verhaften. Während sie mit uns spricht, geht sie weiterhin so vor wie eh und je. Wenn sie will, dass ich ihr vertraue, muss sie sofort jegliche illegale Verfolgung beenden, mein Recht auf freie Entscheidungen anerkennen und alle meine Bürgerrechte garantieren.»

«Als Sie sich entschlossen, in unserer Botschaft Zuflucht zu suchen», antwortete Koh, «begannen Sie eine Beziehung zu den Vereinigten Staaten. Wir müssen diese Beziehung festigen. Bei unserer ersten Begegnung sagte ich Ihnen, dass wir schnell handeln müssten. Ich denke, Sie sollten das vorliegende Angebot nicht ablehnen. Es ist ein gutes Angebot. Sie werden wieder mit ihrer Familie zusammen sein, und Sie haben eine Einladung der NYU.» Die Einladung zu einem dreijährigen Studium gelte unbegrenzt, erklärten mir die Amerikaner; ich müsse das Studium nicht zu einem bestimmten Zeitpunkt antreten. Offenbar wollten sie damit sagen, dass ich nach einem nicht näher bestimmten Zeitraum der politischen Rücksichtnahme die Erlaubnis erhalten würde, an der NYU zu studieren.

«Mr. Koh hat die Vorzüge des Vorschlags mehrfach hervorgehoben», sagte ich, «aber ich sehe weiterhin die Gefahr, dass meine Rechte nicht garantiert sind. Wenn es der chinesischen Regierung wirklich ernst ist, gibt es keinen Grund, warum ich morgen die Botschaft verlassen sollte. Zuerst muss ich wissen, was die Behörden wirklich vorhaben. Wenn sie nicht imstande sind, ihre Fehler tatsächlich zu korrigieren, dann können wir, wenn ich morgen ins Krankenhaus gehe, unmöglich voraussagen, ob mich außer den Mitarbeitern der Botschaft irgendjemand besuchen darf und wie lange diese Möglichkeit bestehen wird. Ich kann nicht akzeptieren, dass ich nach Ablauf dieser zwei Wochen ständig observiert und von Autos und Personen verfolgt werde. Ich glaube nicht, dass die chinesische Regierung meine Bürgerrechte respektieren wird. Sie setzt mich unter Druck. Sie zwingt mich, die Botschaft zu verlassen und zwei Wochen lang nicht mit den Medien zu sprechen. Und wer kann verhindern, dass sie plötzlich entscheidet, dass ich auch danach keinerlei Kontakt zu den Medien haben darf?»

Ich machte dem Verhandlungsteam der Botschaft klar, dass wir die von den Chinesen angebotene «Lösung» rundweg ablehnen und an unseren Forderungen festhalten mussten. Aber die Amerikaner schienen plötzlich derselben Meinung zu sein wie ihre chinesischen Verhandlungspartner, so als gäbe es bereits eine geheime Absprache.

Im Lauf des Tages traf ich mich immer wieder mit Campbell, Koh und Locke, aber ich hatte das Gefühl, dass sie nicht mehr auf meiner Seite standen. Als sprächen sie mit einem Kind, wiederholten sie ein ums andere Mal, wie vorteilhaft das chinesische Angebot sei. Ich solle darauf vertrauen, dass meine Sicherheit garantiert würde, sagte Campbell, denn mit der amerikanischen Regierung hätte ich jetzt einen «größeren Bruder» an meiner Seite. Wenn ich akzeptierte – sie fügten hinzu, dass die Entscheidung natürlich bei mir liege –, könne ich in China bleiben und mit meiner Familie zusammen sein. Ich würde ein Volksheld sein und könnte meine Arbeit fortsetzen, für die ich ausreichende finanzielle Unterstützung erhalten würde. «Wir werden ein Unterstützungsnetz aufbauen», sagte Campbell. Diesem Netz würden internationale Geldgeber und Regierungen angehören. Und obendrein würde ein hochrangiger chinesischer Regierungsvertreter meinen Fall aufarbeiten. «Ich bin sicher, dass dies das Beste ist, was die Vereinigten Staaten erreichen können», fügte er hinzu, um dann das Zuckerbrot durch die Peitsche zu ersetzen: «Wenn sich das hier noch weiter in die Länge zieht, wird Ihre Regierung Sie des Hochverrats beschuldigen.»

«Das Angebot, Regierungsvertreter zu schicken, die untersuchen sollen, wie ich behandelt wurde, kann unmöglich aufrichtig sein», sagte ich. «Ich könnte mir vorstellen, dass sich jemand anhört, was ich zu sagen habe, aber es wird niemand zur Verantwortung gezogen. Es ist wie bei den Petitionen. Die Zentralregierung schickt die Fälle an die örtlichen Verantwortlichen zurück, die das Problem lösen sollen, das heißt an die Verursacher des Problems. Sobald der *Strategische und wirtschaftliche Dialog* beendet ist und die Amerikaner heimreisen, wird niemand mehr auf Nachfragen der Botschaft reagieren. Im vergangenen Jahr haben viele amerikanische Regierungsvertreter meinen Fall zur Sprache gebracht, aber die chinesischen Regierungsvertreter haben einfach nicht geantwortet. Am 14. Januar sprach Außenministerin Clinton den chinesischen Botschafter in den USA auf meinen Fall an, aber die Chinesen machten sich nicht die Mühe zu antworten. Deshalb glaube ich, dass wir standhaft bleiben und darauf beharren müssen, dass sie meine Verfolgung beenden und meine Grundrechte und die meiner Familie ab sofort respektieren. Sie haben bereits zugegeben, dass sie Fehler gemacht und meine Grundrechte verletzt haben. Wenn wir von dieser Grundlage ausgehen, können sie meiner Meinung nach unsere Forderungen nicht ablehnen.»

Ich fuhr fort: «Ich habe keine Garantie, dass ich, wenn ich von Shandong an einen anderen Ort umziehe, den ich mir angeblich selbst aussuchen kann, an diesem Ort nicht wieder unter Hausarrest gestellt werde. So kann das Problem nicht gelöst werden.»

Koh hielt mir entgegen: «Aber sie haben bereits versprochen, dass Sie mit Ihrer Familie zusammen sein können ...»

Das entlockte mir ein bitteres Lachen. «Wäre ich nicht geflohen, so wäre ich immer noch mit meiner Familie zusammen, nicht wahr?», sagte ich. «Ich glaube wirklich nicht, dass ich das Angebot annehmen sollte, nur um mit meiner Familie zusammen sein zu dürfen.»

Es war mir klar, dass Koh enttäuscht war und den Eindruck hatte, dass ich mich nicht genug um eine Lösung bemühte. Die Amerikaner schienen zu glauben, dass ich unfähig war, eine vernünftige Entscheidung zu fällen. Sie vermieden es, auf meine Forderungen einzugehen, und gleichzeitig konfrontierten sie mich mit den Forderungen der chinesischen Regierung. Koh wollte mir klarmachen, dass ich den Vorschlag bis zum nächsten Tag annehmen musste, und wiederholte immer wieder, ich solle pragmatisch sein. Ich dagegen drängte sie, einen Weg zu finden, um meine Bürgerrechte zu garantieren.

Nach einer Weile brach Koh auf, und ich setzte das Gespräch mit Kin Moy fort. Er lobte mich für meinen Mut, um mir dann jedoch vorzuhalten, dass es manchmal das Mutigste sei, die Emotionen beiseite zu lassen. Ich verstand nicht, worauf er hinauswollte. Er hob ebenfalls die Vorzüge des Vorschlags hervor und sagte: «Was die sieben Universitäten anbelangt, so glaube ich auch nicht, dass sie hervorragend sind, aber sie sind auch nicht furchtbar schlecht.»

«Wenn die chinesische Regierung wirklich eine gute Universität für mich finden wollte», sagte ich, «so gäbe es schon ein paar gute in Peking oder Shanghai. Die Regierung sollte nicht verlangen, dass ich morgen ins Krankenhaus gehe, denn meine Familie ist nicht dort. Die Mitarbeiter der Botschaft können mich dorthin begleiten, aber wer wird bei mir bleiben, wenn sie wieder gehen? Glauben Sie nicht, dass das gefährlich wäre? Wenn Sie mich ins Krankenhaus bringen und dort zurücklassen, ist das ein klares Signal, dass Sie mich der chinesischen Regierung ausliefern. Wie könnten wir dann wissen, wann und unter welchen Bedingungen meine Familie nach Peking kommen darf – sofern sie überhaupt kommen darf? Und selbst wenn sie kommen darf, können wir unmöglich wissen, was bei ihrer Ankunft geschehen wird. Wenn etwas Schlimmes geschieht, können Sie nicht mehr eingreifen. Wenn die chinesische Regierung wirklich an einer Lösung interessiert ist, muss sie daher sofort aufhören, meine Familie zu verfolgen. Die Behörden müssen meine Frau und meine Kinder nach Peking bringen, damit meine Frau über unsere Behandlung in Shandong in den vergangenen Jahren befragt werden kann. Wenn die Behörden anschließend angemessen reagieren, ist immer noch Zeit, um die Botschaft zu verlassen und ins Krankenhaus zu gehen. Das scheint mir eine vernünftige Vorgehensweise zu sein. Denken Sie nicht auch?»

«Mag sein», antwortete Moy. «Aber Sie sollten wissen, dass unsere Zeit –»

«– sehr knapp bemessen ist», sagte ich.

Er fragte mich, wie schnell meine Familie in Peking sein könnte. Ich antwortete, dass die Fahrt im Auto etwa acht Stunden dauert. «In Ordnung», sagte er. «Dann breche ich sofort auf.» Kurze Zeit später verließ er mich.

Locke und Wang kamen in mein Zimmer. Alle Beteiligten waren ein wenig entmutigt, und es wurde bereits spät. Ich wiederholte meine Befürchtung, dass meine Sicherheit und meine Bürgerrechte nicht garantiert würden. «Wenn Sie mich ins Krankenhaus bringen», sagte ich, «wer garantiert mir dann, dass es Ihnen gelingen wird, meine Familie herzubringen, oder dass meine Angehörigen wirklich zu mir gelassen werden? Und was können Sie tun, wenn ich weggebracht werde und Sie mich nicht mehr finden können?»

«Wenn Sie dieses Angebot annehmen», sagte Botschafter Locke, «können Sie nach zwei Jahren an der NYU in Shanghai studieren oder sich bei einer anderen Universität bewerben.»

«Ich verstehe Ihren Gedankengang», sagte ich, «aber was passiert, wenn sie mich am Ende überhaupt nicht studieren lassen? Clinton hat meinen Fall mehrfach zur Sprache gebracht, nicht wahr? Wenn ich meinen Vorteil aufgebe, wird das Regime mit mir tun, was immer es will. Wir können die chinesische Regierung nur zwingen, zu ihrem Wort zu stehen, indem wir alles unter den Augen der Medien tun – dann wird sie sich vielleicht Gedanken darüber machen, wie ihre Handlungen in der Öffentlichkeit wahrgenommen werden. Die Partei hat keine Skrupel, solange die Dinge hinter geschlossenen Türen passieren. Außerdem hat sie überhaupt nicht auf meine Forderung reagiert, die Verfolgung einzustellen und meine Bürgerrechte zu garantieren. Ich habe nicht einmal das Grundrecht der Redefreiheit. Es gibt keine Rechtfertigung für die Forderung, dass ich zwei Wochen keinen Kontakt zu den Medien haben soll. Es ist mein Recht, mit den Medien zu sprechen, wann immer ich möchte.»

Ich fragte mich, ob die Amerikaner wirklich verstanden, welch absolute Macht die chinesischen Funktionäre über die gewöhnlichen Bürger haben. «Wenn ich nicht offen meine Meinung sagen darf, haben wir lediglich die Kulisse gewechselt», sagte ich. «Die Verantwortlichen sperrten mich in meinem Haus ein, nahmen mir mein Handy weg und hinderten mich, mit irgendjemandem draußen Kontakt aufzunehmen. Ich verstehe, dass es für Sie so aussieht, dass das Redeverbot nur für die Zeit meines Krankenhausaufenthalts gelten wird. Aber in Wahrheit kann man unmöglich wissen, was die Chinesen in Zukunft tun werden. Es ist wie damals im Gefängnis: Als ich aus der Haft entlassen wurde, hätte ich eigentlich frei sein sollen, selbst über mein Leben zu bestimmen. Aber sie warfen mich in ein Auto, fuhren mich in mein Heimatdorf und sperrten mich in meinem Haus ein.»

Ich wusste, dass das amerikanische Verhandlungsteam fürchtete, ich würde den chinesischen Vorschlag nicht annehmen. Sie fragten mich immer wieder, was nötig sei, damit ich einwilligte. Ich wiederholte meine Forderungen: «Die chinesische Regierung muss sofort aufhören, meine Familie zu verfolgen. Sie muss meine Familie herbringen. Sie muss sich anhören, was meine Familie über die Vorgänge in Shandong berichtet, und die Geschehnisse eingestehen. Die Behörden müssen versprechen, meine Bürgerrechte zu respektieren, wenn ich die Botschaft verlasse. Wenn sie dies bekanntgeben und meine Bürgerrechte und mein Recht zur Aus- und Einreise sowie meine Bewegungsfreiheit innerhalb des Landes garantieren, werde ich über das Angebot nachdenken. Wenn sie nicht zu Zugeständnissen bereit sind, wenn sie nichts Konkretes anbieten, kann ich nicht zustimmen.»

Es herrschte Stille im Raum. Schließlich ergriff Koh das Wort: «Es muss in jedem Fall eine Entscheidung fallen. Brauchen Sie noch irgendwelche anderen Informationen, um eine Entscheidung fällen zu können?»

«Selbstverständlich brauche ich mehr Informationen», antwortete ich. «Außer dem, was Sie mir sagen, habe ich überhaupt keine Informationen. Ich kann nicht mit meiner Familie oder meinen Vertrauten sprechen, und ich kann keinen Rat von Freunden wie Professor Cohen einholen.»

Koh verließ den Raum, um zu versuchen, Jerry Cohen zu erreichen. Nach einer Weile holten sie mich ans Telefon. Ich schilderte Professor Cohen meine Situation und erklärte ihm, dass sowohl die Chinesen als auch die Amerikaner versuchten, mich zum Verlassen der Botschaft zu bewegen, obwohl ich keinerlei konkrete Zusagen in Bezug auf meine Bürgerrechte oder meine Sicherheit hatte. Professor Cohen antwortete: «Ist Ihre Sicherheit nicht das Allerwichtigste? Sie müssen in Sicherheit sein.»

Zurück in meinem Zimmer, durfte ich mir erneut die Argumente für den Vorschlag anhören. Meine amerikanischen Gastgeber wiederholten zudem, dass meine Rechte auch dann eingeschränkt sein würden, wenn ich in der Botschaft bliebe. Und meine Familie würde weiterhin verfolgt werden.

Ich fragte sie: «Wenn die chinesische Regierung mich jetzt nicht an der NYU studieren lässt, wieso glauben Sie dann, dass sie in einem Jahr ihre Meinung ändern wird? Wer soll sie daran hindern, weiterhin meine Bürgerrechte zu verletzen? Ich weiß, was Sie sagen werden: Die Vereinigten Staaten werden meinen Fall weiter verfolgen und von der chinesischen Regierung verlangen, dass meine Bürgerrechte respektiert werden. Aber wenn Sie das tun können, warum können Sie dann nicht verlangen, dass meine Bürgerrechte jetzt, in diesem Augenblick, respektiert werden? Wenn Sie denken, dass die Chinesen ihren Verpflichtungen jetzt nicht nachkommen werden, wie können Sie dann glauben, dass sie es in Zukunft tun werden?»

Die Stunden vergingen. Nach einer weiteren Telefonkonferenz mit Washington kehrte Campbell zurück. «Der Vorschlag ist das Ergebnis von drei Tagen intensiver Verhandlungen», sagte er. «Ich möchte, dass Sie wissen, dass das Weiße Haus, das State Department und die Außenministerin auf Ihrer Seite sind. Sie sind zum ersten Mal wirklich in Kontakt mit den Vereinigten Staaten gekommen, und diese Beziehung wird Ihr Leben lang dauern. Stellen Sie uns alle Fragen, die Sie zu dem Vorschlag haben. Ich weiß, dass Sie unter Verfolgung gelitten haben und übel behandelt wurden, und ich weiß, dass Sie einen extrem schwierigen Weg gegangen sind und großen Mut bewiesen haben. Sie sind eine Figur mit einem gewaltigen latenten Einfluss, und wenn sich die Lage in China in den kommenden Jahren ändert, was zwangsläufig geschehen wird, werden Sie die Ihnen zustehende Rolle übernehmen. Wir haben Garantien der chinesischen Regierung, der amerikanischen Regierung und verschiedener gemeinnütziger Organisationen, dass Sie von nun an Unterstützung genießen werden, und wir werden ein Unterstützungsnetz aufbauen, das Ihnen helfen wird, Ihr Leben und Ihre Zukunft zu gestalten. Wir haben gerade die Gespräche mit der chinesischen Regierung abgeschlossen, die sich um die Detailvorbereitungen kümmert, um Ihre Familie nach Peking zu bringen. Wir haben auch das Krankenhaus besucht, wo das beste Zimmer für Sie vorbereitet wird. Wenn Sie die Botschaft nicht verlassen, wird die chinesische Regierung Sie wegen Hochverrats anklagen, und dann müssen Sie viele, viele Jahre hier bleiben. Oder Sie müssen allein nach Amerika ausreisen und Ihre Familie zurücklassen. Ich bitte Sie, uns zu vertrauen. Die amerikanische und die chinesische Regierung werden sich auf höchster Ebene mit Ihrem Fall beschäftigen. Dies ist die beste Vorgehensweise. Es ist unumgänglich, dass Sie die Botschaft morgen verlassen. Sie sollten wissen, dass in den Vereinigten Staaten Hunderte Menschen Tag und Nacht daran arbeiten, um eine Lösung für Sie zu finden. Dies ist das Beste, was wir erreichen können. Ich glaube nicht, dass wir mehr tun können.»

«Ich bin Ihnen zu großem Dank verpflichtet», antwortete ich. «Aber wir hätten von Anfang an verlangen müssen, dass die chinesische Regierung meine Bürgerrechte respektieren muss. Leider haben sich die Kräfteverhältnisse mittlerweile verschoben, und die chinesische Seite erhebt Forderungen und wird uns nur entgegenkommen, wenn wir handeln. Das Ganze ist bizarr!»

«Die Chinesen werden eine Untersuchung durchführen», sagte Campbell.

«Ich werde die Botschaft erst verlassen, wenn die Untersuchung begonnen hat.»

Campbell wurde gereizt. «Mr. Chen», sagte er, «wir müssen Klarheit schaffen. Wenn wir bis morgen keine Fortschritte erzielen, werden Sie wegen Hochverrats angeklagt. Deshalb haben wir für den morgigen Tag ein Wiedersehen mit Ihrer Familie im Krankenhaus geplant, denn die Chinesen werden nicht zulassen, dass Ihre Familie in die Botschaft kommt. Wir sind mit diesem Vorschlag einverstanden. Der stellvertretende Missionschef Wang wird Sie morgen ins Krankenhaus begleiten. Außenministerin Clinton wird morgen eintreffen, und sie hat uns zugesichert, dass sie Ihren Fall auf höchster Ebene zur Sprache bringen wird. Da die Sache jetzt ans Licht gekommen ist, kann die chinesische Seite sie nicht mehr vertuschen. Wenn Sie die Botschaft morgen verlassen, werden Sie sich in einen chinesischen Volkshelden verwandeln. Wenn Sie hierbleiben, wird die chinesische Regierung Sie des Hochverrats beschuldigen. Sie müssen verstehen, dass wir in dieser Situation keine Möglichkeit mehr haben werden, Ihnen zu helfen. Sie würden als Ausländer in der Botschaft bleiben, und wir könnten Ihnen nicht mehr helfen. Sie werden weiterhin Probleme mit Ihrer Regierung haben und weiter mit ihr kämpfen müssen. Das steht außer Frage. Aber jetzt haben Sie mit der amerikanischen Regierung einen starken großen Bruder an Ihrer Seite. Und ich kann Ihnen garantieren, dass Sie diesen großen Bruder nicht verlieren werden. Sie müssen uns vertrauen. Ihre Situation hat sich geändert: Sie sind nicht mehr in Shandong. Sie sind nicht mehr in Ihrem kleinen Dorf von Schlägern umzingelt, die Sie misshandeln. An der Universität, an der Sie studieren werden, gibt es keine Schläger. Ich kann Ihnen versprechen, dass ich China nicht verlassen und nicht ruhen werde, bis Sie wieder mit Ihrer Familie vereint sind. Das wird heute sein! Sie werden ein Volksheld sein. Die chinesischen Verantwortlichen wollen, dass Sie die Botschaft verlassen, weil sie sich vor Ihnen fürchten. Sie fürchten sich vor Ihnen, weil sie wissen, dass Sie in Zukunft eine wichtige Figur in diesem Land sein können. Sie müssen tapfer sein.»

«Können Sie bitte zuerst meine Familie hierherbringen?», fragte ich.

Campbell atmete tief durch und sagte: «Ich schwöre beim Namen meiner Mutter, bei den Namen meiner Kinder, ich schwöre bei Gott, dass Botschafter Locke und ich Ihre Familie holen werden. Und morgen werden Sie die Botschaft verlassen, um ins Krankenhaus zu gehen. Morgen werden Botschafter Locke und ich Ihre Familie abholen. Und Sie werden einen wichtigen Schritt tun müssen: Sie müssen öffentlich erklären, dass Ihnen die amerikanische Regierung sehr geholfen hat und dass Sie uns vollkommen vertrauen.»

Ich dachte an meine zermürbende Flucht zurück und daran, wie ich den einzigen Ort in China erreicht hatte, der sicher schien: die amerikanische Botschaft. Ich hatte nicht damit gerechnet, dass sich so viele Leute auf beiden Seiten derart bemühen würden, mich zum Verlassen dieses Zufluchtsorts zu bewegen, ohne meine Rechte oder die Sicherheit meiner Familie zu garantieren. Niemand schien Druck auf die Kommunistische Partei Chinas auszuüben. Stattdessen luden sie eine gewaltige Last auf meine Schultern, um mich zum Nachgeben zu zwingen. Plötzlich wurde ich von Traurigkeit übermannt und begann zu weinen.

Botschafter Locke kam zu mir und tröstete mich. «Sie werden Ihre Familie wiedersehen», sagte er, «ich selbst werde sie abholen. Sagen Sie mir bitte, wie lange Ihre Familie zum Packen brauchen wird.»

Wussten sie denn nicht, dass wir nichts besaßen? Unsere Belagerer hatten uns alles weggenommen oder zerstört. Sie hatten uns nicht einen Bleistift und nicht den kleinsten Zeitungsfetzen gelassen. Wir besaßen nichts außer der Kleidung, die wir seit Jahren trugen.

Mittlerweile war die Frist von sechsunddreißig Stunden, die Campbell immer wieder beschworen hatte, abgelaufen. Außenministerin Clinton würde am 2. Mai in Peking landen, und der Beginn des amerikanisch-chinesischen Wirtschaftsgipfels stand unmittelbar bevor.

Am Morgen des 1. Mai kamen Botschafter Locke und mehrere seiner Mitarbeiter in mein Zimmer, um mir mitzuteilen, dass die Vorbereitungen für meine Überstellung ins Krankenhaus abgeschlossen seien. Sie fragten mich, ob ich bereit sei, sie zu begleiten. Ich antwortete: «Nein, ich bin nicht bereit. Keines meiner Grundrechte wurde garantiert.»

Botschafter Locke machte kehrt und verließ den Raum. Nach einer Weile kam der stellvertretende Missionschef Wang vorbei und kündigte an, dass mir Hillary Clinton wahrscheinlich am nächsten Morgen einen Besuch abstatten werde. «Denken Sie darüber nach, was Sie ihr sagen wollen», riet er mir.

Am Nachmittag fragte die chinesische Regierung an, ob ich die Botschaft verlassen würde. Wie ich später erfuhr, teilten ihnen die amerikanischen Unterhändler mit, dass ich zu den angebotenen Bedingungen nicht dazu bereit sei. Die Chinesen wirkten nervös und verlangten eine Erklärung. «Mr. Chen vertraut Ihnen nicht», antworteten die Amerikaner. Daraufhin kündigten die chinesischen Verantwortlichen an, meine Familie sofort nach Peking zu bringen. Diese Nachricht stimmte mich ein wenig zuversichtlicher. Ich fragte, ob Mitarbeiter der Botschaft meine Familie wie versprochen in Shandong abholen würden. Sie antworteten, die chinesische Seite erlaube es nicht.

Meine Zuversicht verflog sofort wieder, denn diese erneute Änderung des Plans hatte erhebliche symbolische und praktische Auswirkungen. Zum einen hatten die Amerikaner allem Anschein nach erneut einen Rückzieher machen müssen. Damit hatten sie die Kontrolle über die Situation aufgegeben. Nun würde meine Familie von denselben Behörden nach Peking gebracht, die uns seit Jahren verfolgten. Dieser Plan beschwor Gefahren herauf, die den Amerikanern offenbar nicht bewusst waren.

Die Mitarbeiter der Botschaft versicherten mir, dass sie im Krankenhaus die ganze Zeit an meiner Seite bleiben würden. Sie würden sich in einem Nachbarraum einquartieren. Jetzt erst wurde mir wirklich bewusst, in was für einer gefährlichen Lage ich mich befand. Entweder verstanden die Amerikaner nicht, was ich durchgemacht hatte, oder sie ließen sich von den Chinesen allzu leicht täuschen. Ich hatte immer noch die Hoffnung, dass den Amerikanern meine Sicherheit am Herzen lag. Aber obwohl ich immer wieder darum bat, mit der Entscheidung zu warten, bis klar war, was die Kommunistische Partei wirklich vorhatte, beharrten Koh und Campbell auf ihren Forderungen. Sie schienen meine Sorgen nicht ernst zu nehmen. In verschiedenen Abwandlungen wiederholten sie immer dieselbe Botschaft: «Sie müssen dieses Angebot annehmen.»

Später fragte mich ein Mitarbeiter der Botschaft, ob ich noch einmal mit Professor Cohen sprechen wolle. Natürlich wollte ich. Als Jerry Cohen das Telefon abhob und hörte, dass ich am Apparat war, stieß er sofort hervor: «Ich habe nie gesagt, Sie sollten den Vorschlag ablehnen!» Besorgt über den Rat, den er mir gegeben hatte, hatten die amerikanischen Diplomaten anscheinend auch ihn unter Druck gesetzt, in der Hoffnung, er werde mich zum Verlassen der Botschaft bewegen. Ich hatte auch darum gebeten, mit amerikanischen Kongressmitgliedern – mit Nancy Pelosi, Frank Wolf, Jim McGovern und Chris Smith – sprechen zu dürfen, aber die Botschaft hatte diese Bitte anscheinend nicht weitergeleitet.

Mein Schicksal hatte sich in einen Präzedenzfall verwandelt, der unter den Augen der Welt verhandelt wurde. Konnte der chinesische Staat die Bürgerrechte garantieren, und seien es auch nur die eines einzigen Chinesen? Und konnten die Vereinigten Staaten China zur Verantwortung ziehen, wenn es dieser Verpflichtung nicht nachkam? Das chinesische Regime tat so, als mache es ein großzügiges Zugeständnis, indem es anbot, mir ein grundlegendes, unantastbares Recht wie jenes zuzugestehen, mit meiner Familie zusammen zu sein. Die Sympathien der Amerikaner mochten der richtigen Seite gelten, aber jetzt mussten sie den eisernen Willen aufbringen, standhaft zu bleiben und hart zu verhandeln.

Meine Gespräche mit Campbell, Koh und den anderen zogen sich bis spät in die Nacht. Die Zeit verstrich, und die Nerven lagen blank. Einmal schlug Campbell die Hände vor dem Gesicht zusammen und sagte: «Ich bin so aufgebracht, ich weiß einfach nicht mehr, wie ich Ihnen helfen kann. Wir sind Tag und Nacht wach, und in Washington arbeiten Hunderte Menschen an diesem Fall. Wir können nicht ewig weiterreden!» Vom Druck und der Anspannung zermürbt, brach er ebenfalls in Tränen aus und stürmte aus dem Zimmer.

Am Morgen des 2. Mai kamen Kin Moy, ein Dolmetscher und mehrere andere in mein Zimmer, um mir mitzuteilen, dass Mitarbeiter der chinesischen Zentralbehörden Beamte der Provinzverwaltung von Shandong angewiesen hatten, meine Frau und meine Kinder nach Peking zu bringen. Man teilte mir mit, dass Botschafter Locke mit mir sprechen wolle. Anschließend werde man mich ins Krankenhaus bringen. Ich protestierte und wies darauf hin, dass ich noch nicht zugestimmt hatte, die Botschaft zu verlassen, aber sie sagten mir, ich werde ins Büro des Botschafters gebracht, während sie begannen, in aller Eile meine wenigen Habseligkeiten zusammenzupacken.

In den vergangenen Tagen hatte ich wiederholt ein Treffen mit den chinesischen Führungsmitgliedern Hu Jintao und Wen Jiabao verlangt, aber man antwortete mir lediglich, dass mich ein hochrangiger Regierungsvertreter im Krankenhaus besuchen werde. Ich fragte, warum die Chinesen nicht in die Botschaft kommen könnten. Statt eines Treffens schlug man mir vor, einen Brief zu schreiben, den Außenministerin Clinton bei ihrem Besuch persönlich Wen Jiabao und Hu Jintao übergeben würde. Ich hatte im Radio gehört, dass Clinton inzwischen in Peking eingetroffen war; das angekündigte Treffen mit ihr fand jedoch nicht statt. Das Schreiben war also die einzige Möglichkeit, die mir angeboten wurde. Die Mitarbeiter der Botschaft forderten mich mehrfach auf, den Brief zu schreiben. Ich diktierte ihn in Botschafter Lockes Büro einem Übersetzer, und beschrieb auf drei Seiten zum tausendsten Mal, was ich durchgemacht hatte. Ich weinte, während ich den Brief diktierte und mich an die Qualen erinnerte, die ich in diesen sieben Jahren erduldet hatte.

Dann wurde ein Anruf von Weijing durchgestellt. Sie war im Krankenhaus eingetroffen und sagte, dass «zu Hause alles in Ordnung» sei. Es war das erste Mal seit meiner Flucht, dass ich mit ihr sprechen konnte. Mir war sofort klar, dass sie nicht offen sprechen konnte. Trotzdem drängte ich sie, mir zu sagen, was vorging. Sie saß in einem Konferenzzimmer und war von den Beamten aus Shandong umgeben – von denselben, die unseren Hausarrest organisiert hatten. Es machte mich wütend, das zu hören. Wie ich befürchtet hatte, traf das Regime Vorkehrungen, um meine Familie weiter unter Kontrolle zu halten.

Während der Übersetzer den Brief redigierte, versammelten sich andere Mitarbeiter der Botschaft um mich, um mich erneut mit verschiedensten Ausreden und Argumenten zum Verlassen der Botschaft zu drängen. «Machen Sie sich denn keine Sorgen um Ihre Frau?», fragten sie. «Wir wissen, dass Sie sie beschützen wollen. Sie sollten sich nicht hier drinnen verstecken. Ihre Familie ist bereits im Krankenhaus.» Sie sagten mir auch, Hillary Clinton werde mich anrufen, sobald ich im Auto säße und auf dem Weg zum Krankenhaus sei; ein weiterer Köder, um mich aus der Botschaft zu locken. Die amerikanischen Unterhändler ließen nicht locker; nur Botschafter Locke schwieg.

Ich bat darum, ein zweites Mal mit Weijing sprechen zu dürfen, und zehn Minuten später wurde das Gespräch durchgestellt. Sie drängte mich, die Botschaft im Interesse meiner Gesundheit zu verlassen, und sagte, die amerikanischen Diplomaten hätten ihr erklärt, die chinesischen Verantwortlichen würden «die Vereinbarung zerreißen», wenn ich nicht innerhalb von fünfzehn Minuten die Botschaft verlassen habe. Mir war klar, dass sie immer noch nicht ungehindert sprechen konnte. Sie konnte unmöglich wissen, wie hinter den Kulissen die Fäden gezogen wurden, aber es war meine Pflicht, sie zu beschützen und auf Leben und Tod an ihrer Seite zu sein.

Nach einigen Momenten peinlicher Stille erklärte Harold Koh, wir hätten keine Zeit mehr – wenn ich nicht innerhalb von zwanzig

Minuten die Botschaft verließ, würden mich die Chinesen wegen Hochverrats anklagen.

Was konnte ich tun? Ich hatte das Ende des Weges erreicht. Wohin sonst konnte ich mich wenden, um Gerechtigkeit zu finden? Ich hatte meinen Fall den höchsten Stellen in China, der amerikanischen Botschaft und der Weltöffentlichkeit vorgelegt. Ich hatte die eklatanten Verbrechen, die sieben Jahre lang an mir verübt worden waren, genau beschrieben: die Verschleppung, die Folter, die Lügen. Aber in diesem Augenblick quälte mich vor allem eines: Im Streit mit einer Regierung von Gesetzesbrechern hatte das Land, das sich am nachdrücklichsten für Demokratie, Freiheit und die universellen Menschenrechte einsetzte, einfach aufgegeben. Ich war tief betrübt. Daheim, unter Hausarrest, war mein Blut geflossen; in der amerikanischen Botschaft flossen meine Tränen. Der jugendliche Idealismus, der mir in den dunkelsten Zeiten Halt gegeben hatte, wich einem kälteren, klareren Realismus. Dennoch war ich der amerikanischen Botschaft in Peking dankbar dafür, dass sie mir Zuflucht gewährt und mich verteidigt hatte. Und ich werde den Vereinigten Staaten immer dankbar sein. Ohne die Hilfe der Botschaft in dieser kritischen Zeit wäre ich zweifellos nach Shandong zurückgebracht worden, wo ich noch mehr gequält worden wäre als zuvor.

Gegen Mittag lief die Operation an. Sie brachten mir etwas zu essen, aber ich war zu niedergeschlagen, um es anzurühren. Zahlreiche Personen strömten in Lockes Büro, und ich hörte das Klicken der Kamera des Botschaftsfotografen, der Fotos von uns schoss. Jemand hatte eine Videokamera auf uns gerichtet: Botschafter Locke sprach an mich gewandt einige Worte, aber sein Tonfall verriet mir, dass er in Wahrheit zu Millionen Fremden sprach, die dieses Video sehen konnten.

«Sind Sie bereit, die Botschaft aus freien Stücken zu verlassen?», fragte Botschafter Locke.

Ich antwortete nicht direkt, sondern ließ einen langen Moment verstreichen, während ich darüber nachdachte, wo ich mich befand. Der gewaltige Druck zermürbte mich, und es war klar, dass er nicht lockerlassen würde. Ich war auf mich allein gestellt. Weder der Botschafter noch irgendein anderer der Amerikaner im Raum konnte verstehen, was ich durchgemacht hatte. Und sie konnten unmöglich nachvollziehen, wie tief meine Enttäuschung und meine Verzweiflung waren.

Obwohl ich sie nicht sehen konnte, wandte ich mich der Reihe nach jedem der Anwesenden zu. Ich unterdrückte die Emotion in meiner Stimme und sagte: «Brechen wir auf.»

Dreizehn **In ein Land der Verheißung**

Botschafter Locke hielt mich am linken Arm, während ich mich mit dem rechten auf die Krücke stützte. Campbell ging direkt hinter mir. Ich setzte ein zuversichtliches Gesicht auf, als wir vor die Tür traten und zu dem Van gingen, der mich ins Chao-Yang-Krankenhaus bringen würde. Ich stand neben dem Wagen, während Fotos gemacht wurden, und spürte die Hitze des Motors, der offenbar schon seit längerer Zeit lief. Sie warteten schon seit geraumer Zeit darauf, dass ich endlich das Gelände der Botschaft verließ.

Sobald wir alle im Wagen saßen, hellte sich die Stimmung der amerikanischen Diplomaten und Beamten auf, und sie sprachen angeregt miteinander und mit mir. Sie gaben mir mein Handy zurück, aber aus irgendeinem Grund funktionierte es nicht mehr. Der Wagen stand immer noch auf dem Gelände der Botschaft, als sie Außenministerin Clinton anriefen, um ihr zu sagen, dass ich im Auto saß. Sie reichten mir das Telefon. Clinton und ich wechselten einige freundliche Worte, aber es war kein Übersetzer zugeschaltet. Da man mir gesagt hatte, die Außenministerin werde sich mit mir treffen, stammelte ich in gebrochenem Englisch: «Ich möchte Sie sehen.» Ihre Antwort konnte ich nicht verstehen.

Als der Wagen vom Botschaftsgelände rollte, boten mir die Amerikaner an, ihre Telefone zu benutzen, um jede beliebige Nummer anzurufen, an die ich mich erinnern konnte. Einer von ihnen suchte mir die Nummer der *Washington Post* heraus. Ich rief meinen früheren Rechtsanwalt Li Jinsong an, der mich davor warnte, die Botschaft zu verlassen. Ich versuchte vergeblich, Yushan oder Teng Biao zu erreichen. Die Fahrt zum Krankenhaus dauerte nur wenige Minuten, aber die Diplomaten ließen mir Zeit, um meine Anrufe zu erledigen. Wir wussten alle, dass ich in den Händen der Kommunistischen Partei sein würde, sobald sich die Tür des Autos öffnete.

Niemand konnte sagen, wann ich das nächste Mal Gelegenheit haben würde, frei mit irgendjemandem zu sprechen.

Als ich aus dem Auto stieg, wurde ich in einen Rollstuhl gesetzt und durch ein Gewirr von Krankenschwestern, Ärzten, Wachen und Diplomaten zu einem Untersuchungszimmer im neunten Stock gebracht, wo ich endlich meine Frau und meine Kinder wiedersah. Es waren schier endlose zwölf Tage vergangen, seit wir uns voneinander getrennt hatten, doch jetzt, bei unserem Wiedersehen, fühlten wir uns gehemmt und unsicher – wir waren ständig von Personen umgeben, von denen wir die meisten nicht kannten. Die Kinder waren scheu. Kesi war aufgebracht wegen meines Zustands und fragte ihre Mutter, warum ich in einem Rollstuhl sitzen musste. Kerui, der seine Eltern seit mehr als einem Jahr nicht gesehen hatte, zog sich angesichts der fremden Umgebung in sich zurück.

Weijing beschrieb mir kurz, wie sie und die Kinder nach Peking gebracht worden waren. Am Vortag war sie nach Mitternacht noch wach gewesen, als zwei örtliche Beamte in unserem Haus aufgetaucht waren und ihr befohlen hatten, ihre Sachen zu packen, weil man sie sofort wegbringen würde. Kurz darauf wurden Weijing und Kesi nach Shuanghou gefahren, wo sie Kerui treffen sollten. Bei der Ankunft stellten sie fest, dass zwei mit Offiziellen gefüllte Busse bereitstanden, die sie nach Peking eskortieren würden. Einige Minuten später traf Kerui ein, der ebenfalls von mehreren Kadern begleitet wurde. Weijing und die Kinder bestiegen einen der Busse, der sie nach Qufu brachte, ehemals Heimatstadt von Konfuzius. Gefolgt von einer Horde Polizisten und Kader bestiegen sie dort einen Zug nach Peking.

Am späten Morgen nahmen der stellvertretende Missionschef Wang und ein anderer Mitarbeiter der amerikanischen Botschaft Weijing und die Kinder am Bahnhof von Peking mit Blumen und Spielzeug in Empfang. Meine Frau hatte erwartet, direkt zur Botschaft gebracht zu werden, aber sie und die Kinder wurden rasch von Krankenhauspersonal umringt und zum Chao-Yang-Krankenhaus gefahren. Dort wurde Weijing in ein Konferenzzimmer im vierten Stock geführt, um mit mir zu telefonieren. Meine Familie und die Mitarbeiter der Botschaft saßen auf einer Seite eines ovalen Konferenztischs; ihnen gegenüber nahmen Mitarbeiter des Krankenhauses, Vertreter des chinesischen Außenministeriums sowie Beamte aus Shandong Platz. Jedes Mal, wenn Weijing mit mir telefonierte, nahmen die Vertreter des chinesischen Außenministeriums ihre eigenen Telefone zur Hand, bevor Weijings Anrufe auf Wangs Handy durchgestellt werden durften – offensichtlich waren sich alle Beteiligten darin einig, dass die Gespräche zwischen meiner Frau und mir überwacht werden mussten.

Weijing sagte mir, dass die Mitarbeiter der Botschaft im Anschluss an unser erstes Gespräch einen Anruf erhalten hatten, der sie anscheinend sehr nervös machte. Nachdem sie aufgelegt hatten, eröffneten die Amerikaner meiner Frau, dass die chinesische Regierung «die Vereinbarung zerreißen» würde, sollte ich die Botschaft nicht innerhalb von fünfzehn Minuten verlassen. Von da an würden den amerikanischen Unterhändlern die Hände gebunden sein, womit alle ihre Bemühungen der vergangenen Tage umsonst gewesen wären. Als Weijing das hörte, begann sie sich große Sorgen um mich zu machen, weshalb sie mich in unserem zweiten Gespräch drängte, die Botschaft sofort zu verlassen.

Als Nächstes kontrollierten Mitarbeiter des Krankenhauses im Untersuchungszimmer meine Vitalwerte und ließen mich unter den Augen des stellvertretenden Missionschefs Wang und Yang Junyis mehrere Formulare ausfüllen. Sie nahmen mir Blut ab und bereiteten weitere Tests vor. Sie machten Röntgenaufnahmen meines Fußes und stellten fest, dass drei Knochen gebrochen waren. Nachdem sie die Knochen gerichtet und den Fuß eingegipst hatten, brachten sie mich in eine Gästesuite im ersten Stock.

Seit meiner Flucht waren zwölf Tage vergangen, und ich hatte fast eine Woche in der Botschaft verbracht. Aber ich war noch lange nicht am Ende meines Leidenswegs angekommen. Kurz nach meiner Ankunft im Krankenhaus hatte die chinesische Führung ein massives Aufgebot an Bereitschaftspolizisten geschickt, die zahlreiche Anhänger und Journalisten vom Krankenhaus abdrängten, um jeden Kontakt zu mir zu unterbinden. Wang und mehrere andere Botschaftsmitarbeiter blieben während der ersten ärztlichen Untersuchung bei mir, aber als wir die Suite im ersten Stock bezogen, stellte ich fest, dass alle Amerikaner plötzlich verschwunden waren. Kurze Zeit später erhielt ich auf dem Handy, das mir Yushan gegeben hatte – wunderbarerweise funktionierte es plötzlich wieder –, eine Textmitteilung, in der Wang bestätigte, dass die amerikanische Delegation in die Botschaft zurückgekehrt war. Ich war überrascht und beunruhigt, denn sie hatten mir zugesagt, dass sie zu unserer Sicherheit während meines gesamten Krankenhausaufenthalts bei uns bleiben würden. Ich versuchte sofort, Wang zurückzurufen, aber niemand hob ab. Ich versuchte es bei anderen Nummern der Botschaft, immer mit demselben Ergebnis.

Mittlerweile versperrten Wachposten den Zugang zu unserem Raum, und ein vertrautes Gefühl stieg in mir auf: Die Schlinge wurde zugezogen. Später erfuhren wir, dass vierhundert Polizisten und Sicherheitsagenten im Krankenhaus und in der Umgebung Stellung bezogen hatten. Einige trugen Uniform, viele Zivilkleidung. Ich versuchte, mich zu beruhigen, und sagte mir immer wieder, dass das Chao-Yang-Krankenhaus nicht Dongshigu war: Was hier geschah, geschah zumindest unter den Augen der Welt.

An jenem Abend rief ich Hu Jias Frau Zeng Jinyan an, um ihr meine Lage zu schildern. Sie war sehr besorgt. «Wissen Sie, was es bedeutet, dass Sie die Botschaft verlassen haben?», fragte sie ängstlich. Das Gespräch wurde zweifellos mitgehört. Ich antwortete lediglich, ich hätte keine andere Wahl gehabt. Zeng Jinyan meinte, in dieser Situation bliebe uns nichts anderes übrig, als möglichst viele Journalisten zu kontaktieren – die Welt müsse die Wahrheit erfahren. Sie versprach, mehrere ihr bekannte Journalisten anzurufen. Ich sagte ihr, dass wir das Land verlassen müssten, wenn ich meine Familie nicht schützen könne. Aus dem kurzen Gespräch schloss ich, dass die Medien über meine Flucht berichtet hatten, aber die Einzelheiten durcheinanderbrachten. «Haben Sie gesagt, Sie wollten Hillary Clinton küssen?», fragte Zeng. «Nein, ich sagte, ich wolle sie sehen», antwortete ich.

Gegen sechs Uhr abends baten wir um etwas zu essen, denn Kerui und Kesi weinten mittlerweile vor Hunger und Erschöpfung. Wie nicht anders zu erwarten, durften wir den Raum nicht verlassen – nicht einmal, um uns etwas zu essen zu kaufen. Die Behörden wollten mir zeigen, dass ich wieder in der Hand der Partei war.

Während wir auf das Abendessen warteten, rief ich mehrere Nummern in der Botschaft an, aber niemand hob ab. Ich versuchte verzweifelt, meine Gedanken zu ordnen. Es waren so viele Versprechen gebrochen worden – wem konnte ich noch vertrauen? Ich war blind und an einem fremden Ort von Fremden umgeben, was mich extrem nervös machte. Ich hörte ungewöhnliche Geräusche, die mich teilweise daran erinnerten, wie rund um unser Haus in Dongshigu Störsender installiert worden waren. Ich nahm an, dass mein Telefon abgehört wurde. Bei jedem Gespräch hörte ich ein sonderbares Echo und konnte die Person am anderen Ende der Leitung kaum verstehen, selbst wenn sie mich durchaus gut hörte.

Schließlich gelang es mir, Teng Biao zu erreichen, der mir Grüße anderer Freunde ausrichtete. Dann wurde er todernst und sagte, wenn ich in China bliebe, sei ich in großer Gefahr. Ich antwortete nicht. Er berichtete von der harten öffentlichen Linie des chinesischen Außenministeriums. Sie hatten gerade eine Erklärung veröffentlicht, in der sie eine Entschuldigung der Vereinigten Staaten und eine Untersuchung meiner Aufnahme in der Botschaft verlangten. Teng Biao erinnerte mich daran, dass viele chinesische Menschenrechtsaktivisten in Sicherheit gewesen waren, solange sie im Rampenlicht standen – aber kaum waren sie nicht mehr in den Schlagzeilen, da waren sie gefoltert worden oder sogar verschwunden. Ich fragte ihn, was ich seiner Meinung nach tun sollte. Er riet mir, sofort mit meiner Familie in die amerikanische Botschaft zurückzukehren und in die Vereinigten Staaten auszureisen. Da mein Telefon abgehört wurde, konnte ich ihm nicht sagen, dass es keine Chance zur Rückkehr in die Botschaft gab.

Gegen neun Uhr abends erhielten wir endlich etwas zu essen, aber die Kinder hatten sich mittlerweile in den Schlaf geweint. Nach dem Anruf bei Teng Biao mussten wir feststellen, dass das Telefon überhaupt nicht mehr funktionierte. Wir saßen in der Falle. Ich fürchtete mich wie nie zuvor. Ich musste unbedingt herausfinden, wie groß die Bedrohung für uns tatsächlich war, und fragte Weijing, was daheim im Dorf geschehen war. Sie beschrieb mir, was geschehen war, nachdem die Verantwortlichen entdeckt hatten, dass ich geflohen war.

Am 26. April holten mich die Behörden aus meinem Haus und trennten mich von meiner Familie. Bis zum Abend des 28. war ich in der Gewalt der Kriminalpolizei. Am dritten Tag in Haft verlangten die Polizisten von mir, in einer Videobotschaft zu erklären, dass ich nicht gefoltert, sondern gut behandelt worden sei. Sie sagten, sie würden mich gehen lassen, wenn ich diese Botschaft aufnähme. Aus ihren Worten und ihrem Verhalten schloss ich, dass Guangcheng in Sicherheit war. Aber ich hatte große Angst um Mama und die kleine Kesi. Also nahm ich das Video auf und unterschrieb eine Erklärung, in der ich bestätigte, nicht gefoltert worden zu sein, während ich in ihrer Gewalt war. Dann brachten sie mich nach Hause.

Als ich den Hof betrat, flog mir Kesi weinend in die Arme. Im Hof und in sämtlichen Räumen saßen Wachen, die uns auf Schritt und Tritt folgten. Kesi durfte nicht mehr zur Schule gehen, und als ich am Abend das Licht ausschaltete und die Tür schloss, begannen die Wachen zu bellen und so laut zu brüllen, dass meine Schwiegermutter glaubte, uns stünde eine furchtbare Prügelattacke bevor. Sie flehte mich an, still zu bleiben. Die ganze Nacht standen die Wachen wenige Schritte entfernt, während wir zu schlafen versuchten. Am folgenden Morgen fotografierten und vermaßen sie den gesamten Hof und begannen, Überwachungskameras zu installieren. Sie beschimpften uns unentwegt. Ich wurde wütend, aber meine Schwiegermutter bat mich, mich nicht um die Männer zu kümmern. Als unser Hund die Wachen verbellte, schlug einer der Männer mit einer Mistgabel auf ihn ein.

In der Nacht des 29. April bekam ich Besuch von einer Gruppe von Kommunal- und Provinzbeamten, die einen Rundgang durch unseren Hof machten und die neuen Überwachungsapparate inspizierten. Der Leiter des Büros für öffentliche Sicherheit für den Kreis Yinan erklärte den Beamten, dass im Hof sieben neue Hightech-Kameras installiert worden waren, die es dem Überwachungsteam in Shuanghou oder Linyi erlauben würden, uns auch in der Nacht deutlich zu sehen. Als die Beamten gegangen waren, wurden die Wachen, die unser Haus jahrelang bewacht hatten, durch ein Dutzend andere Männer ersetzt. Sechs dieser Männer bezogen Stellung auf dem Küchengebäude, von wo aus sie den Hof überblicken konnten, und die übrigen sechs standen auf beiden Seiten der Haustür. Wie ihre Vorgänger trugen auch diese Männer Zivilkleidung, aber sie wirkten professioneller als die Schläger, die uns bisher bewacht hatten, und aus ihrem Akzent schloss ich, dass sie weder aus der Gegend noch aus Linyi kamen.

Am nächsten Morgen begannen unsere Bewacher, die Überwachungskameras wieder abzubauen. In den folgenden Tagen wurden die Kameras mehrmals installiert und wieder abgebaut. Sie setzten auch die Messungen fort und fotografierten weiter im Hof. Ich hatte keine Ahnung, was sie im Schilde führten, bis ich einen der Männer sagen hörte: «Das wird großartig – mit einem elektrisch geladenen Netz könnten sie nicht einmal ausbrechen, wenn sie Flügel hätten.» Jetzt verstand ich: Sie hatten vor, ein riesiges Drahtnetz über den ganzen Hof zu spannen und unter Strom zu setzen! Ich war entsetzt und dachte: Vielleicht werden wir in diesem Käfig sterben ...

Kaum hatten die Beamten aus Shandong meine Frau abgeholt, um sie nach Peking zu bringen, da begannen sie, sie unter Druck zu setzen. Sie sollte mir erzählen, dass alles in Ordnung sei und die Behörden meine Familie jetzt gut behandelten. Sie sollte mich zum Verlassen der Botschaft auffordern. Aber ihre Schilderung der Geschehnisse in den vorangegangenen Tagen zeigte deutlich, dass die Lage in Dongshigu schlimmer als je zuvor war und dass das chinesische Regime eine Fortsetzung unserer brutalen Unterdrückung plante, während es mit den Amerikanern verhandelte. So wie die Dinge lagen, war klar, dass es nur eine Frage der Zeit war, bis wir in unser Dorf zurückgebracht und erneut in unserem Haus eingesperrt würden.

Ich dachte über die Geschehnisse seit meiner Flucht nach und begriff, was ich tun musste. Ich konnte von meiner Familie nicht verlangen, dass sie noch mehr Leid auf sich nahm. Ich wollte in China bleiben, aber ich musste meine Heimat verlassen, um meine Familie in Sicherheit zu bringen und meine Gesundheit wiederherzustellen. Wir mussten nach Amerika gehen.

Meine Entscheidung war gefallen. Nun musste ich einen Weg finden, um sie den Verantwortlichen mitzuteilen. Mein Handy hatte die meiste Zeit keinen Empfang oder das Signal wurde gestört, was beängstigend war. Ich hatte seit Stunden nichts mehr von jemandem aus der amerikanischen Botschaft gehört. Mittlerweile gab es keine sichere Verbindung mehr nach draußen.

Am nächsten Morgen, es war der 3. Mai, klingelte plötzlich das Telefon. Ein ausländischer Journalist war durchgekommen. Ich nutzte die Gelegenheit, um meine Entscheidung bekanntzugeben. Von da an klingelte das Telefon mehrere Stunden lang fast ununterbrochen, sofern der Empfang nicht unterbrochen war. Ich sprach mit Netizens und Journalisten von CNN, Associated Press und anderen Medien. Ich sagte ihnen, dass ich auf mich gestellt, umzingelt und in unmittelbarer Gefahr war. Ich sagte jedem, der bereit war, mir zuzuhören, dass die Partei nicht die Absicht hatte, ihre Versprechen zu halten und für Gerechtigkeit zu sorgen, und dass ich China mit meiner Familie verlassen musste, bevor es zu spät war.

Einer der Anrufer war der stellvertretende Missionschef Wang. Ich eröffnete ihm, dass ich mich entschlossen hatte, in die Vereinigten Staaten auszureisen. Ich schilderte ihm auch, wie wir die Nacht verbracht hatten und dass wir vergeblich versucht hatten, die Botschaft anzurufen. Dass wir geglaubt hatten, ein Vertreter der Botschaft würde im Krankenhaus in unserer Nähe bleiben. Und dass Teng Biao uns von der aggressiven Erklärung des chinesischen Außenministeriums berichtet hatte. Wang sagte, es gebe keinerlei Hinweis darauf, dass wir angerufen hätten. Und von diesem Tag an durften wir keine Mitarbeiter der Botschaft mehr treffen, ohne dass chinesische Funktionäre anwesend waren.

Am Vormittag erhielten wir einen interessanten Besuch. Es erschien ein gewisser Guo Shousong in Begleitung einer Sekretärin. Guo zeigte Weijing seinen Ausweis und stellte sich als Leiter der «Abteilung Bürgerempfang im Nationalen Büro für Besuche und Bittschriften» vor. Gemeint war das Petitionsbüro, jene hoffnungslose, eigentümliche Einrichtung, die ich schon 1991 kennengelernt hatte, als ich meinen Kampf für die Bürgerrechte begann.

«Denken Sie nicht, dass ich ein Niemand bin, nur weil meine Position nicht allzu prestigeträchtig ist», sagte er. «Ich komme im Auftrag hochrangiger Verantwortlicher der Zentralregierung.»

Tatsächlich hatten die chinesischen Unterhändler schon in den ersten Gesprächen mit der amerikanischen Botschaft angeboten, einen hochrangigen Beamten zu schicken, der sich meine Beschwerde anhören würde. Hier war er. Und so absurd das klingen mag: Ich begann, ihm meine Geschichte zu erzählen. Ich beschrieb, wie meine Familie auf alle erdenklichen Arten verfolgt, wie mein Neffe verhaftet, meine Brüder zusammengeschlagen und meine Freunde von den Behörden verschleppt worden waren. Ich verlangte die Rückgabe unseres gestohlenen Eigentums und eine Untersuchung der rechtswidrigen Unterdrückung meiner Familie – gleichgültig, wie viele Verantwortliche in diese Verbrechen verwickelt waren und welchen Rang sie in der Hierarchie einnahmen. Herr Guo schüttelte den Kopf, so als überrasche es ihn, von all diesen Dingen zu hören.

Seine Sekretärin notierte sich alles, was ich sagte, und zum Abschied sagte mir Herr Guo, ich solle auf mich aufpassen. Er ließ einen großen Blumenstrauß und einen Korb voller Orangen, Melonen und Äpfel zurück. Ich liebe die bezaubernden Düfte von Blumen, aber ganz so leicht war ich nicht zu besänftigen.

Am Tag darauf, es war der 4. Mai, erschienen Herr Guo und seine Sekretärin erneut. Er erzählte uns, was wir hören wollten – offensichtlich hatte er die Erlaubnis dazu erhalten. «Das Zentrum hat klar Stellung bezogen. Ich werde meine Position ebenfalls klar darlegen. Jeder Funktionär, der an rechtswidrigen Vorgängen in Zusammenhang mit Ihrer Behandlung beteiligt gewesen ist, wird ungeachtet seines Rangs gründlich überprüft und öffentlich zur Verantwortung gezogen werden. Alle Überwachungskameras werden abgebaut, und alle Personen, die Ihr Haus bewachen, werden sofort entlassen.» Er versicherte mir, meine Familie werde nicht mehr schikaniert werden. «Sie können Ihre Verwandten daheim anrufen, um es zu überprüfen», sagte er. Ich wiederholte meine Forderung nach einer öffentlichen Untersuchung unter Beteiligung meiner Anwälte. Guo sagte sie mir bereitwillig zu. Am Ende unseres Gesprächs fragte ich ihn nach dem Gerücht über eine Schlägertruppe aus Shandong, die angeblich in sechs Bussen nach Peking aufgebrochen war, um mich tot oder lebendig zurückzuholen. «Na, hoffentlich kommen die hier nicht herein!», sagte er mit einem verkrampften Lachen.

Kaum war Guo fort, da riefen wir unsere Verwandten und Nachbarn in Dongshigu an. Sie bestätigten meinen Verdacht bezüglich der tatsächlichen Situation daheim. Älterer Bruder berichtete, dass er unter Hausarrest stand und dass mit Ausnahme der Kameras in unserem Hof der gesamte Überwachungs- und Sicherheitsapparat intakt war. Von anderen Dorfbewohnern erfuhr ich, dass die Kader in den Tagen nach dem 26. April in Rage geraten waren und hektisch ganz Dongshigu und Xishigu durchkämmt hatten, da sie immer noch nicht glauben konnten, dass ich tatsächlich in Peking war. Sie hatten mit Stöcken auf jeden eingeschlagen, der ihren Weg gekreuzt hatte. Sie hatten mich in jedem Maisfeld, in jedem Busch, unter jedem Stein und in jedem Loch gesucht. Drei verschiedene Ermittlungsteams hatten mein Verschwinden untersucht und waren zu dem einhelligen Ergebnis gelangt, dass ein Blinder unmöglich ohne Hilfe von außen nach Xishigu hätte entweichen können. Sie bliesen zu einer erbarmungslosen Jagd auf meine «Komplizen» und unterzogen zahlreiche Personen stundenlangen Verhören. Älterer Bruder und seine Frau wurden ebenso verhaftet wie Chen Kegui, Chen Hua und sein Vater, Liu Yuancheng und seine Frau sowie mehrere andere Dorfbewohner.

In den folgenden Tagen hatte ich viel Zeit, um über die Besuche des Herrn Guo nachzudenken. Wollte er mich hinters Licht führen, oder täuschten wirklich die örtlichen Verantwortlichen das Zentrum? Im Grunde spielte es keine Rolle. Ich hatte Guo gefragt, wann ich meine Freunde sehen könnte.

«Man wird sie bald zu Ihnen lassen», antwortete er, «aber erst muss sich die Lage ein wenig beruhigen.»

«Wann beginnt die Untersuchung?», fragte ich.

«Das Zentrum wird eine Untersuchung einleiten, wenn Gesetze gebrochen wurden», sagte er. «Aber das wird natürlich seine Zeit dauern.»

Die Besuche des freundlichen Herrn Guo waren die einzige Antwort der chinesischen Regierung auf meine beharrliche Forderung nach Gerechtigkeit.

Am frühen Morgen des 4. Mai bot sich mir eine große Chance. Ich erhielt einen Anruf aus Washington, wo die Congressional-Executive Commission on China gerade eine außerordentliche Anhörung zu meiner Situation abhielt. Plötzlich konnte ich meine Situation direkt dem amerikanischen Kongress schildern. Die Verbindung hatte Bob Fu von ChinaAid hergestellt, der im Sitzungssaal anwesend war. Es war eine unvergessliche Erfahrung, von meinem Krankenhausbett in Peking aus zu den amerikanischen Parlamentariern zu sprechen. Ich sagte den Kongressmitgliedern deutlich, dass ich mich in China nicht sicher fühlte und in die Vereinigten Staaten ausreisen wollte. Ich sagte auch, dass ich weiterhin auf ein Treffen mit Hillary Clinton hoffte, der ich für ihre Entscheidung dankte, mich trotz des zweifellos vorhandenen Drucks zu unterstützen.

Die Anhörung der Kongressbehörde, die sich entscheidend auf die weitere Entwicklung auswirken sollte, ermöglichte es mir, mich direkt an das amerikanische Volk zu wenden und meiner Hoffnung Ausdruck zu verleihen, dass im Umgang mit meinem Fall die Ideale dieser Nation respektiert würden. In jedem Interview mit ausländischen Medien dankte ich den Mitarbeitern der Botschaft für alles, was sie für uns getan hatten, aber ich hielt mich auch nicht mit Kritik zurück. Schließlich hatte das amerikanische Volk das Recht zu erfahren, dass ich zum Verlassen der Botschaft gedrängt worden war.

Nun gerieten Präsident Obama, Außenministerin Clinton und die amerikanische Verhandlungsdelegation unter großen Druck seitens des Kongresses und mussten ihre Vorgehensweise überdenken. Natürlich war ich nicht in die Diskussionen eingeweiht, aber ich glaube, dass sich das amerikanische Volk in diesem entscheidenden Augenblick am Verhandlungstisch Gehör verschaffte. Wenig später kündigte ein Sprecher des chinesischen Außenministeriums an, ich könne «gesetzeskonform im Rahmen des normalen Verfahrens eine Ausreise beantragen». Am Nachmittag erfuhr ich von Mitarbeitern der Botschaft, dass die Vereinigten Staaten die für meine Einreise erforderlichen Papiere so rasch wie möglich vorbereiten würden.

Ich weiß nicht, was ohne das Engagement sowohl des chinesischen als auch des amerikanischen Volkes, ohne die Aufmerksamkeit der Medien und die Untersuchung des Kongresses letzten Endes mit mir geschehen wäre. Gut möglich, dass man mich eingesperrt hätte oder dass ich einfach verschwunden wäre. Ich hatte mich in Bezug auf Chris Smith, Jim McGovern, Frank Wolf und Nancy Pelosi nicht getäuscht: Diese Kongressmitglieder erwiesen sich als prinzipientreue und furchtlose Freunde des chinesischen Volks. Ich wusste nicht, ob sie Demokraten oder Republikaner waren, und es war mir auch gleichgültig. Mir genügte, dass ihnen die Freiheit und die Menschenrechte der Chinesen am Herzen lagen.

Aber fürs Erste musste ich weiter in einer Art von Gefangenschaft leben. Wann würde ich nach New York aufbrechen können? Wann würde ich mein Krankenzimmer oder sogar das Krankenhaus verlassen dürfen? Niemand durfte mich besuchen. Die Journalisten mussten weiterhin draußen im «Interviewbereich» bleiben – aber ich durfte nicht hinausgehen, um Interviews zu geben. Für unsere Betreuung war ein Mann namens Wang Zancheng verantwortlich, aber wir wussten nicht, ob er ein Angestellter des Krankenhauses, ein Funktionär des Außenministeriums oder ein Mitarbeiter einer anderen Behörde war. Er sprach bemerkenswert fließend Englisch und ging weitgehend auf unsere grundlegenden Bedürfnisse ein, aber wir erfuhren nicht, wessen Anweisungen er befolgte.

Und was geschah mit meiner Familie und meinen Freunden, während ich mich in diesem Schwebezustand befand? Teng Biao war nach Peking gekommen, um mich zu sehen, aber kaum war er eingetroffen, da hatte ihn der Staatssicherheitsdienst gestellt und wieder aus der Stadt weggeschickt. Yushan wurde mehrfach verhaftet und schließlich gezwungen, ein Geständnis über seine Beteiligung an meiner Flucht zu unterschreiben. Mein Anwalt und Freund Jiang Tianyong, der 2005 bei der Untersuchung der Geburtenkontrollkampagne mit mir zusammengearbeitet hatte, wurde brutal misshandelt, wobei sie ihm das Trommelfell durchbohrten.

Der 4. Mai war auch Keruis Geburtstag, und an diesem Morgen kamen der stellvertretende Missionschef Wang und Yang Junyi ins Krankenhaus, um ihm Geschenke zu bringen. Da sie nicht zu mir gelassen wurden, trafen sie Weijing vor der Tür. Später erzählte mir Yang, dass er vor dem Krankenhaus eine Assistentin von Ai Weiwei gesehen hatte, die einen Geburtstagskuchen für Kerui abgeben wollte, jedoch zur Umkehr gezwungen wurde; in dem Handgemenge fiel der Kuchen zu Boden. Ich erfuhr auch, dass mehrere um das Krankenhaus postierte Wachen Ai Weiweis Assistentin festgehalten und auf die Polizeiwache gebracht hatten, nachdem Yang fort war. Die Frau wurde geschlagen und verhört. Während meines Krankenhausaufenthalts hörte ich zahlreiche Berichte über Unterstützer und Bittsteller, die zu mir vorzudringen versuchten, jedoch aufgehalten und von der Polizei zum Verhör mitgenommen wurden. Viele dieser Menschen wurden körperlich misshandelt.

Vom 3. Mai bis zu meiner Entlassung aus dem Krankenhaus sprach ich täglich mit Mitarbeitern der amerikanischen Botschaft. Botschafter Locke rief mich wiederholt an; er war rücksichtsvoll und erkundigte sich stets nach meinem Gesundheitszustand und nach meiner Familie. Ich hatte das Gefühl, dass das Telefon weiterhin meine Rettungsleine war, meine einzige Verbindung zur Außenwelt. Einige Tage nach unserer Ankunft im Krankenhaus hatte ich Wang gebeten, mir für den Fall, dass mein Handy unbrauchbar würde, ein zusätzliches Gerät zu schicken. Ich war erleichtert und dankbar, als mir Mitarbeiter der Botschaft am 4. oder 5. Mai mehrere funktionierende Telefone überbrachten, sodass ich jederzeit mit ihnen kommunizieren konnte.

Auch andere Ausländer machten sich Sorgen um mich und sagten mir ihre Unterstützung zu. Es rief mich jemand von der britischen Botschaft an, deren Unterstützung für unser Dorf wir nicht vergessen hatten. Vertreter mehrerer anderer westlicher Länder, darunter Frankreichs, der Schweiz, Schwedens und Kanadas, teilten mir mit, dass sie sich beim chinesischen Außenministerium nach meinem Fall erkundigt hatten. Am 8. Mai arrangierte Botschafter Locke ein Telefongespräch mit der Kongressabgeordneten Nancy Pelosi, die sich nach meinem Gesundheitszustand erkundigte und mir Anerkennung für meine Bürgerrechtsarbeit zollte. Ich dankte ihr für ihr Interesse und für ihren beharrlichen Einsatz für die Menschenrechte.

Guo Shousong kam mich regelmäßig besuchen. Einmal erwähnte er das Angebot der chinesischen Regierung, ich könne an einer der sieben ausgewählten Universitäten studieren. Ich antwortete ihm, dass diese Hochschulen für mich nicht mehr in Frage kämen, da ich eine Einladung der New York University zu einem dreijährigen Studium erhalten hätte und plante, in die Vereinigten Staaten zu gehen. Später bat ich Weijing, die schriftliche Einladung zu holen, die mir Wang an jenem Tag im Garten der amerikanischen Botschaft vorgelesen hatte. Weijing durchsuchte alles, was die Mitarbeiter der Botschaft für mich zusammengepackt hatten, konnte das Schreiben jedoch nicht finden. Wir riefen die Botschaft an und fragten nach dem Brief. Sie sagten uns, jemand werde ihn mir bringen.

Einige Tage später kam Wang persönlich ins Krankenhaus, um mir die Einladung der NYU zu übergeben, aber ich durfte mein Zimmer nicht verlassen, und er wurde nicht hereingelassen. Stattdessen brachten sie Weijing in ein Konferenzzimmer, wo sie sich mit Wang treffen durfte. Wang übergab ihr ein Schreiben. Als sie es überflog, entdeckte sie, dass die Einladung nicht für drei, sondern nur für ein Jahr galt. Sie fragte Wang, was das zu bedeuten habe. Er antwortete, das Schreiben sei «lediglich eine Formalität, etwas, das wir den chinesischen Stellen vorlegen können». Weijing vertraute der Botschaft und kam mit dem Schreiben zurück. Ich sah ebenfalls keinen Grund, den Mitarbeitern der Botschaft zu misstrauen, weshalb ich nicht darauf bestand, dass sie mir das Originalschreiben der NYU aushändigten.

Am 14. Mai stattete mir Guo erneut einen Besuch ab. Diesmal wollte er über unsere Reisepässe sprechen. Am folgenden Morgen erschien er in Begleitung von vier Polizeibeamten der Provinz Shandong, die mehrere Stunden damit verbrachten, unsere Pässe vorzubereiten. Sie machten Fotos von uns und füllten Formulare aus. Bei einem weiteren Besuch von Guo wiederholte ich meine Forderungen, vor allem die, dass die chinesischen Behörden die Unversehrtheit meiner Familie garantieren müssten. Meine größte Sorge galt meinem Neffen Chen Kegui, denn es war zu befürchten, dass ihn die Behörden weiter schikanieren und misshandeln würden.

Der lange Aufenthalt im Chao-Yang-Krankenhaus war eine schwierige Zeit für meine Familie, denn niemand nahm die geringste Rücksicht auf die Bedürfnisse meiner Familie. Das größte Zugeständnis bestand darin, Kerui und Kesi zu erlauben, täglich für fünfzehn bis dreißig Minuten in den Hof des Krankenhauses hinauszugehen. Schließlich durfte Weijing die Kinder sogar in einen kleinen Garten vor meinem Zimmer bringen, wo sie auf Schritt und Tritt von Krankenhauspersonal und einer Schar nicht identifizierbarer Personen mit Videokameras begleitet wurden. Die arme Kesi lebte schon so lange unter Bewachung, dass sie nie auf den Gedanken kam zu widersprechen, wenn sie den Befehl erhielt, ins Gebäude zurückzukehren. Sie fragte nie, warum ihr Bruder und sie nicht ein wenig länger draußen bleiben konnten.

Nach fast zwei Wochen im Krankenhaus hatte sich mein Gesundheitszustand stabilisiert. Für eine Verlängerung meines Aufenthalts konnte es keine medizinischen, sondern nur politische Gründe geben. Mittlerweile hatte man uns Koffer gegeben, in die wir unsere wenigen Habseligkeiten packen konnten, aber solange wir unsere Pässe nicht in Händen hielten, wollte ich mir keine großen Hoffnungen machen.

Am Ende erfuhr ich aus den Medien von unserer bevorstehenden Abreise – niemand hatte es für nötig gehalten, uns zu informieren. Am Morgen des 19. Mai wurde mir mitgeteilt, dass sich in Kürze Offizielle im Krankenhaus versammeln würden, um unsere Situation zu besprechen. Natürlich wurde ich nicht zu diesem Gespräch über meine Zukunft eingeladen. Als mir klar wurde, dass die Funktionäre aus dem Außenministerium kamen, wusste ich, dass es nur noch eine Frage der Zeit war, bis man uns freilassen würde. Kurz vor elf Uhr vormittags kam unser Betreuer Wang Zancheng aus der Sitzung und teilte mir mit, dass wir unsere Sachen packen sollten, weil man uns gegen ein Uhr zum Flughafen bringen würde. Ich erinnerte ihn daran, dass Guo im Namen der Regierung mehrfach versprochen hatte, die an mir begangenen Verbrechen zu untersuchen. Er gab mir keine Antwort.

Ich hatte meine Mutter mitnehmen wollen, aber sie wollte nichts davon wissen. Sie brachte es nicht über sich, so viele Söhne, Vettern und Enkelkinder zurückzulassen. Als ich sie anrief, um ihr zu sagen, dass wir bald ins Flugzeug steigen würden, wirkte sie überglücklich, so als könnten wir von nun an alle in Sicherheit und Frieden leben.

Nach dem Mittagessen bereiteten wir uns auf die Abreise vor. Wir ließen einige Dinge für unsere Freunde im Krankenhaus zurück und riefen andere an, um uns zu verabschieden. Der ursprüngliche Plan der Amerikaner war, dass Botschafter Locke und der stellvertretende Missionschef Wang mit mir nach New York fliegen sollten, aber das lehnte die chinesische Seite mit der üblichen Begründung ab: «zu auffällig». Wang sagte, im Grunde sei es gleichgültig, wer mich begleitete, solange ich unversehrt in die Vereinigten Staaten gelangte.

Am frühen Nachmittag eskortierten uns Wang Zancheng und eine Gruppe von Ärzten und Krankenschwestern aus dem Krankenhaus und führten uns zu einem kleinen Bus, der vor dem Gebäude wartete. Sie zogen die Vorhänge zu, damit uns niemand zu Gesicht bekam und meine Familie nicht hinausschauen konnte – als könnten sie noch verhindern, dass die Welt die Wahrheit erfuhr. Nachdem der Bus den Parkplatz des Krankenhauses verlassen hatte, bog er rechts ab und fuhr in nördlicher Richtung auf eine Straße, die direkt zum Flughafen führte. Kein einziges Auto und keine Ampel hielten uns auf – die Behörden hatten die Straße abgesperrt. Die Polizei blockierte die Kreuzungen, an denen sich lange Autoschlangen bildeten, die in einer reglosen Hommage dastanden, während wir über eine leere Straße durch eine Stadt mit zwanzig Millionen Einwohnern glitten. Man hätte fast glauben können, dass unser aus sieben Autos bestehender Konvoi keine Gefangenen, sondern Helden beförderte.

Während der gesamten Fahrt zum Flughafen erhielt ich Anrufe. Die Anrufer waren Journalisten, Freunde, Weggefährten, Netizens und Menschen aus aller Welt, die mir eine gute Reise und viel Glück in meinem neuen Leben wünschen wollten. «Nur ein Segel und einen freundlichen Wind», wie wir in China sagen. Ich wünschte mir, die Grüße und freundlichen Worte würden überhaupt nicht mehr aufhören.

Am Flughafen wurden wir zu einem weit vom Terminal entfernten Nebengebäude gebracht, wo uns Vertreter des chinesischen Außenministeriums unsere Reisepässe aushändigten. Nachdem ein amerikanischer Konsularbeamter die Visa hineingesetzt hatte, zogen die chinesischen Beamten unsere Pässe wieder ein. Unser Abflug verzögerte sich um mehrere Stunden. Es war ein trauriges Warten, denn es gelang uns nicht, Kerui zu trösten, der fast die ganze Zeit auf dem Boden lag und bei dem Gedanken, dass er seine Heimat und alles, was er kannte, zurücklassen musste, hemmungslos schluchzte.

Es war fast sechs Uhr abends, als wir in einem Shuttlebus zum Flugzeug gebracht wurden. Wir waren immer noch von den übrigen Passagieren getrennt. Erst als alle anderen Fluggäste an Bord waren, erhielten wir die Erlaubnis einzusteigen. Zwei Diplomaten der amerikanischen Botschaft warteten an der Kabinentür und gaben uns unsere Reisepässe mit den Einreisevisa zurück. Dann nahmen wir unsere Plätze in der Business Class ein. Die amerikanischen Diplomaten nahmen auf der anderen Seite des Gangs Platz; sie würden uns bis nach New York begleiten. Wang Zancheng, unser geheimnisvoller Betreuer, schüttelte mir die Hand und wünschte mir eine angenehme Reise. Die Besatzung des Flugzeugs kam uns begrüßen, die Kinder bekamen Flugzeuganstecknadeln geschenkt. Sogar der Pilot kam, um mir die Hand zu schütteln und uns in den Vereinigten Staaten willkommen zu heißen, obwohl Amerika noch Tausende Kilometer entfernt war.

Mehrere Journalisten hatten Tickets gekauft, um uns auf der Reise begleiten zu können. Unter diesen Berichterstattern waren einige alte Freunde, die in unserer dunkelsten Zeit nach Dongshigu gekommen waren. Aber ich war so erschöpft, dass ich nur einige wenige Interviews geben konnte. Ich versuchte auszuruhen, allein mein Verstand raste weiter. Sauer und süß, bitter und scharf: In diesem wirren Augenblick schmeckte ich alle Aromen des Lebens.

Während des Flugs lehnten sich die beiden Diplomaten hin und wieder zu uns herüber, um uns Ratschläge und praktische Hinweise zum Leben in Amerika zu geben. Als wir uns nach einem dreizehnstündigen Flug der Ostküste näherten, war dort der Abend angebrochen. «Schaut aus dem Fenster und seht euch an, wo wir sind», sagte ich zu Kerui und Kesi. «Seht euch Amerika gut an.»

«Da ist ein Fluss», sagten sie, «und wir sehen Bäume und Brücken.» Wie Weijing waren sie daran gewöhnt, meine Augen zu sein, und ließen mich die Welt durch ihre Worte sehen.

Endlich landete das Flugzeug auf dem Flughafen Newark, und wir machten uns bereit, auszusteigen. Die Passagiere, die mich anscheinend nicht bemerkt oder erkannt hatten, erhoben sich und begannen zu applaudieren. Ich war gerührt und dankbar: Die aufrichtige Warmherzigkeit der Amerikaner erinnerte mich an die Freundlichkeit der einfachen Menschen in China. An der Kabinentür wurden wir von zwei Stabsmitgliedern des State Department in Empfang genommen. Auch mein alter Freund Professor Cohen war gekommen und wartete in einem Auto. Wir umarmten einander und weinten. «Es ist für alles gesorgt», sagte er. Ich fühlte mich wie ein Kind in den Armen seines Vaters. Jerry hatte mich und meine Arbeit im Lauf der Jahre auf so vielfältige Art unterstützt, und jetzt würde ich an seiner Seite studieren dürfen. Ich war tief gerührt.

Auf der Fahrt nach Manhattan eröffnete mir Jerry, dass sofort nach unserer Ankunft in der New York University eine Pressekonferenz stattfinden würde. Ursprünglich hatte man mir gesagt, wir würden noch am Flughafen vor die Presse treten. Ich wusste nicht, warum der Plan geändert worden war, und war besorgt, dass meine vielen Freunde und Unterstützer – von denen einige mehrstündige Fahrten auf sich genommen hatten, um uns zu begrüßen – nicht wissen würden, wohin sie fahren sollten.

Im Auto wurde mir übel, und ich litt unter starken Kopfschmerzen. Als wir zwischen den unsichtbaren Türmen in die Stadt fuhren, überwältigte mich die Erschöpfung. Ich erfuhr, dass der Abgeordnete Chris Smith aus New Jersey zum Flughafen gefahren war, um mich zu begrüßen. Da wir nicht mehr dort waren, eilte er zur NYU. Ich weiß nicht, warum ihm niemand Bescheid gegeben hatte, als wir den Flughafen verließen; am Ende litt ich zu sehr unter den Kopfschmerzen, um mich länger mit ihm zusammensetzen zu können.

Ich sagte ein paar Worte zu den Menschen, die sich an der NYU im Washington Square Village versammelt hatten, um uns zu begrüßen. Ich bedankte mich bei all denen, die mich in den vergangenen Jahren unterstützt und es möglich gemacht hatten, dass ich nun hier war. «Gerechtigkeit und Gleichheit kennen keine Grenzen», sagte ich, «und wenn wir zusammenhalten, können wir alle Widrigkeiten überwinden.» Der warme und anhaltende Beifall meiner Freunde und Unterstützer umfing mich. Sie hatten Blumen und Geschenke für die Kinder mitgebracht, und langjährige Weggefährten überhäuften uns mit freundlichen Worten. Es tat mir leid, nicht persönlich mit allen Freunden sprechen und nicht jedem Journalisten ein Interview geben zu können. Sie mussten sich noch ein wenig gedulden. Zu gegebener Zeit würde ich die ganze Geschichte erzählen.

Schließlich fuhren wir mit dem Aufzug in die Wohnung hoch über den Straßen Manhattans hinauf, die von nun an unser Heim sein würde. Ich erkundete den Raum und prägte mir wie gewohnt die Formen und die Klangbilder ein. Unsere Gastgeber hatten an alles gedacht, sogar an Orangen. Ich musste an meine Mutter denken, die mir manchmal Orangen gekauft hatte, als ich in meinem Haus gefangen war, obwohl diese Früchte viel mehr kosteten, als wir uns leisten konnten. Genau zu dieser Zeit erwachte meine Mutter vermutlich in dem kleinen Dorf Dongshigu auf der anderen Seite der Erde.

Endlich lebte ich in einem freien Land. Ich war noch nicht imstande, einfach Freude zu empfinden, aber in meinem zerrissenen Herzen und meiner ruhelosen Seele begann ich so etwas wie eine Befreiung zu fühlen. Doch vor allem verspürte ich eine überwältigende Erschöpfung, eine Müdigkeit, die mir bis in die Knochen drang. Jetzt wollte ich ausruhen, aber am nächsten Tag würde ich den Kampf wieder aufnehmen.

Epilog Ein neues Leben

Mehr als zwei Jahre nachdem ich aus meinem Dorf floh, weicht ein weiterer Sommer einem weiteren Herbst. Weijing und ich haben uns gemeinsam mit unseren Kindern in Amerika ein neues Zuhause aufgebaut. Kerui ist jetzt elf, Kesi neun Jahre alt. Sie sprechen schneller Englisch, als wir es verstehen können, und haben sich mit unbändiger Freude in ihr neues Leben gestürzt. Eine Zeitlang reagierte Kerui verängstigt, wenn er unten in den Straßen Manhattans Polizeisirenen hörte. «Das weiße Auto bringt Daddy weg, das rote Auto Mommy», sagte er, denn so hatte er es in China erlebt. Traumatische Erfahrungen weichen nur langsam, aber die Zeit und die Freiheit haben eine heilende Wirkung. Nicht immer, aber oft genießen wir das Geschenk der Normalität.

Wir haben weiterhin Kontakt zu unseren Freunden und Verwandten in China. Viele von ihnen leiden sehr. Die Menschenrechtsaktivisten werden seit meiner Flucht noch brutaler unterdrückt, und mittlerweile werden fast alle prominenten Dissidenten und regimekritischen Anwälte schikaniert, unter Hausarrest gestellt, zu Gefängnisstrafen verurteilt oder gewaltsam attackiert. Einige wurden im Polizeigewahrsam getötet. Die Vorstellung, in China bessere sich die Menschenrechtssituation und das Land sei auf dem Weg zu mehr Demokratie, wie es entsprechend der Parteilinie von Apologeten und jenen Beobachtern, die sich in Wunschdenken üben, verbreitet wird, stimmt einfach nicht mit der Wahrheit überein. Die Frage ist nur, wie die unangenehme Wahrheit durch das Netz der chinesischen Zensur geschleust und den Politikern und Bürgern der westlichen Länder vermittelt werden kann.

Wir stehen am Scheideweg. Die Menschen in den freien Ländern müssen begreifen, dass die Demokratie und ihre eigene Freiheit auf dem Spiel stehen. Hinter der Fassade der Luxushotels und Vorzeigeprojekte in Peking und Shanghai versteckt sich eine barbarische Diktatur, die sich als Regierung verkleidet. Von ihrer Allmacht berauscht, verstößt die Kommunistische Partei täglich unverfroren gegen die Verfassung und die Gesetze, die sie selbst beschlossen hat. Sie hüllt sich in einen Nebel aus wirtschaftlichen Erfolgen, führt die Welt hinters Licht und knebelt die Opposition im Land. Wie unter den Dynastien in der Kaiserzeit genießt auch unter der Herrschaft der Kommunisten eine Elite Rechte und Privilegien, von denen die übrige Bevölkerung Chinas nur träumen kann. Das Gesetz ist ein Mechanismus, der nicht die Rechte der Bürger schützen, sondern die Kontrolle der Kommunistischen Partei über das Volk garantieren soll. Von der Zentralregierung bis zu den örtlichen Behörden hinunter unterstehen die Einrichtungen und Verwaltungen den Parteikomitees, die in Kreisen und Gemeinden, Universitäten und Mittelschulen allgegenwärtig sind und uneingeschränkte Macht ausüben, ohne sich dem Gesetz unterwerfen zu müssen. Welche Verbrechen die Partei und ihre Vertreter auch begehen mögen, sie können von den Bürgern nicht vor Gericht gebracht oder zur Rechenschaft gezogen werden.

Zweifellos macht die Volksrepublik China seit einigen Jahren einen unaufhaltsamen Wandel durch. Doch man kann nur darüber spekulieren, in welche Richtung sich das Land entwickeln wird. Wird die Partei den demokratischen Wandel vorantreiben, indem sie wirkliche politische Reformen durchführt, einen Rechtsstaat aufbaut und sittliche und moralische Grundsätze akzeptiert? Werden die demokratischen Länder einen positiven Beitrag zum Wandel Chinas leisten und an ihrem Bekenntnis zu den Menschenrechten festhalten? Oder werden kurzfristige wirtschaftliche Interessen darüber entscheiden, welches Bild sich die Weltöffentlichkeit von China macht und wie sich die demokratischen Regierungen in den Verhandlungen hinter verschlossenen Türen verhalten? Welche Antworten die Zukunft auch geben mag, China kann sein Potenzial nur ausschöpfen und seinen Platz unter den freien und demokratischen Ländern der Welt nur einnehmen, wenn die Söhne und Töchter des Landes, wo immer sie sich auch aufhalten mögen, ihren Beitrag zur Veränderung leisten.

Ich bin fest davon überzeugt, dass die Entwicklung Chinas großen Einfluss auf die Entwicklung der Welt haben wird und dass das Schicksal der freien Welt nicht von dem meines Heimatlandes zu trennen ist. Ich setze alle meine Kraft dafür ein, einen Traum von Gerechtigkeit und Gleichheit für die Bürger Chinas und für alle Völker zu verwirklichen. Mein Wunsch ist es, andere zu inspirieren, sich dem Einsatz für diesen Traum anzuschließen. Jeder von uns besitzt unerschöpfliche innere Kraft, und gemeinsam können wir Berge versetzen.

Danksagung

Ich danke Danica Mills und den anderen Mitarbeitern, die dabei geholfen haben, meine Geschichte ins Englische zu übertragen, darunter mein unermüdlicher Lektor John Sterling.

Ich stehe in der Schuld jener tapferen Menschen, die in meiner Krisenzeit große Gefahren auf sich nahmen, um nach Dongshigu zu reisen und mir Rückhalt zu geben. Einer dieser Besucher war Christian Bale, dessen Versuch, in unser Dorf zu gelangen, augenblicklich die Aufmerksamkeit der Weltöffentlichkeit auf unsere Notlage lenkte. Ich bin voller Dankbarkeit für die Bemühungen Tausender Menschen aus China und aller Welt, die verschiedenste und oft sehr einfallsreiche Wege fanden, um aus der Ferne ihrer Unterstützung für unsere Sache und ihrer Empörung Ausdruck zu verleihen.

Mein Dank geht auch an die Volksvertreter in den Vereinigten Staaten, in Europa und anderen Teilen der Welt, die öffentlich ihre Unterstützung für mich bekundeten, als ich im Gefängnis saß, und sich für meine verfolgte Familie einsetzten. Ich schulde den Journalisten Dank, die hartnäckig versuchten, die Wahrheit ans Licht zu bringen, und ich stehe in der Schuld der Mitglieder der vielen Menschenrechtsorganisationen, die ihre Stimme für meine Sache erhoben, darunter Bob Fu, dessen rechtzeitige Intervention von unschätzbarem Wert war. Mein tief empfundener Dank geht an Jerry Cohen für seinen Rat und seine langjährige Freundschaft.

Ich werde den Mitarbeitern der Botschaft der Vereinigten Staaten in Peking mein Leben lang dankbar sein. Ihre Fürsorge und ihr Mitgefühl gaben mir während meiner Zeit in der Botschaft Halt. Ich danke auch den vielen Personen, die mich und meine Familie seit unserer Ankunft in den Vereinigten Staaten unterstützt haben, insbesondere jenem amerikanischen Freund, den wir als Panda kennen. Und ich bedanke mich beim amerikanischen Außenministerium für die beharrliche Unterstützung sowie bei der New York University, die mich so großzügig aufgenommen hat, als ich in die USA kam.

Es gibt keine Worte, die meine Dankbarkeit gegenüber jenen Freunden, Nachbarn und Verwandten ausdrücken könnten, die ohne Vorwarnung oder Vorbereitung unerschrocken und selbstlos zur Tat schritten, um mir bei meiner Flucht in die Freiheit zu helfen. Den vielen Dorfbewohnern und meiner erweiterten Familie, auf deren Rückhalt ich mich in all den Jahren verlassen konnte, möchte ich sagen, dass mich ihre Herzlichkeit und Aufrichtigkeit mein Leben lang begleiten werden.

An Li Jinsong, Li Fangping und all die befreundeten Anwälte in China gerichtet: Ihr seid furchtlos, ihr seid tapfer, ihr seid Helden.

Und schließlich schulde ich meiner Familie grenzenlosen Dank: meiner Mutter, meinem Vater, meinen Brüdern und ihren Familien, meiner Frau und meinen Kindern. Eure Liebe ist eine Kraft, die niemand brechen kann.

An all die nahen und fernen Freunde: Ohne euch hätte ich kein Heute.

Guangchengs Flucht, 20. April 2012

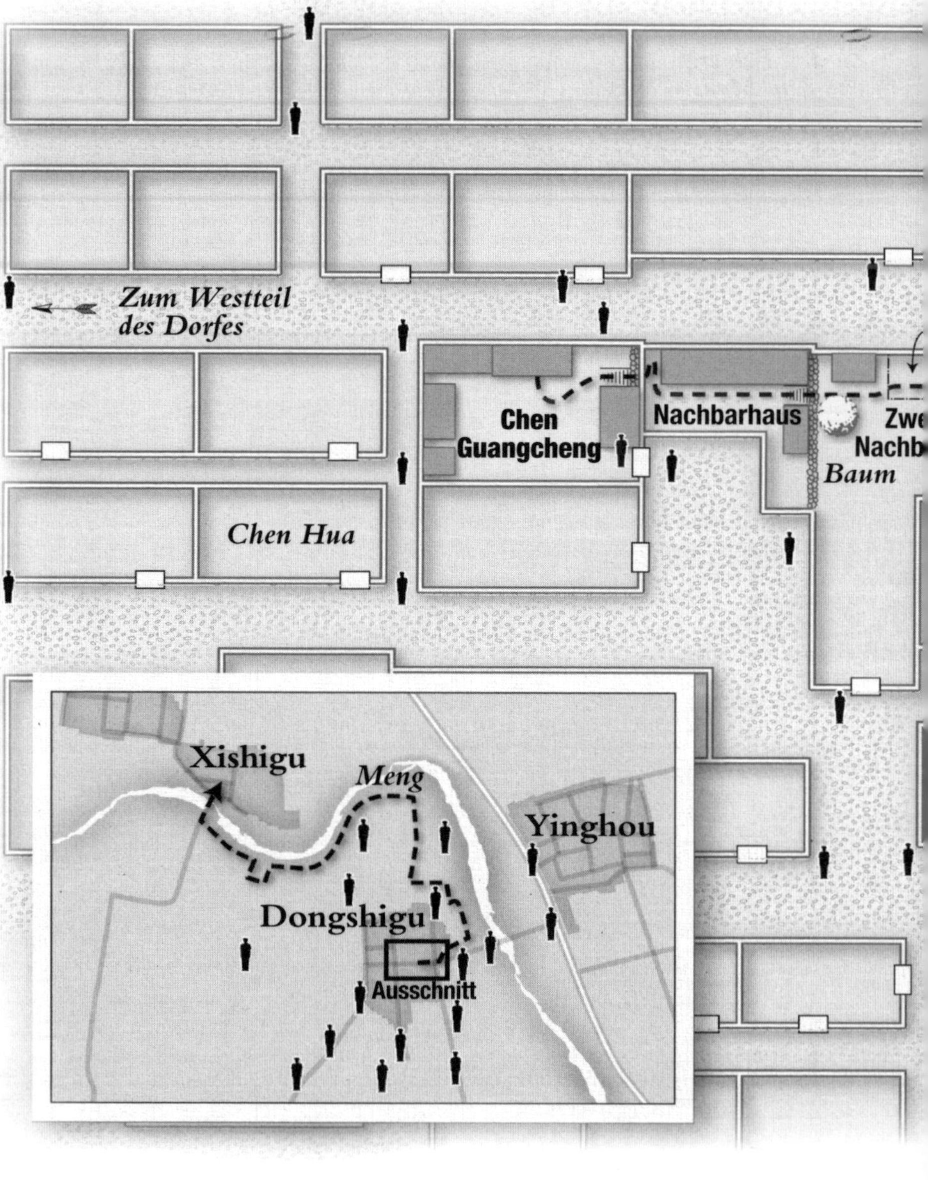